Clinical Sport Psychology

ガードナー 臨床スポーツ心理学 ハンドブック

■著■
フランク・ガードナー　ゼラ・ムーア

■監訳■
佐藤　寛　金井嘉宏　小堀　修

西村書店

本書の出版を見ることなくこの世を去った下記の人たちに，この本を捧げます。100年前にエリス島に降り立った際は夢を見ることしかできなかった祖父母へ。その夢を私の心に刻み込んでくれた父へ。そして私が最初に出会った，最も長きにわたる専門家のロールモデルであり，夢を自分の力で成し遂げることができると信じさせてくださった，ホフストラ大学の Julia Vane 先生へ。

フランク

生きている人たちもこの世を去った人たちも，私が深く愛する人々に，心からの敬意を込めてこの本を捧げます。素晴らしい両親ときょうだいへ，そしていつも私の心に寄り添ってくれた親友たちへ。私が今の私でいられるように，教え諭してくださったみなさんに感謝しています。

ゼラ

Clinical Sport Psychology

Frank Gardner, PhD, ABPP
La Salle University

Zella Moore, PsyD
Manhattan College

Copyright © 2006 by Frank L. Gardner and Zella E. Moore
Photographer (interior): © Human Kinetics, unless otherwise noted

All rights reserved. Except for use in a review, the reproduction or utilization of this work in any form or by any electronic, mechanical, or other means, now known or hereafter invented, including xerography, photocopying, and recording, and in any information storage and retrieval system, is forbidden without the written permission of the publisher.

Japanese edition copyright © 2018 by Nishimura Co., Ltd.
Printed and bound in Japan

監訳者序文

　スポーツ心理学の科学と実践は近年めざましい発展を遂げている。トップアスリートに対する心理学的支援だけでなく，ジュニアスポーツ，障害者スポーツ，余暇スポーツに至るまで，その領域は幅広い範囲にまで及んでいる。

　臨床心理学はスポーツ心理学よりも歴史が古く，医療，福祉，教育，司法，産業を含む多様なフィールドにおいて活用されてきた。その一方で，スポーツの文脈における臨床心理学的視点は近年に至るまで比較的限られており，スポーツ場面をフィールドとした臨床心理学の科学と実践を体系化する試みは十分になされてはこなかった。

　「臨床スポーツ心理学」は，別々の道を歩んできたスポーツ心理学と臨床心理学を統合した学問領域である。従来のスポーツ心理学ではアスリートのパフォーマンスをいかにして高めるか（performance enhancement）を重視する立場が主流であった。しかし，アスリートにはしばしばスポーツ場面特有の心理的問題（あがり，バーンアウト，心因性動作失調，引退など）が現れることが知られており，これらの問題には臨床心理学的観点に基づく理解や支援が強く求められることが指摘されてきた。臨床スポーツ心理学は，スポーツに携わる人々のパフォーマンス向上と心理的問題への対処を統合的に理解することを通じて，より全人的な支援を提供することを目指す新たな領域として出発した。

　2007年には臨床スポーツ心理学に関する初めての学術雑誌である"Journal of Clinical Sport Psychology"が発刊されるなど，多くの研究者・実践家がこの分野に注目している。この学術雑誌が創刊される背景となったのが，フランク・ガードナーとゼラ・ムーアによる本書，『ガードナー臨床スポーツ心理学ハンドブック』である。著者はいずれもこの分野を牽引する研究者であるとともに，オリンピック選手やプロスポーツ選手といったトップアスリートの臨床に携わる実践家でもある。臨床スポーツ心理学という領域を日本で確立する端緒として，本書の日本語版発刊が果たす役割は大きい。

　日本におけるスポーツ心理学の草創期は，1964年の東京オリンピックが契機となった。当時の日本体育協会にスポーツ科学研究委員会が設けられ，スポーツ選手への実践的な心理指導がすでに行われていた。2020年のオリンピックには東京が再び開催地となった。国内のスポーツへの関心は大きく高まり，オリンピック成功に向けて日本の力を結集することが求められている。今後何年にもわたり，日本におけるさまざまなスポーツの現場において心理学の専門家たちが多大な貢献を成し遂げ，彼らの傍らには本書が置かれていることを心から願っている。

監訳者　佐藤　寛

訳者一覧

監訳者 ＊は監訳担当を示す

佐藤　寛（さとう・ひろし）　関西学院大学　文学部
＊第1部扉，第1章，第3～4章，第8章，第4部扉，第12章

金井嘉宏（かない・よしひろ）　東北学院大学　教養学部
＊第3部扉，第5～6章，第13～14章

小堀　修（こぼり・おさむ）　スウォンジー大学　心理学部
＊第2章，第2部扉，第7章，第9～11章

翻訳者 ＊は翻訳担当を示す。五十音順

岡島　義（おかじま・いさ）　早稲田大学　人間科学学術院
＊第14章

金井嘉宏（かない・よしひろ）
＊第6章，第3部扉，第13章（共訳）

金澤潤一郎（かなざわ・じゅんいちろう）　北海道医療大学　心理科学部
＊第4章（筆頭）

可児佳菜子（かに・かなこ）　トライアスロンチーム　SUNNY FISH（サニーフィッシュ）
＊第13章（筆頭）

栗林千聡（くりばやし・ちさと）　関西学院大学　大学院文学研究科
＊第3章（筆頭），第8章（筆頭）

小堀　修（こぼり・おさむ）
＊第2章，第2部扉

佐藤　寛（さとう・ひろし）
＊はじめに，謝辞，著者について，第1部扉，第1章，第3章（共訳），第4章（共訳），第8章（共訳），第4部扉

佐藤美幸（さとう・みゆき）　京都教育大学　教育学部
＊第4章（共訳），第8章（共訳），第12章

高橋　史（たかはし・ふみと）　信州大学　教育学部
＊第4章（共訳），第9章，第10章（共訳）

高山智史（たかやま・ともふみ）　松本市立旭町中学校
＊第10章（筆頭）

手塚洋介（てづか・ようすけ）　大阪体育大学　体育学部
＊第7章

古川洋和（ふるかわ・ひろかず）　鳴門教育大学　大学院学校教育研究科
＊第4章（共訳），第11章

松岡紘史（まつおか・ひろふみ）　北海道医療大学　歯学部
＊第4章（共訳），第5章

はじめに

　本書は実証的な情報に基づく統合的アプローチをスポーツ心理学に取り入れるという課題に取り組んだものである。本書が議論を促進し，有効な実践のためのガイドラインを提供し，将来の研究に拍車をかけ，話題を呼ぶことができれば幸いである。本書が心理学の分野において注目されるべき実践を明示して臨床スポーツ心理学の発展に寄与し，また，スポーツ心理士や臨床心理士，およびその両者になるためのトレーニングを受けている学生たちのニーズに応えることを，著者らは切に願っている。多くのスポーツ心理学に関する書籍では，アセスメントと介入，研究と実践，パフォーマンス強化のための介入と心理的ウェルビーイングのための介入が別々に扱われている。しかしこうしたテキストでは，臨床実践とスポーツ科学が統合されておらず，理論・研究・実践に関する情報が首尾一貫した理論的モデルとして整理されていない。

　スポーツ心理学の実践における論点，問題領域，見解は単純なものではない。アスリートと最終的にアスリートがコンサルテーションを受ける原因となった問題について検討するために，スポーツ心理学の実践家には幅広い視点が要求される。実践家やその卵である学生が，アスリートの抱える様々な問題への介入を計画するために，自力で理論・研究・実践を統合して明快な原理にしなければならないことはよくある。しかし残念なことに，逸話的な報告や，権威とされる人の提案に基づく口承によって実践上の判断がなされている場合も多い。本書はこのような立場とは一線を画する。

　多くのテキストの著者たちがそうであったように，私たちが本書を執筆することにした理由は，既存のテキストには実践家や学生たちにとって不十分な点があると考えたからである。この不十分な点は，私たちが臨床心理学とスポーツ心理学に関する大学院の科目を教えたり，新しい実践家たちをスーパーヴァイズしたりする中で浮き彫りになってきた。これまでのテキストでは1つの問題領域（例えば，パフォーマンス強化やキャリア終結），1つの介入（例えば心理的スキルトレーニング），1つの専門的実践面（例えば，アセスメント）に焦点があてられており，そのほとんどは，実際の臨床活動の現実や複雑さに対応できているとはいえない。

　本書を執筆するにあたり，私たちはアメリカ心理学会（American Psychological Association：APA）がスポーツ心理学の分野において示した新しい方針を実行に移している，あるいはそれに関心のある心理士のニーズについても考慮した。心理士の多くは，伝統的な実践の現場にいながらマネージド・ケアの制約を受けるようになり，身動きがとれないと感じている。そして，医療機関以外の現場でも自らのスキルや知識を活かすために新しい領域を求めている。さらに，経験の豊富なスポーツ心理士たちは，スポーツ心理学の分野においてテキストや専門家の提案がいかに疑似科学的で統一性のないアプローチを強調してきたか，という点について長年にわたって議論を重ねてきた。そこで，本書において私たちは思い切って教室を飛び出して，アセスメント，分類，事例の概念化，介入の計画と実施に関するガイドラインを必要としている最前線の実践家たちと向き合うことにした。私たちが長い時間をかけて積み重ねたスポーツ心理学の専門的実践は，実践家たちが直面している困難な問題に立ち向かう上で役に立つだろう。そしておそらくは，より的の絞られた，実証的な情報に基づいた効果的な手段によって専門的サービスを提供するのに役立つだろう。

　本書では，臨床スポーツ心理学を含むあらゆる心理学の実践が有効かつ倫理上適切であるためには，多様な照会内容や対象者からの要請に鋭敏であり続けなければならない，という価値観を最大限に重視している。科学の専門分野において，教育，トレーニング，実践家の哲学といったものだけに基づいて臨床的判断がなされることはなく，照会の質問や状況に立脚した判断をすることは必須である，ということを私たちは長年考えてきた。本書を執筆するにあたり，私たちは著者（フランク・ガードナー）の祖父が語った，「ハンマーしか持っていなければ，何でもくぎに

見えてしまうものさ」という忠告をいつも念頭に置いていた。この点について，私たちはアスリートたちが様々なニーズを抱えており，様々なパーソナリティを持っており，多様で複雑な組織や状況に置かれているという事実に目を向けるよう心がけた。したがって，介入は様々な要因に向けられる必要があるし，実践家は個々のアスリートの複雑なニーズに合わせて適切な介入を用いなければならないのである。

　私たちはアスリートの抱える幅広い懸念に対して，心理学の専門家たちに長きにわたり知られてきた科学と実践を統合する方法に基づいて対応することを目指している。加えて，私たちは本書の中で，理論や研究がどのようにして適切なアセスメントを導きだし，効果的なアセスメントがどのようにしてアスリートの個々に異なるニーズに合わせた実証に基づく介入に結びつくか，といった点についても述べている。

　本書の根幹にあるもうひとつの重要な考え方として，心理学的介入は結果に**直接的**に結びついているわけではない，というものがある。すなわち，介入は問題の進行に影響を与えている**プロセス**に焦点をあてることで，望ましい結果に**間接的**に結びつけようとするものなのである。介入アプローチに付随する作用メカニズム（変容メカニズムとも呼ばれる）について理解することは，方略を正しく使う上で極めて重要である。例えば，医師は肺炎を治療するわけでも，肺炎の症状や徴候を治療するわけでもない。医師が治療するのは，病気を引き起こす原因となっている感染症である。処方薬による治療の作用メカニズムは細菌感染の除去であり，市販薬による苦痛緩和とは異なるものである。アスリートが深刻な感情の問題を抱えている場合でも，競技前に極度の緊張を抱えている場合でも，実践家はアスリートのウェルビーイングと行動的機能を向上させるために背景にある心理的プロセスを理解しなければならない。

　最後に，本書は私たち自身の専門的体験をもとに形づくられている。私たちは臨床スポーツ心理学の幅広い分野での合わせて30年の経験を通じ，様々な個人・組織のクライエントに接してきた中で，スポーツ心理学の領域における従来のモデルを超えた統合的・包括的なアプローチが必要であるとの確信に至った。私たちはプロスポーツチーム，大学スポーツ選手，オリンピック選手，娯楽スポーツの参加者たちとの専門的な関わりの中から，パフォーマンス強化にばかり焦点をあてることは不適切であり，結局は大多数のアスリートからは支持されず，アスリートのために本当の意味で必要な支援を提供できないことが多い，ということを幾度も学んだ。著者のプロスポーツにおける最初の相談事例は，競技・練習時のやる気のなさ，練習不足によるコンディション不良，否定的で協調性のない態度などによって監督から紹介されたアスリートであった。パフォーマンス強化を実施できる嬉しさのあまり，著者は臨床心理学の基本的なトレーニングを忘れ，第三者からの説明を何の疑問もなく受け入れて，ポジティブイメージ技法，目標設定，覚醒コントロール，セルフトークの変容からなる心理的スキルトレーニングのパッケージをすぐに（徹底的なアセスメントもせずに）考えた。そのアスリートは一見立派なこの介入プロトコルの説明を熱心に聞いた後，「素晴らしいと思います。でも，私が妻から別れを告げられていることや，息が詰まったり，とても不安になったり，心拍が早くなったり，気が変になりそうで耐えられなくなったりすることについて，相談することはできないのでしょうか？」と言った。そのアスリートの症状がパニック障害の診断に該当していたことはすぐに明らかになった（このことで監督からの訴えも全て説明がついた）。この事例において真にパフォーマンス強化のために必要だったのはパニック障害の改善と夫婦カウンセリングであり，それによってこのアスリートは元のオールスター選手に返り咲くことができた。この体験は臨床スポーツ心理学における著者の最初の大きな教訓であり，多くの点で本書の起源となっている。

　上記の例は，スポーツの文脈に限らずアスリートの様々な心理的ニーズにも配慮したテキストが必要であることを示している。ありがたいことに，私たちは学生やスポーツ心理学の学会参加者たちから，**スポーツ心理学**を**心理学**に戻す統合的な実践のアプローチを築くためのアドバイスをしばしば求められるようになった。この明白なニーズに本書が貢献することができれば幸いである。

　本書はスポーツ心理学，臨床心理学，カウンセリング心理学，スポーツ科学といった関連分野の教育を受けた実践家と学生に向けて書かれたものである。本書の章立ては，**臨床スポーツ心理**

学に関連する理論，研究，実践について体系的に学ぶことができるように構成されている。「第1部：理論的・科学的基盤」では，臨床スポーツ心理学の実践の基盤となる臨床実践とスポーツ科学に関する知識をまとめている。「第2部：アセスメントと分類」では，臨床スポーツ心理学で用いられるアセスメントを概観し，アスリートの抱える問題を分類するために必要なデータを新しい画期的な手法に沿って体系的に集める方法について特に述べている。「第3部：臨床スポーツ心理学における介入」では，臨床スポーツ心理学の実践で直面する様々な問題への治療ガイドラインについて述べ，クライエントが抱える多様な問題に対する革新的で実証的な情報に基づいた介入を紹介し，情報を整理して一貫性のある事例定式化を行うための方法について議論する。「第4部：その他の検討事項」では，専門家としての倫理，スーパーヴィジョン，専門性の向上といった問題について議論する。これら全ての章が著者として満足できるものであり，幅広い視点からの解説は実践家と学生のいずれにとっても有用であると確信している。

フランク・ガードナー

謝辞

　本書は著者2人の長年にわたる多大な努力の成果である。私たちは2人とも臨床心理学とスポーツ心理学の学生，実践家，教員であり，私たちがこれまで考えて体系化してきた努力の積み重ねが，ついに実践家と学生のためのテキストとして結実したのである。本書を端的に表現すると，私たちがアスリートや学生たちから学んできたことの結晶と言える。私たちはあなたたちから多くのことを学んできた。そのことに心から感謝している。私たち自身も，ともに研鑽を積み，ともに執筆し，お互いから学び合うことを大いに楽しんできた。その経験のおかげで私たちもよりよい専門家になり，よりよい人間となることができた。

　他にも多くの方に感謝を伝えたい。私たちの家族と友人の献身，支援，無条件の愛には，これ以上ない感謝を贈らなければならない。次に，私たちの友人・同僚であるAndrew Wolaninに感謝を贈りたい。その心理学への情熱，探求心，好奇心は本当に刺激になった。彼は私たちの発想を高めてくれる存在であり，無二の親友である。私たちの仕事上の家族であるラサール大学，特に運動心理学科の学生，教員，職員，そして著者（ゼラ・ムーア）の新しい仕事上の家族であるマンハッタン大学の関係者にも感謝を伝えたい。Human Kinetics社の献身的なスタッフ，特にAmy Clocksin, Myles Schrag, Chris Johns, Michelle Rivera, Renee Thomas Pyrtelの助言，揺るぎない支援，励まし，そして締め切りを守らない著者に数え切れない催促をしながらの忍耐力にも感謝を述べたい。

　最後に，この刺激的な企画を実現に導き，次世代のスポーツ心理士たちが手に取ることができるようにしてくれた，職場の全ての同僚に感謝を伝えたい。読者の方々にとっての臨床スポーツ心理学の旅路が，私たちと同じく報われたものになることを願ってやまない。

著者について

フランク・ガードナー（Frank Gardner）

ペンシルバニア州フィラデルフィア，ラサール大学の臨床心理学領域に開設された心理学博士（PsyD）プログラムにおいて准教授を務めている。ホフストラ大学にて臨床スポーツ心理学の博士号（PhD）を取得。心理士の有資格者のうち5％にも満たない優れた心理士が持つ，アメリカ専門心理学委員会の認定資格を受けている。臨床心理士，大学院生の指導教官，スーパーヴァイザー，スポーツ心理士として45年の経験を持ち，青少年，大学生，オリンピック，プロのアスリートを対象に仕事をしている。スポーツ心理士として40年間にわたってプロスポーツの世界に大いに貢献し，ナショナルホッケーリーグ（NHL），ナショナルバスケットボールアソシエーション（NBA），メジャーリーグベースボール（MLB）の複数のチームで働いてきた。アメリカ心理学会（APA）の会員であり，応用スポーツ心理学促進学会から認定コンサルタントとして認められた最初の心理士のひとりである。APAのスポーツ心理学職能領域を設立した中心人物のひとりであり，スポーツ心理学トレーニングプログラムのためのスポーツ心理士の養成カリキュラムを開発した。

ゼラ・ムーア（Zella Moore）

ニューヨーク，マンハッタン大学の心理学領域の助教である。ペンシルバニア州フィラデルフィア，ラサール大学の怒り・暴力治療研究センターにおいて，研究開発部門のアソシエイト・ディレクターとしても働いている。2003年にラサール大学にて臨床心理学の心理学博士号（PsyD）を取得し，NHL，NBA，ワールドインドアサッカーリーグのチームにおいてスポーツ心理コンサルタントを務めてきた。APAとアメリカ行動療法認知療法学会（ABCT）の会員。心理学領域の学部生，臨床心理学と臨床スポーツ心理学領域の博士課程大学院生の教育とスーパーヴィジョンに携わっている。

目次

監訳者序文 iii
訳者一覧 iv
はじめに v
謝辞 vii
著者について viii

第1部 理論的・科学的基盤 1

第1章 臨床スポーツ心理学への招待 2

スポーツ心理学の歴史 3
理論と実践の発展 5
臨床スポーツ心理学 7

第2章 臨床科学とスポーツ科学を統合する 11

アスレチック・パフォーマンスを理解する 11
アスレチック・パフォーマンスの統合モデル（IMAP） 12
IMAPの実践的示唆 23

第2部 アセスメントと分類 25

第3章 スポーツ心理学的多元分類システム（MCS-SP） 26

分類システム 26
概念的理解の発展 27
スポーツ心理学的多元分類システム（MCS-SP） 28
MCS-SPのスポーツ心理学に対する影響 35

第4章 臨床スポーツ心理学におけるアセスメント 37

アセスメント方略 37
アセスメントプロセスの手順 43
MCS-SPのアセスメント 44
MCS-SP半構造化面接 50

第3部 臨床スポーツ心理学における介入 53

第5章 伝統的なパフォーマンス強化介入の有効性の評価 54

伝統的なパフォーマンス強化介入 54
エビデンスに基づく実践 54
メタアナリシス，事例研究，逸話的報告 58
実証的に支持された治療法（EST）の基準の心理的スキルトレーニングへの適用 62
専門的実践への示唆 70

第6章 パフォーマンス向上（PD）のためのマインドフルネス・アクセプタンス・コミットメント（MAC） 79

心理的スキルトレーニングの歴史 79
パフォーマンス強化のための代替アプローチ 80
新たな理論的概念 82
パフォーマンス強化のためのマインドフルネス・アクセプタンス・コミットメント（MAC） 84
MACの実証的研究の状況 85

第7章　パフォーマンス不調（Pdy） 91

背景要因 92
パフォーマンスI不調（Pdy-I） 94
パフォーマンスII不調（Pdy-II） 99

第8章　パフォーマンス障害I（PI-I） 108

不安障害 109
気分障害 117
摂食障害 123
注意欠如・多動性障害 126

第9章　パフォーマンス障害II（PI-II） 129

怒りと衝動制御障害 129
アルコールおよび薬物使用障害 133
パーソナリティ障害 137

第10章　パフォーマンス終結（PT） 141

パフォーマンス終結I（PT-I） 143
パフォーマンス終結II（PT-II） 146
介入への見解の整理 152

第11章　臨床スポーツ心理学における事例定式化 153

アスリートの概念的理解 153
アスリートのアセスメント 153
事例定式化のための変数 154
事例定式化の例：パフォーマンス向上（PD） 157
事例定式化の例：パフォーマンス不調（Pdy） 159

事例定式化の例：パフォーマンス障害（PI） 161
事例定式化の例：パフォーマンス終結（PT） 162

第4部　その他の検討事項 165

第12章　臨床スポーツ心理学における倫理 166

守秘義務 167
インフォームド・コンセント 171
適格性の範囲内での実践 173
心理士-クライエント関係の終結 175
複数の役割，多重関係，組織からの要望のバランスをとる 176

第13章　臨床スポーツ心理学における専門性の向上とスーパーヴィジョン 186

専門性の向上 186
臨床スポーツ心理学におけるスーパーヴィジョン 192

第14章　今後の方向性 202

準臨床的な問題 203
アセスメントの利用 203
効果研究の現状 204
今後の研究 206
教育，トレーニング，スーパーヴィジョン 209
臨床スポーツ心理士の役割 210

参考文献 211
索引 230

第1部

理論的・科学的基盤

　本書はスポーツ心理学の研究・実践に関する他のテキストとは一線を画したものである。そのため，アセスメント，介入，事例定式化，およびその他の検討事項について詳しく論じる前に，第1部においてはまず，**臨床スポーツ心理学**とは実際にはどのようなものであり，伝統的なスポーツ心理学の実践とは何が異なっているのかについて解説する。

　第1章ではスポーツ心理学の歴史を概観し，伝統的な理論と実践の成り立ちについて述べたうえで，臨床スポーツ心理学との違いを紹介する。

　第2章は臨床スポーツ心理学を理解する上で極めて重要である。この章では，アスレチック・パフォーマンスの統合モデル（Integrative Model of Athletic Performance：IMAP）という，スポーツにおける専門性を習得して維持する心理学的プロセスに関する新しい考え方を紹介する。このモデルは臨床とスポーツ科学の橋渡しをすることを通じて，アスレチック・パフォーマンス，基本的な心理学的プロセス，そして関連する実証的知見を斬新な方法で結びつけてくれる。スポーツに関する伝統的な説明とは大きく異なり，IMAPは最先端の理論に基づいており，臨床スポーツ心理学のアセスメント，介入，事例定式化という基盤の上に成り立っている。

第1章
臨床スポーツ心理学への招待

　なぜ新たなスポーツ心理学の本が必要なのだろうか？　これまでにも多くのテキストにおいて，実践がうまくいく条件や課題について議論がなされ（Van Raalte & Brewer, 2002），最新の理論と研究がまとめられ（Singer, Hausenblas, & Janelle, 2001），アスレチック・パフォーマンスを強化するための具体的な提言がなされ（Hardy, Jones, & Gould, 1996），スポーツ心理学の立場からスポーツ医学への示唆が述べられ（Nostofsky & Zaichkowsky, 2001），アセスメントに関する専門的な知見が報告されてきた（Nideffer & Sagal, 2001）。スポーツ心理学に関する既存のテキストを概観して私たちはいくつかの結論を導き出し，最終的には本書を専門家に向けて執筆することにした。スポーツ心理学の様々な書籍の章や雑誌論文を拾い集めて論じるというやり方をとることもできたが，この分野には統合的な視点を提供してくれる1冊にまとまった書籍が存在しないことに気づいたのである。

　本書を通じて，アスリートたちがこれまでによく述べられてきたものとは幾分違った形で心理学的サービスを求め，必要としていることに読者が目を向けるようになってくれれば幸いである。加えて本書は，メンタルスキルとパフォーマンスの関係にばかり焦点をあてるものではない。現場で活動している臨床スポーツ心理士たちが，スポーツにおける心理的プロセスと心理的機能，行動面の成果を関連づける，幅広く統合的な手法で，アスリートたちに働きかけることを可能にするものである。さらに，本書から刺激を受けたスポーツ分野の実践家が，エビデンスに基づいた方法論を取り入れることで既存の専門的モデルに対して健全な疑問を抱き，実証的なデータに基づいた新たなモデルに思いを巡らせるようになってくれれば幸いである。

　スポーツ心理学の幅広い領域において，アスリートが抱える個人的な悩み，臨床的問題，パフォーマンスに関する懸念を理解し，概念化し，アセスメントし，介入するためのエビデンスに準拠したモデルを紹介したテキストは存在しない。この現状を踏まえ，本書は以下のようなスポーツ心理学のモデルを提案することを意図している。

- 運動面と非運動面の両面における人間のパフォーマンスに関する最新の実証的研究に基づき，アスレチック・パフォーマンスが理解できるモデル。
- アスレチック・パフォーマンスの強化だけでなく，アスリートの人としての成長や心理的ウェルビーイングも含んだ総合的・包括的な実践を取り入れたモデル。
- 臨床心理学やカウンセリング心理学におけるエビデンスに基づくアプローチに準拠した方法論と矛盾しない実践のスタイルを採用したモデル。この方法論は，望ましい専門的実践は実証的研究から明示されるものであり，（可能な場合には）綿密でエビデンスに基づいたアセスメント，事例定式化，実証に基づく介入によって論理的に構成される，という考え方に準ずる。

　本書では，私たちが**臨床スポーツ心理学**と呼ぶ，最新のスポーツ心理学のアプローチについて述べている。このアプローチは，実践への新しい範囲，スタイル，モデルを取り入れている（図1-1）。私たちは本書が，スポーツ心理学やパフォーマンス強化に実践の範囲を広げようと考えている臨床心理学やカウンセリング心理学の実践家にとって，また新しいモデルを概念化したり，クライエントであるアスリートへの新しい介入モデルを考えているスポーツ心理学の専門家にとっても，価値あるものとなることを願っている。しかしながら，私たちが臨床スポーツ心理学と呼んでいるものについて紹介する前に，伝統的なスポーツ心理学がこれまでにどのように展開してきたのか，そしてなぜ今このような総合的・包括的モデルが求められているのかについて考えてみたい。

実践の背景	実践の範囲	実践のスタイル
● 臨床心理学とスポーツ心理学の両方の研究を統合した基盤を持つ	● パフォーマンス強化と個人の心理的ウェルビーイングを含める	● 実証的研究に基づいた実践を基本とする

図 1-1　臨床スポーツ心理学のモデル

スポーツ心理学の歴史

　1890年代に競輪選手を対象としたノーマン・トリプレットの研究に続き，1920年代から30年代にかけてはコールマン・グリフィスがコーチングの心理学に関する研究を報告するなど，スポーツ心理学の研究には長く豊かな歴史がある（Anshel, 1990）。1950年代から60年代には学問分野としてのスポーツ心理学が体育学科や運動科学科の中に初めて現れ，運動学習や運動発達に関連したテーマがスポーツ心理学の領域を席巻した。このような研究的視点や専門家の関心から，スポーツや身体活動に関する心理学の基礎的な研究の普及促進のために，北米スポーツ身体活動心理学会（North American Society for the Psychology of Sport and Physical Activity：NASPSPA）が1967年に設立された（Wiggins, 1984）。心理学の分野では社会的認知理論の理論と実践の双方が主流だったこともあり（Bandura, 1977），アスリートが競技パフォーマンスを最大限に向上させるために使用できる認知的・感情的・行動的方略への関心が高まりを見せた。こうした関心からスポーツ心理学のサービスへの直接的な応用が注目を集めるようになり，スポーツ心理学は徐々に心理学の主要な分野への仲間入りを果たした。過去25〜30年の間に，専門的サービスを提供できる職業分野として，スポーツ心理学は専門家と消費者の双方から認識され，受容されるようになった。スポーツ心理学の歴史について書かれたWilliams & Straub（1998）による秀逸な書籍の章は一読に値する。

伝統的な実践の定義とその範囲

　スポーツ心理学は，スポーツや運動への参加とパフォーマンスに影響を与える心理社会的要因に対する幅広い関心によって定義することが可能であり，心理社会的要因自体もまたこのような参加やパフォーマンスに由来している（Williams & Straub, 1998）。スポーツ心理学の基礎研究には，達成動機，グループダイナミクスとチームのまとまり，コーチングの教育・スタイル・方法，子どものスポーツ，親の参加，ファンの体験，スポーツにおける暴力，リーダーシップ，運動と心理的ウェルビーイング，身体活動の問題と利益，競技時のピークパフォーマンスの特徴といった多岐にわたる領域が含まれる（Cox, 2002）。加えて，過去20年の間には，数多くの学術書，一般書，専門雑誌においてスポーツと運動に関する特集が組まれるようになった。

　応用スポーツ心理学とはスポーツ心理学の原理を応用する分野のことを指し，このような原理を発展させて洗練させる科学の分野と区別する目的でこの20年の間に広まったものである（Cox, 2002）。心理学とスポーツ科学の双方の専門家たちがともに応用スポーツ心理学の研究を推し進めるために，1985年には応用スポーツ心理学促進学会（Association for the Advancement of Applied Sport Psychology：AAASP）が設立された（Williams & Straub, 1998）。アメリカオリンピック委員会（United States Olympic Committee：USOC）は1988年にスポーツ心理学の専門家を登録したデータベースを作成し，受けた教育の経歴と専門的活動によってスポーツ心理士を区別している。このデータベースではスポーツ心理士を，教育スポーツ心理士，臨床スポーツ心理士，研究スポーツ心理士に分類して，誰がどのようなサービスを提供するためのトレーニングを受けているのか明示している（Murphy, 1995）。

　教育スポーツ心理士は，パフォーマンス強化を目指した心理教育を提供するための教育，トレーニング，経験を重ねた実践家である。**臨床スポーツ心理士**とは，心理的ウェルビーイングの促進（例えば，臨床的問題の改善）を目指した臨床的技法を用いてアスリートへのコンサルテーションを実施するための専門的教育を受けた実践家のことである。**研究スポーツ心理士**は，スポーツ心理学に関する研究や評価に向けた教育を受けてきたスポーツ心理士のことを指す。専門家はできればこれらのうち2つ以上の認定を受けることが望ましいとされたものの，この分類によってスポーツ心理学が教育的な領域（パフォーマンスの促進）と臨床的な領域（重篤な精神障害の治療）に安易かつ人為

的に区分けされる傾向が生まれることになった。

　こうした分類の結果，現在まで続く2つの残念な誤解が広まってしまった。第一の誤解は，アスリートのパフォーマンス上の懸念は，深刻な精神病理によるものと，メンタルスキルの不足によるものとに容易に識別できる，というものである。第二の誤解は第一の誤解に直接由来するものであり，臨床心理学やカウンセリング心理学のトレーニングを受けたスポーツ心理士は前者のタイプのアスリートを**治療する**のに向いており，運動科学のトレーニングを受けたスポーツ心理士は後者のタイプのアスリートに**助言する**のに向いている，というものである。このあまりにも安易な二者択一的発想によって，スポーツ心理学の実践を行うにあたって倫理的（場合によっては法的）に必要となる，受けた教育の経歴と実務能力について激しい議論が引き起こされることとなった（Gardner, 1991；Silva, 1989）。

資格と新しい認定制度

　1990年代にスポーツ心理学に関する研究は急激な発展を遂げ，専門家の関心と利用者側の受容も大きく進んだ。1991年にAAASPは応用スポーツ心理学の最低限度の教育とトレーニングを受けた人（AAASP認定コンサルタント）を認定するガイドラインを制定した（Zaichkowsky & Perna, 1992）。この認定資格は理論上，応用スポーツ心理学の実践を行っている人が，専門的サービスを提供するのに必要な基本的な教育，トレーニング，経験を積んでいることを保証する。この認定制度をスポーツ心理学のプロ化のための大きな一歩として賞賛する人たちがいる一方で（Zaichkowsky & Perna, 1992），AAASPの認定資格は常に批判にもさらされてきた。批判の矛先は，この制度をスポーツ科学の教育やトレーニングを受けた専門家たちに適用することの公平性と適切性（Anshel, 1992），スポーツ心理学の分野で職を求めている専門家にとってのAAASPの認定資格の有用性，スポーツ心理学の資格を持った専門家を探している利用者の側から見た認定資格の妥当性（Gardern, Taylor, Zinnser, & Ravizza, 2000, Octorber）などに向けられていた。AAASPの認定資格が制定されたことを受け，USOCは従来のデータベース登録基準を取りやめ，AAASPの認定資格を持つこととアメリカ心理学会（American Psychological Association：APA）の会員であることをデータベース登録の条件として定めた。APAの会員であることが条件に加わったため，USOCはAPAの倫理コードを受け入れ遵守することを義務づけた（APA, 1992, 2002）。

　AAASPの認定資格とその目的，有用性，役割についての議論は，応用スポーツ心理学の専門家たちが最もよく採用し用いている応用心理学の定義に焦点をあてるのが一番わかりやすいだろう。応用スポーツ心理学の第一の使命は，アスレチック・パフォーマンスを促進して身体活動を高めるための，スポーツや運動に応用できる理論と技法の発見・理解であるとされてきた（Williams & Straub, 1998）。実際に，アスリートやスポーツ参加者に関連したパフォーマンス以外の問題にスーパーヴァイズを受けながら実践活動を行うこと（例えば，摂食障害で悩んでいるアスリートへの心理療法）は，AAASPの認定資格を得るための経験としては算入されていない。したがって実際問題として，**応用スポーツ心理学**とは**パフォーマンス強化**と，あるいは，前述のかつては教育スポーツ心理学として知られていたものと同義となっている。さらにパフォーマンス強化自体は，一般に心理的スキルトレーニング（psychological skills training：PST）と呼ばれる認知行動的セルフコントロール技法と同様のことを表すようになっている。PSTは競技パフォーマンスを改善するものとして各方面から理論化されている（Weinberg & Williams, 1998）。通常こうした介入方略には，目標設定，イメージ技法，セルフトーク，覚醒の調整，およびその組み合わせが含まれる。

　2000年にAPAの運動・スポーツ心理学部会（第47部会）は，APAの「心理学における職能認証委員会（Committee on Recognition of Specialties and Proficiencies in Professional Psychology：CRSPPP）」に対して，スポーツ心理学を職能領域（重点実践領域とも呼ばれる）の1つとして認めるよう申請した（APA, 2003）。この申請には2つの主要な目的があった。第一に，この職能領域に統一された基準が整うことで，スポーツ心理学の実践を行っている有資格の心理士（合法的にスポーツ心理士と自称できるようになる）が，適切な教育とトレーニングを受けていることを公に保証することにつながる。第二に，有資格の心理士（もしくは心理士のタマゴ）がこの職能領域で実践をしたいと希望した際に，必要となる教育やトレーニングの基準について明確なガイダンスを得られるようになる。実際にこの申請では，スポーツ心理学の職能が認められるための条件として，試験に合格することと500時間のスーパーヴァイズを伴う実践経験を積むことが推奨されている。

　2003年1月に，APAの代表者会議はCRSPPPの提言を受け入れ，スポーツ心理学を心理学における職能領域（重点実践領域）の1つとして正式に認めた（APA, 2003）。この職能領域の最も重要な特徴は，おそらくスポーツ心理学の定義にある。第47部会の職能申請において，スポーツ心理学は「①心理的スキルを体系

この選手たちが最高のアスレチック・パフォーマンスを発揮した歓喜に沸いているように、大変な努力は報われる。

的に高めることを通じてパフォーマンスと充足感を促進すること、②アスリートのウェルビーイングを最大限に高めること、③スポーツ領域における組織やシステムの問題に取り組むこと、④スポーツ参加に関連した社会的・発達的問題を理解すること」に関する学問分野と定義されている。見ての通り、この職能領域の目指すところは、AAASPの認定資格が目指すところとは基本的に異なっており、スポーツ心理学の実践の定義を拡大しているのである。

APAの認める職能領域において用いられているスポーツ心理学の定義は、応用スポーツ心理学の分野において最もよく用いられている定義よりはるかに広い。実際に、この職能領域における定義のもとで実践を行っているスポーツ心理士は、AAASPの定義のもとで実践を行うよりもはるかに広い範囲を扱っている。この包括的なアプローチには、アスリートのパフォーマンス強化を援助することに**加えて**、アスリートの心理社会的健康、発達、ウェルビーイングを高めることも明確に含まれている。

応用スポーツ心理学は運動科学と心理学の両方に起源を持っているため、どの実践家が、どのようなクライエントに、どういったサービスを提供する資格を持つのか、という対立が当然のように浮上してきた（Gardner, 1991；Silva, 1989）。このような議論は受けてきた教育（運動科学か、臨床・カウンセリング心理学か）に焦点があてられることが多かったが、本質的な問題は、実践家がその学問分野の**目的**と**範囲**をどのように考え、科学的知識をどのような**やり方**や**スタイル**で適用するかという点にある（Gardner, Taylor, Zinsser, & Ravizza, 2000, October）。多くの点において、APAの技能基準において定められるスポーツ心理学の定義は、USOCが従来から認めてきた教育スポーツ心理学と臨床スポーツ心理学を統合して、スポーツ心理学の直接的なサービスの適用をより包括的に説明しようとするものであると言える。

理論と実践の発展

応用スポーツ心理学の無難な定義は、暗黙のうちにこうした学問分野間の対立の中心となることが多々あった。実践家のトレーニングや能力について多くの専門的な議論がなされてきたが、多くの場合、アスリートを支援するための最善の方法を見出すという論点が欠けている。このような視点から考えると、実践の目的や範囲を狭くとらえるところから議論を広げ、実践の方法論についても検討していく必要がある。

先にも述べたように、応用スポーツ心理学は伝統的に、パフォーマンス強化に焦点をあてて実践の範囲を定義づけてきた。また、身体的・技術的スキルをアスリートに指導するだけでなく、最適なアスレチック・パフォーマンスを発揮する上で効果的かつ必要不可欠と考えられる心理的スキルも教えるといった、教育的な観点からの実践の方法論を促す役割も果たしてきた（Hardy, Jones, & Gould, 1996）。

このような観点からすると、応用スポーツ心理学の実践家は心理士として実践を行っているのではなく、むしろ主にメンタルコーチやパフォーマンスコンサルタントとして実践を行っている。AAASPの資格認定基準に現在取り入れられている、スポーツ心理学の実践の範囲とスタイルがたどった歴史的展開を概観してみよう。スポーツ心理学は、1960年代から70年代にかけて起こった心理学における社会的認知革命（Bandura, 1977）のもとで劇的な成長を遂げた。社会的認知革命は行動療法における第二の波の一部である。第一の波は2つの学問的な流れからなり、1950年代から60年代にかけて発展した。その1つはジョン・B・ワトソン（Watson & Rayner, 1920）やB・F・スキナー（Skinner, 1953）による伝統的な流れであり、古典的条件づけやオペラント条件づけのプロセスに関する実験室研究に焦点をあてたものである。もう1つの流れも同じく経験主義に主眼を置いたものであったが、刺激と反応の連合（S–R）に関する心理学を発展させ、構造的で実証的に確立された技法として臨床的問題に適用しようと試みた立場であった。この流れはアイゼンク、ウォルピ、ラックマン、ラザルスといった研究者と関連が深い（Dougher & Hayes, 2000）。

行動療法の第二の波は、バンデューラ（Bandura, 1977）、マホーニー（Mahoney, 1974）、マイケンバウム（Meichenbaum, 1977）による心理学の社会的認知革命に代表される。この時期にスポーツ心理学の定義がなされ始め、社会的認知に基づく視点が取り入れられるようになった。また、初期のスキルに基づいた認知行動的介入をもとに、応用スポーツ心理学の技法の多くが開発された。ドナルド・マイケンバウムによっ

第一の波	第二の波	第三の波
● オペラント条件づけモデルと古典的条件づけモデル	● 認知モデル	● 新行動論的文脈モデル（アクセプタンス理論とマインドフルネス理論）

図1-2　行動療法の3つの波

て提唱された自己教示トレーニングやストレス免疫トレーニングは，その最も代表的なものであろう（Meichenbaum, 1977）。このモデルにおいて心理学的介入は，何らかの行動を形成することを通じて生活上のストレッサーに対処し，最終的には日常生活における機能が充実するように個人の能力を高めることを目指した心理教育のプロセスとされた。人間が抱える問題は，行動の過剰か，行動の欠如か，妨害行動によるものだと見なされていた。スキルと呼ばれるコーピング行動は機能的な行動を増やし，非機能的な行動とそれに伴うネガティブな感情反応を抑えると考えられていた。こうしたスキルに基づく初期の認知行動的介入は，構造化された心理教育の形式（原理の解説，スキルの習得，練習の各段階から構成される）で実施され，テスト不安やスピーチ不安（DiGiuseppe, McGowan, Sutton-Simon, & Gardner, 1990；Gardner, 1980），痛みのコントロール（Turk, Meichenbaum, & Genest, 1983），怒りのマネジメント（Novaco, 1976）といった分野において早くから実証的に支持されていた。スポーツ心理学においてPSTを重視するのは，マイケンバウム（Meichenbaum, 1977）に代表されるスキルに基づく視点の影響が大きい。初期のスポーツ心理士たちは，マイケンバウムの介入法をアスレチック・パフォーマンスの強化により適したものになるよう若干の改変を加えた。ところが，行動療法が大きな発展を遂げたにもかかわらず，これらの介入法はアスレチック・パフォーマンスの強化のための中心的な理論・応用モデルであり続けた。心理学の他の領域ではこうした初期の原理から発展していったのに，スポーツ心理学はこの変化に抵抗してきた。このような抵抗が起こった理由の一部は，初期のアプローチが，特に競技に備えるアスリートが自然に目標設定，イメージ，セルフトーク，覚醒の調整といった技法を使っていることを示唆する相関研究（Hardy et al., 1996）も存在していたことから，少なくとも直感的には理にかなって見えたことにある。

その数年の間に，行動療法の第二の波が急速に発展した。この第二の波の後期には，認知プロセスの病理的側面やスキーマの内容について考える立場（Beck, 1976）が主流となり，認知的活動（セルフトーク）を単なる非言語行動の未学習や再学習といった観点から考える立場に大きく取って代わった。近年ではしばしば臨床行動分析，新行動主義，文脈行動主義などと呼ばれる行動療法の第三の波が現れた。この第三の波では，第二の波の視点も包括する形で認知-感情プロセスにおける新たな視点が示され，革新的な介入法が登場した（図1-2）。こうした第三の波に含まれる介入法には，アクセプタンス＆コミットメント・セラピー（acceptance and commitment therapy：ACT）（Hayes, Strosahl, & Wilson, 1999），マインドフルネス認知療法（mindfulness-based cognitive therapy：MBCT）（Segal, Williams, & Teasdale, 2002），弁証法的行動療法（dialectical behavior therapy：DBT）（Linehan, Cochran, & Kehrer, 2001），統合化された行動的夫婦療法（Doss, Jones, & Christensen, 2002），機能分析的心理療法（functional analytic psychotherapy：FAP）（Kohlenberg & Tsai, 1995），認知行動分析システム心理療法（cognitive-behavioral analysis system of psychotherapy：CBASP）（McCullough, 2000）といったものがある。基本的に第三の波の行動療法では，「アクセプタンス，マインドフルネス，脱フュージョン，弁証法，価値，スピリチュアリティ，関係性などの問題が強調される」（Hayes, Masuda, & De May, 2003, p.70）。

スポーツ心理学の領域では近年の行動療法の進歩にまったく注目が向けられていない。この状態はベックによって第二の波が確立された（Beck, 1976）時期から始まっており，現在の行動療法の第三の波による介入法の発展を見るにいたっても変わってはいない。応用スポーツ心理学の文献は，第二の波の初期に見られるスキルに基づく概念化によって人間のパフォーマンスとその不調をとらえることから脱しきれておらず，パフォーマンス強化の介入法は実質的にまったく変わっていない。

問題をさらに難しくしているのが，第5章でも詳しく述べているように，長年にわたって信じられてきたスキルに基づく（セルフコントロール）介入のアスレチック・パフォーマンスの強化にもたらす有効性が，大いに疑わしいことが明らかになったということであ

る（Moore, 2003b；Moore & Gardner, 2005）。他の心理学分野では初期のモデルから大きく前進して，様々な問題に合わせた方法論を統合するモデルが展開されている一方で（Hayes et al., 1999；Nathan & Gorman, 2002），スポーツ心理学ではその介入方略が初期の認知行動的介入に限られていたために，どこか停滞してしまっている。

スキルに基づくアプローチによりアスレチック・パフォーマンスを強化するための目的，方略，テクニックについて書かれた多くの論文や書籍を展望した文献（Hardy et al., 1996）では，こうした伝統的なスタイルによる実践の中心的な要素と前提について以下のようにまとめられている。

● 考え方の出発点

スポーツ心理学のコンサルタント（もしくはメンタルコーチ，パフォーマンスコンサルタント，および心理学的でない他の職名）として働く実践家は，自分の仕事と従来の臨床心理学やカウンセリング心理学を専門とする心理士の仕事とを区別し，優れたパフォーマンスを発揮するのに必要な心理的スキルの特徴，重要性，および関係を説明しようとする。（全てではないが）一部の実践家は，**心理士**という名称を用いることは適切でなく，スポーツ心理学への否定的な（そして非生産的な）見方を強めるものであり（Halliwell, 1990；Rotella, 1990），効果的なコンサルテーション活動に支障をもたらすと考えている（Ravizza, 1988；Gordon, 1990）。

● 提供されるサービス

コンサルタントは個人か集団を対象とし，期間は契約で定めるかもしくは制約を設けない形であるのが一般的である。コンサルタントはパフォーマンス目標を明らかにし，面接によって（場合によってはスポーツに特化した質問紙を用いながら）心理的スキルに関する知識の程度や本人の長所・短所を見極めた後，必要なメンタルスキルを合理的な手順で教えていく。パフォーマンス強化を目的とした心理的スキルトレーニングは，マイケンバウムの初期の臨床実践において示されているように（Meichenbaum, 1977），講義を中心とした教示，スキル向上，そして認知行動的なセルフコントロール技法の練習と応用にいたる流れが一般的である。クライエントの満足感やパフォーマンスの改善を相談と並行して評価したり，相談終了後に評価することもよく行われる。

● 前提となっていること

アスリートは自らのパフォーマンスを高めたいという欲求やニーズを持っていることを特徴とするので，ほとんどのアスリートは，程度の差はあれ，均質で，適切に機能しているとみなされていることが多い（Vealey, 1994a）。また，アスリートは移行期の悩み，発達上の問題，パーソナリティ（安定した行動面の特徴），感情・行動面の症状といった，あらゆる個人的・心理的問題を自分から持ち出すものであるという思い込みも一般的によく見られる。逆にアスリートがこうした問題について口にしていないのであれば，そのような問題は存在しない（もしくは存在したとしてもスキルに基づくパフォーマンス強化の成否には影響がない）とみなされる場合も多い。同様に，個人的問題により焦点をあてるコンサルタントは精神分析家と揶揄されるので，こうした問題は特に援助の初期には避けるべきだと考えられていることも多い。さらには，スキルに基づく（セルフコントロールを目指す）アプローチこそがパフォーマンス強化のための本質的・合理的な唯一の手段であり，より治療に重点を置いたアプローチは重篤な精神的問題のためだけにあるとする考え方も一般的である（Silva, 1989）。最後に，実践家の中には，今日までに蓄積されてきたエビデンスによって，個々の心理的スキルのパフォーマンス強化に対する有効性が実証的に支持されていると誤認している者も多い（Hardy et al., 1996）。これらの不幸な前提となる考え方については，本書を通じて詳しく議論していく。

臨床スポーツ心理学

本書ではスポーツ心理学の実践に関するまったく異なったモデルである，**臨床スポーツ心理学**について述べる。伝統的なスポーツ心理学における一般的な前提とは対照的に，この新しいモデルは他の心理学の分野において見られるような，実践のための包括的アプローチを提唱している。この新しいアプローチは臨床心理学とスポーツ科学の実証的成果から導き出されたものであり，行動療法の伝統的方法論に基づいている。

スポーツ心理学の文献においては，臨床心理学やカウンセリング心理学は精神疾患患者に提供されるサービスに限られるとする誤った定義が述べられてきた（Silva, 1989）。実際の実践活動では，臨床心理学やカウンセリング心理学の専門家は，あらゆる心理学分野における科学的知識と技術を応用して，生活上の多様な領域（例えば仕事，学校，家庭，余暇）における機能の向上を求める人々に対してアセスメントや介入を行っている。このような視点から見ると，臨床心理学とカウンセリング心理学は単なる1つの分野というよりも，認知−感情，学習，社会，発達といった分野から導き出された科学的原理と方法を応用することによって人間の行動の改善を目指す専門的な態度とスタイル

であると言える。臨床心理学とカウンセリング心理学におけるこのような伝統は、実証的根拠を持ち、発達や修正を必要とする具体的な行動に焦点をあててきた認知行動療法（cognitive behavioral therapy：CBT）の歴史的な発展に最もよく現れているかもしれない。このような臨床心理学とカウンセリング心理学の伝統的視点と専門的態度を臨床心理学とスポーツ科学の分野に重ねてみると、**臨床スポーツ心理学**と呼ぶべき新たな下位分野を構築する必然性が見えてくる。心理社会的な悩みとパフォーマンスに関する悩みを包括的に視野に入れた上で、私たちは臨床スポーツ心理学を以下のように定義した。

> 様々な心理学領域の知識と方法を以下のことに応用すること。①心理的・身体的健康とウェルビーイングを向上・維持する、②スポーツに関わる個人・家族・組織のためにアスレチック・パフォーマンスを最大限に高める、③心理的要因が寄与しているまたは和らげている個人的な問題やパフォーマンス上の問題を予防、アセスメント、改善する。

私たちはUSOCが従来から用いている用語を用いてはいるが、USOCの定義を用いているわけではないことを強調しておきたい。本書では**臨床スポーツ心理学**という用語を、包括的・総合的な実践の**範囲**と心理学のスタンダードである実践の**スタイル**を包含するスポーツ心理学へのアプローチを表すものとして用いている。臨床心理学やカウンセリング心理学のトレーニングを受けたスポーツ心理学の専門家だけがこのモデルに基づく実践を行うべきだと示唆するために「臨床スポーツ心理学」という用語を用いているわけではない。むしろこの用語は、特色のあるスタイルと拡張された範囲を持つ実践を新たに定義づけたものと言える。

私たちが推奨している実践のスタイルは、アセスメント、事例の概念化的理解、介入がそれぞれ結びつき、進化していく実証により知見が更新される、現代の臨床心理学やカウンセリング心理学において標準的な実践のアプローチである。このモデルの核となっているのが、あらゆる心理社会的な背景の中でクライエントの抱える問題を丁寧に概念化することと、実証的に支持された介入（利用可能であれば）を実施する前にクライエントを包括的にアセスメントすることである。このモデルでは、アスリートの悩みがパフォーマンスに関するものと臨床的なものとに二者択一的にきちんと分かれるものではないと考える。実際に、スポーツ心理士が出会う事例の多くにおいて、状況変数と背景となる特性が、アスリートが自らの競技パフォーマンスを最大限に高める能力に影響している。こうした状況においては、アスレチック・パフォーマンスを高めることが第一の目標だとクライエントが語っていたとしても、準臨床的な心理的障壁を理解し改善することが変化のための決定打になることは多い。

本書で後述するように臨床スポーツ心理学の実践では、応用スポーツ心理学においてしばしば見られるようにパフォーマンスばかりに焦点をあてるのではなく、アスリートの心理社会的な事実について包括的・総合的な理解を高めることに論理的に焦点をあわせている。臨床スポーツ心理士は、臨床的な疾患（例えば摂食障害）を治療し、移行に伴う反応（例えば生活環境に対する感情反応）について心理学的なカウンセリングを行い、アスレチック・パフォーマンスの強化（例えば、集中力やバランス感覚の向上）を行うことができるかもしれない。臨床スポーツ心理学の実践家が、あらゆる臨床的な疾患、移行期の問題や発達上の問題、継続的な人間関係上の問題や個人内の問題にいたるまで、すべて**治療**できる必要はない。しかしながら、臨床スポーツ心理士には、こうした問題の存在を正確にアセスメントし、適切な時期に必要に応じてクライエントを他の専門家に紹介することのできる能力が求められる。残念なことに、先に述べたような前提が存在することによって、よく知られた実践法ばかりが用いられ、実質的にはスポーツ心理士が本来取り組むべき重要な点に気づくことを防げているのかもしれない。本書を通じて私たちはこうした前提について議論し、多岐にわたるアスリートのニーズのアセスメント、概念化、治療に対する包括的・総合的枠組みについて述べる。この章の残りの部分では、臨床スポーツ心理学のモデルにおいて実践の範囲とスタイルはどのように変更されるのかについて簡単に述べることとする。

臨床スポーツ心理士

APAの新しい職能認定や本書ではスポーツ心理学

この選手たちは2人とも、自分の性格をよいパフォーマンスにうまく結びつけている。

の範囲が拡張されているが，受けた教育の経歴次第で実践家を機械的に現場から閉め出すようなことはしない。どのような専門分野であっても，資格を持った専門家が特定のタイプのクライエントを扱うためのトレーニングや実践経験を持っていたり，必要に応じて他の専門家に紹介することをいとわないことはある。臨床心理学やカウンセリングを専門とする心理士も同じように，あるクライエントに向精神薬治療が必要であることを察知し，医療機関に紹介することが求められている。臨床心理学やカウンセリング心理学を専門とする心理士はいずれも精神保健という領域を共有して重複する活動（心理療法）を行っているが，双方ともお互いの固有の違いを認め合い，明確な専門分野を持っている。自らの実践の限界を認識することは必要不可欠であり，APA の倫理コードにも明示されている（APA, 2002）。したがって，私たちは臨床心理学のトレーニングを受けた実践家とスポーツ科学の実践家とを人為的に区別することはせず，自分の受けたトレーニングと適格性の範囲によっておのずと生じる限界を実践家たちが相互に認め合う限り，この分野に携わる全ての実践家が臨床スポーツ心理学の実践を行うことができると考えている。臨床スポーツ心理学は，感情面・行動面の問題，パフォーマンス向上やパフォーマンス不調，キャリアの終結，外傷への心理的反応，完全主義，失敗恐怖，不安，抑うつ，その他の人間関係上の機能や個人の機能に関する問題といった，幅広い問題を対象に含む。後述されるモデルによって，あらゆる教育的背景を持つ実践家が，臨床スポーツ心理学の幅広い範囲の実践を効果的に行うことができる。

実践の範囲

　臨床スポーツ心理学モデルの基本となるのは，その幅広い実践の範囲である。私たちの主張する範囲から考えると，スポーツ心理士がアスリートの示す多様な問題に対応できる準備を整えておかなければならないことは明らかである。加えて，アスリートの抱える問題は単にパフォーマンス上の悩みとして集約したり限定したりできるものではない。私たちの立場からは，診断可能な精神疾患であれ，発達上の悩みや移行に伴う問題，または人間関係上の悩みであれ，個人的・心理的問題を明確に実践の対象として含め，十分な心理学的サービスを提供できるよう適切に対応する必要があると考える。さらには，チームのまとまり，リーダーシップの向上，コーチングの有効性なども臨床スポーツ心理士の活動範囲に含まれる。
　より大きなシステムに関する問題も臨床スポーツ心理学の対象であり，集団，チーム，組織に関わる問題

この選手を十分に理解するためには，スポーツ心理士は彼のパフォーマンスと全般的な生活上の機能を向上させる個人的要因，組織的要因，状況的要因を広く考慮する必要がある。

についても個人のパフォーマンスの問題と同様に十分な注意を払う必要がある。加えて，心理アセスメントを選手の選抜に活用したり，組織の文化がスタッフや選手に及ぼす影響の検討に用いることも，理にかなった実践例と言える。

実践のスタイル

　有効かつ倫理的なサービスを提供する上で実践の範囲と同様に重要なのが，実践のスタイルである。スポーツ心理学の実践に特有の**スタイル**において，極めて重要な要素が2つあげられる。1つはエビデンスに基づいたアプローチを重視する点であり，理論から導かれた研究を行い，実証的な情報に基づいたアセスメントと介入方略によって実践が展開される。心理学の実践における実証に基づいたアプローチの重要性と歴史については第5章で紹介する。
　もう1つの重要な要素が，パフォーマンス上の悩みを扱う際には，アスリートによって最初に述べられた観点からそのまま見るのではなく，アスリートの人生全体の見地から見るということである。この観点から，臨床スポーツ心理士は，様々な移行・発達・人間関係・個人的要因に関わるより深刻な心理学的問題がパフォーマンス上の悩みに関係している可能性を考慮しながら慎重にアセスメントを行う。そして，表面化している問題につながっている問題を組み込み，支持されなかった仮説については除外していく。その後，クライエントから述べられた具体的な問題から導き出される成果目標を考慮しながら事例を概念的に理解し，最新のエビデンスにのっとって介入法の選択を実施する。

まとめ

　私たちは臨床スポーツ心理学の実践に関する体系的モデルを示すために本書を著した。本書の内容が十分に取り入れられ，形式が整えられ，利用できるようになれば，本書は実践家のための有益な指針となり，より優れた実践の手引きとなるだろう。そうすれば，応用領域の研究者たちと実践家たちには，この独特で，魅力的で，複雑なクライエントたちに役立つより包括的で意義深い取り組みを進めていくための推進力がもたらされることだろう。

第2章

臨床科学とスポーツ科学を統合する

　アスレチック・パフォーマンスを理解し，予測し，高めることには，内的なものも外的なものも含めた非常に多くの要因が複雑に結びついている。本章では，臨床スポーツ心理士が最もよく遭遇する問題を理解するのに役立つ，あるモデルについて解説する。このモデルの導入によって，実証に基づく介入を合理的に利用できるようになるだろう。本章はスポーツ心理学と臨床心理学双方の科学的なエビデンスを利用し，アスレチック・パフォーマンスの統合モデル（Integrative Model of Athletic Performance：IMAP）（Gardner & Moore, 2005a；Moore & Gardner, 2001, October）という，アスリートの自己制御を取り入れたモデルにおいて内的プロセスと外的要求を統合させる。

アスレチック・パフォーマンスを理解する

　1つの活動，メカニズム，もしくは変数だけで，アスリートのパフォーマンスが妨げられたり，心理的な苦痛をもたらす内的・外的な懸念が生じたりするわけではない。あらゆる種類のヒューマン・パフォーマンスと同じく，アスレチック・パフォーマンスもまた，複雑な活動であり，いくつもの要素が密接に結びついている：

- **実際的コンピテンシー**とは，アスリートが持つ，個有の身体的もしくは感覚運動的なスキルや能力である。
- **環境刺激とパフォーマンス要求**は，アスリートが体験する，競技的，対人的，状況的，または組織的な条件，問題や挑戦である。
- **背景となる特性**とは，コーピングスタイルや，アスリートがパフォーマンスに関連した外的・内的な刺激と要求を知覚し，解釈し，反応するための心理的テンプレートである認知-感情スキーマといった個人内の変数である。
- **行動的自己制御**とは，目標に向けられた行動の基盤となる，認知的，感情的，生理的，行動的なプロセスである。

　これらの要素がそろうと（図2-1），理想のパフォーマンス状態（Hardy et al., 1996）が実現すると考えられる。理想のパフォーマンス状態は，いくつかの異なる用語で呼ばれてきた。Csikszentmihalyi（1975）は「フロー」と呼び，Gould & Udry（1994）は，理想のパフォーマンス状態をつくりだすために必要な要因を述べる中で，必須の「感情のレシピ」と呼んだ。Hanin（1980）は「最適に機能するゾーン」という表現を使い，最適なアスレチック・パフォーマンスに必要となる，その人にあった覚醒状態について述べている。これらの用語は全て，アスリートのピークパフォーマンスの背後には，目標に向かう自動化された行動を促進し持続する，最適な生物心理社会状態が存在することを示唆している。私たちも，ここに登場した他の研究者たちも，本質的に，認知的，感情的，生理的条件の

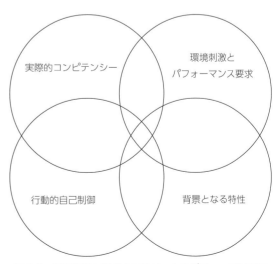

図2-1　相互作用しながらアスリートのパフォーマンスに影響する要素

正しい組み合わせによって，十分に学習された身体的（行動的）スキルが，一見簡単そうに，そして自動的に生じると考えている。本章は，この状態がどう起こるのか，そして，どのようなプロセスで最適なパフォーマンスが促進されたり妨害されたりするのかに焦点をあてていく。

パフォーマンスを構成する要素は，これまでのスポーツ心理学の文献では分離され切断されたものとして扱われる傾向がある。事実，自己効力感，動機づけ，覚醒，身体的なスキルの向上，自己制御プロセスは，一般的にスポーツをすることやパフォーマンスの異なる独立した要素として論じられている（Singer et al., 2001）。Hardy ら（Haedy et al., 1996）や Vealey & Garner-Holman（1998）が提唱した著明なモデルを除いて，アスレチック・パフォーマンスのモデルで，高度なアスレチックパフォーマンスに必要となる全ての要素を注意深く統合して考察したものはほとんどない。

Vealey & Garner-Holman（1998）がつくった，応用スポーツ心理学のための複数領域にまたがるアセスメントの枠組みは，アセスメントのプロセス，介入のプロセスにおいて，そして介入効果の評価中に，アスリートの特性，組織の文化的特徴，文脈的特徴，そしてコンサルタントの特徴を考慮すべきことを示唆している。Hardy ら（Hardy et al., 1996）のモデルでは，ピークパフォーマンスは中核となる「パーソナリティの，動機づけの，そして哲学的な基盤」に基づくことが示唆されている（p.240）。この中核となる基盤に前提条件となる身体的スキル，心理的スキル，そして困難に対処するための方略を加えることで，タスクに特異的な，理想のパフォーマンス状態が生じる。Hardyらは，アスレチック・パフォーマンスを完全に理解するためには，このモデルの全ての側面を考慮すべきだと主張したが，どのように統合して考えるかについてはほとんど語っていない。かなり包括的なアプローチであるにもかかわらず，彼らは，ほぼ伝統的な心理的スキルトレーニングである認知行動的アプローチ（第5章参照）にのみ着目したアスレチック・パフォーマンスを高めるための方略は，常に最も効果のある方略とはならないと述べている（Gardner & Moore, 2004a；Moore, 2003b；Moore & Gardner, 2005）。これらの方略は，内的な認知-感情プロセスと外的な行動を修正してコントロールすることで理想のパフォーマンス状態を生み出そうとするものである（Hardy et al., 1996）。同じように，スポーツ心理学の多くの文献は，これらのセルフコントロール・スキルを強調しているが（Van Raalte & Brewer, 2002），多くの場合，他の重要な心理メカニズム，背景要因，認知的脱フュージョンや行動リフォーカシングといったパフォーマンス強化のための代替的な方法をないがしろにしている（Gardner & Moore, 2004a）。アスリートやアスレチック・パフォーマンスに対するより総体的な視点が提唱されることは稀である（Andersen, 2002a；Bond, 2001；Leahy, 2001）。このため，スポーツ心理士はアスレチック・パフォーマンスを概念化し，研究し，理解し，最終的には修正するのに有用な統合的なモデルをいまだ持っていない。

スポーツ心理学はもちろん，ヒューマン・パフォーマンスを研究した最初の領域ではない。それゆえ，他の心理学における膨大な知見を利用することは，スポーツ心理学が機能的・非機能的なパフォーマンスをよりよく理解するうえで役に立つだろう。過去10年間で起こった，アスレチック・パフォーマンス以外の領域での顕著な発展によって，アスレチック・パフォーマンスの理解は大きく進むかもしれない。スポーツであれ，学術的，社会的，もしくは性的なものであれ，ヒューマン・パフォーマンスは，中核となるパーソナリティ変数，パフォーマンス領域に特異的な学習されたスキルセット，状況の要求，そしてコーピング方略の調和された活性化を必要とする。つまり，ヒューマン・パフォーマンスが持つ類似性は，個別的な差異よりもかなり多い。これらの理論的そして実証的な進歩をないがしろにするのは，理解しがたいことである。

様々なヒューマン・パフォーマンス分野における理論的かつ実証的な発展を取り込むことで，今後のアスレチック・パフォーマンス強化の研究を促進し，いまだスポーツ心理学において実現していない，エビデンスに基づく介入の実践（第5章参照）を発展させることができると，私たちは予想している。

数十年にわたって，臨床科学者たちは，パフォーマンスに関連する問題をよりよく理解し，性的，学術的，職業的，そして社会的パフォーマンスを高める，もしくは治すための，効果的な介入を発達させようとしてきた（Bach, Brown, & Barlow, 1999；Barlow, 2001, 2002；Heimberg, Hope, Dodge, & Becker, 1990；Hofmann & Barlow, 2002；Rapee & Lim, 1992）。最近の文献を見る限り，スポーツ心理学はこれらの実証的なデータベースにわずかな注意しか向けておらず，それゆえこれらの知見をいまだ役立てていない。

アスレチック・パフォーマンスの統合モデル（IMAP）

アスレチック・パフォーマンスの統合モデル（IMAP）は，臨床科学とスポーツ科学の実証的知見を統合する。このモデルは，行動的自己制御の一般的モ

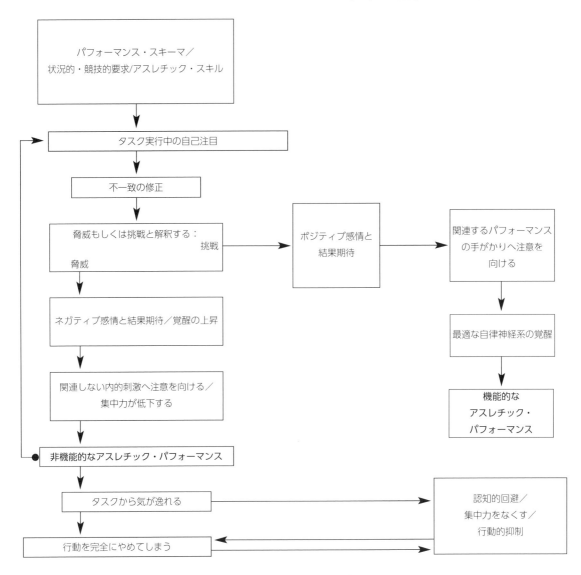

図 2-2 アスレチック・パフォーマンスの統合モデル（IMAP）自己制御モデル
Adapted from Carver and Scheier 1998 and Sborro and Barlow 1996.

デル（Carver & Scheier, 1988）と，実証的に支持された性的なパフォーマンスモデル（Sbrocco & Barlow, 1996），そして一般的な社会的パフォーマンスモデル（Turk, Heimberg, & Hope, 2001）を応用したものである。さらに IMAP は，スポーツ心理学，自己制御，そしてスポーツとは関連のないヒューマン・パフォーマンスにおける実証的知見を統合して，機能的そして非機能的なアスレチック・パフォーマンスを総体的に理解する。このモデル（図 2-2）には，3つの大きいが相互作用する段階がある。**準備段階**には，競技行動の準備性を定める内的・外的な要求とプロセスが含まれる。**パフォーマンス段階**には，実際のアスレチック・パフォーマンスとスキルの遂行における，認知的，感情的，行動的なプロセスの相互作用がある。**パフォーマンス後の反応段階**には，アスレチック・パフォーマンスと結びつく，外的な結果と内的なプロセスがある。

準備段階

アスレチック・パフォーマンスを十分に理解するためには，多様な内的変数と外的変数を考慮しなければならない。アスレチック・パフォーマンスを形成する最も基礎的なものは，感覚運動能力，全般的な運動能力，そしてスポーツ特異的な能力であり，アスリートは時間をかけてこれらを発達させる。アスレチック・スキル向上についての完全な議論は本章の範囲を越えてしまうが，運動学習の研究が，身体的スキルを発達させ維持するプロセスを解明している（Starkes,

アスリートが成功するためには，安定した感覚運動能力と，全般的そしてスポーツ特異的なアスレチック・スキルを兼ね備えていなければならない。

Helsen, & Jack, 2001；Wrisberg, 2001)。全ての人間行動と同じく，生物学的そして遺伝的な現実（ここでは身体的スキルと能力）が総体的な心理社会的変数の影響を制限し，多くの場合，心理的なプロセス以上にアスレチック・パフォーマンスを予測してしまう。実際的コンピテンシーは，時間が経つにつれ自動化されていく，よく練習され，高度に発達した身体的スキルである（Wrisberg, 2001）。多くの場合，スポーツにおける心理的スキルトレーニングは，発展途上のアスレチック・スキルを高めることと，すでに発達した身体的スキルを維持することを目的としている。

基礎的なアスレチック・スキルと能力に加えて，アスリートも人間であるのだから，環境刺激を同化し調整するためのテンプレートになる背景となる特性を持っている。臨床心理学そして認知的心理学の文献はどちらも，私たちは繰り返された体験に基づき，自己および自己と世界との関係の認知的な表象として，自己のスキーマとその他の心的スキーマの相互作用的なパターン（内的ルールシステム）を発達させることを示唆している（Safran & Segal, 1990）。これらの表象は潜在的な認知的構造であり，特異なスキーマの文脈において危険と知覚された刺激に対する注意の配分に影響を与える。スキーマと関連する注意バイアスには，これまでの学習歴に基づいて，無害な刺激を何かしら危険なものだと誤って分類する機能がある（Teachman & Woody, 2004）。スキーマは世界を理解し，感情反応をコントロールし，対人関係を維持するように働く。このため，スキーマはレーダーとなって，個人が潜在的な（心理的）脅威を探索できるようにし，世界に対する，学習された認知反応，感情反応，行動反応を生じさせる。スキーマが持つ心理的な自己防衛機能はより機能的な行動（例えば目標に向かったアスレチックな行動）を犠牲にして働くため，しばしば自己敗北的な反応パターンが生じる。スポーツの領域では，パフォーマンスに対してアスリートが持っている個人的な意味と重要性が，そのアスリートが競技的な世界を評価し，解釈し，反応するための組織的なシステムを形成するのに役立つ。

傾向としてスキーマは自己永続的であり，変えようと努力してもなかなか変わることがない。スキーマは幼少期に体験する出来事のパターンによって徐々に発達し（随伴性形成行動），自己概念，対人機能，パフォーマンスに対するニーズや期待，基準などを含め，総体的な世界観の中核を形成する（Young, Klosko, & Weishaar, 2003）。これらのスキーマとスキーマから生じるコーピングスタイルは，（競技的パフォーマンスを含め）個人の世界を編成する特性的な機能と見ることができる。こうしたスキーマの妥当性を維持するために，しばしば環境からの刺激は歪められる。

人間行動は特性の寄せ集めとして理解するのが最適であるという心理士と，行動は主に個人の反応（状態）の状況特異的な学習とする心理士との間で，論争が続いている（Auweele, Nys, Rzewnicki, & Van Mele, 2001）。それでもなお，特性のような背景となる特性（スキーマ）は，社会認知的視点（状態変数）から理解できる。なぜなら特性は，（時に不適切に）分類されてしまう（刺激般化）様々な環境刺激に対する，過度に一般化された反応と概念化することもできるからである。このため，しばしばスキーマの働きによって，感情面でも行動面でも柔軟性が失われてしまう。この非柔軟性は，ネガティブな感情状態からその人を守ってくれるものの，その個人にとって意味を持つ目標を達成することに対する長期的な私利を促進しない。臨床心理学またはカウンセリング心理学において，認知行動，家族システム，力動的モデルのトレーニングを受けた心理士には，こういった概念はおなじみである。どちらの分野も似たような概念化に基づいてパーソナリティ発達を理解するからである。スキーマに似た概念化は，内的作業モデル（Bowlby, 1982），初期の不適応スキーマ（Young, 1999），中核的信念（Beck, Rush, Shaw, & Emery, 1979），不合理な信念（Ellis, 1962），中核的な葛藤関係テーマ（Luborsky, 1984），そして認知-感情パーソンシステム（Mischel & Shoda, 1995）と

呼ばれている。スポーツとは異なる領域での行動を理解するためにこれらの概念が長きにわたって統合されてきたが，スポーツ心理学の主流は，これらの概念を十分に考慮してこなかった。

スキーマ発達とその人間行動との関係を表すいくつかのモデルが実証的に評価されてきたが，ある最近のモデルはとりわけアスレチック・パフォーマンスに関連している。Blattら（Blatt & Blass, 1990；Blatt, Zohar, Quinlan, Luthar, & Hart, 1996）は，パーソナリティ発達のモデルを提唱し，機能的そして非機能的な人間行動は，性質は異なるが相互作用する2つの次元にわたって発達するとした。1つは「関係の次元」で，効果的な対人関係を築き維持する能力に関わる。もう1つは，「自己定義的な次元」で，ポジティブで現実的な自己アイデンティティの形成に関与する。これらの次元は相互作用して，必然的に影響を及ぼしあう。このモデルは，自己スキーマと自己-他者（対人）スキーマは別々に発達するが，互いに影響しあうことを示唆する。これは，対人スキーマは自己概念の発達と人間関係の発達に密接に結びついているという，Safran & Segal's（1990）のスキーマ発達の視点と類似している。このように，Blattら（Blatt et al., 1990；1996）の見方からすると，個人の行動スタイル（そして行動的な困難）は，2つの相互作用する次元から導かれることになる。具体的に言うと，一方の次元が誇張されたり偏重したりすると，もう一方の次元にネガティブな影響が及んだりもう1つの次元の回避が生じたりするということである。対人的な問題は，不信感，実際のもしくは知覚された対人関係の喪失，そして他者への過度の依存といった，人間関係の問題を導く。このような問題は，コーチ，チームメイト，親などとの関係に影響し，その影響はパフォーマンスにまで明らかに波及する可能性がある。自己定義的な問題は，怒りや敵意，非現実的な基準（完全主義），自律やコントロールについての心配，そして実際のもしくは知覚された地位の喪失（パフォーマンス終結）に対する過剰反応など，自己意識の問題を導く。また，アスリートの困難に対処する能力，ケガに対する反応，パフォーマンスの進歩，親からのプレッシャー，そしてコーチングスタイルや意思決定に影響する。

数多くのスキーマの中でも，いくつかのものは特にパフォーマンスと結びつく（パフォーマンス・スキーマと呼ぶことにする）。これらのスキーマがあるとしても，その人が大きな問題を抱えていたり，臨床的な障害を持つとは限らない。むしろスキーマは，（パフォーマンスの手がかりと刺激を含む）世界についての特徴のある解釈と反応の仕方であり（Young et al., 2003），競技的な環境に対応するアスリートの能力に影響する。以下は，競技的なパフォーマンス状況においてのみ活性化する傾向のあるスポーツの文脈での特異的なスキーマ領域の例である。

● 依存スキーマ

このスキーマを持つアスリートは，他人の援助がなければ自分のやるべきことができないと感じている。過度に他者に頼るため新たな挑戦を回避しがちであり，頻繁に他者からの援助と支援を必要とする。意思決定にも援助が必要なことがあり，生活や環境の変化に対応することが苦手である。例えば，依存スキーマを持つアスリートは，コーチから何か要求されたり，アスリートの成長をコーチが手助けしようとしたりすると，自分の父親に頻繁に電話するかもしれない。

● 失敗スキーマ

このスキーマを持つアスリートは，自分は失敗すると根本から信じており，概して，いい結果が出ていても成功していると感じることができない。うまくいったときでも，とるに足らないもの，一時的なものだと思いがちである。常に一生懸命がんばるが，知覚された失敗に反応して敗北感を覚え，簡単に諦めてしまったり，あるいは先延ばしにしたり，挑戦を避けたり，様々な言い訳をしたりする特徴がある。

● 特権スキーマ

このスキーマを持つアスリートは，自分が他者より優れていると感じ，特権を持っていると信じている。このようなアスリートは，自分自身の成功（そして力）に目を向け，他者から課されたルールやしくみを受け入れようとしない。他者に共感することがなく，要求や注文が多い。自分が達成したことを鼻にかけるとともに成功が保証されない限り努力しようとしない。さらに，平均的なパフォーマンスしか期待できないような状況をしばしば回避する。

● 低欲求不満耐性スキーマ

このスキーマを持つアスリートは，個人的な目標を達成するために，十分なセルフコントロールができない，もしくはしようとせず，欲求不満に耐えることができないし，耐えようともしない。感情や行動を一貫して制御することが難しく，不快なことを完全に避けようとする。このため，タスクを簡単に諦めたり，時間のかかる努力を避けたり，ネガティブな結果に対する自分の責任を否定しがちである。

● 過度の基準スキーマ

このスキーマを持つアスリートは，これで十分だと感じるために，とても高い内的な基準を達成しなければならない。常に内的なプレッシャーを感じがちで，自分自身や自分のパフォーマンスに対して過度に批判的である。厳格な自分のルールを持っており，細部に過

度に注意を向け，全面的な完全主義を示し，常に時間と効率に気を取られている。失敗すると厳しく罰せられると信じていて，パフォーマンスが評価される状況を回避したり先延ばしにしたりしようとする。

● 承認希求スキーマ

このスキーマを持つアスリートは，より適応的で価値のある目標よりも，他者に承認されることを重視する。自尊感情は，合理的な自己評価ではなく，他者の反応や信念に基づいている。自分のことに夢中になっているように見えるし，他人の機嫌をとっているようでもある。通常，重要な他者からネガティブに評価されたり，承認してもらえない可能性があると，大きな脅威を感じる。

● ネガティブスキーマ

このスキーマを持つアスリートは，自分のパフォーマンス，自分自身，あるいは他者のネガティブな側面にのみ目を向ける。ネガティブな結果を避けるためならどんなことでもするし，過度にそして常に心配する傾向がある。ストレスを頻繁に感じ，自らの苦痛を減らすためにあからさまに回避する。

● 自罰スキーマ

このスキーマを持つアスリートは，自分自身（と他者）を過度に厳しく扱う。ごく小さなミスであっても自分自身を打ちのめし，失敗が避けられないときはしばしば不機嫌になって，誰とも口をきかなくなる。

● 脆弱スキーマ

このスキーマを持つアスリートはしばしば，不幸の兆候を探し，医学的，感情的，そして外的な大惨事が差しせまっており，それらに対する準備が十分にできていない，あるいはそれらから自分を守ることができないだろうと恐れている。他者に感情を傷つけられてしまうと信じている場合が多く，それゆえ概して巻き込みスキーマや見捨てられスキーマを併せ持つ。

● 巻き込みスキーマ

このスキーマを持つアスリートは，親しい他者に対して過度の感情的つながりを持っており，通常，自分で自分のことができるようにはならない。自分だけではやっていけない，他者の持続的な支援なしでは生きていけないと信じている。

● 見捨てられスキーマ

このスキーマを持つアスリートは，親しい他者は，自分が必要とするときに情緒的に支援してくれない，ゆくゆくは自分をもっと好ましい他の人に置きかえてしまう，彼らの死によって自分は見捨てられてしまうと信じている。

● 不信スキーマ

このスキーマを持つアスリートは一般的に，周囲の人々を信頼せず，他者の動機を疑っている。他人は自分を傷つけ，操作し，利用すると信じているため，ひどい扱いを受けはしないかと周囲の環境を監視している。権威ある人物（しばしばコーチやスタッフも含む）を信用できないことが多く，重要な対人的問題を引き起こす。

● 欠陥欠乏スキーマ

このスキーマを持つアスリートは，自分には本質的な何かが欠落しており，他者より劣っており，この知覚された欠落が見つかってしまったら他者に見向きもされなくなると信じている。自意識が高く，不安定で，実際のあるいは知覚された批判に対して過度に敏感である。

　スキーマを概念化すると，情報を記銘するプロセスと，状況文脈と最終的な行動反応の認知−感情的媒介に影響するメカニズムがぼんやりと見えてくる。既存の認知的スキーマが活性化するとき，ある特定の領域における実際のあるいは知覚された脅威に準備し対処するために，心配が利用される。ほとんどの人間に共通の精神活動である病的でない心配は，何かに取り組む準備性を促進したり，効果的な問題解決を促進したりする。低レベルの心配は，積極的な行動を促進したり，必要な修正行為を促進したりする。しかしながら心配が高じると，行為が過剰になったり，脅威の手がかりに対して用心深くなりすぎたりする。心配は不安と関連しているが異なる現象であり，より強くて慢性的な不安と結びつけられつつある（Borkovec, Alcaine, & Behar, 2004）。Borkovecら（Borkovec et al., 2004）が最近概念化した心配と，スポーツ心理士（Hardy et al., 1996）が提唱した認知的不安との関係については，後ほど本章で議論する。

　機能的そして非機能的なアスレチック・パフォーマンスを理解するうえで背景となる特性が果たす役割は，IMAPの中核となる。しかし，IMAPのこれらの変数の扱い方は，伝統的なスポーツ心理学の文献で一般的に述べられているものとは異なる（Cox, 1998；Van Raalte & Brewer, 2002）。伝統的なスポーツ心理学の文献では，背景となる構成概念を，カプセル化された機能（例えば，達成動機づけ，競技状態不安など）と見ており，機能的および非機能的アスレチック・パフォーマンスにおいて，それぞれ独立した役割を担っていると想定してきた。

　外的要求や環境の刺激をどのように解釈し，反応するかは，主に背景となる特性によって決められる。環境の刺激は，アスリートが競技の内外で直面する外的要因である。プライベートでの人間関係，選手としての人間関係，組織の現実や要求，トレーニングや競技の身体的・心理的側面（移動や時間的コミットメント

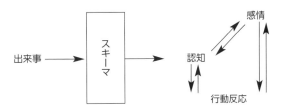

図2-3 スキーマ，内的状態，そして行動反応の関係

競技中，思いがけない出来事が，アスリートのパフォーマンスにネガティブな影響を与える思考，感情，行動を引き起こすことがある。

など），経済的なプレッシャー，身体的な負担やケガ，スポーツの外での経験，そして発達的移行などは全て刺激としての特性を持っており，アスリートは学習歴に基づいてそうした刺激に反応する。これらはパフォーマンスを最適なレベルにするために，アスリートがうまく立ち向かわなければならない要因の一部にすぎない。IMAPはパフォーマンス要求を，アスリートが設定された基準を満たす，あるいは超えなければならない状況下でパフォーマンスを行うための特異的な手がかりと一般的に必要となるもの，と定義している。設定された基準は競技レベルに応じて（つまり余暇，大学生，オリンピック，プロ）異なるが，全てのレベルにおいて，何かしらパフォーマンスの基準が確立されている。

　アスレチック・スキル，環境の刺激とパフォーマンス要求，そして背景となる特性は，アスレチック・パフォーマンスの遂行に先行する要因であり，行動に関する自己制御の文脈にもなる。さらに，スキーマは過度に一般化された刺激群に対する反応パターンであるため，環境の刺激とパフォーマンス要求は，スキーマの内容を活性化し自己制御を妨害することで非機能的なアスレチック・パフォーマンスを導いてしまう。例えば，重要な他者の承認によってのみ自己受容が得られるという対人的なスキーマを持ち，感情的に距離があり，ほめたり励ましたりしないコーチのもとでプレーしているアスリートは，そのようなスキーマを持たないアスリートとは異なる認知−感情反応で運動競技に取り組むだろう。別の例は，パフォーマンスで成功することのみが自分の価値を決めるというスキーマを持つアスリートである。このアスリートは，ミスはもってのほかであり，同じようにがんばっている選手の足を引っ張ることは絶対にしてはならず，ミスは個人的な未熟さの表れだと信じているだろう。このような未熟さのスキーマによって，アスリートは非現実的で無慈悲なパフォーマンス基準を設定し，その結果，実際のもしくは知覚されたパフォーマンスの失敗をメタ認知的に監視して，誤って解釈したり，過剰に解釈したりしてしまう。欲求不満，不安，非機能的パフォーマンス，そして早期のパフォーマンス終結など，脅威刺激に対する感情反応と行動反応も付随する。

　ヒューマン・パフォーマンスの多様な領域で集められた実証的なデータを用いることで（Barlow, 2002），全ての人間と同じく，アスリートもパフォーマンスに関連した問題と，それらが自己にもたらす意味あいを中心にパフォーマンス・スキーマを発達させると合理的に結論できる。これらのパフォーマンス・スキーマは，思考，感情，そして行動に影響を与え，競技中に効果的な自己制御をするための能力にも直接的に影響する。パフォーマンス・スキーマの内容は，パフォーマンスが機能的なアスリートと非機能的なアスリートで異なり，非機能的パフォーマンスと結びつくパフォーマンス・スキーマは，誇大された非現実的な基準，期待，自己参照などを含んでいる。前述のとおり，これらのスキーマは柔軟性に乏しく，新しい正確な情報を受け入れることができない。厳格なパフォーマンス・スキーマを持たず，競技でよく機能するアスリートもまた，パフォーマンスに関して誇張された何かを持っているかもしれない。しかし，スキーマに動かされる認知内容には，厳格で，激しく，自己に結びついているという非常にわかりやすい特徴がある。これらの特徴は，より論理的な分析に従順で，感情の動きが小さく，自己概念との結びつきが少ない，不適応的なパフォーマンス・スキーマを**持たない**者の認知内容と対照的である。

　脆弱性ストレスモデルを取り入れることで（Chorpita & Barlow, 1998），私たちはさらに，アスレチック・パフォーマンス不調における背景要因の役割を理解できるだろう。このモデルに基づけば，パフォーマンス・スキーマが，実際のもしくは知覚されたスキル不足，そして個別に関連する環境事象ならびにパフォーマンスの手がかりと相互作用することで，アス

リートをパフォーマンス不調に対して敏感にさせる。同様に，非パフォーマンス・スキーマも，アスリートの全般的な心理状態に作用することで，間接的にアスレチック・パフォーマンスに影響を及ぼす。問題のある対人的スキーマを持つ大学生アスリートは，恋人との別れに，感情的，行動的に強く反応してしまい，そのような全般的な心理状態により，パフォーマンスを落とすかもしれない。反対に，同じ環境的要求そしてパフォーマンス要求に別の背景となる特性を持つ者（つまり，著しい対人的スキーマを持たない者）が向き合うと，影響を受ける程度はずっと小さくなり，より通常に近い，自己制御されたパフォーマンスができるかもしれない（図2-3参照）。

パフォーマンス段階

　アスレチック・パフォーマンスを理解するためには，自己制御プロセスの基本的な理解が必要である。IMAPの基盤となっているのは，全ての人間行動と同じく，アスレチックな行動も，フィードバック・コントロールのシステムに制御されているということである。フィードバックを制御するプロセスでは，自分自身の行動の諸側面にメタ認知的に注意を向け，自分の設定基準を満たす行動を評価し調整するために，基準点を体系的に利用する（Carver & Scheier, 1988；Wells, 2000）。適切なものであれ不適切なものであれ，個人的な基準は，機能的あるいは非機能的なパフォーマンスの発達において重要な役割を担う。

　アスレチック・タスクも含めたパフォーマンス・タスクに取り組むときは，自分自身の行動に注意を向けてモニターすることで，行動があらかじめ決めておいた基準にどのくらい一致しているかを決定する。調整をするプロセスは，全てのヒューマン・パフォーマンスにおいて生じる。それはメタ認知的であり，あらかじめ決めておいた基準に一致するように関連した行動を調整する自動的な機能である（Carver & Scheier, 1988；Sbrocco & Barlow, 1996）。セルフモニタニング，自己評価，調整行為などのメタ認知的なプロセスは，効果的な行動的自己制御のために重要である。パフォーマンスが機能的なアスリートでは，このプロセスが自然に生じ，スムーズかつ自動的に作動する。しかしながら，パフォーマンス・スキーマや環境の混乱などが，非現実的な基準をつくりだしたり既存のスキルセットを変えてしまうことで，このプロセスは妨害される。完全主義のアスリートで厳格なパフォーマンス基準を持つ者は，実際のあるいは知覚されたパフォーマンスと，非現実的でおそらくは達成不可能な基準を比較してしまい，差異を機能的に調整することができない。さらに，厳格なスキーマが存在するため，アスリートは誇張された基準の論理的な分析を受け入れようとはしない。同様に，ケガをしたばかりのアスリートで，スキルレベルが一時的に（時に永続的に）下がってしまった者は，必要となっている調整や修正ができず，非機能的なスパイラルに陥っていく可能性がある。これらの例では，全ての自己制御の失敗と同じく（Sbrocco & Barlow, 1996），効果的な行動的自己制御（これはメタ認知的で自動的なプロセスに基づいている）から，自己に注目した言語認知的プロセスの活用へのシフトが見られる。

　特に重要なことは，この差異を調整するプロセスに固有の自己注目が，どの程度タスクに関連しているか，ということである。セルフモニタニングあるいは差異の調整プロセスでは，ある程度，自分自身に焦点を当てなければならない。しかし，機能的なパフォーマンスを見せているアスリートは，中立的，メタ認知的で，マインドフルなタスクへの没頭を経験するが，非機能的なパフォーマンスを体験しているアスリートは，柔軟性のないルールシステム，知覚された欠陥，自己疑念，感情や認知をコントロールするための努力，失敗の悪影響に目を向けている。私たちが用いる**メタ認知**という概念は，「特別な注意の向け方，つまり，意図的に，今この瞬間に，偏ることなく注意を向ける」（Kabat-Zinn, 1994, p.4）というマインドフルネスの定義と一致する。さらに，機能的なアスレチック・パフォーマンスの基盤としてのマインドフル（今この瞬間，中立的）なタスクへの没頭という（ここで紹介した）概念は，スポーツにおけるフローやピーク体験の同様の説明を拡大したものである（Csikszentmihalyi, 1990；Gardner & Moore, 2004a）。何人かのスポーツ心理士がスポーツの文脈でマインドフルネスの概念に触れてきたが，マインドフルネスは何千年もの間存在してきたものであり，スポーツ心理学にとって新しいものではない。マインドフルネスは，本書の第6章で詳細に論じられている。

　蓄積された実証的エビデンスは，ヒューマン・パフォーマンスの他の領域における研究と似通った結果をもたらしてきた（Barlow, 2002）。例えば，学業でのテスト・パフォーマンスの研究は，ほとんどの人がテストを終える前に似通った生理的覚醒を体験することを明らかにした。しかしながら，テストのための準備［訳注：どのくらい勉強するか］を同等にすると，パフォーマンスが下がったのは自己疑念を持つ者や，試験中に試験と無関係な刺激に注意を向ける者のみであった（Rich & Woolever, 1988）。この結果は，過去のアスレチック・パフォーマンスの研究と似通っている。身体感覚をパフォーマンスを促進するものと解釈したアス

リートは，タスクに関連するものへの集中力を維持して十分なパフォーマンスを見せたが，そのような覚醒をパフォーマンスを妨げるものと解釈した者は，より内的なプロセスに集中して，競技パフォーマンスが損なわれていたことが明らかとなっている（Jones, Hanton, & Swain, 1994；Jones, Swain, & Hardy, 1993；Swain & Jones, 1996）。人間の性的パフォーマンスに関する研究も，似たような知見を得ている。機能的な性的パフォーマンスを見せる者は性的な手がかりに集中しており，性的不全を経験している者は，自己疑念，性的な能力不足，そして，パフォーマンスがうまくいかないことに関して自己注目している（Jones, Bruce, & Barlow, 1986, November）。

アスレチック・パフォーマンスでも，他の領域のヒューマン・パフォーマンスと同じく，人は自分のパフォーマンスに関して著しく異なった期待を抱えて競技状況に入っていく。David Barlow（1986）の性的パフォーマンスに関する研究では，機能的な行為者と非機能的な行為者との間で，パフォーマンスに対する期待が明らかに異なっていることが示された。同様に，Vealey（1986）のスポーツ自信モデルも，パフォーマンスに対する期待が客観的なスポーツ状況と，最終的な行動反応，そして実際のパフォーマンス結果を媒介することを明らかにしている。

要するに，背景となる特性と個人のパフォーマンス歴の組み合わせで，機能的な行為者はポジティブな結果を期待し，非機能的な行為者はネガティブな結果を期待するということである。一度確立されると，これらの期待を変えることは難しく，パフォーマンス状況で，アスリートが挑戦や脅威をどう解釈するかに影響する（Sbrocco & Barlow, 1996）。例えば，性的に非機能的な者と機能的な者を比較した研究では，性的に機能的な者は，性的覚醒にネガティブな影響を及ぼす薬を摂取したと告げられると，この実験状況を挑戦的と受け止め，より大きな性的覚醒を示した。反対に，非機能的な者は，同じ状況を脅威的に受け止め，性的覚醒が低下した（Cranston-Cuebas, Barlow, Mitchell, & Athanasiou, 1993）。同様に，性的に機能的な者は，性的なパフォーマンスを強化するという偽薬を飲んでも覚醒が高まらなかったが，性的に非機能的な者はこの偽薬で覚醒が大いに高まった（Cranston-Cuebas & Barlow, 1995）。これらの研究では，結果期待がパフォーマンス要求と実際のパフォーマンス結果を媒介していた。これらの結果は，大成功するアスリートとそうでないアスリートを分ける最も安定的で一貫した要因は自信だとする Gould, Weiss, and Weinberg（1981）の知見と一致している。したがって，自分のスキルと能力がパフォーマンス要求に合致すると信じるアスリートほどパフォーマンスが上がり，自分のスキルと経験を疑い，結果を気にかけすぎるアスリートは，パフォーマンスが下がることになる。

何が結果期待を変えることを難しくしているのだろうか？　答えの一部は，繰り返し試行する中で学習され自動化された認知-感情-行動の連なりと，機能的あるいは非機能的な行為者に，自分の感情反応と行動反応を期待した通りに解釈させてしまうパフォーマンス・スキーマとの組み合わせだといえる。つまり，非機能的な行為者はパフォーマンスの低下に対して過剰に反応するが，機能的な行為者はそういった低下に最低限の注意しか向けない。機能的な者はコントロールの錯覚を発達させて，小さなパフォーマンスの低下を見過ごしたり，最低限の注意しか向けないようにできる（Mitchell, Marten, Williams, & Barlow, 1990, November）。彼らは，パフォーマンス不調を引き起こすような，誇張されたネガティブな自己評価の影響を受けにくい。同様に，最近の慢性うつ病の研究では，うつ病が複数回にわたって再発するのは，時間が経つにつれ，強さが弱まりつつある刺激に対しても反応するようになってしまうからだとしている。徐々に，小さな環境のストレッサーでも，かつてのより劇的な出来事のように，同じ認知-感情的な連鎖を引き起こすようになる（Segal et al., 2002）。スポーツの領域に応用すると，慢性的にパフォーマンスの問題を抱えると，アスリートはどんどんより小さなフォーマンスの低下に気づいて反応するようになり，慢性的なパフォーマンス不調に陥りやすくなる。

ポジティブもしくはネガティブな結果期待，そして関連する脅威あるいは挑戦の解釈もまた，感情反応を伴う（Sbrocco & Barlow, 1996）。ネガティブな結果期待と，顕著な出来事をコントロールできないという信念は，脅威に対する過覚醒，ネガティブ感情，覚醒を増加させる（Barlow, 1986）。この高まった過覚醒に結びつく注意バイアスは，小さなパフォーマンスの低下に気づき，タスクに集中した注意や行動を犠牲にして過度の自己注目に没頭してしまう非機能的な行為者の傾向を（少なくとも部分的には）説明できる。実際のもしくは知覚された脅威に注意がせばめられることで，非機能的な行為者が手がかりをネガティブに解釈する傾向は悪化する。パフォーマンス不全を特徴づける自己批判や未来志向的な注意は，マインドフルで，今この瞬間のタスクへの集中という機能的パフォーマンスの特徴と対照的である。さらに，ネガティブ感情と身体感覚の増加は，タスクに関連したものへの集中とアスレチック・パフォーマンスを妨害する。覚醒レベルがその競技に最適化されたレベルを超えてしまうからである。

ヒューマン・パフォーマンスの多様な領域における科学的な文献を用いることで，機能的なアスレチック・パフォーマンスは，次のような流れにまとめることができる：機能的なアスレチック・パフォーマンスに求められるのは，セルフモニタリングのメタ認知的（自動化された）プロセス，自己評価，必要に応じた調整行為であり，内的体験を制御したり修正したりする認知的プロセスは必要ではない。効果的に差異を調整する機能は，アスリートにポジティブなパフォーマンス期待（自己効力感）をもたらし，アスリートはパフォーマンス要求をやりがいのあるものと解釈する。これはさらに，マインドフルにタスクに没頭することにつながり，覚醒と感情は適切なレベルとなり，自動化された運動スキルが引き出され，最終的に，機能的なアスレチック・パフォーマンスとなる。反対に，効果的でない差異の調整はネガティブな結果期待とあいまって，パフォーマンスの手がかりを脅威的と解釈させ，その結果，タスクとは関係のない，自己批判的で，脅威を走査する自己注目に陥ってしまう。これはネガティブ感情，覚醒の高まり，集中力の低下，自動化された運動スキルの崩壊，そして最終的に，非機能的なアスレチック・パフォーマンスにつながりうる（図2-2参照）。

自己制御されたアスレチック・パフォーマンスの崩壊は，急に起こることもあるし，（学習されて）習慣化されて慢性的なパフォーマンス不調になってしまうこともある。既存のパフォーマンス・スキーマと，特徴づけられた行動的なコーピング反応が，非機能的なパフォーマンスが，慢性的になってしまうか，その場限りのものとなるかに強く影響する。これらのコーピング反応は，次の自己制御プロセスの段階の基盤を形成する。

パフォーマンス後の反応段階

パフォーマンス後の反応段階は，一般的に次の3つの方向のうちの1つをたどる。①アスリートが競技活動や競技的なパフォーマンスを続ける，②短い非機能的な期間を経て，もう一度競技に取り組む，③競技から密かに（心配，注意が散漫になる，体験の回避），もしくは，あからさまに関与をやめる。

パフォーマンスが比較的機能的であるときは，アスリートは現在もその先も熱心にパフォーマンスに取り組み続け，それはアプローチ志向的で，価値づけられた目標に直接的に結びついている。つまり，不十分なパフォーマンスと結びついた短期間の不快感に耐えることができ，パフォーマンスに関連した手がかりと要求に熱心なトレーニングや練習，準備で取り組むとい

このアスリートは目の前のタスクに集中して，ゲームに入っていく準備ができている。

うことである。接近行動は，練習時間の増加，技術的もしくは戦術的な向上を目指してコーチとさらに練習することや，より念入りな調整などである。（目標に向けられた行動は高頻度で強化されるため）強い動機づけが持続し，その後，ポジティブな結果期待が進化して強くなる。パフォーマンスの手がかりへの集中も強まり，身体的なスキルの向上を促進する。その後，ポジティブなパフォーマンスの結果は，自己制御プロセスの初期段階にフィードバックされ（例えば適切な差異の調整），今後の行動が成功する確率を高める。パフォーマンス面での逆境に直面しても，パフォーマンスのポジティブな学習歴を持つアスリートは，不適応的なパフォーマンス・スキーマを持たず，かなりポジティブな結果期待を持っているため，特定のネガティブなパフォーマンスの持つ意味合いであったり，それが将来及ぼすかもしれない影響について深読みすることはない。そして，競技的な状況の手がかりや要求が指示するように，パフォーマンス・タスクに再び取り組む。この状態では，ネガティブなパフォーマンスは，1回限りの出来事だと受け止められ，慢性的になったり問題になったりせず，適応的なコーピング行動を妨害することはない。アスリートは効果的に問題を解決し，スキルの向上もしくは技術的・戦術的な側面に集中して，ネガティブ感情は最小限となる。

しかしながら，ネガティブなパフォーマンスに対してまったく異なった反応を示すアスリートもいて，慢性的な問題ややる気を失うような問題が起こることも

ある。先ほど，機能的そして非機能的パフォーマンスの連鎖について記述した。アスリートの中には，差異の調整が難しく，それがパフォーマンスにネガティブな影響を与えうるが，適応的な背景となる特性あるいはポジティブな結果期待によって，機能不全は一時的なものであり恐れるものではないと解釈し，すぐに立ち直る者もいる。しかし，新しい，もしくは挑戦的な外的環境（高いレベルでの競技など）のために，既存のパフォーマンス・スキーマが活性化したり，アスレチック・スキルが妨害されたりして（例えばケガ），持続的なパフォーマンス不調を体験するアスリートもいる。それは一時的なもの（スランプ）かもしれないし，慢性化するかもしれない。Klinger ら（Klinger, Barta, & Glas, 1981）の研究によって，この概念化にいくらか支持がもたらされている。大学生のバスケットボール選手に思考サンプリングを用いたところ，チームのパフォーマンスの低下あるいは敵チームからの強い挑戦に反応して，アスリートはしばしば試合に関連した文脈的な（外的）手がかりと要求から，行動的そして内的体験への過度な自己注目に注意をシフトさせていた。社会的認知理論（Bandura, 1977）に基づくと，ネガティブなスキーマを持たないアスリートは，逆境に直面しても献身的でアプローチ志向のコーピングスタイルを維持し，アスレチック・タスクを続け，効果的な問題解決やコーチングを通じて，最終的に機能的パフォーマンスに戻っていく道を見出すものと考えられる。

しかしながら，ネガティブなスキーマによって慢性的なパフォーマンス不調が起きているとき，アスリートは回避的なコーピングスタイルを用いがちである。このスタイルは幼少期に過度に学習されたかもしれないし，スポーツへの再取り組みを成功させようとする，より適応的な努力が繰り返し失敗したことで少しずつ発達したものかもしれない。ネガティブな結果期待は非機能的な体験が繰り返されることで発達し，強まっていく。動機づけと目標希求行動の社会的認知的モデル（Carver & Scheier, 1988）と一致して，アスリートは，ポジティブな結果が得られそうだと信じる限り，タスクに取り組み続け，一貫してネガティブな結果が予期されると，タスクをやめてしまう。この観点から，慢性的あるいは持続的なパフォーマンス不調を体験しているアスリートは，内的な，あるいはあからさまな回避をするか，タスクをやめてしまう。

回避やタスクをやめてしまうことを十分に理解するためには，まずその機能を理解する必要がある。私たちのパフォーマンス不調の概念化に固有であり，近年の行動障害の研究（Hayes, Wilson, Gifford, Follette, & Strosahl, 1996）と一致しているのは，体験の回避は，ネガティブな感情が高まっている人に一時的な感情制御を提供するということである。体験の回避は長期的な（パフォーマンス）目標を満たすことはなく，すぐに感情レベルを低下させるため，強く（ネガティブに）強化される。この強化パターンは，競技に先立って，様々な生活状況を通して学習・汎化されるが，競技的な文脈に特異的なパターンも発達する。体験の回避がもとでタスクをやめてしまうことは，心配，タスクから気持ちが離れるなど外からは見えにくいものもあれば，パフォーマンス終結などあからさまなものもある。

先ほど，心配は自然に生じるプロセスであり，病的でないレベルであれば，挑戦や脅威に適応する準備をさせることを述べた。心配が過度になると，不安と結びついて，パフォーマンスに悪影響を及ぼす。Borkovec（1994）は，極度の（臨床的）心配と病的でない心配のプロセスと機能を理論的に定式化した。彼の説明によると，心配は外からは見えにくい言語的（言語-意味的とも言われる）活動であり，ネガティブ感情もしくは感情が換気する刺激の体験の回避を可能にする。最初の覚醒の兆候に突き動かされて，心配の言語的プロセスは注意を乗っ取り，効果的に不安（Barlow, 2002），悲しみ（ケガと関連した喪失に反応して），怒り（降格したことの苦痛に反応して），もしくは罪悪感（パフォーマンス不全に関連して）といった他の不安を十分に体験することを抑制する。心配は，刺激や感情-行動をブロックしたり，ネガティブ感情や感情を誘発する手がかりにスキーマに基づいた意味が付与されるのをブロックする。覚醒の高まりと結びつく不安とは異なり，心配には交感神経の覚醒を**制限する**という独特の生理的プロセスがあるという Borkovec（1994）の指摘は重要である。この制限は，心配をする者が不安の生理的な側面を十分に体験することができないことの証拠とみなされてきた。心配は本質的に，不安の持つ感情的-生理的覚醒を抑制するため，ネガティブに強化される。そのため，病的ではないレベルの心配はコーピング方略として問題解決に役立つが，より病的なレベルの心配は，後に必要となるタスクへの集中や効果的な行動反応からアスリートを引き離してしまう回避方略となる。

Borkovec の定式化を支持する研究は，特にスポーツとパフォーマンス心理学に関係する。病的な心配と病的でない心配の研究は，心配をしている人が心配のプロセスにおいて，イメージよりも思考を報告することを示している（Borkovec, 1994；Borkovec & Inz, 1990；Freeston, Dugas, & Ladouceur, 1996）。Rapee（1993）の，被験者が言語的タスクあるいは視覚・空間的なタスクに取り組みながら心配をするよう指示される研究では，言語的タスクのみが心配を妨害したこ

とから，心配の言語的性質が明らかとなった。同様に，Bergman & Craske（1994, November）は，人前でのスピーチの準備をする人は，差し迫ったタスクについて心配し始めると，中性的な場面をイメージすることから言語的な活動にシフトすることを見出した。さらに，Carter, Johnson, & Borkovec（1986）は，心配を続ける人は左半球の前頭皮質が活性化し，これは言語的な活性を示している。Crews & Landers（1993）のスポーツ環境に特異的な重要な研究では，スキルの高いゴルファーは，競技的なパッティング・タスクに取り組むと，左半球のアルファ活動が有意に増えた。これは言語的プロセスの**低下**を意味する。さらに，パフォーマンスが良かったゴルファーほど，認知的な乱れが少なかった（考えることが少なかった）。この研究は，内的な言語プロセスとアスレチック・パフォーマンスの成功が，負の関係にあることの証拠を提供している。射撃とアーチェリーのエリート選手でも，似たような結果が得られている（Hatfield, Landers, & Ray, 1984；Janelle, Hillman, Apparies, et al., 2000；Janelle, Hillman, & Hatfield, 2000；Salazar, Landers, Petruzzello, & Han, 1990）。これらの研究をまとめると，心配は言語活動を高めるプロセスであり，特に，最適化されたアスレチック・パフォーマンスを妨害する。なぜなら，最適化されたパフォーマンスのためには，どうやら**低い**認知的活動（つまり，穏やかな心）が求められるからである。

Borkovec（1994）の実証に基づく心配の概念化は，競技的な不安とアスレチック・パフォーマンスとの関係を検証したスポーツ心理学の文献で見られる，相容れず一貫しない知見を説明するだろう（McNally, 2002）。競技的な特性不安の多次元モデル（Martens, Burton, Vealey, Bump, & Smith, 1990）と，より新しい，不安−パフォーマンスの関係性のカスプ・カタストロフ・モデルは，どちらも認知的不安という概念を取り入れている。認知的不安とは，失敗の恐怖とパフォーマンスについてのネガティブな期待と定義されている（Hardy et al., 1996）。Woodman & Hardy（2001）は，認知的不安と心配は同義語であるとしている。他の心理学領域では心配と不安を明白に区別しているにもかかわらず，スポーツ心理学では現在のところ，はっきりと区別していない。全ての種類の不安の中でも心配は重要な要素だが（Barlow, 2002），最近のエビデンスは，心配は単なる不安の**症状**ではなく，機能的なプロセスであると説得力をもって示唆している。認知的もしくは身体的不安が競技的なパフォーマンスに与える影響に関してスポーツ科学の研究の結果が一貫しないのは（McNally, 2002），現在の理論モデルが，心配という構成概念とパフォーマンスに及ぼす影響を，不安がネガティブな感情状態に寄与することを別にして考慮したり組み込んだりしていないからだろう。実際，臨床科学者たちは，心配と不安は部分的に独立した概念であることを示唆している（Craske, 1999；Davey, Hampton, Farrell, & Davidson, 1992）。

病的でないレベルの心配は，ネガティブな出来事に備えるために機能して，こうした出来事の一見して予測もコントロールもできなさそうな性質を低減する。しかしながら，臨床的あるいは準臨床的な心配は，Borkovec（1994）やその他の人（Barlow, 2002）の定義では，回避によって不適応的に感情を制御しようとする努力である。先に述べたように，体験の回避の努力は長期目標には貢献せず，すぐに不快感を緩和する働きをする。心配はただちに不快感をうまく取り除くかもしれないが，必要となるスキルを身につける手助けも，その人にとって価値のある，人生の目標を達成する手助けもしない。時間がたつにつれ，心配は高度に自動化され，変化に抵抗するようになる。パフォーマンス不調への反応として，アスリートは，外から見えにくい体験の回避として心配するようになり，それゆえパフォーマンスの困難が以下のように続くことになる

- 心配が再び始まり，パフォーマンス前とパフォーマンス中における自己制御にネガティブな影響を与えるので，自動化された運動スキルの実行が妨げられる。
- タスク回避的な心配を続けることで，効果的な問題解決（練習を増やす，トレーニング強度を高める，セルフケアをする）ができなくなったり，あるいは，パフォーマンスの困難に対応するためのスキルの修正と発達ができなくなったりする。

非機能的パフォーマンスに基づく心配の別の結果は，タスクから気持ちが離れてしまうことであり，それは一時的なものもあれば，慢性的になることもある。先に述べたように，パフォーマンス不調を体験しているアスリートは，タスクへの集中と集中力が低下する。要するにそのようなアスリートは，言語的な内的プロセスと競合することで，目の前のタスクから気が散っているのである。最近の臨床的文献は，より適切なタスクへの集中から注意が逸れることだと定義している（Sbrocco & Barlow, 1996）。そのようなアスリートにとっては，パフォーマンスの手がかりが自己注目を引き起こし，ネガティブなパフォーマンスに対する心配が外的な刺激や要求への機能的な注意を犠牲にして，自己批判を増やすことになる。

アスリートが自分自身とあらかじめ定めておいた基

準を比較してその差異を調整しようとするときに（差異の調整），あるいは，脅威を解釈をするときに，気が散りやすくなる。アスリートは競技的な手がかりに反応して，目の前のタスクにもう一度取り組み，パフォーマンスの努力を続ける。もしくは，自己注目が高まることによって，タスクに取り組むことをやめてしまう。この観点から考えると，タスクから密かに撤退することと気が散ることは同義語である。なぜなら，精神的なプロセスはますますタスクと無関係になるからである。

　パフォーマンス不調が慢性的になると，タスクからの離脱はあからさまで完全なものになっていくだろう。パフォーマンスが何度も期待された基準で遂行できないと，接近行動が絶えてしまい，離脱のような回避行動が負に強化される。Smith（1986）が示唆したように，負の強化とスポーツに関わり続けることでもたらされる好ましくない結果とのバランスによって，アスリートは不満とネガティブ感情ばかりを体験するようになる。スポーツに関わり続けることの費用対効果を分析して，完全にスポーツをやめてしまうことはよくあることである。Smith（1986）やHardyら（Hardy et al., 1996）はこの現象を**バーンアウト**と呼んでいる。

　回避的なタスクからの離脱で，それほど劇的ではないが問題となる形は，アスリートが，わかりにくくて一貫しない理由を並べて，練習や競技への参加を避けようとすることで表れる。明らかに病態生理がないにもかかわらず長引くケガや，動機づけの喪失，同様の症状で，嫌悪統制下にある競技から離れようとする。これらの症状は，実際的な問題でもあるため（診断のつかないケガ，抑うつなど），タスクの回避によって説明できると結論づけるには，とても慎重になるべきである。

　アスレチック・パフォーマンスの自己制御がスポーツ科学において議論されてきたが（Crews, Lochbaum, & Karoly, 2001），IMAPがこれまでの議論と異なるのは，IMAPがヒューマン・パフォーマンスの他の類似した領域において実証的な作業基盤を持つことであり，身体的スキル，環境の出来事，パフォーマンス・スキーマ，自己制御のメカニズム，対処行動といった背景要因を，等しくかつ十分に強調していることである。さらにIMAPは，これらの要素を統合的なプロセスとして提示しており，これらを分離した，一見独立した要素とみなすことが多い応用スポーツ心理学の伝統的な方法論に異を唱えている（Cox, 1998）。

IMAPの実践的示唆

　Hardyら（Hardy et al., 1996）は，最適化されたアスレチック・パフォーマンスには背景要因，メンタルスキル，コーピングスキル，身体的スキルが必要だとするThomas（1990）のモデルを改作し，スポーツ心理学の実践モデルを提唱した。しかし，そのモデルは，これらの変数を理論的に統合していない。同様に，クライアントのニーズや問題に合った介入方略はほとんどなく，使われているのはたいてい応用スポーツ心理学において優勢な方法論である心理的スキルトレーニングである。同様にAndersen（2002a）は「総合的なスポーツ心理学サービス」を求めて呼びかけているが，「アスリートの総合的なケアに関する処方はない」とも主張している（p.22）。さらに彼は，「アスリートとコーチのニーズに応える総合的なスポーツ心理学的介入をつくりだすためには，持続的な思考，研究と議論が必要だ」とも述べている（p.22）。思慮に富んだBond（2001）の議論は，スポーツ心理学サービスは総体的もしくは「多面的な心理学プログラムに取り組むべきであり，単に過去に促進されていたパフォーマンス強化のスキルトレーニングモデルに向かうべきではない」とする（p.218）。彼はさらに，スポーツ心理学プログラムは「意欲的なエリートアスリートが直面する，個人的な，生活上の，そしてスポーツに関連した問題」を認識すべきだとも示唆している（p.218）。他の者たち，例えばTrisha Leahy（2001）やGershon Tenenbaum（2001）はアスリートの総体的なケアを推奨しており，総合的なケアは，パフォーマンス，教育，治療など，アスリートの多次元のニーズを考慮すべきだとしている。

　アスリートは過度のプレッシャーと環境の要求に向き合わなければならないことは多くの研究家が認めている（Andersen, 2002b；Baillie & Ogilvie, 2002）。競技的なスポーツほど，他の多くの努力よりも重い負担をかけるものであり，その人の個人的・社会的な資源を費やす。一見，機能を損なわないような心理的問題や行動様式でも，総合的なスポーツ心理学の実践によって，注意深く目を向けなければならない。アスレチック・パフォーマンスを理解する際には，パフォーマンス要求，身体的スキル，背景要因，そして自己制御スキルを人為的に分離するのは理にかなっていないと，IMAPは示唆する。

　伝統的なパフォーマンス強化方略についての理論的かつ実証的な研究を詳細に調べる中で，しばしば示唆されるのは，過渡的もしくは発達的な問題とパーソナリティ変数（つまり，背景となる特性）と関連する全般的な心理機能は，アスレチック・パフォーマンスを高めるためにはそれほど重要ではないということである（Rotella, 1990）。しかしIMAPでは，アスリートが直面するスキル，背景にある問題，環境の問題や自己

制御の問題は全て，アスリートのウェルビーイングとパフォーマンスの向上にとって中核的存在であり重要である。最も基礎的なレベルでは，IMAPは，これらの要因とアスレチック・パフォーマンスの完全に統合された関係を指摘していることである。総体的な理解がなくてもパフォーマンスを強化できるというのは，多くの領域のヒューマン・パフォーマンスにおける理論と実証的なデータと矛盾する。

重要な背景要因（パフォーマンス・スキーマ）や，環境の要求あるいは一時的な要求（ケガや対人的葛藤）があるとき，パフォーマンス不調が中等度から深刻であるか慢性的であるときは，アスレチック・パフォーマンスを強化するための伝統的な心理的スキルトレーニングを用いた介入はうまくいかないだろう。一貫性のないパフォーマンスをしている，もしくはスキル発達が遅れている者で，重要な外的もしくは内的な問題があったとしてもわずかな人にとっては，スキルトレーニングのほうがアスレチック・パフォーマンスを強化してくれるだろう。しかしながら，臨床的な現象を扱うとき（臨床的抑うつや不安など），背景となる要因（完全主義など）から実証的に支持された心理社会的治療に対する反応の低さが予測されるため（Blatt & Zuroff, 2002），背景となる要因は疑いなく，心理的スキルを直接ターゲットにした効果的な介入にネガティブに影響するだろう。

さらに，代替的な認知行動的介入，例えばタスクに集中した注意を高めるためのマインドフルネスやメタ認知的手段，行動の活性化と価値づけられた目標を達成するためのアクセプタンス・コミットメント手続き，スキーマ焦点の介入，不安や怒りに関する問題のためのエクスポージャー反応妨害法に焦点をあてた介入などが，パフォーマンスに懸念のある多くのアスリートに適応できる。これらの治療的介入は，それ自体がパフォーマンスを強化する介入である。結果を述べるには**パフォーマンス強化**と言ったほうが，ある特定の介入技法を明確に述べるよりも適切だと私たちは確信している。Giges（2000）が，心理的障壁を取り除くことが（第7章で論じられている）「アスリートのパフォーマンスを改善するための効果的な方法だ」(p.18)と述べているように，より治療的な介入によるパフォーマンス効果と言う人たちもいる。

IMAPの示唆によれば，パフォーマンス強化のために行動介入が必要であり，その介入を効果的で最適化するには，自己制御がどのように妨害されているか丁寧にアセスメントしたうえで個別にカスタマイズしなければならない。例えば，持続的に繰り返される不適応的な思考プロセスに曝されると，思考抑制は一般的に効果がなく，しばしば，ターゲットとなる思考，感情，自律神経系の覚醒が高まる（Clark, Ball, & Pape, 1991；Wegner, Ansfield, & Pilloff, 1998；Wegner, Shortt, Blake, & Page, 1990；Wegner & Zanakos, 1994；Wenzlaff, Wegner, & Klein, 1991）。ネガティブな認知的プロセスが現れて慢性的な悪循環になると，マインドフルネス，ネガティブな思考や感情を受け入れることをターゲットにした介入の方が，標準的なセルフトーク（変化に基づく）手続きよりも優れているというエビデンスが増えつつある(Segal et al., 2002)。IMAPに基づけば，自己制御の崩壊の様々な部分で生じるネガティブなセルフトーク（例：脅威の解釈，ネガティブな結果期待）を修正したり，再構築したり，何かしらコントロールする前に，実践家は注意深く認知的な内容の持つ，スキーマ的で慢性的な特徴に目を向けるべきである。現在のエビデンスは，より永続的な特徴を持つ人ほど，変化に基づいた伝統的な認知的介入よりも，メタ認知的，アクセプタンスに基づく行動的アプローチのほうが効果的であることを示唆しており（Hayes et al., 1999；Segal et al., 2002；Wells, 2000），背景要因を詳細にアセスメントすることが必要不可欠になってきている。

まとめ

臨床科学とスポーツ科学の最近の文献を丁寧に統合して，機能的・非機能的なアスレチック・パフォーマンスの内的・外的な要因を論理的に理解することでIMAPは発達した。この理論的な枠組みは最終的に，アスリートの心理社会的ウェルビーイングと競技的なパフォーマンスを促進するためのアセスメントと介入プロセスを押し進めるだろう。本章での議論によって，対人的，個人内の，環境の，自己制御のプロセスが，アスレチック・パフォーマンスと心理社会的な機能にどう影響するか，読者の理解を深めたことを願っている。もちろんアスリートは競技の領域だけで機能するのではなく，多くの生活領域においても機能し，それらはときに，私たちの注目と援助を必要とする。次章では，IMAPを念頭において，アスリートのニーズを理解し分類する新たな方法を紹介する。それは，本章で述べた理論的枠組みと，アスリートが抱える多くの問題を改善するために大いに役立つ個々の介入を理解することとの橋渡しとなってくれることだろう。

第2部

アセスメントと分類

　実践家にとって，アスリートのために第一線で働くことは楽しみでもあり，やりがいのあることでもある。このため，多くの実践家や学生が毎年のようにシンポジウムで発表したり，私たちがアスリートに用いる介入を議論した雑誌を読んだりしている。多くの学会での発表でアスリートのアセスメントが議論されているが，そのような発表に対する学会の注目は非常に小さい。しかし，アスリートの適切なアセスメントと分類は，私たちが用いる介入と同じくらい重要である。なぜならアスリートのニーズを明確に理解できなければ，理にかなった介入を計画することができないからである。

　第2部では，正常な行動と異常な行動について次元的な立場をとり，アスリートの総合的なアセスメントについて理解する。第3章では，スポーツ心理学的多元分類システム（Multilevel Classification System for Sport Psychology：MCS-SP）を紹介する。これは，アスリートとその人の個人的なニーズ，事例のタイプ（非臨床的，準臨床的，臨床的），そして解決すべき主要な問題を理解するために，どのような情報が必要かを，実践家が明らかにすることを援助するためにデザインされた分類システムである。第4章は，臨床スポーツ心理学のタイプ，目的，方略を強調して，MCS-SPのアセスメントプロセスを記述する。私たちが提供するアセスメントのアプローチと分類システムは，単にパフォーマンスのニーズと目標を考慮することを超えて，全ての生活文脈においてアスリートを考慮する。全ての主な生活領域においてアスリートを理解し，そのアスリートのニーズを効果的に分類することで，実践家は，そのようなニーズを最も満たすような，実証に基づく適切な介入を決定し，アスリートは実践家が最善の方法を考えていると，信じることができるだろう。

第3章
スポーツ心理学的多元分類システム(MCS-SP)

スポーツ心理学の専門家は，アセスメントと評価のための多くの手段を提案してきた。そのほとんどは，パフォーマンスに関連する1つの変数についての具体的情報を提供する。個々の変数を理解することに焦点をあてたこれらの尺度は必須のツールであり，実践家がアスリートのニーズに関するデータを集める際に役立つ。一方で，これらの尺度を使ったからといって，アスリートの（パフォーマンス・個人内・対人関係・発達上・移行期の懸念や臨床的な懸念を含めた）**あらゆる側面を評価できるわけではない**し，それを目指しているわけでもない。これらの尺度自体は優れたものかもしれない。しかし，応用スポーツ心理学が直面する最大の課題は，徹底的なアセスメントによって良質な事例の概念化と，合理的な介入の目標，方略，技術を導き出す，専門的な実践のための体系的なアプローチを築き上げることである。これこそが，本章のテーマである。

応用スポーツ心理学に対し総合的な心理的ウェルビーイングやアスリートの発達を考慮した，より包括的な定義を主張する者もいたが（Bond, 2001；Danish, Petitpas, & Hale, 1995；Gardner, 2001），すでに述べたように，応用スポーツ心理学はほとんどの場合，アスリートのパフォーマンス強化に焦点をあてていることにより定義されてきた（Hardy et al., 1996；Ravizza, 2001；Williams & Straub, 1998）。アスリートのパフォーマンス強化と，個人的なカウンセリングの両方について多くのことが書かれてきたものの(Van Raalte & Brewer, 1996)，日々の実践の中で生じる問題や課題をスポーツ心理士が合理的に区別するための正式なシステムは存在しない。

日々の実践において，実践家はクライエントの提示している問題の範囲や，一次的，二次的，三次的問題，結果目標，用いるべき方略を判断する。心理学では，他の多くの専門職と同様，こうした判断は以下の4つの情報源に基づいて行っている（Kanfer & Schefft, 1988）。

- 具体的なクライエントの特徴や情報
- 科学的データベース
- 専門家が共有する「経験知」（専門家から専門家へと伝承される経験やスキル）
- 専門家の個人的な経験

科学的データ（疑似科学的アプローチではなく）に基づいた実践モデルを用いる際，実践家はクライエントの懸念を理解するために，クライエントの情報や特徴，専門知識，経験，理論的枠組みを統合する。実践家は，この統合された知識を，実証的に支持された治療法に関する科学的なデータベースと照らし合わせ，妥当な介入計画を立て，情報に基づいた，倫理的で効果的な介入を提供する。

残念なことに，アスレチック・パフォーマンスの向上を目的とした介入技法が多数存在するにもかかわらず，スポーツ心理士の大部分は，アスリートによって持ち込まれた多種多様な問題を一貫性をもって概念化し，分類するための，明確な分類システムを持っていない。読者は「分類システムとはなんだろう，なぜそのようなシステムを使うのだろう？」と疑問を持つかもしれない。それでは，この点についてもっと詳しく見ていこう。

分類システム

分類システムは，「（心理的・行動的特徴の）主要なカテゴリーや次元，また，それらのカテゴリー間の境界や相互関係を詳しく説明する手段である」(Waldman & Lilienfeld, 1995, p.21)。限界や批判はあるものの(Waldman & Lilienfeld, 1995)，**精神疾患の診断・統計マニュアル第4版（Diagnostic and Statistical Manual of Mental Disorders, fourth edition, text revision：DSM-IV-TR）**（American Psychiatric Association [APA], 2000）や**国際疾病分類第10版（International Classification of Diseases：ICD-10）**（World Health

Organization［WHO］，1992）のような医学や心理学の分類システムは，クライエントが示す症状，行動，全般的な生活の問題を説明し，カテゴリー化するためのモデルを研究者と実践家の双方に提供する。さらなる利点として，そのような分類システムの診断の明確さは，個々の診断カテゴリーに対する実証的に支持された治療（第5章）の特定を可能にするため，様々な懸念の治療に対するエビデンスに基づいたアプローチの使用が促されることがある（Chambless & Hollon, 1998；Chambless & Ollendick, 2001；Kendall & Chambless, 1998）。

　分類システムに向けられる批判は，一般的に2つの関連する論理に整理できる。1つは，分類システムは個人を枠にはめる手段にすぎないとする考え方である。もう1つは，標準的な介入実践は放棄すべきであり，介入は個々のクライエントに特有の懸念や特徴に合わせて計画するべきだ，とする考え方である。

　しかしながら，このような批判は単純化しすぎているだけでなく，専門的な実践における現実を考えてもいない。アスリートの共通性に目を向けず，アスリートをもっぱらまったく異なる問題を抱えた唯一の個人としてとらえると，必要な科学的研究を進めることが不可能になり，アスリートによく見られる懸念のための実証的に支持された介入法の発展を阻んでしまうことになる。さらに分類システムでは，法則定立的なモデルを用いて，似たような心理的特徴や困難を示すクライエントの共通性に焦点をあてながら人間の行動を理解する（Waldman & Lilienfeld, 1995）。特定のクライエントの特徴やニーズを理解することは，総体的で効果的な治療には不可欠ではあるものの，法則定立的なアプローチは本質的にあらゆる応用科学分野での教育や実践に結びつく。

　したがって分類システムは，体系的な研究，包括的なアセスメント，実証に基づく介入，倫理的な意思決定のためのツールであるといえる。分類システムは，これらの重要な目標を達成し，研究者や実践家を良質な介入手続きに関する研究と実践に導くために必要である，というのが著者らの考えである。以上の理由から，このようなシステムがあれば，実践家が自分に特定の事例の相談や介入を行うためのトレーニングや経験があるか，また，いつ他の専門家への紹介が必要になるかを判断する上で役立つだろう。

　さらに，応用スポーツ心理学の研究では一般に，パフォーマンス強化のための介入効果に焦点があてられてきた。その前提となっているのは，パフォーマンスを改善したいと願っているアスリートは本質的に心理社会的に機能が良好であり，基本的にみな同種の個人特性や介入ニーズを持っているとする考え方である（Vealey, 1994a）。アスリートは，最も明確であるパフォーマンス上のニーズを超えて，心理的・行動的要因で区別されることはめったにないので，どのアスリートにどの介入が適切なのか判断するための体系的な手段をスポーツ心理士が持っていない場合も多い。

　スポーツ心理学に明確で体系化された包括的な分類システムがないことを受けて，本章では2つの大きな目的を掲げている。第1に，実践活動を行っているスポーツ心理士がよく遭遇する問題をアセスメントし，概念化し，分類するためのシステムを提示することである。私たちがスポーツ心理学的多元分類システム（Multilevel Classification System for Sport Psychology：MCS-SP）と呼んでいるこのシステムは（Gardner & Moore, 2004b），クライエントのアセスメントや介入計画のための，明確で論理的な意思決定のプロセスを提案している。第2に，スポーツ心理学における今後の効果研究に必要な構造や推進力を提供することである。この研究は様々なクライエントや状況に対してどのような介入が効果的（そして必要）であるかをより深く理解するのに役立ってくれるだろう。MCS-SPは学会において実践家や研究者の関心を集めている（Gardner & Moore, 2001, October；Gardner, Moore, & Wolanin, 2003, October）。最近公表された概念化がさらなる注目やシステムの利用を高め，実践家の意思決定を導き，本書を通して述べられているエビデンスに基づく実践を促進してくれれば幸いである。

概念的理解の発展

　すでに第1章で述べたように，応用スポーツ心理学には，コンサルタントを教育スポーツ心理士や臨床スポーツ心理士といった広範なカテゴリーに分類してきた長い歴史がある（Heyman & Andersen, 1998；United States Olympic Committee［USOC］, 1983）。その結果，スポーツ心理士は，深刻な精神疾患に苦しんでいないアスリートに適切なパフォーマンス強化のための，教育に基づいた心理的スキルトレーニングを考慮することが多い。これにより，2つの不運な仮定が導き出された。第1に，臨床心理学やカウンセリング心理学のトレーニングを受けたスポーツ心理士は，診断可能で深刻な障害を持つアスリートに実践を限定すべきであり，運動科学やスポーツ科学のトレーニングを受けたその他のスポーツ心理士は，他の全てのパフォーマンス問題に介在できるというものである（Gardner, 1991；Silva, 1989）。この観点から考えると，心理的スキルの発達を直接的な目的とした介入（心理的スキルトレーニング）のみが，パフォーマンス強化の介入だということになる。この考えに基づくと，心理的スキ

ルトレーニングを用いずにパフォーマンスを強化する介入は，どういうわけかパフォーマンス強化の介入として検討されない。

第1の仮定に続いて，第2の誤った仮定は，アスレチック・パフォーマンスにネガティブな影響を与える，発達上の問題，移行の問題，対人関係の問題，個人内の問題を改善する介入（カウンセリングや心理的治療法のような）は，それ自体パフォーマンス強化に有効な介入ではない，というものである（Heyman & Andersen, 1998；Weinberg & Williams, 1998）。このような仮定は，単純化しすぎた非現実的な二分法で推察しており，もちろん私たちは賛同していない。上述した仮定に従うと，重複したサービスを提供しているコンサルタント，または（単純にパフォーマンスの問題または臨床的な問題というように）問題をきっちり二分化できない人に働きかけているコンサルタントは，自身の職業的境界を超えて実践していることの責任を問われるリスクがある。このような考えは専門分野の発展を制限し，また，サービス提供に関する専門家間の意見の相違よりも，より有効な治療法に関心を持っているアスリートを妨害することにもなる。

重大な問題は，スポーツ心理士の教育やトレーニングにあるわけではない。それよりもむしろ，アスリートの問題に関する一貫性のない概念化の前提と結果である。要するに，アスリートのニーズの概念化（と介入）に見られる矛盾が，おそらく二分法的な考え方や実践を生み出す主な原因なのだろう。概念化を統一するために，私たちは応用スポーツ心理学が現実の世界で直面するあらゆるアスリートの問題を記述し，分類するためのシステムの使用を実践家に紹介し，奨励するつもりだ。つまり，MCS-SPの目標は，アスリートの問題や課題を機能的な分類に明確に識別し，以下のことを可能にすることである。

- アスリートを包括的，全体的に理解するために，どの分野と問題を注意深くアセスメントするべきかを示唆する。
- 実践家が事例を概念化し，適切なアセスメントや介入方略を開発し，いつアスリートを外部資源に紹介するべきか，どこに紹介するべきかを決定するときに役立つ。
- 特定のアスリートの問題のための実証的に支持された介入の発展を目的とした今後の研究を導く。

スポーツ心理学的多元分類システム（MCS-SP）

スポーツ心理学は，現代の専門的な実践の領域や様式を疑い，伝統的な実践の基準を再評価し，エビデンスに基づく実践の発展を促す新たな考え方から多大な恩恵を受けることができる。さらに，一定のアスリートのためのケアの適切な水準および種類は疑問視されたままである。その答えは，個人の教育やトレーニング，適格性の範囲，個人のバイアスに頼るのではなく，アスリートのニーズや生活状況から論理的に導き出すべきである。図3.1のように，有効で倫理的な介入は，アスリートの環境，対人関係，個人内要因，行動およびパフォーマンスの歴史や要求に焦点をあてるべきであり，単にパフォーマンス目標だけに焦点をあてるべきではない。よって，MCS-SPは，アスリートの問題や課題を上記の重要な要素を用いて4つのカテゴリーに分類する。これらの分類には，パフォーマンスの向上（performance development：PD），パフォーマンス不調（performance dysfunction：Pdy），パフォーマンス障害（performance impairment：PI），パフォーマンス終結（performance termination：PT）がある。

パフォーマンスの向上（PD）

このカテゴリーに分類されるのは，臨床スポーツ心理士のもとに持ちこまれるアスリートの問題のうち，以下のことが該当するものである。

- アスレチック・パフォーマンスを改善したいということが，介入の主な目標として明確に述べられている。
- パフォーマンスに影響する，または実践家の注意を必要とする，重大な発達上，移行的，行動的，対人関係，個人内の心理的要因がない。
- 心理的（メンタル）スキルを発達させたりそれに磨きをかけると，アスリートやチームのパフォーマンスが高まりそうである。
- 強化されたパフォーマンスが，主要な介入の目標である。

PDカテゴリーの中に，2つのサブタイプ（PD-I・PD-II）が存在する。PD-Iは，競技パフォーマンスの向上だけでなく，身体的スキルの継続した発達においてもメンタルスキルが不可欠，あるいは役立つと考えられる事例のことをいう。このタイプのアスリートにとって，アスレチック・スキルの発達は進行中であり，完全なものではない。PD-IIは，身体的スキルはすでに高く発達しており，最善で一貫したアスレチック・パフォーマンスの達成にはメンタルスキルの向上が不可欠であると考えられる事例のことをいう。

一般的にパフォーマンス向上は，パフォーマンスを

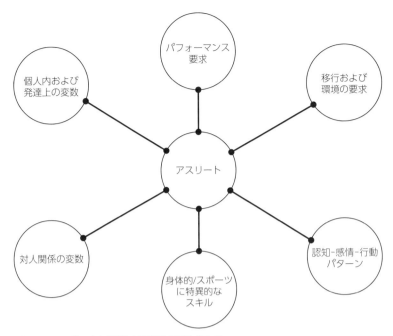

図 3.1 アスリートに影響する要因の組み合わせ

高めるために心理的スキルトレーニングが必要と伝統的に考えられてきた問題を包含する。アスリートの問題のこのカテゴリーでは，臨床スポーツ心理士は，まずアスリートの心理的機能は適当か，アスリートはいまだ到達していない，または一貫して示せていない現実的なレベルのパフォーマンス（またはパフォーマンスの一貫性）を要求しているかを判断しなければならない。さらに，実践家は注意深く，アスリートに影響している重大な発達や移行，個人内，対人関係，臨床に関わる問題が**ない**ことを確定しなければならない。これは，妥当な方法を用い，慎重に考えて判断する必要がある。実践家は，自身の適格性の範囲内にあるアスリートの特徴のみに注目しないよう警戒すべきである。例えば，より重大な問題が存在するのにパフォーマンス強化のみに焦点をあてるスポーツ心理学のコンサルタント，またはパフォーマンス強化が十分なのにアスリートを過度に病的なものとみなす臨床心理学を専門とする心理士などである。

PDカテゴリーに属する典型的なアスリートは，現実的な制限の中で高度なパフォーマンスレベルに到達するために，身体的スキルやパフォーマンスの一貫性をさらに伸ばすことを望んでいる，十分によく機能している個人である。アスリートが望んでいるのは，これらを追及する助けとするために，自身の心理プロセスおよび行動プロセスをより効果的に活用できるようになることである。PD領域に含まれるパフォーマンスの問題の例には，一貫した練習の質を手に入れること，精神面の準備および集中力を高めること，感情反応や認知プロセスを制御すること，評価する能力を維持すること，適切な目標を設定することなどが含まれる。また，アスリートが一貫性のないパフォーマンスを示す事例や，個人内や対人関係の要因，発達要因，移行要因では説明できない，比較的短期的だが持続する低下（スランプ）を経験する事例も含まれる。

PDの問題と介入は，パフォーマンス強化だと考えられることが最も多い。このように，PDアスリートの問題は，最適なパフォーマンスに達するための自己制御方略を向上させること，またはそれに磨きをかけることの必要性を示唆する。これらの方略には，伝統的には目標設定，覚醒の調整，認知的セルフコントロール，刺激コントロール（競争前のルーティンやパフォーマンス前のルーティンのような），誘導イメージ技法や，メンタルリハーサル，注意コントロールや再焦点化などが含まれる（Gould, 1998；Gould & Krane, 1992；Hall, 2001；Hardy et al., 1996；Nideffer & Sagal, 1998；Zinsser, Bunker, & Williams, 1998）。パフォーマンス強化のためのより現代的なアプローチとして，パフォーマンス強化に基づくマインドフルネス・アクセプタンス・コミットメント（mindfulness-acceptance-commitment：MAC）などが開発されている（Gardner & Moore, 2004a）。MACについては第6章で紹介する。これらの方略には大きな違いがあるにもかかわらず，主に自己制御的で，心理学の認知行動的枠組みの中で体系的に発展してきた（Meyers, Whelan, & Murphy, 1996）。カウンセリングや心理療法は必要ではなく，利用される介入は基本的に教育的

第 2 部　アセスメントと分類

この若いアスリートは基本的な心身のスキルを身につけだした。これらの能力が完全に発達するには何年もかかるだろう。

で，戦略的である。

　この分類では臨床的要因や，発達，移行，個人内や対人関係の要因がないことが必須であることに留意してほしい。アスリートはスポーツ心理士に会っているときに，これらの懸念についてすぐには言及しないかもしれないが，実践家はそうした問題がないと機械的に仮定することはできない。アスリートが述べる目標にしか焦点をあてない実践家は，重大な心理的懸念を見過ごしてしまうかもしれず，そうなると，アスリートはパフォーマンス強化の努力から十分な恩恵を得ることができないだろう。準臨床的または臨床的な問題を適切にアセスメントできないことは，クライエントに損害を与え，実践家がミスを犯すリスクを生じさせる。倫理や法律の問題は第 12 章でさらに詳しく論じる。それゆえ，仮説を立てる前に，詳細な半構造化または構造化アセスメントを実施するべきである。半構造化面接および構造化面接を含めたアセスメントについては次章で詳細に論じる。

　いったん，前述した問題はないことがはっきりしたら，このような事例は PD-Ⅰ または PD-Ⅱ として分類できる。以下に，臨床スポーツ心理士が遭遇する典型的な PD-Ⅰ と PD-Ⅱ の事例を挙げる。

PD-Ⅰ の例

　11 歳のフィギュアスケーターのティナと彼女の両親，そしてコーチは，彼女の身体スキルの向上と競技パフォーマンスの強化のためにスポーツ心理士に相談した。彼女のコーチは，ティナが一流のスケーターになるための未開の能力を持っていると確信しており，彼女が競争前の心構えやスケート中に生じる避けられないミスに対処する能力を伸ばすとともに，もっと練習に集中し強度を上げられるようになってほしいと思っていた。ティナは全ての生活領域でうまく適応し，スケーターとして向上することが動機づけられ，スケート体験を楽しんでおり，協力的で非侵入的な両親がいた。

PD-Ⅱ の例

　32 歳のプロゴルファーのボブは，現在のパフォーマンスレベルを改善し，またゴルフ選手としての全潜在能力を発揮するために，スポーツ心理士に相談した。彼は，PGA ツアーの成功には精神的要因が重要な役割を担うことを認識し，集中力の維持およびトーナメント試合中に生じる不運やミスから迅速に立ち直るには助けが必要だと考えていた。彼のパフォーマンス歴は，プレーレベルが数年間同じで，数年前，彼に期待され，予測されていたパフォーマンスレベルにはまだ達していないことを物語っていた。臨床症状や重大な個人内の問題または対人関係の問題はなかった。彼の全般的な生活状況は安定していて，家族，社会，そしてレクリエーションの領域でうまく機能していた。

　これらは PD 事例の典型例である。心理機能および行動機能は健全であり，問題は将来の見込みがかなえられていないこと，あるいは，スキルやアスレチック・パフォーマンスを強化したいという全般的な要求である。これらの例においては，ほとんどの PD-Ⅰ と PD-Ⅱ の事例と同様，適切な自己制御を促進しようとする努力は理にかなっている。

パフォーマンス不調（Pdy）

　このカテゴリーに分類されるのは，臨床スポーツ心理士のもとに持ちこまれるアスリートの問題のうち，以下のことが該当するものである。

- アスレチック・パフォーマンスを改善したいことが，介入の第 1 または第 2 目標として明確に示されている。
- アスリートの現在のレベルよりもかつてのアスレチック・パフォーマンスのほうが一貫して優れていた，またはパフォーマンスの進展が低下しているか遅れている。
- アスリートは概して心理的に健全であるが，発達，対人関係，移行およびスキーマに基づいた問題（個

人内，パーソナリティ，持続的な行動的特徴）のような，同定可能な心理的障壁がアスリートに悪影響を与えている。
- 全体的な心理機能および行動機能がいくらか弱められている（慢性的または状況的）。
- アスリートは補助的な介入として自己制御スキルを向上させれば利となるかもしれないが，第一に選ぶべき介入はカウンセリングや心理的治療である。

Pdy カテゴリー内の 2 つのサブタイプは Pdy-Ⅰ と Pdy-Ⅱ である。Pdy-Ⅰ は，発達，移行，対人関係に関わるライフイベントや外的なライフイベントが心理的反応を呼び起こし，結果としてパフォーマンスの不調が生じる事例のことをいう。Pdy-Ⅱ は，パフォーマンスの手がかりや競技環境が，中核的認知スキーマや持続的な行動特徴といった根底にある内的な心理的要因を引き起こす事例のことをいう。そうした心理的要因の例として挙げられるのは，厳しい基準（極端な完全主義），失敗に対する過度の恐れ，不合理な承認欲求，低いフラストレーション耐性などで，それによってパフォーマンスの崩壊にいたる。

ほとんどの Pdy の事例において，アスリートは**初めに心理的または個人的な問題ではなく，パフォーマンスの問題で**実践家のもとへやってくる。主要な不満や要求は，一見パフォーマンス低下の根底にある，個人内，対人関係，発達，移行に関わる問題とはほとんど関係ないように見えるかもしれない。なぜなら，こうしたアスリートはほとんどの場合，心理的に健全であり，以前は高いレベルでパフォーマンスを遂行していたからである。しかし，準臨床的な心理的問題は，2 つのサブタイプのうちのどちらかでアスリートに影響している。Pdy-Ⅰ では，発達上の問題，移行の問題，現在の生活環境，対人関係の心理的障壁が感情，生理，行動の結果をもたらし，それが最適なパフォーマンスをするための能力だけでなく，人生で要求されることを乗り越える能力にも影響を及ぼしていた。Pdy-Ⅱ では，アスリートはすでに基本的なスキーマ，パーソナリティ変数，および持続的な行動の特徴を持っており，それは一般的に悪影響を及ぼさないものである。しかし，生活ストレスの増加によって悪化すると，こうした内的な心理的要因はある種の機能不全をもたらす（例えば，競技，学業，社会的機能不全）。Pdy カテゴリーでは，臨床スポーツ心理士は，最初に提示されたパフォーマンスの問題には過度に焦点をあてようとしないが，個人内，対人関係，仕事，教育，レクリエーションの領域に含まれる，アスリートの持続的な行動特徴や現在の感情，そして行動の機能は注意深くアセスメントするだろう。

Bauman（2000, October），Bond（2001），Meyers ら（Meyers et al., 1996）による研究結果によると，Pdy の事例は，応用スポーツ心理学の日常的な実践の中で頻繁に見られる。これらの研究者は MCS-SP 分類システムを用いていなかったが（まだ開発されていなかった），彼らはもともとパフォーマンスに基づくもの（私たちが PD として分類するもの）として提示されていた事例の大部分が，徹底的なアセスメントの後，実際にはパフォーマンス低下は主にアスリートの個人的な事情や発達的な事情に起因している（私たちが Pdy として分類するもの）ことをしっかり見出していた。

Pdy カテゴリーの基準では，発達，移行，個人内および対人関係の問題が，介入の主要な焦点であることを明確に示している。Pdy は，主に発達要因，移行要因，個人内や対人関係の要因によって説明される，おそらくは短期的であるものの持続性のパフォーマンス低下（スランプ）を体験する事例を含んでいる。Pdy の重要な特徴は，これらの個人的な問題がアスリートが伝えたパフォーマンス低下の主要な原因であり，同時に全般的な心理機能および生活の質（クオリティ・オブ・ライフ）に影響を及ぼしていることである。さらに，これらの問題は，アスリートの全般的な生活や適応にとってパフォーマンスの問題よりも重要だとみなされるべきである。Pdy 問題の例として，スポーツ移行期，重大な家族または関係性の崩壊，キャリアを脅かすようなものではないケガ，喪失や死，そして重大な役割移行などがある。また，パフォーマンス不安，競技中のわずかな行動の異常調節，低いフラストレーション耐性，回避，過剰関与と過小関与，完全主義，失敗や成功への恐怖，外傷後ストレス障害の基準を満たさない急性ストレス反応，コーチや仲間との関係が良好ではないといった個人内および対人関係の問題も含まれる。

Pdy 事例は，最初にパフォーマンスの懸念を示すにもかかわらず，アスリートはカウンセリングや心理治療から最も恩恵を受けることを示唆する。この点で，カウンセリングや心理治療の間に提供される介入は，パフォーマンス強化の有効なツールといえる（必ずしも自己制御的ではないが）。これらの事例では，実践家の目標は心理社会的機能と競技パフォーマンス**双方**の改善を助長することである。パフォーマンス強化に焦点をあてた伝統的な心理的スキルトレーニングはおそらく役には立つが，ほとんどの Pdy アスリートにとっては，全体的な治療の中では明らかに補助的である。なぜなら，伝統的な心理的スキルトレーニングの手続きは，Pdy アスリートの問題の原因となるプロセスをターゲットにはしていないからである。

以下に，臨床スポーツ心理士が遭遇する典型的な

アスリートに影響を及ぼしている個人的な問題は集中力を低下させ、スポーツパフォーマンスを害する。

Pdy-ⅠとPdy-Ⅱの事例を示す。

Pdy-Ⅰの例

　NCAA（全米大学体育協会）の1部リーグプログラムに参加している18歳の女子水泳選手のジョーンは、競技タイムが自己ベストタイムをはるかに下回り、たびたび練習に来なかったり遅れてきたりするようになったため、臨床スポーツ心理士に紹介された。彼女のパフォーマンス歴は、高校時代は州のチャンピオンで、NCAAチャンピオンになる将来性があることを物語っていた。彼女が大学に入学するまでは、心理的問題は一度もなかった。彼女はどんどん無気力になり、楽しく過ごせなくなっていることを報告した。社会、学業、レクリエーションの領域ではまだ十分機能していたが、彼女は次第に孤立し、友人関係や学業、水泳に興味をなくしていった。最近の身体検査は良くなかった。ジョーンはホームシックであることと、彼女の人生で初めて長期間家から離れて過ごしていることを述べた。また、彼女は4人兄弟の末っ子で、家族の中で子どものように扱われていたと述べた。

Pdy-Ⅱの例

　24歳のサッカー選手のテッドは、最近深刻なスランプに陥って練習でも試合でもパフォーマンスが著しく低下しているため、臨床スポーツ心理士に相談した。テッドは、1年生のときにプロチームのヘッドコーチであった自分たちのコーチのことを、冷たく、厳しく、容赦のない人だと述べた。さらに、コーチはテッドの父親と人格が似ていると話し、彼自身のプレーについてはためらいがちで集中していないと述べた。テッドは、非常に完全主義で、しばしば不安が高まって過度に心配する傾向にあり、そして容易に取り乱すようになった。彼はコーチの反応を推し測るために頻繁にサイドラインに視線を走らせていることと、フィールド上で要求される即時の判断について考えすぎてしまうことを報告した。彼の全般的な対人関係機能は適応的であったが、些細な生活の問題でさえ判断することが困難になり、ガールフレンドに過度の安心や慰めを期待し、彼女には関係が負担になってきていると語った。

　これらの事例はPdyの典型的な例であり、最初の専門医への紹介は一般的に、アスリートの生活適応の問題や主観的な苦しみではなく、むしろ競技パフォーマンス（水泳のタイム、スランプ）や、スポーツに関連する行動（練習の無断欠席、不確かな意思決定）に起因する。これらの例の中で最も目立ったものは、Pdy-Ⅰの例にある大学への適応の問題や、Pdy-Ⅱの例にある承認や完全主義に関連する核となる認知的スキーマにまつわる発達や移行の問題である。これらの両事例では、移行や個人内の問題が心理的機能に悪影響を及ぼし、その結果、アスレチック・パフォーマンスが損なわれてしまっている。カウンセリングや心理治療は明らかに望ましい介入であり、自己制御トレーニング（最初に要求される）を補助的に用いることができるかもしれない。ラポールを維持し、倫理規定を尊重するために、スポーツ心理士は選んだ心理学的介入の必要性を明らかにし、理論的に説明して、アスリートが介入の本質を十分に認識できるようにするべきである。さらに、アスリートは、口頭と書面によるインフォームドコンセントを提供しなければならない。同意書には、明確な目標、あらゆる代替案、ありとあらゆる介入の予期される結果について規定しておくべきである（第12章参照）。

パフォーマンス障害（PI）

　このカテゴリーに分類されるのは、臨床スポーツ心理士のもとに持ちこまれたアスリートの問題のうち、以下のことが該当するものである。

- 臨床的な問題が明らかに存在し、アスリートに極度の感情的苦痛、行動の異常調節を引き起こしている。場合によっては、パフォーマンスが低下する、または外部の力（リーグへの出場停止、司法の関与、

チームの活動）が関与して，何も遂行できなくなる。
- 臨床的な問題が，家族，社会的な対人関係，セルフケア，レクリエーション，教育，職業など，少なくとも1つ（一般的にはそれ以上）の主要な生活領域を著しく害している（プロ選手やオリンピック選手にとって，アスレチック・パフォーマンスもこの領域に該当する可能性がある）。
- おそらくパフォーマンス強化を望みはするものの，その重要性は，アスリートに影響を及ぼしている臨床的問題に比べると明らかに副次的である。
- 臨床的問題の深刻さから，スポーツに焦点化した伝統的な心理的スキルを進展させ，改良しても，アスリートのパフォーマンスの問題や全般的な心理社会的機能に実質的な影響を及ぼす見込みはほとんどない。
- 集中的な心理治療法（場合によっては，向精神薬も含む）が，最適な介入である。

MCS-SPのPIカテゴリーの中の2つのサブタイプには，PI-ⅠとPI-Ⅱがある。PI-Ⅰは，感情障害，不安障害，摂食障害，心的外傷後ストレス障害といった臨床的な障害が，全般的な生活機能を重度に損ない，ほとんどあるいは全面的にアスリートのパフォーマンスを障害している事例のことをいう。PI-Ⅱは，怒りと衝動制御障害，薬物およびアルコール乱用，パーソナリティ障害といった行動の異常調節が，生活の重要な領域（例：家族）を害し，その結果，短期的または長期的にその人の運動競技への参加を制限する外的な決定が下される。外的な制限とはチームの出場停止や棄権，法的な保留，訴訟，懲役などである。

全般的なPIカテゴリーは，しばしば正式な精神科の診断が必要と思われる問題と，一般的に明確な臨床的な感情困難もしくは行動問題を抱えたアスリートを含む。PIを経験しているアスリートはおそらく，競技パフォーマンスに重大な問題があると報告（少なくとも断続的に）するだろうが，パフォーマンス低下は，一般的にこれらの事例で見られる心理的苦痛や機能低下に比べると明らかに二次的である。実際，このようなパフォーマンス低下はたいてい，アスリートが体験する心理的苦痛や行動の異常調節に直接起因している。

臨床スポーツ心理士は，アスリートの心理的機能と行動機能を注意深くアセスメントしてPI事例から除外するか，または確証するかするべきである。そうした機能異常が確認された事例は，それらを治療するトレーニングを受けた実践家が治療するか，そのような実践家の元へ紹介すべきである。膨大なPI事例は，人が経験する心理的問題の全範囲を占める。スポーツ心理士がより頻繁に遭遇する例の中には，（いくつか例を挙げると）嗜癖障害，重大な不安障害，双極性障害や広範な感情障害，怒りや衝動制御障害，摂食障害，注意欠陥障害，重度のストレスと心的外傷に基づく障害が含まれる。

次に，臨床スポーツ心理士が遭遇する典型的なPI-ⅠとPI-Ⅱの事例の例を示す。

PI-Ⅰの例

23歳のプロバスケットボール選手のキャロラインは，彼女の三軍のチームの練習を2週間休んだ後に，臨床スポーツ心理士の元へ紹介された。シーズン初期，キャロラインは遠征中に気まぐれにふるまい，門限に間に合わず，高価なプレゼントを大量に買った。彼女は，時に「ひどい悲しみと気力のなさ」を感じ，またあるときは，「興奮」していてリラックスできず，まるで思考が空回りしているようだと述べた。彼女はこうした気分の移り変わりを制御できないと感じ，「気が狂って」しまうのではないかと恐れていた。

PI-Ⅱの例

28歳のプロのアスリートのマイクは，強姦や性的暴行で逮捕された後，臨床スポーツ心理士の元へ紹介された。彼はオールスターのアスリートで，長年にわたる攻撃的な行動の経歴があった。彼は，家族や友人との関係性はひどく損なわれ，頻繁に怒り，不安および抑うつを感じると報告した。加えて，マイクは世界が彼をやっつけようと躍起になり，有名であるために不当にターゲットにされていると信じていた。また，時にフィールド上で怒りが強くなりすぎて焦点を見失い，間抜けな失敗をしたとも述べた。コンサルテーションのとき，彼は無期限の出場停止処分を受けており，刑務所に入れられることや仕打ちを受けることを恐れていた。

前述したPI-Ⅰの例では，キャロラインは，現在の心理的状態ではプロのアスリートとしての能力がないことを認識しており，おそらくパフォーマンス強化の介入は期待していなかっただろう。この例での主要な介入は気分の安定化であり，パフォーマンス強化ではない。マイクの怒りと行動の制御困難はパフォーマンスに直接影響しているため，心理的治療の必要性を否定するだろうし，それどころか，パフォーマンス強化を要求するかもしれない。しかし，2つめの例における介入は，パフォーマンス強化ではなく，怒りの制御や衝動制御の強化に焦点をあてなければならない。彼の感情や行動の異常調整，その結果起こる危険で不適切な行動は，多くの生活領域に障害をもたらすため，それらを，あらゆる心理的介入の中心にするべきである。このような努力がもし成功したのならば，より適

応的な感情機能や行動機能を促進させるだけではなく、感情制御の増加や心理的苦痛の低減によって、パフォーマンスも改善するだろう。PI事例の多くの心理障害および行動障害は、臨床分野にいる人々に長年用いられてきた実証的に支持された介入によって効果的に治療される。PIのアスリートは臨床的な懸念を経験しているため、これらの確立した介入法（向精神薬が含まれる可能性がある）を用いるべきである。心理的スキルトレーニングは、アスリートの困難とパフォーマンスを結びつけているにもかかわらず、不適切で、潜在的に有害だろう（Heyman & Andersen, 1998）。

パフォーマンス終結（PT）

このカテゴリーに分類されるのは、臨床スポーツ心理士のもとに持ちこまれるアスリートの問題のうち、以下のことが該当するものである。

- 主要な関心は、深刻なケガ、または意図的または不本意なキャリア終了を原因とするアスレチック・キャリアの終結に伴う多重なストレッサーおよび問題に関わるものであり、そこでは、キャリアの再開やキャリアを保持する見込みはほとんどない。
- 心理的反応は怒り、抑うつ、不安のような標準的または例外的な嘆きのプロセスを反映した心理的反応が存在するかもしれず、またおそらく家族や人間関係に関わる問題に十分注意する必要がある。
- キャリアの現実を考えると、パフォーマンス強化にはリスクがある。
- 最適な心理社会的介入は明らかにカウンセリングや心理治療で、付加的なキャリアカウンセリングやファイナンシャル・プランニングのための紹介が必要かもしれない。

MCS-SPのPTカテゴリー内の2つのサブタイプは、PT-ⅠとPT-Ⅱである。PT-Ⅰは、典型的には自由選択、年齢、または身体的スキルの自然な減退が理由で、アスリートの競技キャリアが予期した通りに（おそらく意図的）終結する事例のことをいう。最もよく見られる心理的反応は、愛する人の予期された死の後に続く標準的な深い悲しみと類似しており、衝撃、否認、怒り、抑うつ、受容などの段階を経てゆっくりと準臨床的に進んでいく（Hopson & Adams, 1977 ; Kubler-Ross, 1969）。

PT-Ⅱは、アスリートの競技キャリアが、深刻なケガによる終結あるいは負傷によらない突然の終結により思いがけず不本意に終わってしまい、典型的には競技を継続するための代替的な選択肢がアスリートにほとんどない事例のことをいう。これらの事例では、キャリア終結という予期しない現実に直面することに加え、新しい生活スタイルやキャリアの計画が必要であり、アスリートは遅発性または極度の悲嘆反応、急性ストレス反応、心的外傷後ストレス障害を経験している人と似た、深刻な心理的症状を経験するかもしれない。PT-Ⅱの人も、衝撃、否認、怒り、抑うつ、受容の過程を経て進んでいく傾向があるが（Hopson & Adams, 1977 ; Kubler-Ross, 1969）、たいていはPT-Ⅰの人よりもこの進行が深刻である。そのため、PT-Ⅱのクライエントはより強力な治療を求めがちである。

以下は、臨床スポーツ心理士が遭遇しやすい典型的なPT-ⅠとPT-Ⅱの例である。

PT-Ⅰの例

キムは30歳の競技スキーヤーである。彼女は長く、楽しいキャリアを経験してきたが、一度もナショナルアルペンスキーチームに選ばれたことがなかった。過去数年の競技シーズンの間、十分なトレーニングを積み、精力的な練習方略を用い、相対的にケガがなかったにもかかわらず、彼女のタイムとランキングは着実に低下していた。家族やコーチに相談し、彼女は自身の身体能力の衰退を受け入れ、スキーを引退した後の生活について考え始めた。キムは競技キャリアの喪失を悲嘆するにつれて、将来について戸惑いを覚え、先が見えなくなり始めた。彼女は自分がスキルやよりど

このアスリートは何年にもわたるケガのせいで競争力が維持できないことを悟りつつある。

分類	主要な治療の焦点	副次的な治療の焦点	介入
パフォーマンス向上（PD）	パフォーマンスの問題（アスレチック・パフォーマンスの強化）	心理社会的問題	心理的スキルトレーニングまたはマインドフルネス・アクセプタンス・コミットメントパフォーマンス強化
パフォーマンス不調（Pdy）	発達上の問題，移行，反応，重大なライフイベントへの適応，心理的障壁	パフォーマンスの問題	心理治療またはカウンセリング（心理的スキルトレーニングの可能性もある）
パフォーマンス障害（PI）	心理的または行動的不調	パフォーマンスの問題	心理治療またはカウンセリング（薬物療法の可能性もある）
パフォーマンス終結（PT）	キャリア終結に対する心理的反応	将来の計画（キャリアや金銭などの）	心理治療またはカウンセリング

表3.1　MCS-SP 介入指針

Reprinted, by permission, from F. L. Gardner and Z. E. Moore, 2004 "The multi-level classification system for sport psychology (MCS-SP)," *The Sport Psychologist* 18 (1)：89-109.

ころとするものをほとんど持っていないと考え，身近な人は，もっと面白い友人を見つけてしまうのではないかと思った。この時点でキムは，状況に対処するための援助を求めて，臨床スポーツ心理士に相談した。

PT-Ⅱの例

26歳のマイナーリーグの野球選手カルロスは，ドラフト1位指名され，かつてはプロ野球選手全体の中でメジャーリーグの人気投手になることに疑いの余地がないとみなされていた。2年前のオフシーズン中，バーでのケンカによって深刻な回旋筋腱板損傷などの多発損傷を負った。手術と長期間にわたるリハビリの末，カルロスのパフォーマンスレベルは手術前と同等にまで回復したものの，投球中の肩に痛みを感じて初回で降板した。メディカルチェックの後，彼は，再び回旋筋腱板を損傷し，プロの投手として投球ができるようになる可能性が極めて低いことを伝えられた。カルロスはすぐにイライラし，落胆し，社会的ひきこもりの状態になった。彼は，損傷の原因となった投球が頻繁にフラッシュバックするようになり，役立たずで人生が終わってしまったと考えていた。彼は大学を卒業していなかったため，将来の幸せについて現実的に考えることができなかった。カルロスの気分の落ち込みとイライラが強くなってきたので，家族は彼を臨床スポーツ心理士に紹介した。

これらの典型的な PT-Ⅰと PT-Ⅱの両事例において，アスリートは競技キャリアの終結に直面し，それが様々な心理的苦痛や不快症状をもたらしていた。キムの終結は段階的で強度は弱いが，彼女のキャリア終結は，能力やアイデンティティ，社会的望ましさにまつわる個人内および対人関係の問題をもたらした（Baillie & Danish, 1992；Brewer, Van Raalte, & Linder, 1993）。彼女は生産的に，楽しく，目的と自己主体性をもって前進するために，これらの問題に取り組む必要がある。カルロスの例では，早急に終結が訪れた。

その終結は心的外傷性で，外傷性ストレス反応を反映する多数の心理的，行動的症状が付随していた（Follette, Ruzek, & Abueg, 1998）。カルロスは，外傷と結びついた強烈な感情に直面し，慣れる必要があり，彼の自尊心や将来の可能性に関連する不適切な仮定を修正する必要がある（Follette et al., 1998）。両事例において最適な介入は，このような事例を治療するための教育とトレーニングを受け，資格を持つ臨床スポーツ心理士と行うカウンセリングや心理治療である。

表3.1に示すように，MCS-SPは，広範だが，応用スポーツ心理学の中で出会う最も一般的な問題の分類に役立つ手段を提供する。分類システムは，主要な問題やそれに後続するアスリートの介入ニーズに基づき，コンサルタントの取り組みのアセスメントと介入過程の両方を導くように意図されている。

MCS-SPのスポーツ心理学に対する影響

ここまで理論的な論拠とMCS-SPのカテゴリーについて議論した。MCS-SPの実践や研究結果は，今後さらなる説明を必要としていると私たちは確信している。MCS-SPの包括的な目的は，アスリートのニーズの徹底的な評価を導くこと，詳細な事例の概念化のための方略を提供し，専門的なサービスの最も適切な種類やレベルを体系的に定式化することである。とはいえ，包括的なアセスメントはあらゆる介入に先立つべきである。MCS-SPは詳細なアセスメントや，競技パフォーマンス歴，現在の競技に関する要求，アスリートが提示する問題，精神状態，発達の水準や要求，個人内の機能，対人関係の機能，心理社会的歴史を広範に理解するための枠組みを提供する。この情報は，アスリートのニーズを見極め介入を調整するのに役立つだけでなく，「クライエントと実践家の強固なラポールを構築することを意図している」ものでもある

(Hays, 2000, p.265)。包括的にアスリートをアセスメントするのは，しばしば不必要または実用的ではないと主張する人たちもいるが，私たちは，介入ターゲットを十分に見極めないことは許されないし，アスリートのウェルビーイングおよび専門家や分野の信頼性の両方に悪影響を与えると考える。

　MCS-SPは，実践家が心理社会的状況を十分に明らかにする前に，時期尚早にパフォーマンス強化を始めてしまうことを警戒すべきことをはっきりと提言している。アスリートの世界についての十分なアセスメントなしに，実践家が論理的および倫理的に介入方略を用いることなどできるだろうか？　どのように介入がアスリートにとって最も役に立つことを保証できるというのだろうか？　MCS-SPが示唆するように，アスリートを全面的に理解することで，アスリートの総合的な心理社会的およびパフォーマンスのニーズに基づく介入方略が導き出され，必要なときには他の専門家（医者，栄養士）への紹介も可能になるのである(Cogan, 2000)。

まとめ

　この章の目的は，臨床スポーツ心理士のもとを訪れるアスリートの数々の問題をカテゴリー化し，概念化するための分類システムを提供することであった。行動科学において，分類システムに対する批判があることに気づいていないわけではないが(Beutler & Malik, 2002)，私たちは，このシステムを使用することは，無益なラベルをつくることではなく，スポーツ心理学の実践家，学生，リサーチサイエンティストが正確にアセスメントし，概念化し，アスリートの異なるニーズに介入するのに役立つことだと考えている。非常に独特なクライエントの心理的ウェルビーイングやそれに続くアスレチック・パフォーマンスを強化する実践家として，私たちはアスリートの個人差を尊重しなければならないし，アスリートに特異的な特徴や懸念と理にかなった介入方略を統合しなければならない。

　MCS-SPの適用は，「決してこれらの個人の間に重要な差異がないことを示しているのではない」(Waldman & Lilienfeld, 1995, p.24)。MCS-SPはアスリートのアセスメントや治療のための法則定立的なアプローチと個性記述的なアプローチの両方を包含する。加えて，MCS-SPはスポーツ心理学において，他の専門的な心理学領域の動向と矛盾しない，より具体的で妥当な研究の有効性を促進する。このシステムはうまくいけば，実証に重点を置いた研究を助長し，それによりスポーツ心理学の実践における実証に基づくアプローチの使用も促されることだろう。ここまでMCS-SPについて議論し，包括的な介入前アセスメントの論理的根拠を提供した。次章では，スポーツ心理学の伝統的なアセスメント・アプローチについて説明し，MCS-SPモデルに基づく包括的かつ全体的なアセスメントを推奨する。

第4章
臨床スポーツ心理学におけるアセスメント

　本章では臨床スポーツ心理学の効果的なアセスメントにおける根本的な目標と方略について論じていく。本章で臨床スポーツ心理士が利用できるツールの一覧を紹介するつもりはない。スポーツ心理学と臨床心理学の分野で用いられているアセスメントツールについては，多様な情報源があるからだ（Antony, Orsillo, & Roemer, 2001；Duda, 1998；Groth-Marnat, 1999；Nideffer & Sagal, 2001）。そのかわりにここでの目標は，包括的にアスリートを評価するための目標，方略とガイドラインを紹介することである。

　全ての専門的な心理学の領域と同様，臨床スポーツ心理学におけるアセスメントは，特定の疑問に答え，関連する重要な決定を導く（多くは介入についてであるが，個人のスクリーニングや選別であることもある）。アセスメントは4つの基板となる目標がある。最初の3つの目標は**行動の理解**に関することであり，最後の1つは**行動の予測**についてである。

1. **現在抱えている問題の分類あるいは診断**：これはしばしば**トポグラフィカル・アセスメント**と呼ばれる。例としては，半構造化面接によってスポーツ心理学的多元分類システム（Multilevel Classification System for Sport Psychology：MCS-SP）（具体的な特徴の特定に基づいて），あるいはDSM-IV-TRの障害に正しく分類することである（具体的な臨床症状の特定に基づいて）。
2. **議論や解決が必要な特定の問題の成因の分類**：例えば，複数の質問紙や構造化面接によって，ちょっとしたものでも子ども（アスリート）のミスには全て罰を与えるような劣悪な養育により子どもが失敗を過度に一般化してしまうようになり，それがアスレチック競技に関する強いストレス下で強まっていることが見出されるかもしれない。
3. **個人的問題とスポーツの問題に関する機能面（具体的で詳細にわたる）の理解**：これらを理解することによって，実践家はターゲット行動，引き金となる刺激，行動の随伴性を特定でき，また合理的に介入方略と介入効果をモニターして評価するための客観的な手段を選択できる。
4. **予測と予想（介入のある・なしにかかわらず）**：この目標例としては，複数の質問紙，行動観察，包括的な面接を用いて，パニック障害がスター選手の急速な疲労，過呼吸，試合に向ける気持ちの強さの不足，コンディショニング不良の原因であることを確認することである。この結果から，特定の実証的に支持された認知行動療法を用いればこうした困難を対処可能なレベルにまで比較的早く軽減させることができそうなこと，また介入しなければ困難が悪化しそうなことが予想できる。

　多くの観点から，全てのアセスメントの質問は4つめの目標に合致する適切な予測を立てるために，目標1，2，3の情報を収集することになる（図4.1）。

アセスメント方略

　心理学における専門的なアセスメントの主要な3つの方略とは，面接，行動観察，心理学的テストである。これらの要素を合わせて**心理学的アセスメント**と呼ぶ。この章で述べてきたように，適切に実行できていれば，これらの3つの方略は統合して予測を確定することができ，適切な介入法の選定と遂行を決定づけ，合理的に介入結果を予測することができる。

面接

　最初に開発された心理学におけるアセスメント法は臨床面接である（Groth-Marnat, 1999）。心理学的テス

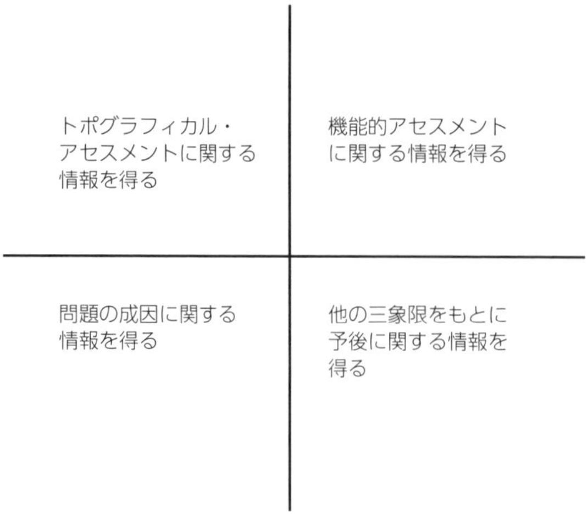

トポグラフィカル・アセスメントに関する情報を得る	機能的アセスメントに関する情報を得る
問題の成因に関する情報を得る	他の三象限をもとに予後に関する情報を得る

図 4.1 四象限面接ガイドライン

トが開発されるはるか以前，個人の困難やダイナミクスを理解するのに必要な情報は，**クライエント**が関連すると考える自らの情報を自由に，実践家からほとんど指示を受けずに話し合う非構造化面接によって確かめられてきた。しかし，長年にわたって心理学はより科学的になり，非構造化面接につきものの自然な主観性と，より客観的で確かな情報収集手段への熱意から，無数の心理学的テスト（Groth-Marnat, 1999）と半構造化あるいは構造化面接が開発されるに至った（First, Spritzer, Gibbon, & Williams, 1997）。

長年の間，多くの実践家は**非構造化面接**を，手続きに一貫性がなく，臨床家のバイアスがかかりやすく，理論的根拠に乏しいため，信頼できないものとみなしてきた（Groth-Marnat, 1999）。非構造化面接は，その名が示す通り，質問者の臨床的な判断に依存しており，そこに内在する主観的な危険性については，最近の Grove らのメタ解析によって明らかにされている（Grove, Zalad, Lebow, Snitz, & Nelson, 2000）。彼らが専門家による論文を包括的に展望した結果，（統計的に導かれた尺度や公式を用いて）人間の行動を**機械的**に予測することは，一貫して臨床的な判断（主観的な評価によるテストや面接データによる予測）よりも正確であることが，この2つのアプローチを比較した136本の研究のほぼ全てにおいて明らかとなった。さらに問題となるのは，面接データを臨床家が自由に使える場合は，臨床的解釈の正確性が**低下する**ということである（Grove et al., 2000）。これらの結果が示唆するのは，非構造化面接を行っている臨床スポーツ心理士がアスリートの問題について主観的な判断を下す際は，十分な注意が必要であるということである。目標に沿ったねらいのない，あるいは心理測定的データのない非構造化面接は，実践家がそのアスリートに対し

て抱いている全体的な**感情**に基づいて結論づけられる好意性評価になってしまいがちである。そのため，アスリートの容姿，民族性，個人史，態度，信念体系などの変数は，アスリートが提示している問題，病因，適当な介入ニーズを臨床家が解釈する際に影響する。Grove らによる包括的展望（Grove et al., 2000）では，質問紙（心理学的テスト）と半構造化・構造化面接の両方が客観的アセスメントとして推奨されている。アセスメントプロセスを客観化することで，より信頼でき，心理学のあらゆる分野で通用するアセスメントにすることが可能となる（Segal, 1997）。

このような知見があり，また他の心理学の領域では非構造化面接を用いることはまれであるにもかかわらず，スポーツ心理学の実践家はいまだ満場一致で客観的にクライエントの情報を収集することの重要性を受け入れているわけではない。多くの実践家が質問紙やその他の客観的な方法をスポーツ心理士の仕事に取り入れることを望んでいるが（Gardner, 1995；Gordin & Henschen, 1989；Nideffer & Sagal, 2001；Perna, Neyer, Murphy, Ogilvie, & Murphy, 1995），質問紙やその他の半構造化・構造化アセスメントアプローチは不必要であり，場合によっては自分たちの仕事に有害であることを唱えているスポーツ心理士もいる（Dorfman, 1990；Halliwell, 1990；Orlick, 1989；Ravizza, 1990；Rotella, 1990）。彼らの見解は，個人的なスタイルや実践哲学に合致した非公式な面接を行うことで，アスリートにとって脅威的ではなく，受け入れられやすい雰囲気の中で情報収集することができる，というものである。このスタイルは確かに心地よい雰囲気をつくりだすことはできるだろうが，個人のスタイル，信念，哲学に基づいて意思決定をすることには明らかな危険性がある。専門家として重要な決定を下すには経験と専門的判断の両方が重要かつ，**それだけで十分**であるという示唆は，データと一貫しておらず，スポーツ心理学におけるエビデンスに基づく実践として受け入れられない。臨床的な判断に関するデータは明らかであり，正当なエビデンスに基づく専門家であるなら，逸話的な報告や個人的な意見のみに基づいてこれらの知見を無視することはできないはずだ。

非構造化面接の危険性への反応として，半構造化・構造化面接（First et al., 1997）は心理学の専門家の間で広く知られるようになり，クライエントに関連する指針として信頼性と妥当性が明らかとなっている（Helzer, Robins, Croughan, & Welner, 1981；Robins, Helzer, Cottler, & Goldring, 1989）。スポーツ心理学における構造化面接の特定の例として，Sport-Clinical Intake Protocol（SCIP）がある（Taylor & Schneider, 1992）。SCIP はスポーツとその他の問題との双方に焦

点をあてており，包括的かつ首尾一貫した情報収集を，紙と鉛筆で行う典型的な質問紙とは異なり，クライエントと対面式で相互にやりとりしながら行う。SCIP面接法は，半構造化・構造化面接が人工的あるいは非協同的雰囲気をつくりだす性質のものではないことを明示している。

この章の後半で紹介するある特定の半構造化面接は行動の機能分析である。この種の面接は特定の構造化された質問をクライエントに順番に尋ねていくものではない。そのかわり，実践家はクライエントとの共同的対話を通じて，クライエントの現在の問題に関して，誰が，何を，いつ，どこで，なぜ，どのように，どの程度，を質問していく。このような広範囲で深い情報を得ることを目的としているのだから，機能分析が包括的な事例定式化の根幹となるのは当然である（アセスメントの目標3を参照）。この面接プロセスでは問題行動のきっかけとなる刺激（内的，外的の双方）と，それらの行動の明らかなあるいはとらえがたい結果（強化子）を特定する。本質的には，機能分析は関連するターゲット行動，きっかけ，減らす必要がある，あるいは増やす必要がある特定の行動の維持要因を詳細に説明する。例えば，仮にアスリートが練習を休んでいるとすると，介入ターゲットは責任ある練習行動となり，機能分析によって練習前の刺激，刺激と練習参加の関連性，アスリートにとっての結果を理解するように努める。そのアスリートがガールフレンドのことで特定のチームメイトと重大な対人関係の問題があり，そのチームメイトと会うことを考えると怒りや不安が生じるために感情状態の回避（練習を休むことによる）をしている，というように分析していく。否定的な感情の速やかな回避は負の強化として機能し，さらに回避行動の生起確率を高める。ここでは簡易な説明のみであるが，この種のアセスメントが機能分析の代表である。

面接スタイルの種類にかかわらず，面接のプロセスで家族，コーチ，その他の関連する周囲の人に参加してもらうと（クライエントの承認と書面による同意を得たうえで）メリットとなる。これらの人々の関与は，多くの場合で問題の前後関係を包括的に理解するために不可欠であり，概してアスリートの生活を支える重要な人々やスポーツ心理学サービスを利用することへ理解を高めることにつながる。

行動観察

アセスメントプロセスにおいて2番目に主要な方略は，複数の文脈で起こりうるクライエントの行動を直接的に観察することである。第1に，臨床スポーツ心理士には，その問題（治療で取り扱う）が起きたもともとの文脈でアスリートの行動を直接観察する機会があるだろう。例えば，競争に関する出来事，コーチとアスリートや親とアスリートのやりとり，あるいはチームメイトとのミーティングなどを目にするだろう。また，試合や練習に参加して，対人関係のやりとり，良いパフォーマンスと悪いパフォーマンスに対する言語的・非言語的反応，コーチや審判の決定に対するボディランゲージ，きっかけとなる出来事と結果としての行動と同時に起こるその他の似たような種類の顕在的行動を直接的に観察することもできる。これらの観察によって，実践家はアスリートの実生活上の文脈での言葉と説明を検討することができる。

第2に行動観察は面接自体に内在している。臨床スポーツ心理士はフラストレーションとなる質問や質問紙に対する反応，不安や怒りを感じたときの行動，その他の類似する反応に注目すべきである。これらの反応はアスリートの内的・外的経験についての重要な情報をもたらす。どのような状況であっても，直接的な行動観察は臨床スポーツ心理士にとってアセスメントプロセスを統合する有益な情報をもたらす。しかし，行動観察は**客観的**に記述されるとき，そして関連する情報を十分に得るまでに実践家が行動や反応について主観的解釈を制限した時に最大限に有益となる。例えば，コーチがアスリートを叱る度にアスリートが目を上に向けることを観察している実践家は，同じ行動を目撃し，その反応は挑戦的で反抗的であると主観的に判断する実践家よりも明らかに客観的である。後者は明らかに判断的で評価的であり，情報を誤って解釈してしまう可能性がある。もちろんこの実践家の解釈が正しい可能性もあるが，初期段階での主観的な解釈は実践家の判断を曇らせ，確証バイアスをまねきうる。こういうわけで，私たちは，行動観察の客観的な記述を推奨しており，十分な情報を収集するまでは解釈を保留することを勧める。

行動観察は収集した全てのデータの文脈内で問題の定式化に統合される。確かに，生じている問題に直接的に関連する行動を観察することが最も大切である。専門的論文では，生じている問題に直接的に関連する観察された行動（セッション内で）を「臨床関連行動」と呼んでおり（Kohlenberg & Tsai, 1995），アセスメントプロセスで特に重要となる。

心理学的検査

しばしば心理学的評価と呼ばれる心理学的検査は第3の基本的なアセスメント方略であり，スポーツ心理学の中で最も議論となる話題の1つである（Vealey &

Garner-Holman, 1998)。既述のように，実践家の中には，検査は不必要と考えたりあるいは否定的にとらえている者もいるが，肯定的で有用であると考えている者もいる。スポーツ心理士は心理学的検査を使用する・使用しないの判断を，教育的背景，トレーニング，コンサルティングの哲学に基づいて行うことが多い (Vealey & Garner-Holman, 1998)。しかし私たちは，実践家はその判断を，アスリートのニーズを完全に理解し，適切な介入を決定するのに必要な情報をもたらすことのできる，現在利用可能なテストの能力に基づいて決めるべきであることを勧める。効果的な尺度が存在するのであれば，それらのアセスメント尺度から得られた知見を統合してアスリートを全体的に理解することがアスリートにとって一番良いと信じている。

以下が心理学的検査を使用する際の基本的な忠告である。心理学的質問紙や検査から得られた情報を倫理的に，そして効果的に利用するために，臨床スポーツ心理士はそれらの尺度から得られた個別のスコアが最終的な結果ではなく，むしろアセスメントプロセスで得られる仮説を生成したり，確認したりすることができる追加得点であることを理解するべきある。アセスメントツールで得られた情報は，その他のアセスメント方略（例えば，半構造化面接や行動観察）から得た情報と統合して包括的なものとするべきである。多くのエビデンスが，スポーツ心理学ではあまり見られない目的のために組織的な文脈で心理学的検査を使用することを支持している (Hogan, Hogan, & Roberts, 1996)。スポーツのような組織的な状況では，正式なアセスメント道具は面接や観察によって得られた情報を補強する目的で用いられ，単独の情報源として用いられることはまれである。例えば，いくつかの私たちの専門的なスポーツ組織との仕事で，心理学的検査が補足の情報源として活用されることが挙げられる。具体的に言うと，ドラフト指名のためにアスリートを面接する際，私たちが半構造化面接や心理学的質問紙によって得た情報によってドラフト指名を決定することはない。正確に言うと，私たちが得た情報やこうしたデータをもとに出てきた意見は，スキルの提示や潜在能力，身体テスト情報に基づいたスカウトの報告書とともに考慮されるのである。

このことを念頭に，心理学的検査を適切に活用するためには，臨床スポーツ心理士は照会の質問に対してその検査が妥当性を有しているか，信頼性，標準化，臨床的に考慮する点，情報の統合などの複数の要素を考慮すべきである。

構成概念妥当性と検査の文脈

ある検査の妥当性を評価する際の主要な問題は，その検査が測定するとされていることをどの程度測定するのか，そして検査が測定する構成概念が検討中の問題にどの程度関連するのか，である (Kazdin, 1998)。例えば，スタッフと頻繁に口論することを理由に紹介されたアスリートをアセスメントする際に，状態不安や特性不安を心理測定的に評価しても，問題の文脈にはほとんど関係ないだろう。そのため，いくら選んだ検査がこの構成概念を正確に測定できるとしても，これを使用するのは不適切である。同様に，有効な心理測定的特性が確認されていない怒りや敵意の検査も，怒りや敵意の構成概念をどの程度測定することができるかが不明であるため不適切である。検査が測定する構成概念と，評価したいと思っている構成概念は一致していなくてはならない。例えば，ベック抑うつ質問紙（Beck Depression Inventory）(Beck, Steer, & Brown, 1996) の構成概念妥当性に関する実証に基づく研究によって，実践家は自信を持って抑うつ症状を測定することができるが，これで不安を適切に測定できるわけではない。

信頼性

信頼性は，ある検査の安定性，一貫性，予測可能性，正確性を表す (Kazdin, 1998)。信頼性とは，ある個人の特定の検査得点のランダムな変動の推定であり，あるいは同じアスリートが同じ検査を違うときに測定した際，得点にどの程度再現性があるかである。仮に不安を測定する信頼性の低い尺度である人の得点が平均より2標準偏差高い場合，その得点がその人の不安を適切に反映しているのか，あるいはその検査にもともと一貫性がないのかは定かではない。言うまでもなく，信頼性が低い検査は価値が低く，専門家が用いるには不適切である。

正式な検査から得られる情報は単独で成り立つものではない。面接データや行動観察の文脈においてのみ理解されるべきものである。

標準化

ある検査の標準化の適切さを評価する際は，その検査が活用される母集団と比較してどのような対象で標準化されたかに左右される。スポーツ心理学の文献ではしばしばこの問題を，心理学的機能の一般的な検査に対するスポーツに特化した検査の相対的なメリットという観点で議論してきた（Nideffer & Segal, 2001；Vealey & Garner-Holman, 1998）。根本的な問題は常に，アセスメントを受けている人が，その検査が標準化している母集団とどの程度類似しているかである。例えば，大学生アスリートの心配をアセスメントする臨床スポーツ心理士が，選んだ検査が成人の臨床サンプルのみを対象としているのではなく，大学生を母集団として標準化されているかどうかを考慮することは不可欠である。アスリートか非アスリートの問題は，重要性としては二の次である。もちろん，集められたデータがサブグループの標準化（大学生アスリートのような）を提供するのであれば，実践家はより安心して使用することができるだろう。しかし，主要な目的は一般的な心理的機能の特定の領域（先ほどの例の心配のように）を評価することであるために，サブグループの標準化は必要ではない。

その一方で，問題が**競技性**の心配（非競技性の心配とは異なるという仮説が成り立つとして）である場合，スポーツに特化した検査が特に役立つ。競技不安のように問題がスポーツの状況に限定されている場合には，**スポーツに特化した検査**が重要となるだろう。逆に，一般的な不安や全般的な対人関係機能など，問題が複数の状況に関することであれば，一般的な検査のほうがより適切である。この標準化の問題はスポーツ心理学にだけ起こるものではない。臨床心理学でも，一般的な（特性）不安と抑うつ（これらの検査については第8章で詳しく議論する）のようなより一般的な構成概念の測定法と，社会不安や心的外傷後ストレスなどの特定の構成概念を測定する検査は明らかに異なるため，この問題が生じる。標準化という観点で考えた場合，スポーツ心理学に特化した検査か，一般的な構成概念の検査かの選択に関して推奨される方法は1つとしてない。その選択は特定の構成概念と，使用しようとする尺度がこの構成概念を表した一般サンプルによってどの程度正当化されるのかに基づいて判断すべきである。

スポーツ心理士は，Psychological Assessment Inventory（PAI）（Morey, 2003）などの一般的な心理病理学的尺度，Test of Attentional and Interpersonal Style（TAIS）（Nideffer, 1976），あるいはSixteen Personality Factor Questionnaire, Fifth Edition（16PF）（Russell & Karol, 1994）などの一般的性パーソナリティ検査を用いる必要が出てくることもある。これらの尺度で，半構造化・構造化面接中に，あるいは行動観察により気づいた特定の仮説や知見を確認することができる。同様に，これらの尺度は全てに回答する十分な時間を確保できずとも（面接も含め），あるいは最低限の過去の出来事の聴取しかできない場合であっても，最初の仮説を立てることができる。その後，半構造化・構造化面接で，集めた情報についてフォローアップしていくことが可能である。

心理学的検査の使用法と誤った使用法の全てを議論することはこの章の目的を超えてしまうが，関心を持つ読者はこれらの尺度の効果的な使用法に関する論文や著書を調べるとよいだろう（Gardner, 1995, 2001；Nideffer & Sagal, 2001；Vealey & Garner-Holman, 1998）。さらに，心理測定学や測定理論の詳しい研究に関心のある読者にはAnastasi（1996）を紹介したい。

臨床上の留意点

この項目で考えたいのは，特定の検査環境下に内在する実際的な検討事項を前提とした検査の適切性である。例えば，アスリートは検査に必要な読解能力を持っているか？ 選択した検査を終えるのに必要な時間はアセスメントのために割り当てられた時間に適切か？ プライバシーや集中力が守られる物理的環境で検査を実施できているか？ また，その環境は比較的普段と同じようなものか？ これらの臨床的な留意点は照会の質問に効果的に対応するためのアセスメントパッケージを考える際に重要である。読解レベル，使える時間，検査を行い，得点化し，解釈するにおいての実践家の専門性とトレーニングの程度，これら全てが心理学的検査を倫理的かつ効果的に使用するために重要である。

データを統合する

これまでのところ，特定の照会の質問に答えるうえで重要な3つのアセスメント方略の使用法について述べてきた。けれども，包括的なアセスメントは最終的には収集したデータを寄せ集めて整理し，統合することが必要となる。データ収集については簡潔に述べたので，ここからは別のものだが関連のあるプロセスであるデータの統合について見ていこう。

データ収集が完了すると，目標は情報を統合して合理的なエビデンスに基づく仮説生成と合理的な事例の概念化に移行する。改めて述べるが，実証的な知見から，数理的な予期（しばしば機械的あるいは統計的と呼ばれる）は臨床的な判断に勝る（Grove et al., 2000；Kleinmuntz, 1990；Meehl, 1954, 1965）。とはいえ，臨

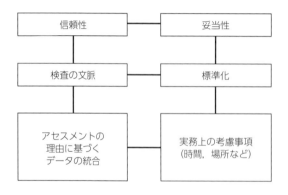

図 4.2　心理学的検査を実施する際に考慮すべき要因

床的判断の入り込む余地がないと示唆しているわけではない。むしろその反対で，個々のアスリートのニーズや特定の状況に基づいた実証的な情報に則って個別的な決定をするために，法則定立的な研究で積み上げられたエビデンスを用いることが，実践家にとっての仕事となる。明確に言うと，個人的な（個性記述的な）計画は，大規模集団を対象にした実証的研究から得られた（法則定立的な）知見から作成される。臨床家は関連するカットオフ得点，それぞれの尺度の解釈，回帰式を理解し，それらをクライエントの特定の文脈に則して考え，アスリートやそのアスリートの生活環境が法則定立的な研究の研究協力者とどのように異なるかを理解する必要がある。これらの要素を考慮すれば，単に競技に関わっていることや競技に関連する要求があるという理由だけで，そのアスリートが一般人口と異なっていると見なすことはできないだろう。アスリートが一般人口と比較して，長期的なパーソナリティ変数，背景となる要因，対人スタイル，特性的な特徴，精神病理の生涯有病率などで完全に異なるというデータはない。それゆえ，心理学的尺度をアスリートに使用する際に考慮すべき要因は一般的に，アスリートではない一般人口と同じである（図 4.2）。

臨床的判断の正確性にまつわる危険性を考慮して，アセスメントプロセスでの信頼性と妥当性の判断を向上させるために以下のことを提言する。

- 臨床スポーツ心理士は，使用する尺度，評価しようとする個人や集団，扱う問題の領域について専門性を身につける必要がある。この知識の基盤は統計的なものではなく，能動的で，継続的で，生涯にわたって学ぶことが必要なダイナミックなものでなければならない。過去から現在に至るまでの専門的文献に精通し，専門家としての継続教育を受けることは，この分野における専門家としての適格性を維持する上で不可欠である。

- アセスメントの過程において，臨床スポーツ心理士は包括的な構造化面接または半構造化面接をアスリートに適用することが推奨される。スポーツ環境においては正式に私的な会話をすることがしばしば難しいため（第 12 章参照），効果的かつ倫理的な実践のためには，臨床スポーツ心理士が重要な面接データを収集する手段を決める必要がある。融通が利かないことの多い環境で心理学的サービスを提供するという挑戦であっても，より大きな心理学コミュニティにおいて定められている専門的な基準を満たすケアを提供しなければならないことは同じである。これらの必要条件に関する創造性と誠実性は，実践家がスポーツ心理学のコンサルテーションに特有の困難な現実（Moore, 2003a）に対処するための指針となる。

- 臨床スポーツ心理士には，タスク中（タスク後ではなく）の行動観察記録を丁寧にとることが推奨される。記憶とは再構成のプロセスであるため，必然的に歪み，誤りを引き起こしがちであるためだ。

- 心理測定的尺度を用いる場合に，臨床スポーツ心理士は尺度の信頼性，妥当性，標準化について理解した上で，照会の質問や仮説に直結した情報を得ることのできる尺度のみを選択するべきである。

- 確証バイアスを減らすため，臨床スポーツ心理士は蓄積されたあらゆるデータについて考慮し，自身の先入観や実践哲学を支持するデータに過剰に注目しないよう注意するべきである。

- 分類や診断を行う際に，臨床スポーツ心理士は MCS-SP（スポーツに特化した分類法），DSM-IV-TR（臨床的な分類法）（APA, 2000），もしくは他の

心理学的アセスメントの信頼性と妥当性を高めるための推奨事項

- 尺度についての専門知識を深める。
- 尺度の心理測定的な標準化，信頼性，妥当性について知る。
- アセスメントが焦点をあてている内容領域についての専門知識を深める。
- 関連する教育を生涯にわたって継続的に受ける。
- 構造化面接または半構造化面接を使用する。
- 観察したことを丁寧にメモにとって記録にまとめる。
- 仮説を立てるときは関連したあらゆるデータを取り入れる。
- 法則定立的な分類システムを，使用法について十分に理解したうえで慎重に使う。

関連する最新システムに含まれる具体的な診断に慎重に注意を向ける必要がある。加えて，アセスメントを経て介入法を決める際には，臨床スポーツ心理士は自身の実践哲学や専門的トレーニングだけではなく，利用可能なデータと実証的エビデンスに従うべきである（下記参照）。

アセスメントプロセスの手順

臨床スポーツ心理学におけるアセスメントは連続的なプロセスであり，なかには慎重に行う必要がある手順も含まれる。第一の手順は，照会の質問に対する詳細な評価である。この最初の手順で，実践家には2つの明確な目標がある。1つ目の目標は，照会内容に内在する問題，期待を理解することである。考慮すべき疑問点には次のものが含まれる。

- 紹介状は誰が作成したか。
- （自らの紹介でない場合）紹介者ではなくサービスを受ける個人の期待は何か。
- 紹介に至った直近のきっかけは何か。
- 紹介状の中で記載されていない，もしくは隠されている話題，ニーズ，目的はあるか。

アセスメントプロセスが始まる前に，（電話による接触で）これらの質問の答えがわかることもあれば，アスリートと臨床スポーツ心理士との最初の面接時にこれらの情報が得られることもある。どちらの場合も，これらの疑問を考慮し，答える必要がある。これらの疑問を熟慮することによって，実践家は暫定的な洞察が得られるし，何より重要なことに，サービスに対する期待感，守秘義務，専門知識，境界に関連した法律上，倫理上の困難を避けられる可能性がある。これらの疑問を考慮し，照会の質問を明確化する一方で，実践家はどのような情報が必要で，関連するアセスメント方略ではどれが最も有用かについて最初の仮説を立てることができる。多くの読者が概念的になじみのある例として，競技不安を経験している高校生競泳選手の電話による紹介を検討してみよう。この紹介は，最初は比較的単純に見えるかもしれない。しかし，もっと注意深く検討すると，このアスリートは長いこと，競泳で子どもが成功することに多大な個人的投資を行ってきた，冷たく，しばしば懲罰的な父親がいるときに，様々な領域で不安を経験してきたことを，実践家は発見するかもしれない。さらに，アスリートが競泳に対して複雑な感情を抱き，スポーツ心理士の助言を望んでいなかったことも明らかになるだろう。この情報は複雑な状況を示唆しており，（保護者や場合によってはコーチの参加を含めた）様々な面接方略，競技不安の枠を超えた（抑うつ，怒り，敵意，クオリティ・オブ・ライフ〔QOL〕を評価する）心理測定による評価，競泳での成功や失敗に関わる捉えにくい結果への特別な注意が必要になる。必ずしも照会の質問がこのレベルの複雑性を示すわけではないが，こうした重要な要因を考慮せず急いでパフォーマンスを強化させようとしても失敗につながる可能性がある。さらに，より重要な懸念を考慮できない場合や除外している場合は，実践家がアスリートを理解できず，実践家-アスリートの関係が十分に構築できないことは疑いようがない。このような重大な懸念がない場合でも，実践家は面接前にアスリートの総合的な理解を得ることを奨励されている。

紹介状での課題を評価する際の2番目の目標は，臨床スポーツ心理士が問題となっているテーマに関する適当な知識を有しているかを確かめることである。重要な疑問には次の事柄が含まれている。

- 実践家は問題に関する実証的な情報に基づく（最新の）知識を有しているか。
- 現在の問題は，実践家の教育，トレーニング，経験，適格性の範囲内にあるか。
- 包括的なアセスメントに必要な心理的尺度を実践家は利用できるか。
- 実践家がそれらの尺度を理解しているか，また，マニュアルや助けとなる文献を見直す必要があるか。

繰り返しになるが，これらの疑問は，適切なアセスメントが開始される前に答えておく必要がある。答えられない場合は，介入の失敗（ネガティブなアウトカム）や，場合によっては専門家に対する怠慢や過誤のクレームにつながる可能性がある。もう一度高校生の競泳選手を例に考えると，この場合，実践家は，家族の力関係を評価する能力と，競技パフォーマンスには二次的にしか関連していない問題を抱えている高校生アスリートの詳細なアセスメントを行う能力を自分がどの程度備えているかを評価すべきである。照会の質問を熟慮し，それに関連する必要不可欠な知識を収集した後，実際のアセスメントプロセスが始まる。

全てのアスリート（場合によってはチーム全体）を包括的にアセスメントする際の実践上の問題も重要である。臨床スポーツ心理士は，スポーツ心理学のコンサルテーションにつきものの時間の制約と，ふさわしい介入を明らかにするために個人（もしくはより大きなグループ）を適切にアセスメントする必要性の間でバランスをとらなければならない。バランスをとることは簡単ではないが，私たちはアスリートやチームに

介入前の包括的なアセスメントの必要性を強調することを好む。アセスメントプロセスを簡略化する必要性が出てくるときもあるが，プロセスの省略はでたらめであるべきではない。アセスメントプロセスの要素を減らすことは，明確な目標を考慮したうえで注意深く行う必要がある。

MCS-SP のアセスメント

基本的に心理学的アセスメントは，照会の問題によって体系的な情報収集がなされる逐次モデルに準じるべきである。そうすることによって，収集された情報に基づいて仮説を立てることが可能となり，第 2 章で説明したアスレチック・パフォーマンスの統合モデル（IMAP）のように，状況的文脈，身体スキル，個人特性を含めた包括的理解が可能となる。仮説が立案されることによって，アスリートが直面している問題に対する理解が進むとともに，行動の予測（介入の有無にかかわらず）が可能となる。次に，本章の冒頭で説明した 3 つのアセスメント方略をまとめた包括的アセスメントプロセスについて紹介する。臨床スポーツ心理学におけるアセスメントのためのこうしたアプローチは，MCS-SP 分類のための局所的アセスメントだけでなく，きっかけとなる出来事や刺激，機能的行動と非機能的行動，結末や結果との関係を詳細に述べるための機能的アセスメントが含まれている。

第 3 章で言及したように，臨床スポーツ心理学における包括的アセスメントは MCS-SP を用いて行うことができる。MCS-SP はパフォーマンス向上や他の介入に取り組む前に深刻な心理学的問題を除外する。前述のとおり，最善のアセスメントには，半構造化面接と必要に応じて関係のある心理測定ツールなどを用いて個人の情報を系統立てて収集することが必要である。私たちの研究室と現場での実践で利用されている簡便な尺度である Performance Classification Questionnaire（PCQ）（Gardner, Wolanin, & Moore, 2005）を本ページに掲載する。この尺度は半構造化面接のプロセスを補完するために用いるものであり，区別が最も難しいパフォーマンス向上（PD）とパフォーマンス不調（Pdy）の分類を識別できることが示されている。この尺度はより臨床的な問題（パフォーマンス障害〔PI〕）と引退に関する問題（パフォーマンス終結〔PT〕）を評価することはできない。臨床的な問題については臨床的妥当性が保証された適切な尺度があり，引退に関する問題については簡単に確認することができる。この簡便な自己記入式アセスメントは 10 項目のリッカート形式で構成されている。尺度得点には，全ての項目得点を合計して算出する（項目 5 と項目 7 は逆転

Performance Classification Questionnaire（PCQ）

イニシャル：＿＿＿＿　日付：＿＿＿　年齢：＿＿＿　スポーツ種目：＿＿＿　性別：＿＿＿

以下のそれぞれの文章を読んで，あなたがコンサルテーションを求めている理由についてそれぞれの文章がどのくらいあてはまるか示してください。それぞれの文章があてはまる程度に応じて，①から⑤の数字で答えてください。適切な数字を塗りつぶしてください。

		まったく---------非常に
1	私はこれまで高レベルのパフォーマンスあるいはもっと一貫したパフォーマンスを発揮してきたが，現在のパフォーマンスや上達は遅かったり，下手になったり，遅れをとったりしている。	① ② ③ ④ ⑤
2	以前は当然のようにできていたことがときどき難しい。	① ② ③ ④ ⑤
3	人間関係のもつれや人生の他人に関わる問題のせいでパフォーマンスを十分に発揮できない。	① ② ③ ④ ⑤
4	不安，悲しみ，欲求不満，怒りといった気分や感情によって，自分で期待しているようなパフォーマンスを発揮できない。	① ② ③ ④ ⑤
5	競技課題に集中し続けるのが難しいということは滅多にない。	① ② ③ ④ ⑤
6	悲観的な考えや自信のなさといった否定的な信念によって，自分で期待しているようなパフォーマンスを発揮できない。	① ② ③ ④ ⑤
7	私の身体スキルや技術は，近いうちに向上したり潜在能力を持っていたりする。	① ② ③ ④ ⑤
8	コーチ（監督）やチームメート（同僚）との人間関係のせいでうまくパフォーマンスを発揮できない。	① ② ③ ④ ⑤
9	考えや気分のせいでうまくパフォーマンスを発揮できない。	① ② ③ ④ ⑤
10	身の回りや人生で起こっている嫌な出来事のせいでうまくパフォーマンスを発揮できない。	① ② ③ ④ ⑤

項目）。得点が30点未満の場合はPDを，30点以上の場合はPdyの分類を示唆する。この尺度は，初期段階で仮説を立てるのに役立つが，半構造化面接のかわりとなるものではない。

　データ収集において最も重要な要素は，半構造化面接あるいは構造化面接を徹底することである。本章の最後にはMCS-SPのための半構造化面接の様式を掲載している（p.50～52参照）。半構造化面接は，多くの重要な領域を系統立ててアセスメントできるプロセスである。この文脈における**構造化**という用語は，厳密であることや柔軟性がないことを意味するわけではなく，包括的である必要性や介入前に必要な全ての情報を確実に得ることの必要性を意味する。アスリートと直接会うことに加えて，面接のプロセスには，照会の質問やその周囲の状況（そしてクライエントの同意）によっては，家族，コーチ，トレーナーなどアスリートと関係のある個人と会うことが含まれる場合がある。面接の目的は，現在抱えている問題，個人の経歴や競技歴，現在抱えている問題の変遷についての情報を集めることである。十分な半構造化面接には60～90分の時間がかかるが，初回の面接前に質問紙を用いることで，個人，社会，パフォーマンスについての情報をいくらか確認することができる（時間の節約にもなる）。臨床スポーツ心理士は，最初の面接を行う直前や面接を行っている最中にこの情報を再確認することができる。こうした最初の面接中に，最初に立てる仮説から（必要であれば）重点的な心理測定的質問紙の選択や，（該当する場合は）面接室外でアスリートを直接観察するかが導き出されるだろう。臨床スポーツ心理士は，面接中になされる質問への反応を集めることに加えて，面接中のいくつもの行動を観察する。これらの観察の大半は対人関係であるが，問題を話し合うことに対してアスリートがどの程度心を開くか，変化についての明確な準備性，現在抱えている問題についての捉え方と見解，現在抱えている問題についての信念などといった問題も含まれる。

　次は，MCS-SPアセスメントプロセスの特定の段階について説明する。これらの段階では，考察が必要な情報を確実に理解できるように，順を追って説明する。実践家は，クライエントとの間にラポールを構築し，必要な信頼関係を確立できるよう，自身の望んだ順序で話題を取り上げることができることに留意しておいてほしい。実践家は，推奨される全ての情報を集める限りにおいては，面接スタイル，意思決定のプロセス，質問の順序，心理尺度の選択を臨機応変に行ってもよい。本章の最後に掲載されているMCS-SPの半構造化面接は，MCS-SPのアセスメントプロセスにおけるそれぞれの段階で実践家が使用できるように考案されたものである。

臨床アセスメントの段階

　MCS-SPアセスメントの最初の段階は，**臨床アセスメントの段階**である。臨床アセスメントの段階における主な目的は，一目瞭然な（例えば，怒りと衝動制御障害）あるいは捉えにくい（例えば，双極性障害や注意欠如多動性障害）主要な心理的障害，引退に関わる問題（著しい心理的反応の有無）を除外することである。

　臨床的状態を正確に評価するためには，DSM-IV一軸疾患のための精神科診断マニュアル（Structured Clinical Interview for DSM-IV Axis I Disorders：SCID-I）（First et al., 1997）や精神症状検査（Rogers, 1995）といった半構造化臨床面接の教育とトレーニング，経験が必要である。SCIDは実施に長時間かかるため，全ての項目を用いる必要はない。むしろ，SCIDの質問はDSM診断群の形式に沿っており，それぞれの診断領域（例えば，うつ病や不安症）で最初のスクリーニング項目に該当しなかった場合は，実践家はその診断群の残りの質問をとばして次の診断可能性に関する質問に移ることが可能である。このようにSCIDを用いることで，実践家は，可能性のある診断についての追加検査を考慮することが可能となる。最初のスクリーニング項目についてのクライエントの反応が以降の質問を必要としないものであった場合，SCIDの使用は非常に簡単である。前述のとおり，臨床アセスメントの段階やMCS-SPアセスメントの段階の間は，SCIDに代わるまたはSCIDに追加するものとして，スポーツとスポーツ以外の問題に関する情報をもたらすSport-Clinical Intake Protocol（SCIP）が役立つかもし

臨床スポーツ心理士は，必要な情報を収集することによって初期段階での仮説を立て，直接的な介入を決定することができる。

れない（Taylor & Schneider, 1992）。

　適切な場合，臨床アセスメントの段階で，ミネソタ多面人格目録第2版（Minnesota Multiphasic Personality Inventory-Ⅱ：MMPI-Ⅱ）（Butcher, Dahlstrom, Graham, Tellegen, & Kaemmer, 1989），Millon Clinical Multiaxial Inventory-Ⅲ（MCMI-Ⅲ）（Millon, Millon, & Davis, 1994），症状チェックリスト-90（Symptom Checklist-90：SCL-90-R）（Derogatis, 1983），ベック抑うつ尺度（Beck Depression Inventory：BDI）（Beck et al., 1996）といった臨床的な心理検査が用いられる可能性がある。これらの心理測定的検査の一部または全部が全てのアスリートに必要であることを示唆しているわけではない。臨床アセスメントの段階では，大半のケースで，半構造化面接や構造化面接と徹底的な心理社会的経過のアセスメントが行われ，心理測定的評価が用いられることは稀（あったとしても少し）である。心理測定的尺度を含めた広範な臨床アセスメントが必要な場合もある。心理測定的評価は，追加の情報が必要である場合や心理測定的尺度によって必要な情報が得られそうな度合いといった判断に基づいて用いるべきである。心理測定的評価のための尺度を選択する際には，実践家が詳細な見識を持つことを推奨する。繰り返しになるが，この選択については，明確な根拠（仮説や答えられるべき質問）と問題となっている尺度の心理測定的特性の基本的理解に基づいて行われるべきである。

　臨床アセスメントの段階で収集された情報がパフォーマンス障害（PI）ⅠまたはⅡ（例えば，主要な心理的障害）やパフォーマンス終結（PT）ⅠまたはⅡの分類を支持するものであれば，実践家は引き続きアスリートを十分に理解するために必要な情報を収集する。面接後に，PIやPTのアスリートと取り組むコンサルタントとしての業務は，教育，トレーニング，経験によって決まる。PIやPTの症例に対する介入について，トレーニングを受けていたり資格を有していたり認定を受けている実践家は，事例定式化（第11章参照）と介入の計画を開始することができる。こうした領域でのトレーニングを受けていなかったり，資格を有していなかったりする実践家は介入を行うべきではなく，資格を有した確かな専門家へアスリートを紹介すべきである。臨床アセスメントの段階でPIまたはPTの所見に該当しない（臨床的問題あるいはキャリア終結の問題を有していないことを示す）場合，臨床スポーツ心理士はPIまたはPTの問題を基本的に除外し，PDまたはPdyの分類を検討することになる。次のアセスメント段階は，人としての成長に関するアセスメント段階である。

人としての成長に関するアセスメントの段階

　人としての成長に関するアセスメントの段階の目的は，アスリートの現在の生活状況，全般的な発達歴，個人内の発達や対人関係の発達，移行に関する問題を十分に理解することである。この段階では，臨床スポーツ心理士は，アスリートの発達ならびに移行に関する問題の影響を見定め，アスリートにとって競技に影響するか競技の妨げとなる可能性のある対人関係のプロセスと個人特性の理解を進展させる。この情報により，パフォーマンス不調（Pdy）ⅠまたはⅡの分類に該当するかどうかを判断できる。この段階では，包括的面接，十分な心理社会的経過，臨床的・非臨床的使用のために作成された心理測定法が技術と測定として適している。関連のある心理尺度には，気分調査票（Profile of Mood States：POMS）（McNair, Lorr, Dropplemen, 1971），注意・対人関係スタイル診断テスト（Test of Attentional and Interpersonal Style：TAIS）（Nideffer, 1976），競技状態不安尺度第2版（Competitive State Anxiety Inventory-2：CSAI-2）（Vealey, 1990），状態-特性不安尺度（State-Trait Anxiety Inventory：STAI）（Spielberger, Gorsuch, Luschene, Vagg, & Jacobs, 1983），16PF性格検査（Sixteen Personality Factor Questionnaire, Fifth Edition：16-PF）（Russell & Karol, 1994）がある。

　人としての成長に関するアセスメントの段階で蓄積された情報がPdyに該当する所見へとつながる場合，実践家は引き続き他の領域で必要な情報を収集し続ける。Pdyの事例については，臨床心理学やカウンセリング心理学のトレーニングを受けて資格を有したスポーツ心理士が事例の概念化と介入計画に取り掛かることになる。こうしたトレーニングを受けていない専門家は，クライエントを適切な実践家へ紹介するべきである。収集された情報がPdyに該当しないことを示唆する場合，実践家はPDの存在について考慮し，これはパフォーマンスアセスメントの段階の中で決定される。

パフォーマンスアセスメント段階

　パフォーマンスアセスメント段階で目指すことは，アスリートのパフォーマンススキル，経歴，期待，目標をもれなく理解することである。ここでは，現在のパフォーマンススキル，アスリートとしての短期的/長期的な目標，アスレチック・パフォーマンスに関連する自己効力感，メンタルスキルの知識，練習中/試合中における現在または以前のメンタルスキルの使用状

況等について，包括的にアセスメントすることが推奨される。パフォーマンスを最大限に引き出すためにアスリートがこれまでに試したこと，役に立ったやり方と役に立たなかったやり方，なぜうまくいったのか，どのような条件下でうまくいったのか，そのやり方をどうやって身につけたのか，といった点を知ると役に立つ。臨床スポーツ心理士は概して，アスリートが自分のニーズに合わないメンタルスキルを教えられていたり，不適切または不十分な形でメンタルスキルが教えられていたり，以前のスポーツ心理士との関係が悪かったり，コーチや親から不本意な形で現在のスポーツ心理士との共同作業を強いられている，といったことを見出すだろう。こうした状況は，放っておくと現在の相談関係に影響を与えたり介入の進捗を妨げたりする可能性があるため，必ず把握しておくことが非常に重要である。

パフォーマンスアセスメント段階では，家族やコーチとの面接も必要かもしれない。この段階では，アスリートの練習行動および競技行動の完全な機能分析（早い段階で導入されている）が重要な要素となる。**機能分析**とは，心理学における行動モデルの用語である。刺激−反応−強化のパターンや，望ましい行動を維持したり減少させたりする随伴性の，体系的なアセスメントを指す（Kazdin, 2001）。機能分析の現代的アプローチでは，環境刺激，認知プロセス，感情反応，身体反応，行動反応，および一次的・二次的強化子のアセスメントをする。これらの要素を理解することが，（アスレチック・パフォーマンスを含む）人間の行動の理解と，適切な認知行動的介入方略の立案につながる（Kanfer & Scheft, 1988）。

パフォーマンスアセスメント段階で，アスリートはPD-ⅠかPD-Ⅱに分類される。または，いずれにも該当しないと判断されることもある。この場合，メンタルスキルの向上やカウンセリング，心理療法などから

は十分なメリットは得られないと考えられる。その代わりに，パーソナルトレーナーや栄養士，コーチなどを紹介する方が良いかもしれない。（PD-ⅠまたはPD-Ⅱの分類に基づいて）パフォーマンス強化を行うことが妥当と思われる場合，そのまま介入を続けるために，臨床家はパフォーマンス強化のための心理的アプローチに関する教育，トレーニング，経験を有していなければならない。担当の臨床心理士が専門的なトレーニングを受けていない，または経験がない場合は，アスリートを適切な専門家に紹介するべきである。もし，臨床心理学やカウンセリング心理学を専門とする心理士がこの機会に実践領域を広げてパフォーマンス強化支援をできるようになりたいのであれば，この事例において継続的なスーパーヴァイズを受けるべきである。

必要な面接，行動観察，適用できる心理測定検査を終えて，アセスメント段階が完了したら，治療仮説を生成する。ここでの臨床家の仕事は，データを分析し，照会事項に対する形態的説明（MCS-SP分類）と機能的説明を加えることである。これは，アスリートのニーズに沿って選択されるエビデンスに基づいた介入に直結する（図4.3）。

ここで提案しているアセスメントモデルは，臨床心理学やカウンセリング心理学，学校心理学におけるアセスメントモデルと似たものであり，スポーツ心理学の伝統的なアセスメントや介入の順序はこれとは正反対である。スポーツ心理学の伝統的なアセスメントでは，一般的に，まずはパフォーマンスに焦点をあて，介入のプロセスで個人的・臨床的問題が発生した場合にのみそうした問題に焦点をあてるとされている（Andersen, 2000a；Heyman & Andersen, 1998；Ravizza, 2001）。伝統的なアプローチでは，個人的問題や深刻な懸念に関する十分な介入前アセスメントが行われることはほとんどなく，アスリートが示す問題のほとんどは基本的にパフォーマンス関連であるという大前提（これは実証的エビデンスに反する）からスタートする。対照的に，MCS-SPに基づくアセスメントモデルでは，パフォーマンス関連の問題に**厳密に**焦点を絞り込む前に，より深刻な懸念がないことを確認するための包括的な介入前アセスメントを行う。もちろん，初回の面接中に，パフォーマンス関連問題よりも臨床上の問題のアセスメントを優先しなければならないということではない。どちらの情報も，機械的な面接でなく，自然な会話のような面接の中で，各話題を行ったり来たりしながら収集することは可能である。結局のところ，完全な事例の概念化と介入計画を作成するために必要な情報は全て収集しなければならないということである。ここではわかりやすく説明す

直接観察を行うことで，アスリートの競技行動に関する重要な情報が得られることがある。

48　第2部　アセスメントと分類

臨床アセスメント段階

機能/戦略	
目的	精神状態や心理的・行動的機能のアセスメント 重い精神的障害や行動障害、PI-I/IIやPT-I/IIの可能性を把握する
手法	臨床面接法、精神検査、心理学的アセスメント（必要に応じて）
結果	PI-I/IIまたはPT-I/IIの可能性があれば、心理療法プランを遂行する。なければ、次のレベルへ進める

↓

個別発達アセスメント段階

機能/戦略	
目的	個人内機能、対人関係、移行レベル、発達レベル、およびコーピング行動のアセスメント Pdy-IやPdy-IIの可能性、およびアスレチック・パフォーマンスに影響する個人内/対人関係や発達関連の問題を把握する
手法	心理社会的側面の成育歴の包括的アセスメント、心理学的アセスメント（必要に応じて）
結果	Pdy-IまたはPdy-IIがあれば、適切な心理療法プランを遂行する。なければ、次のレベルへ進める。

↓

パフォーマンスアセスメント段階

機能/戦略	
目的	パフォーマンス歴、今後の目標、スキル、および望んでいること のアセスメント（身体的スキルとメンタルスキルも含めて） パフォーマンスに関連する問題と期待、フィジカルスキルとメンタルスキルの発達、動機づけ、パフォーマンス目標の本質的側面、自信の程度を特定する
手法	個別面接、現在のアスレチック・パフォーマンスの機能分析、質問紙法の活用、家族やコーチへの面接（可能であれば）
結果	パフォーマンス向上のための心理学的スキルトレーニングへのニーズおよびそれによって得られる利益が特定される

図4.3　MCS-SPアセスメントの流れ

るために各段階を順序立てて提示したものの，実際の面接は特定の順序にとらわれずに柔軟に行われる。

本質的には，パフォーマンス重視の伝統的なアセスメントと，アスリートを複合体として見る私たちの総合的アプローチは，全く正反対の立場からアセスメントを始める。本書のいたる所で述べているように，スポーツ心理士はしばしば，パフォーマンス関連問題を示しているアスリートには，本人から直接訴えがない限り，重篤な個人的問題や心理的問題はないものと考える（Heyman & Andersen, 1998；Ravizza, 2001）。また，アスリートが根深く深刻な懸念を抱えているのであれば，実践家が指示したり調べたりしなくてもアスリート自身が自発的にそれを話題に上げるだろうと考えがちである（Andersen, 2000a）。このようなモデルでは，深刻な問題をアスリートが自ら語り始めない限り，実践家の焦点は必然的にパフォーマンスに関する懸念に絞り込まれることとなる。こうした面接スタイルおよび介入スタイルを採用する実践家の中には，アスリートから直接報告された問題のみが**実際の**重要な問題であるかのような前提で仕事を進める人もいる。しかしながら，文献によって示されているように，アスリートが報告する懸念が必ずしも重要な問題であるとは限らない（Henschen, 1998）。アスリートは（他の領域の心理学のクライアントと同じように）時として，コンサルテーション初期の懸念や目標を過小評価したり過大評価したりする。その原因は，心理カウンセリングを受け始めたことへの不安だったり，臨床家とのラポールが確立されていないためだったり，自身の困難を自覚していないためだったり，機密保持に関する心配だったり，精神異常者と思われるのではないかという不安だったりと，様々である。また，臨床家側の問題として，アスリートが個人的問題を話題に上げることに異を唱えるのではないかと恐れ，その結果，より重篤な臨床上の問題が生じている可能性を見落としてしまうことがある（Heyman & Andersen, 1998）。これが臨床スポーツ心理士として不適切な仕事のやり方であることは，以下の2点からも明らかである。

第一に，競技パフォーマンスとは直接関連しない日常生活に関する質問をアスリートが受けつけられなくなる，または受けつけようとしなくなる可能性がある。とはいえ，多くのアスリートはこうした質問を受け入れるだけでなく，面接の中でこのような話をしてもよいのだと知ると安心する（Eyal, 2001；Gardner & Moore, 2001, October）。実践家の中には，この特有のアプローチは臨床スポーツ心理士に精神科医の役割を担わせることになるのではないかと心配する人もいるが（Singer, 1996；Van Raalte, Brewer, Brewer, & Linder, 1992；Weinberg & Williams, 1998），私たちの経験ではそうはならないし，同業者の多くもこの懸念を支持していない。受けたトレーニングや肩書とは関係なく，精神科医のやり方で仕事をする人が精神科医の役割を担うのである。典型的には，実践家とアスリートの適切な共同作業を必要とせず，静的で機械的な手法で情報収集をして仕事を進めることで，人は精神科医の役割を担うのである。できれば臨床スポーツ心理士にはこのようなやり方で仕事を進めてほしくない。アスリートの心理社会的側面を含む全体像**および**それに伴う競技上の懸念を総合的・俯瞰的な視点で明らかにしていくように仕事を進めていれば，個人的問題について話し合うことでアスリートを元気づけることすらある。クライアントの人生に関する一番の専門家はクライアント自身であるのだから，必要なデータを集める前に重大な問題について初めから前提をつくってしまうのは，治療関係やアスリートの幸福感の改善に難をもたらすことがあり，アスリートに対して真摯な態度であるとは言えない。

第二に，個人的問題の中には，リスクマネジメントのために把握しておかなければならないことがある。必要な質問を怠ると，専門的なケアが必要であることを見落とす可能性がある。その結果，実践家が職業上の責任を負うだけでなく，アスリートを危険に曝してしまうかもしれない。全てのスポーツ心理士が公式に認定された心理士であることはなく，正式な倫理綱領に拘束されているわけでもない。しかし，それでもなお，慎重に注意を払って問題を特定する責任を負っていることは確かである。本質的にアスリートは，実践家がどのようなトレーニングを受けてきたかとは関係なく，必要なアセスメントは介入前に全て行われるものだと思っている（治療プロセスで使用されるアウトカム測度を除く）。総合的な評価（例：MCS-SP）を適切に実施しさえすれば，重度の精神病理のアセスメントをことさら強調する必要性も**なくなる**。しかし，このアプローチを採用するためには，臨床スポーツ心理士が包括的な心理社会的アセスメントを十分に理解し，実行できなくてはならない。

今この章を読んでいる読者の中には，ここで推奨されているアセスメントプロセスもきっとかなりの時間がかかる，時間が限られた日常業務には簡単には取り入れられない，と考えている人もいるだろう。第一に，経験上わかったことだが，多くの場合，私たちには自分で思っている以上に時間があるのであり，また，慎重なアセスメントが十分可能なのに，急いで介入しなければと感じるのである。第二に，アセスメントプロセスには思ったほど時間はかからない。私たちの経験上，大学のスポーツ部門で働く臨床スポーツ心理学の研修生でさえ，約1時間もあれば十分な情報を問題な

く収集できる。必要であれば，その中に心理検査のための時間を組み込むことすらできる。伝統的な面接やアセスメントを行っている実践家も最初のセッションで同じくらいの時間を使っているだろうから，1時間のセッションが長すぎるとは思わない。第三に，時間的制約がかなり厳しい場合は，適切なアセスメントが職業的責任であることを念頭に置いて，時間限定型の簡易スクリーニング（例：SCIPの定期的な使用〔Taylor & Schneider, 1992〕）の実施を慎重に検討すべきである。この手法は，より多くの時間を要するアプローチの補助として有用である。その他，状況によっては，メンタルスキルとパフォーマンスとの関係についてチーム全体に対して簡単なレクチャーを行うために，スポーツ心理士がチームに入ることもある。こうした状況では，個別のアセスメントをする機会もニーズもないかもしれない。ここでは，そのような状況がある

ことを理解し，そのような仕事を尊重したうえで，その限界点についても実践家に注意喚起をしておかなければならない。こうした教育的知識の恩恵を受ける選手ももちろんいるかもしれない。しかし，準臨床的または臨床的な問題に悩まされている選手にとっては，こうしたアプローチは十分な助けにならないばかりか，最悪の場合，あまりの役立たなさにストレスを感じることすらある。

MCS-SP 半構造化面接

本章の最後に，MCS-SPに基づいた半構造化面接について説明する（表4.2）。この半構造化面接ではMCS-SPの分類を判断するために必要な質問に重点を置いている。この面接は，アセスメントプロセスとアスリートが示している問題を明確にするのに非常に

MCS-SPのための半構造化面接

パフォーマンス向上（PD）モジュール		
1．なぜ今，助けを求めることを決めたのですか？	パフォーマンスの向上が第一の目標である：はい・いいえ	「はい」の場合は，次のPDとPdyに関する質問に進む。「いいえ」の場合は，PIモジュールに進む。回答が引退に関わることを示唆する（今すぐ，差し迫っている，近い将来）場合はPTモジュールに進む
2．取り組みたいパフォーマンスの問題を教えて下さい。（パフォーマンスの得意・不得意，パフォーマンスが安定しない，短いもしくは長いスランプなどに着目する）		
3．生活やスポーツにおいて，あるいはスポーツ以外のことで，何か新しいこと，変化したこと，特別なことが起きていたら教えて下さい	移行に関する問題がある：はい・いいえ	
4．トラブルに巻き込まれる，トラブルを起こすといった出来事や状況が最近ありましたか？	行動上の問題がある：はい・いいえ	
5．コントロールが難しい，もしくは圧倒されるような強い感情や気分を感じることが現時点でありますか？ある場合，どんな感情ですか？　また，その感情に対処するためにどんなことを試してきましたか？（感情と行動対処方略について慎重に聞いていく）	感情面，心理面の苦痛がある：はい・いいえ	2〜5の質問に対する回答が全て「いいえ」の場合は残りのPDモジュールの質問を実施する。2〜5の質問に1つでも「はい」がある場合はただちにPdyモジュールに進む
6．現在の人間関係（コーチ，チームメイト，スタッフ，友人）について教えて下さい	対人的葛藤がある：はい・いいえ	
7．パフォーマンスを向上させるためにどのようなことに取り組んできましたか？　その取り組みはどれくらい効果がありましたか？　自分の練習に対する努力や強さについてどのように感じていますか？	7〜10の質問では，身体的スキル，メンタルスキルの向上についてアセスメントする	
8．競技目標を教えて下さい。その目標はどれくらいの確率で達成できそうですか？　誰かにその目標は現実的，もしくは現実的ではないと指摘されたことがありますか？　それは誰ですか？		
9．練習中や試合中の注意力と集中力について教えて下さい。集中できないことがどれくらいの頻度でありますか？　どんな考え，感情，状況が集中を邪魔しますか？　気を散らせることなく集中力を維持するためにどんなことをしますか？		

10. 怒ったときにどんな反応をするか教えて下さい。怒るきっかけは何ですか？ 怒っているときにどんなことを考えたり感じたりしていますか？ 怒りに対してどのように対処していますか？ 対処はどれくらい効果的ですか？		6〜10の質問に対する回答は，パフォーマンス向上のための心理的介入が適切かどうかを判断するための枠組みとして使用する。心理的介入（スキルトレーニング）が有効だと考えられる場合，PDの分類を検討する
11. 身体面，技能面でまだ向上できるとどの程度思いますか？ 身体的ピークはまだ先にあると確信していますか？（この情報を得るためには，保護者かコーチに問い合わせる必要があるかもしれない）	肯定する回答はPD-Ⅰに分類されることを示す	
12. 高いレベルのスキルを身につけてきたたこと，おそらくピークに達していて，より良いパフォーマンスやパフォーマンスの安定を手に入れるために助けが必要であることについてどの程度確信していますか？	肯定する回答はPD-Ⅱに分類されることを示す	11と12の質問に対する回答や考えから，PD-ⅠとPD-Ⅱのどちらに分類されるか検討する

パフォーマンス不調（Pdy）モジュール		
13. （質問2〜5に対して1つでも「はい」があれば全て実施する）	以下の質問は，問題のあるパフォーマンスを引き起こす，発達上の問題，移行に関する問題，個人間および個人内の問題，行動上の問題の特定に役立つ	
14. スポーツ以外のことで経験している問題は，どれくらいアスレチック・パフォーマンスより深刻ですか？（必要に応じて追加の質問を用いて慎重に深刻さの可能性を探る）。最初にこれらの個人的な問題に焦点をあてて，その後競技の問題を扱った方がいいと考えていますか？	パフォーマンスの問題あり：はい・いいえ 個人的な問題あり：はい・いいえ	個人的な問題が主な問題である場合，15と16の質問を行った後，PIモジュールに移る
15. 個人的な問題が生活の他の領域にどのように影響しているか教えて下さい。問題によってその他の生活が著しく満足できない状態になっていますか？ 現時点で，スポーツ以外で深刻な混乱や問題を引き起こす大きな問題がありますか？	肯定する回答はPIに分類されることを示す	回答が肯定の場合は，PIモジュールに進む
16. 生活の中で個人的な問題やそれに似た問題が大きくなるのはいつか教えて下さい。（スキーマやパーソナリティに関する心理測定評価で得たデータを詳しく検討する）		
17. 個人的な問題に対応するとパフォーマンスが改善すると思いますか？		
18. 過去の試合でのパフォーマンスは今より良かったですか？ パフォーマンスの向上が止まってしまったように感じていますか？ 過去のある時期のほうがパフォーマンスの一貫性はいい状態でしたか？ 現在のパフォーマンスに著しい浮き沈みはありますか？		
19. スポーツ以外の出来事や人間関係のストレスがパフォーマンスの問題の最大の原因だと思いますか？ 心配や完全主義，集中といった内的な要因が問題を引き起こしていると考えていますか？	質問18と19の回答で，Pdy-Ⅰ（変化やスポーツ以外の要因）か，Pdy-Ⅱ（スポーツの要因）かを判断する	

パフォーマンス障害（PI）モジュール		
20. ここで臨床面接（場合によっては該当するSCIDモジュールも含める）を実施し，適切な診断および機能のアセスメントに役立てる。必要に応じて心理測定評価と合わせて検討する	競技パフォーマンスだけでなく生活全般の機能に影響する困難のうち，内在化問題（不安障害，抑うつ，摂食障害など）はPI-Ⅰに分類されることを示す。外在化問題（怒りと衝動性制御障害，薬物やアルコール乱用，パーソナリティ障害）はPI-Ⅱに分類を示す	

パフォーマンス終結（PT）モジュール	
21. 現在の状況を教えて下さい。競技歴はどれくらいですか？ 引退を考え始めたきっかけは何ですか？ 競技キャリアを終結させる適切なときが来たと考えていますか？ 今現在のスキルと過去に期待していたスキルをどのように比較しましたか？（引退を考えた理由に焦点をあてる：ケガ，戦力外通告など）	引退が自発的もしくは予想していたものであれば，PT-Ⅰへの分類を検討する。引退が突然（ケガや予想しなかった戦力外通告による）である場合は，PT-Ⅱへの分類を検討する
22. 引退に対してどんな感情を感じていますか？ 怒りやイライラですか？ 落ち込みや悲しみですか？ 絶望や悲観ですか？ 喪失ですか？ 人生が現実でないような気分ですか？ 感覚が麻痺していますか？ 解放感ですか？ ワクワクしていますか？ 楽観的もしくは新しい挑戦を楽しみにしていますか？	
23. 引退に関して最も恐れていること，心配は何ですか？ 将来の生活をどのように考えていますか？ 自分自身が残りの人生をどのように歩んでいくと思いますか？ 引退に対する家族や親友の反応と，それに対するあなたの反応を教えて下さい	
24. キャリア終結の問題に対してどのように取り組んできましたか？ 競技に関わってきたことを思い出させる人や状況を避けてきましたか？ 気分転換と現実逃避（飲酒，薬物使用，ギャンブルなど）を区別していますか？ 生活の送り方，することや会う人は変化しましたか？	
25. 深刻なケガや予想してなかった戦力外通告による引退の場合，ケガや競技生活が終わる（終わりそう）と告げられたことに対して自分では何もできなかった（押しつけられた）というフラッシュバック，夢，考えやイメージが生じますか？ 集中力の問題がありますか？	
26. 私が質問していないことで，他に私が知っておいた方がよい情報がありますか？	

表 4.2 MCS-SP のための半構造化面接

役立ち，事例定式化や介入に取り組む際の支えとなる。また，この面接は手順通りに利用することもできるが，順番通りに実施する必要はない。面接の質問は適切な情報を収集するための指針として考えるといいだろう。良好な治療関係を阻害するような順番通りの質問や機械的な質問をする代わりに，実践家-クライエント間の自然なやりとりの中で情報を集めることで，面接を対話にすることができる。半構造化もしくは構造化面接（マニュアルに基づいた治療プロトコルを含む）を行う際には，多くの微妙な差異が治療の焦点をずらしてしまう可能性がある。それでも，実践家がセッションで達成すべき具体的な目標をわかっていれば，状況に応じて変化するニーズに対応し，実践家の人柄を生かし，アスリートとの絆を固めながら目標を達成することができるだろう。

まとめ

本章の目標は，臨床スポーツ心理学のアセスメントに関連する重要な変数を明らかにすることであった。さらに，アスリートを十分にアセスメントするための半構造化面接を紹介できて嬉しく思う。面接とアセスメントのプロセスの後にアスリートの個人的なニーズに合った最適な介入を選ぶため，第5章ではスポーツ心理学で使用されている実証的なパフォーマンス向上のための介入について述べる。

第3部

臨床スポーツ心理学における介入

　アスリートがスポーツ心理学のサービスを求める理由は，パフォーマンスに関する懸念があったり，パフォーマンス強化を求めるからだけではない。アスリートも人間として，他の人々と同じ頻度や強さで感情を経験し，内的な感情プロセスや人生を送る上での外生的な課題に対応するために同じような行動をとっている。しかし，何年もの間，専門的な学会や学術雑誌においてアスリートが抱える準臨床的および臨床的な懸念について議論されることはほとんどなく，知覚された非臨床的な事柄に限定されていることが多いことに私たちは気づいた。さらに，アスリートと活動する臨床心理士は，準臨床的および臨床的な問題について明らかに理解していながら，それらを運動競技の文脈で考えることをほとんどしていないこともわかった。そういうわけで，第3部は本書の中で最も多くのページを割き，最も刺激的な部分になっている。ここでは，これまで述べてきた基本的な心理的プロセス，スポーツ心理学的多元分類システム（Multilevel Classification System for Sports Psychology：MCS-SP），包括的なアセスメントの議論を踏まえながら，アスリートが抱える様々な問題や困難に対する最先端の介入法を紹介する。

　第3部を始めるにあたって，まずは目標設定，イメージ技法，セルフトーク，覚醒の調整，複数の要素からなる介入法といった，伝統的なパフォーマンス強化介入に関する実証的な効果研究について紹介する。第5章はこれらの研究結果の詳細な検討にあて，第6～10章はMCS-SPの順をたどる構成とした。第6章では，非臨床群のアスリート（PD）のパフォーマンス強化に向けたマインドフルネス・アクセプタンス・コミットメント（Mindfulness-Acceptance Commitment：MAC）アプローチを紹介する。第7章では，背景要因がアスレチック・パフォーマンスに及ぼす影響について述べるとともに，準臨床的な問題（Pdy）を抱えるアスリートのための実証に基づいた介入法に焦点をあてる。第8章と第9章では，アスリートに最もよく見られる精神疾患（PI-ⅠとPI-Ⅱ）に対する介入法を紹介し，第10章ではパフォーマンス終結のプロセス（PT）に伴う困難に対する介入法を考える。介入法に関する章に続いて，第11章では事例定式化に関する私たちのアプローチについて説明する。このアプローチは，アセスメントで得られたデータを適切なMCS-SP分類にあてはめ，そうすることによって，個々のアスリートの要求を最大限に満たす合理的な介入計画を立てることができるように，アスレチック・パフォーマンスの統合モデル（Integrative Model of Athletic Performance：IMAP）を用いている。

　第3部を読むことによって，心理学のトレーニングを受けていないスポーツ心理学のコンサルタントが，様々な準臨床的および臨床的な問題に関して，またそれらの問題がアスレチック・パフォーマンスに及ぼす影響に関して，理解をさらに深めることができるであろう。また，アスリートと活動するスポーツ心理士が運動競技の環境で特に求められていることをさらに理解するとともに，運動競技に参加することがアスリートの人生全般の機能にどのような影響を及ぼすのかについて理解できるようになることも強く望んでいる。これらの目標を達成することが，より包括的で全人的なスポーツ心理学へのアプローチに真につながると私たちは信じている。

第5章

伝統的なパフォーマンス強化介入の有効性の評価

スポーツ心理学の文献は，**何を**，**どのように**行えばよいかという点を明らかにすることには成功している。しかし，**なぜ**行うのか，うまくいくかどうかについては，ほとんど答えが出ていない。この章では，これらの疑問への適切な答えとなることを願って，スポーツ心理学の効果研究の現状について述べる。

スポーツ心理学で長らく重点的に焦点をあてられていたのは，スポーツやエクササイズに適用できる理論や技法を見出し理解して，アスリートや身体活動の参加者のパフォーマンスを強化することであった（Williams & Straub, 1998）。スポーツ心理学は身体的スキル，専門的スキルに加え，最適なパフォーマンスに到達し維持するために効果的かつ必要であると考えられている心理的スキルをアスリートに指導しようとする心理教育であると考えられることが多い（Hardy et al., 1996）。

相関研究の結果から，スポーツ心理士は，成功を収めた競技者は不安が弱く，自信が強く，否定的な思考に陥ることが少ないと長らく考えてきた（Gould, Eklund, & Jackson, 1992；Gould et al., 1981；Orlick & Partington, 1988）。この研究から推測された因果関係をもとに，初期のスポーツ心理士は，アスリートのパフォーマンスを強化するために臨床的な自己制御アプローチを採用した。アスリートは，主に認知行動的原理に基づいたこの基本的な自己制御の心理的スキルを，極めて重要なピークパフォーマンスを最大化しようとする際に頻繁に利用している（Whelan, Mahoney, & Meyers, 1991）。目標設定，イメージ技法（ヴィジュアライゼーション，メンタルリハーサルとしても知られる），セルフトーク（認知的自己制御），覚醒の調整（リラクセーション，心構え）のような伝統的なパフォーマンス強化の技法は，アスリートが常に高いパフォーマンスを達成し，ピークパフォーマンスの状態を高める手助けになると考えられている（Andersen, 2000b；Hardy et al., 1996；Van Raalte & Brewer, 2002；Williams, 1998）。

伝統的なパフォーマンス強化介入

パフォーマンスを強化するために，最適なパフォーマンスと身体的なスキルの発達を促すように理論化された心理的スキル（自己制御方略）が，注意の焦点，自信，最適な覚醒のような心理的状態を生成もしくは強化するために用いられてきた（Gould et al., 1992；Gould et al., 1981；Orlick & Partington, 1988）。要求水準の高いパフォーマンス状態を達成できるアスリートと達成できないアスリートとの違いは，理論上はパフォーマンスを促進する特定の内的な媒介変数を強化する自己制御技法の使用にあるとしばしば考えられている（Gould et al., 1992；Hardy et al., 1996）。スポーツ心理学の研究者と実践家は，あらゆる年齢とスキルレベルのアスリートを対象に，これらの認知行動的自己制御技法を研究し，適用してきた（Gould et al., 1981；Orlick & Partington, 1988）。パフォーマンスを強化する最も一般的な技法には，目標設定，イメージ技法，セルフトーク，覚醒の調整，これらの技法を組み合わせた複数の要素からなる介入法などがある。

エビデンスに基づく実践

パフォーマンス強化介入として知られる一般的な自己制御手続き（目標設定，イメージ技法，セルフトーク，覚醒の調整，複数の要素からなるパッケージ）は，多数の実証研究によって検証されており，多数のメタアナリシスと系統的文献レビューでこうした研究の知見の集積と報告が試みられている（Feltz & Landers, 1983；Gould & Udry, 1994；Greenspan & Feltz, 1989；Hinshaw, 1991；Jones & Stuth, 1997；Kyllo & Landers,

1995；Meyers et al., 1996；Murphy & Jowdy, 1992；Onestak, 1991；Vealey, 1994b；Weinberg, 1994；Weinberg & Comar, 1994；Whelan et al., 1991）。全体的に，これらのメタアナリシスの著者は，パフォーマンス強化介入（小さな効果サイズから大きな効果サイズ）について予備的なエビデンス（あいまいなことが多い）を示唆しているが，同時に，実証研究の方法上の不備や，このような介入法の実証研究について数が少なく一貫性に欠けていることに懸念を表明している。

この章の後半で述べるように，メタアナリシスによる知見を解釈する際には注意を要する。スポーツ心理学のような応用領域で生産的な発展を遂げるためには，実証データの収集のみでは不十分であるからだ。一般的なパフォーマンス強化介入に関する実証研究は，注意深い科学的な精査に耐えることができ，妥当な統計的指標を使用し，再現性を有している必要がある。さらにデータは，フォローアップ研究で明確な結果を示し，研究対象者を明確に記述し，適切な実験計画を使用し，手続き的に一貫性があり，その使用について矛盾する結果がなく十分な支持が得られていることを示す必要がある（Chambless & Hollon, 1998）。

十分にデザインされた研究によって，適用される手続きを支持しない実証データが定期的に生み出されることがある。こうした場合は，研究が実施される理論的基盤を評価し，研究上の取り組みを批判的に精査し，場合によっては変更し，効果が証明されていない介入法には疑問を呈し，熟考し，介入を受ける側のニーズに合うように修正すべきである。同じように，実証研究が方法的に妥当でなく，介入効果に関するデータが良い結果を示す方向に歪められている場合，その領域の状態とクライエントのニーズの双方を苦しめる結果につながる。そのため，介入の有効性と効果を正確に示し，その領域を確実に発展させるために，より厳格な科学的基準を研究に適用することは，臨床領域およびスポーツ領域の科学者にとって重要である。

実際，スポーツ心理学の専門家は疑わしい実験の基準や一般的なパフォーマンス強化介入を一貫して支持するデータの欠如に対し，科学的かつ実証的な説明責任を長年必要としていた（Dishman, 1983；Greenspan & Feltz, 1989；Hill, 2001；Meyers et al., 1996；Smith, 1989；Strean & Roberts, 1992；Whelan et al., 1991）。Hill（2001）によると，「競技上のパフォーマンスを従属変数として用いる，十分に統制された実証研究を実施することに内在する問題は，相変わらず，スポーツ心理学の文献にまつわる悩みの種である」（p.46）。さらなる困難として「治療提供の一貫性に関して誠実に注意を払っていないこと」（Meyers et al., 1996, p.153）と「治療効果が維持されているか評価していないこと」（Meyers et a., 199, p.154）が挙げられる。実証データよりも直観に基づいて介入を適用する専門家（Dishman, 1983）およびパフォーマンス強化介入の効果を誇張した研究の発表（Feltz & Landers, 1983；Greenspan & Feltz, 1989）に対して研究者からは心配の声が上がっている。こうした懸念は，介入の適用につながるスポーツ心理学の研究知見を正確に入手し，解釈し，広めるための専門的な説明責任の必要性や，厳格な方法論の必要性を強調している。

スポーツ心理学の専門家の多くは，この領域の発展を促すためにより厳格な方法論上の原理を求めているが，中には型どおりの科学的説明責任の必要性に挑戦した者も存在する。例えば，Martens（1987）は，「治療成功に関する実践家の経験と治療により得たものに関するアスリートの報告のみが，臨床的に意味のある治療効果を判断する際の有意義なデータである」と述べている（Meyers et al., 1996, p.146）。こうした意見は科学的方法へのアンチテーゼであり，説明責任と倫理的責任への要求が高まり続けている領域においては問題でもある（Smith, 1989）。Strean & Roberts（1992）は，スポーツ心理学の介入法は，「批判的に検証されておらず，臨床家も自らが採用している多くの手続きの有効性を知らない」（p.62）と主張している。さらに，彼らは「他の専門家に真剣に取り扱ってもらうために始めなければいけないのは，スポーツ心理学のコンサルタントが介入の効果を実証的に提示することである（…）また，自分のすることを自動的に根拠があるものと思い込むのではなく，批判的に評価することである」（Strean & Roberts, 1992, p.62）と主張している。実証的な知見を報告する著者は，正確にデータを示すことに十分に配慮する必要がある。そうすることによって，スポーツ心理士は，クライエントである個々のアスリートのニーズに合致する最も効果的な介入法を選択する際に，詳細な情報を得たうえで決断を行うことが可能になる。

厳格で系統立った実証的な研究が応用領域の発展を促進させる基盤になるということが一般的に受け入れられるにつれて（Fishman & Franks, 1997；Kazkin, 2000；O'Donohue & Krasner, 1995），スポーツ心理士は，実践に応用できる最先端の情報を求めて専門的な文献に注目するようになっている。そのため，研究では堅実な方法論的原則を用いるとともにデータを正確に示すことが重要であり，それにより専門家は実証的知見を実践に適切に統合させることが可能となる。広範な職業的心理学のコミュニティの中には，幅広い心理学的問題に対する実践へのエビデンスに基づくアプローチの一部として，実証的に支持された介入法を明確にし利用しようとする強い動きがある（Chambless

& Ollendick, 2001）。この実践的なアプローチが効果的で倫理的に問題のないサービス提供の基準となり，心理学の伝統的で専門的な領域で受け入れられてきた（Chambless & Hollon, 1998；Kendall & Chambless, 1998；Nathan & Gorman, 2002；Roth & Fonagy, 1996；Spirito, 1999）。職業的心理学の応用領域として，スポーツ心理学もこのアプローチを採用する必要がある。

実証的に支持された治療を重視する傾向は，アメリカ心理学会（American Psychological Association：APA）の臨床心理学部会（第12部会）の指示のもとで始まった。この部会は，心理学的手続きの促進と普及に関するタスクフォース（現在は科学と実践委員会と呼ばれる。ここでは委員会と呼ぶ）を設置した。タスクフォースの課題は，介入の有効性を評価する標準的な基準を決定し，基準に合致する介入法を特定し，専門家にこうした知見を広め，臨床試験で有効性が証明されている心理的介入を促すことであった。委員会は実証的な文献データベースを評価するパラメーターを定義することから開始し，それぞれの介入が実証的にどの段階にあるかを決定する基準を確立した（Chambless et al., 1998；Chambless & Ollendick, 2001；Chambless et al., 1996）。こうして最初の作成が行われて以来，他のグループがこのアプローチを様々な介入やクライエント集団に対して採用している（Chambless & Hollon, 1998；Kendall & Chambless, 1998；Nathan & Gorman, 2002；Roth & Fonagy, 1996；Spirito, 1999）。確立された基準（次頁参照）では，介入法を**確立された介入**，**おそらく効果的な介入**，**実験的な介入**という実証的に支持された3つのレベルにカテゴリー分けしている（Chambless et al., 1998；Chambless & Ollendick, 2001）。このアプローチや他のグループによって採用された方法（Chambless & Hollon, 1998；Chambless & Ollendick, 2001；Kendall & Chambless, 1998；Nathan & Gorman, 2002；Roth & Fonagy, 1996；Spirito, 1999）を用いて，効果的な治療法のリストが作成され，心理学を専攻する学生や専門家が自らのクライエントや状況に最適な，実証に基づく介入法を容易に見つけることができるように定期的に更新されている。（Nathan & Gorman, 2002）。

他の介入法との比較を行う無作為化比較試験や一事例の計画のみが，「観察された利益が治療の効果によるものであり，偶然や交絡要因によるものでないと合理的に結論づけることができる」（Chambless & Hollon, 1998, p.7）ため，実証的な支持のための評価を可能にする。無作為割付や統制群を用いていないなど，これらの基準に合致しない研究デザインは，介入の有効性を決定する際には適切でない。もちろんこうしたデザインが役に立つこともある。介入の有効性を決定する際に必要な研究の評価に適していると考えられないというだけである（Chambless & Ollendick, 2001）。介入の比較を行う無作為化比較試験や一事例の計画は，その他の選択基準に照らして実証的に支持できるものか評価される。基準達成に従って，評価された介入は実証的に3つのレベルのどれに該当するか示すことができる。

確立された介入

実証的に最も高いレベルにあるのが**確立された**というカテゴリーである（Chambless et al., 1998；Chambless & Ollendick, 2001）。繰り返しになるが，介入法の比較を行う無作為化比較試験と一事例の計画だけが，ここにカテゴリーされる資格を有する。確立された介入法は，実験計画に応じたその他の基準も満たしている必要がある。無作為化比較試験を用いた研究であれば，「少なくとも2つの優れた群間比較デザインの研究で，次に示す1つもしくはそれ以上の方法で有効性が示されている必要がある（基準Ⅰ）」：

A）介入は，「薬物プラセボまた心理的プラセボ，もしくは他の治療法よりも優れている」ことが示される必要がある（基準ⅠA）。

B）介入は，「十分なサンプルサイズを用いた上で，すでに確立されている治療と同程度である」ことが示される必要がある（基準ⅠB）（Chambless & Ollendick, 2001, p.689）。

さらに，全ての研究は，はっきりと介入法を記述する必要がある（基準Ⅲ）。これによって，他の研究者は，研究の再現，手続きの操作的定義，一般化の強化が可能となる。また，利用する専門家の理解や実践へのデータ応用を促すために，研究に参加する集団の特徴もはっきりと，具体的に，また詳細に記載する必要がある（基準Ⅳ）。最後に，実験者のバイアスを減らすために，少なくとも独立した2つの研究者や研究チームによって介入法の効果を示す必要がある（基準Ⅴ）。

一事例の計画を利用する研究では，多数の実験がしっかりした実験デザイン（基準ⅡA）を用いて，よく知られている他の治療法と介入とを比較する（基準ⅡB）ことで有効性を示す必要がある（基準Ⅱ）（Chambless & Ollendick, 2001）。無作為化比較試験のように，一事例の計画を用いた全ての研究は介入に関して詳細に記述し（基準Ⅲ），研究に参加した参加者の特徴を全て示し（基準Ⅳ），少なくとも2つの独立した研究者もしくは研究チームによって介入の効果が示される必要がある（基準Ⅴ）。

実証的に支持された介入を決定する基準

確立された介入

Ⅰ．少なくとも2つの優れた群間比較デザインの研究で，次に示す1つもしくはそれ以上の方法で有効性が示されている必要がある。
　A．薬物プラセボもしくは心理療法的プラセボ，もしくは他の治療法よりも優れている。
　B．十分なサンプルサイズを用いたうえで，すでに確立されている治療法と同程度である。
　　　　もしくは
Ⅱ．一事例の計画を利用する多数の試験では，次に示す基準を満たした上で効果が示される必要がある。
　A．しっかりした実験デザインを使用している。
　B．他の治療法と介入とを比較している。

基準ⅠとⅡに関するさらなる基準：
Ⅲ．研究は治療マニュアルを用いて行われなければならない。
Ⅳ．サンプルとしたクライエントの特徴が明確に記述されていなければならない。
Ⅴ．少なくとも2つの独立した研究者もしくは研究チームによって効果が示されなければならない。

おそらく効果的な介入

Ⅰ．2つの試験によって治療がウェイティングリスト統制群よりも優れていることを示す必要がある。
　　　　もしくは
Ⅱ．1つもしくはそれ以上の研究が，確立された介入法の基準ⅠA，ⅠB，Ⅲ，Ⅳを満たす必要があるが，基準Ⅴを満たしていない。
　　　　もしくは
Ⅲ．少数の一事例の計画の研究が，確立された治療法の基準を満たす必要がある。

実験的な介入

治療法はタスクフォースが定めた方法論上の基準を満たす試験でまだ検証されていない。

Adapted, with permission, from the Annual Reviews of Psychology, Volume 52, ⓒ2001 by Annual Reviews, www.annualreviews.org

おそらく効果的な介入

　実証的な支持の2番目のレベルは，**おそらく効果的な介入**である（Chambless et al., 1998；Chambless & Ollendick, 2001）。（無作為化比較試験のデザインもしくは一事例の計画の）介入法は，3つの基準の**1つだけ**を満たす場合に，このカテゴリーに分類される。基準Ⅰは2つの無作為化比較試験によって「治療がウェイティングリスト統制群よりも優れていることを示す必要がある」というものである（Chambless & Ollendick, 2001, p.689）。この基準に当てはまらない場合，1つ以上の無作為化比較試験で，「薬物プラセボもしくは心理療法的プラセボ，もしくは他の治療法よりも優れている」（p.689）もしくは「十分なサンプルサイズを用いたうえで，すでに確立されている治療法と同程度である」（p.689）のどちらかを示す必要があるという基準Ⅱを参照する。また，基準Ⅱでは，詳細な介入法と研究参加者の全ての特徴の記述を要する。基準Ⅱを満たすうえで，介入の効果は複数の研究者によって示される必要はない。ある研究が基準Ⅰと基準Ⅱを満たさない場合，「おそらく効果的な介入」として分類されるためには，基準Ⅲを満たす必要がある。基準Ⅲは，「少数の一事例の計画の研究が，確立された治療法の基準を満たす必要がある」（Chambless & Ollendick, 2001, p.689）であり，しっかりした研究デザインを使用している，他の介入と比較した場合に良好な結果が示されている，介入法が明確に記載されているもしくはマニュアルが存在する，対象者の特徴についても詳細に記述されている，という内容を含んでいる必要がある。

実験的な介入

　実証的な支持の3番目にして最も低いレベルは，**実験的な介入**である（Chambless et al., 1998；Chambless & Ollendick, 2001）。このカテゴリーには，委員会によって確立された標準的な方法を満たす研究で十分に検証されていない介入が含まれる。そのため，このカテゴリーに含まれる介入は有効性を証明されておらず，実証的に支持された介入とはならない。

　基準を満たし，良好な結果を示した研究が適切な数存在しても，相反するエビデンスが優性であるなら，

自動的に有効性が示されているということにはならないという点が重要である。個々の研究の手続きを批判的に評価し，矛盾する研究を詳細に評価することは極めて重要である。結果に解離が存在する場合は，矛盾する研究の総体的な数とデザインが最も優れている研究の結果をもとに，実証的に支持されるかどうかの判断がなされるべきである（Chambless & Hollon, 1998）。全ての研究のデザインが良好で，手続き上の質にも問題がない場合でも，結果の解離を生じさせている要因が明らかにされるか，将来の研究で議論が解消されるまで，実証的な支持の分類の決定は保守的に行われるべきである。しかし，議論を行う際には，それによって研究者に否定的な結果を言い逃れするチャンスを与えるべきではない。

　介入の有効性に関係なく，これらのカテゴリー化は，クライエントに最適な介入法を実践家個人が決定する過程に完全に取って代わることや，最適な介入を厳密に提言することを意味するわけではないし，非特異的要因や関係性の要因，クライエントや治療者に固有の変数を否定することも意味していない。むしろ，カテゴリー化は特定の介入に対する科学的な基盤を示唆するものである。さらに，確立された介入もしくはおそらく効果的な介入とするのに必要な支持的な結果が得られておらず，現時点では分類することはできないものの，有効性が示されている，もしくはいつか有効性が示される可能性のある介入もしくは開発中の介入がある。ある介入法が確立した介入あるいはおそらく効果的な介入としての基準を満たしていない場合，その介入には効果がないと早まって見なすのではなく，介入が有用であることを明確に示す方法論的に優れた実証研究が十分に行われていないことを意味している（Chambless & Hollon, 1998；Kendall & Chambless, 1998）。

　実践家とクライエント双方の利益を意識して，心理学の多くの分野では，実証的に支持された治療法の基準を利用し，過去および現在の実証データを評価し，一般的な介入法の将来に向けたデータベースの構築を目指している（Chambless & Ollendick, 2001）。しかし，最近（Moore, 2003b）までスポーツ心理学の領域では，現在受け入れられているスポーツ心理学の介入法に関する実証的な支持の評価と報告を行うために，実証的に支持された治療法の基準を利用することはなかった。

　長年にわたって，応用スポーツ心理学は，目標設定やイメージ技法，セルフトーク，覚醒の調整のような自己制御の技法を利用してアスレチック・パフォーマンスの強化を行い，個々の介入法および介入法を組み合わせた場合の有効性と効果について多くの実証研究

スポーツ心理士は，十分に科学的支持が得られた介入を用いる倫理的，専門的責任を有する。

を行ってきた。最近まで，介入効果を明らかにするために最新の構造化されたアプローチによって実証研究を再検討することはなかった。そうした再検討は，倫理的基準や実用性を前提としている。実践家はクライエントに（利用できるならば）実証的に支持された介入を提供する倫理的責任を有しており，クライエントも同様に，介入法の選択肢と潜在的利益とリスクを十分に理解する権利を有する。多忙な実践家は，研究の質に関する情報収集のために，数百に及ぶ研究を再評価することはできない。むしろ，利用する専門家が専門家としての責任を倫理的に果たせるように，利用可能なデータを再評価し，明確で一貫性のある基準でそれらのデータを評価し，実証的支持のレベルに分類する責任は科学分野が負っている。そのため，実証的に支持された治療法に基づいて介入法を検証することは，スポーツ心理士が科学的な基準に基づき介入法を選択し，最良の実践手続きに関する倫理的義務に従い，十分な自信をもって介入をアスリートに誠実に提供する手助けとなる。

メタアナリシス，事例研究，逸話的報告

　スポーツ心理学では逸話的報告や事例研究，直接的な比較対象のない一事例の計画，アナログ研究が歓迎され，自己制御によるパフォーマンス強化の手続きを支持するものと解釈されることが多かった。そうした

見かけ上の支持があることが，専門家の受容を促し，消費者の注意を引きつけてきた。しかし，逸話的報告や事例研究，アナログ研究が手続きを支持しているように思われても，科学分野ではこれらの魅惑的な証明だけで正当な信頼を得ることはできない。

研究へのアプローチがあまり厳格でない場合の潜在的な危険性の好例がスポーツ心理学の最近の学会で見られた。シンポジウムの間，この書籍の第2著者(ZM)は，パフォーマンス強化にイメージ技法を用いることに関する実証的な支持が限られていることについて述べていた（この章の後半で述べる）。データを示し，競技スポーツ選手に対するイメージ技法についての実証的研究では有効性を示す良好な結果は欠如していると主張したところ，聴衆である女性が明らかにいらだち，発表を遮って，意見を述べた。その女性は「マイケル・ジョーダンは自身の本の中で，キャリアを通じてイメージ技法をどのように利用したかを記述している。彼は史上最高のバスケットボール選手となった。このことは，イメージ技法は役に立つことを示しているはずよ！」と述べた。イメージ技法の使用と輝かしいスキルに単純に関連が見られたと考えるのではなく，イメージ技法がパフォーマンスを高める**原因となった**という推測に驚き，ZMは単に「もしくは，彼はただ常に最高のバスケットボール選手であっただけで，イメージ技法を使ったことやウィーティー〔訳注：米国製のシリアル製品〕を食べていたこと，紫の靴下を履いていたことは関係ないのではないでしょうか」と答えた。彼女が意図したほど鋭敏な反応ではなかったかもしれないが，ZMの返事の意味は，相関データ（と逸話的報告）の誤った解釈がどのように間違った結論につながり，実践家を間違った方向に誘導し，最終的には消費者に偽りの期待を抱かせるかを明確にすることであった。

Lilienfeld, Lynn, & Lohr（2003）によると，「供述エビデンスと逸話的エビデンスは科学的研究の初期段階では非常に有用で（…）そのようなエビデンスは一般的に正当化の文脈よりも発見の文脈（つまり，仮説生成）において，より有用である」(p.8)。事例研究や直接的な比較対象のない一事例の計画も，科学的データ収集の初期の段階では重要であるが，「ある主張に必要なエビデンスを提供することは多くても，その主張のために十分なエビデンスを提供することはほとんどない」(p.8)。どのような介入法でも，多くの事例研究で良好な結果が示される可能性がある。しかし，事例研究だけでは，「この種の改善は他の多くの要因によって生じる可能性があるため，改善が介入によるという適切な証拠とはならない」(Lilienfeld et al., 2003, p.8)。例えば，3つの最近の実証研究（Johnson, Hrycaiko, Johnson, & Halas, 2004；Pates, Cummings, & Maynard, 2002；Thelwell & Greenlees, 2003）では，データは心理的スキルトレーニングの開始以降，すぐにかなりのパフォーマンス改善が見られたことを示している。しかし，そのような初期の段階では，スキルは適切に教授されても練習されてもいない可能性がある。心理的スキルトレーニングのモデルでは，そのような結果を理論的に説明することはできない。むしろ，この急激な改善は，おそらく関係性の変数，クライエントの期待や高まった希望と関連している。**最初のセッション終了後に著しい症状の改善を示した心理療法を受けている患者と同様，明らかにありえない結果で，作用機序に疑問を投げかけるものである。**

同じように，この領域の実証研究の大部分を占める（大学生を対象とするような）アナログ集団や（強度課題や耐久課題のような）アナログタスクによって介入の有効性を評価することも最善とはいえない（Meyers et al., 1996；Murphy & Jowdy, 1992）。アナログ集団やアナログタスクを用いた研究は有益であるが，競技選手のアスレチック・パフォーマンス強化を目的とした領域においては不十分である。そのような研究が，一般化が可能なデータを生み出すことはない。なぜなら，運動選手と同様の知識やスキル，態度，動機づけを有していない大学生のボランティアをもっぱら対象にしているからである。こうした研究の多くでは，競技に関わるパフォーマンスを直接測定するのではなく，握力の強さや疑似耐久課題，新たな運動スキルのような競技とは関係のない指標を用いている。

しかし，最近では，無作為化比較試験は応用スポーツ心理学にはふさわしくないことが示唆されている。「(…) あるアスリート集団に特定のサービスを提供し，他の集団には意図的にそのサービスを提供しないという状況は実現が難しい」という意見（Anderson, Miles, Mahoney, & Robinson, 2002, p.437）は，まったく価値がなく，この領域の成長を阻むことになる。方法論的に妥当な無作為化比較試験の活用は，臨床心理学や精神薬理学と同様，応用スポーツ心理学でも多かれ少なかれ問題をはらんではいるが，科学者－実践家は長い間，臨床心理学や精神薬理学の領域において適切で倫理的にも問題のない無作為化比較試験をデザインすることができていた（Nathan & Gorman, 2002）。こうした領域は驚異的な成長を遂げ，敬意を払われ，消費者に受け入れられている。もちろん事例研究や一事例の計画をやめるべきではないが，無作為化比較試験はスポーツ心理学の将来に不可欠なだけでなく，より重要なことに，アスリートであるクライエントのウェルビーイングにとっても欠くことのできないものなのである。

伝統的に，実証的に支持された治療法について委員会の基準が設定されるずっと以前から，パフォーマンス強化手続きのような心理的介入の実証的な支持を決定する主な手段は，量的な実証的レビューであるメタアナリシスであった。しかし，パフォーマンス強化介入に関するメタアナリシスと系統的文献レビューは，これらの介入に対する最低限の支持を一貫して示している。また，メタアナリシスでは，こうした介入法を用いる際には，科学的に洗練されていない場合があるため注意が必要であることが指摘されている。これらのメタアナリシスのほとんどは，競技スポーツ選手と選手でない者の両方を対象とした研究をまとめ，非常に数の少ない研究を用いて全体的な効果サイズを算出し，用いた研究の方法論的な質を最小限にしか区別していない。

目標設定に関するメタアナリシスと系統的文献レビューでは，「身体パフォーマンスへの目標設定による予想される効果は実証できていない」(Meyers et al., 1996, p.142) ことと，重大な方法論上の欠陥によって介入法のはっきりした結果を得ることが困難になっていること (Meyers et al., 1996；Weinberg, 1994；Whelan et al., 1991) が指摘されている。メタアナリシスの結果によると，目標設定についての直接的な実証的支持は暫定的であるということである。しかし，目標設定は，価値のあるパフォーマンス達成と間接的に関連すると一般的に考えられている動機づけや自己効力感，コミットメントを高めるため，パフォーマンス向上に関する間接的なエビデンスも存在する (Meyers et al., 1996；Weinberg, 1994)。目標設定を評価したメタアナリシスで報告されている効果サイズは，.34, $p<.001$ (Kyllo & Landers, 1995) および .54, $p<.01$ である (Meyers et al., 1996)。

イメージ技法に関するメタアナリシスによる支持はあいまいである。著者の中には，パフォーマンスを補助するためにイメージ技法を用いる有効性が実証的に確認されたと述べている者もいるが (Jones & Stuth, 1997；Onestak, 1991)，異議を唱える者も存在する。イメージ技法を評価したメタアナリシスで報告されている効果サイズは，.48, $p<.01$ (Feltz & Landers, 1983), .57, $p<.01$ (Meyers et al., 1996), .68, $p<.01$ (Hinshaw, 1991) である。Whelan, Mahoney, & Meyers (1991) が述べているように，研究者には「メンタルトレーニングは運動スキルの獲得や遂行に役立つという慎重な楽観主義」(p.310) (Feltz & Landers, 1983；Weinberg, 1982) が必要である。イメージ技法のポジティブな結果と矛盾する結果が報告されているため，多くの研究者は，媒介変数の役割を理解し，全体的な効果を見極めるために，さらなる実証的評価が必要であるという点で意見が一致している (Meyers et al., 1996；Murphy, 1994；Murphy & Jowdy, 1992；Onestak, 1991；Whelan et al., 1991)。

同様に，メタアナリシスと系統的文献レビューからは，セルフトークに対する明確な支持は十分に得られていない (Hardy et al., 1996；Meyers et al., 1996)。研究者は概して，認知内容がポジティブもしくはネガティブに個人の感情や行動の状態に影響することには同意するものの，実証的な文献では，セルフトークによる修正とパフォーマンスの成功との間の直接的な関連を確認できていない。セルフトークがエフォート (Rushall, 1984) や不安のマネジメント (Meichenbaum, 1977)，注意コントロール (Williams & Leffingwell, 2002)，自信 (Wilkes & Summers, 1984；Williams & Leffingwell, 2002) のような媒介変数と関連していることに対する支持はいくつか存在するものの，これらの変数とパフォーマンス強化との関連は間接的であり，仮説の段階である。6つの研究しか含んでいないが，セルフトークを評価しているあるメタアナリシスで報告されている効果サイズは，.76, $p>.05$ と有意ではなかった (Meyers et al., 1996)。

リラクセーションや心構えのような覚醒の調整方略は，メタアナリシスや系統的文献レビューでは良い結果は得られていない。Gould & Udry (1994) によると，覚醒への介入はパフォーマンスを強化する可能性があるものの，「大半の研究ではリラクセーショントレーニングとパフォーマンスの改善との因果関係を立証することができていないため，これらの結果の解釈には注意が必要である」(p.482)。同様の懸念を抱いている他の研究者も，覚醒の調整に関して十分な支持を示している実証的文献はいまだ存在しないと述べている (Meyers et al., 1996；Murphy & Jowdy, 1992；Onestak, 1991；Whelan et al., 1991)。このように，覚醒の調整は認知的不安や身体的不安のようなある種の媒介変数を改善させる一方 (Gould & Udry, 1994；Onestak, 1991)，覚醒を扱う技法についての実証的検証は限定的であり，方法論上の脆弱性および矛盾する証拠によって悩まされている。リラクセーションの手続きを評価したあるメタアナリシスで明らかにされた効果サイズは，.73, $p<.01$ (Meyers et al., 1996) であった。5つの研究しか含んでいないが，心構えに関する別のメタアナリシスで明らかにされた効果サイズは，1.23, $p<.01$ (Meyers et al., 1996) であった。

最後に，個々の介入法と同様に，2つもしくはそれ以上の介入方略を1つの独立変数にまとめた複数の要素からなる介入は，メタアナリシスでは限られた支持しか得られていない。複数の要素からなる介入の実証的データを収集し評価したメタアナリシスは1つしか

なく，正式な結論を下すのは困難である。そのメタアナリシス（Meyers et al., 1996）によれば，基本的には（リラクセーションの形で）イメージ技法と覚醒の調整という複数の要素を組み合わせた介入法である視覚運動行動リハーサル（visuo-motor behavior rehearsal：VMBR）（Suinn, 1985）を用いた研究から極めて詳細な結論を導くことができる。メタアナリシスの著者たちは，VMBRに関する予備的な支持を示しているが，複数の要素からなる他の介入の評価はほとんど行っていない（Meyers et al., 1996；Whelan et al., 1991）。唯一公表されているメタアナリシスで明らかにされている効果サイズは，1.01，$p<.001$ である（Meyers et al., 1996）。しかし，この効果サイズはたった9つの研究にしか基づいておらず，それらの研究の大半はVMBRを評価している。

様々なメタアナリシスによって結論が下されているにもかかわらず，スポーツ心理学の文献で議論されることはめったにないメタアナリシスの手続きには根本的な欠点が存在する。第1に，メタアナリシスの手続きには必ず重大なバイアスが含まれており，メタアナリシスは主要な研究内のバイアスを必然的に反映してしまう（Slavin, 1995）。どのレビューの手続きもそうであるように，メタアナリシスの手続きは，直接的，間接的にレビューに影響を及ぼすメタアナリシスを行う分析者個人のバイアスを完全に防ぐことはできない。同様に，メタアナリシスは回顧的研究に含まれる事後的なバイアスの影響を受けやすい（Geller & Proschan, 1996）。

メタアナリシスの手続きに関する2つ目の批判は，因果関係を実証しようとしたり仮説を検証しようとする傾向である。「十分に計画された試験は，仮説検証に用いることはできるが，メタアナリシスは治療効果の推定や新たな仮説の生成に用いる〔べきではない〕」（Yusuf, 1997, p.596）。小さい効果サイズから中程度の効果サイズを示し，アナログ集団と競技集団の両者を含む研究や，重大な方法論的脆弱性を有する研究を含むメタアナリシスから導き出された有効性に関する結論を解釈する際には，注意を払うべきである。さらに，個々の実証研究やメタアナリシスは介入法の有効性をあまり支持しないことが多いのに，著者が誤って当該領域への示唆や介入の継続的な使用を支持する結論を示すことが多い。例えば，ある著者は「もちろん，統計的有意性を示す知見がないため注意は必要であるが，これらの予備的な発見は確実に，目標設定の使用に関心のある実践家を勇気づけるものである」と述べている（Weinberg, Stitcher, & Richardson, 1994, p.174）。こうした懸念を示しているその他の例として，「統計的検定ではパフォーマンスの有意差は認められなかったが，目標設定群を支持する差の大きさ，方向性，継続性は，運動競技のシーズンを通した明確な目標設定への支持となる」（Weinberg et al., 1994, p.166）という言及が挙げられる。これらの意見は，知見が都合よく不正確に伝えられる傾向や，そうした意見を実践の基盤としている科学論文の消費者を誤った方向に導く傾向を反映している。

最後に，メタアナリシスは重大な方法論的欠陥を有する研究や調査段階にある研究と間接的に関連する研究を含んでいる場合が多い（Slavin, 1995）。こうした傾向は治療効果の評価をおそらくゆがめてしまう。そのため，「十分に計画された研究が存在する場合だけ，信頼できるメタアナリシスが可能となる」（Yusuf, 1997, p.596）。また，重要なこととして「メタアナリシスは構成される研究次第である」（Charlton, 1996, p.398）ことが挙げられる。

スポーツ心理学の実証研究で行われた過去のレビューから集めることができるように，矛盾するエビデンスや個々の研究の方法論上の基準が不十分であるために（Meyers et al., 1996；Murphy, 1990；Murphy & Jowdy, 1992；Suinn, 1997；Weinberg, 1994；Whelan et al., 1991），メタアナリシスがパフォーマンス強化のための介入の有効性を正確に反映する可能性は制限されている。メタアナリシスが一見すると介入法を支持する結果を表しているにすぎない場合でさえ，こうした結果によって介入法の有効性の本質的なエビデンスが提供されていると断言する著者もいる（Gould & Udry, 1994；Jones & Stuth, 1997；Kyllo & Landers, 1995）。しかし，メタアナリシスは一般的に，手続きやデザイン，統計学的妥当性の面で様々に異なる研究を含んでいるため，このように反論できないエビデンスを提供することはできず，こうした断定的な意見は科学論文の消費者を誤った方向性に導く可能性がある。一方で，一般的に，実証研究やメタアナリシスの研究者は，否定的な知見のいいわけをし，否定的な結果との関連性を認めることなく同様の方法を支持し続ける。例えば，「目標設定群の主効果が有意でなかったのは，統制群の自発的な目標設定行動のためである」（Boyce & Bingham, 1997, p.312）や「イメージ技法条件が予想したように成功しなかったのは，フリーショットを投じる際に実際の動きを単に考えすぎたからと参加者が述べていたことが原因かもしれない」（Lerner, Ostrow, Yura, & Etzel, 1996, p.392）のようなものが挙げられる。これらの意見にも価値はあるかもしれないが，著者は有意ではない知見に対する（効果がないという）矛盾する仮説を退けることはできない。個々の実験研究やメタアナリシスから導き出される結論は知見を正確に説明する必要があり，批判や反論から否定的な知

見が免れるものではあってはならない。Lilienfeld, Lynn, & Lohr（2003）は次のように述べている。

> 否定的な知見のいいわけをするために後づけの仮説を繰り返し採用することは，よくある戦略であり，（…）〔それらは〕問題になっている理論の穴をふさぐために貼りつけられたものにすぎない。
> 極端な場合，後づけの仮説は潜在的な反論に対する頑強な障壁となる可能性がある。

結果を不正確に伝えることは消費者（アスリートと採用組織）を誤った方向に導き，将来の研究やレビューにも不正確な説明が残ってしまう。平均的な実践家は理論的なレベルでのこうした懸念をおそらく十分に意識しているが，専門的論文で間違った結論が導かれているという事実は，統計分析に特段の注意を払わないで雑誌論文に素早く目を通す多忙な実践家に注意を促す必要性があることを示唆している。

実証的に支持された治療法（EST）の基準の心理的スキルトレーニングへの適用

個々の研究データを統合したり平均化したりする際の問題を含めずに，よく用いられるパフォーマンス強化介入について現時点で存在している懸念に対応するとともに，実証的な知見を評価するために，スポーツ心理学は最先端の有効性評価を目指し，結びつきのある心理学の領域に再び目を向ける必要がある。Moore（2003b）による最近の研究には，この課題が含まれている。この研究は，将来の実証研究を促進し，実践家がどの介入法を使用するかについて倫理的かつ詳細な情報を得た上で決断できるようにすることを目指して考案された実証的に支持されている基準に則って，スポーツ心理学の実証研究を集め，分析している。この研究では，様々なパフォーマンス強化介入に関するアウトカムデータを包括的にレビューし，委員会によって提唱されている基準を用いて，一般的によく用いられている介入（目標設定，イメージ技法，セルフトーク，覚醒の調整，複数の要素を含んだパッケージ）の実証的支持のレベルを決定している。伝統的なスポーツ心理学の介入を分析した後，著者は知見が示唆することを熟考し，将来の実証研究実施への提言およびスポーツ心理学の実践家への示唆を述べている。2003年に研究を行って以来，Moore（この本の第2著者）は（2004年10月までに）発表された実証研究を追加して研究を更新している（Moore & Gardner, 2005）。

分析方法

この研究では，アスレチック・パフォーマンスを直接強化するための目標設定，イメージ技法，セルフトーク，覚醒の調整，複数の要素からなる介入法に焦点を当てた，1960年以降にスポーツ心理学の領域で発表され査読を経た実証研究を徹底的に検索した。研究は研究対象（競技選手もしくはアナログ集団）や方法にかかわらず収集された。しかし，（委員会の基準に基づいた）Mooreの研究対象に含まれるには，**競技**のアスレチック・パフォーマンスの**直接的**な強化を実証的に検証していること，明確で客観的な（アスレチック）パフォーマンスに関する従属変数を使用していること，方法論上の適切なデザイン（無作為化比較試験もしくは他の介入法との比較を含む一事例の計画）を使用していること，独立変数として主要な介入技法の1つ（もしくはその組み合わせ）が用いられていることが研究には求められた。

それぞれの研究は，実証的に支持された介入を指定するために委員会によって定められた一般的な基準（p.68）に基づいて評価された（Chambless & Ollendick, 2001）。研究結果を一般化するには，研究サンプルがターゲットとする対象と同等である必要があることから（Chambless & Ollendick, 2001），実証研究では明確な対象として競技者を用いている必要があった。さらに，その基準では，方法上のデザインとして，無作為化比較試験もしくは他の介入法との比較を含む一事例の計画を採用していることも要求されている。また，介入マニュアルや十分に詳細な記述が提供されていることも必要である。しかし，スポーツ心理学の研究の大部分は，いまだに介入マニュアルを使用しておらず，十分詳細に介入法を記述する研究は相対的に少ない。

また，確立された基準は，単純な選択基準，除外基準以上に，サンプルの特徴を明確にすることを研究に求めている。スポーツ心理学の研究では一般的に対象者の情報を詳細に記述しないため，Mooreは最初に研究をスクリーニングした際，サンプルの特徴の記述を絶対的な基準としなかったが，実証的支持のレベルを正式に決定する際は絶対的な基準として考慮した。

研究は介入のモダリティ（目標設定，イメージ技法，セルフトーク，覚醒の調整，複数の要素）によってグループ分けされ，それぞれの介入モダリティ内の個々の研究は，実証的な支持のための確立された基準に基づいて個別に分析された。それぞれの研究の対象が競技者か，あるいはアナログ集団とアナログタスクかを区別することから分析は始まった。実証的な支持の決定で対象となるのは実際の競技選手を用いた研究だけ

であるため，アナログ集団を用いた研究は別に評価された。第2に，方法上のデザインが評価され，適切な方法上のデザイン（無作為化比較試験もしくは他の介入法との比較を含む一事例の計画）が用いられていない場合，競技者を対象としていない場合，従属変数として実際の競技パフォーマンスが用いられていない場合，研究は除外された。

介入法の分類ごとに，デザインと集団についての基準に合致する研究がまとめられ，ある介入法の実証的支持のレベルが決定された。この過程で，特定の介入に関する研究の中で支持するアウトカムと支持しないアウトカムの総数を数えることも行った。ある介入に関する研究の中で矛盾するエビデンスが生じた場合は，矛盾する研究の相対的な数と最もよくデザインされた研究の結果を考慮した。支持を示すアウトカムが複数の研究者や研究チームによって提供されるべきであるため，特定の介入モダリティ内での独立した研究者や研究チームの数も評価された。実証的に支持された介入に関する確立された基準における各関連変数を適用した後で，それぞれの介入モダリティは，確立された介入，おそらく効果的な介入，実験的な介入に分類された。

アナログ研究は，対象および課題の特異性と一般性が欠如しているため，実証的支持を決定する際に含めることはできないが，アナログ研究は介入方略に関する研究のかなりの部分を占めていた。また，こうしたよく用いられる介入についてのスポーツ心理学の研究を徹底的に検証し，何らかの関連する傾向を報告するために，アナログ研究に対しても同様の評価方法を用いた。しかし，アナログ研究から明らかになった知見は，実証的支持のレベルを決定する際に含めることはできなかった。

分析結果

アスレチック・パフォーマンスの客観的な尺度を用いた合計104の実証研究（$n = 104$）が収集された（全ての結果の要約は表5-1を参照）。46の研究はターゲット集団である競技者を対象としており，58の研究はアナログ集団およびアナログタスクを用いていた。

すでに指摘したように，アスレチック・パフォーマンスを強化する介入について実証的支持を決定する際には，確立された基準に基づいて，ターゲット集団として実際の競技者を対象としている研究のみを評価した。しかし，研究の実証的傾向を十分に反映するために，アナログ研究もレビューの対象とされた。繰り返しになるが，アナログ研究は有益ではあるが，実証的支持を決定する際には含めることはできなかった。そ れでも領域との関連性については論じられた。

いくつかの研究は，同一の実験デザインで，1つ以上の介入法を他の介入法や統制群と比較しているので，複数の独立変数が見込まれ，その結果，複数の比較が可能になる。レビューの対象となった公式の研究数は104であるが，研究内の比較を合算した数は120であるため，比較の数はレビューされた研究の数より多い。104の研究の中で，27の比較に目標設定が，30の比較にイメージ技法が，12の比較にセルフトークが，13の比較に覚醒の調整が，38の比較に複数の要素からなる介入が含まれていた。

（競技者とアナログ集団の両者を含む）104の研究のうち，44の研究は確立された基準を満たさない実験デザインであるため除外された。26の研究が無作為化割り付けもしくは統制群の欠如のために除外され，17の研究が他の介入との比較を含まない一事例の研究計画を用いていたため除外された。1つの研究はデザインがかなり複雑でデータの解釈を阻害するため除外した。

104の研究のうち，デザインと方法が適切であるために，さらなるレビューの対象となった研究の数は60であった。そのうち，19の研究では実際に（ターゲット集団として）競技者を用いており，41の研究ではアナログ集団を用いていた。レビューの対象となった60の研究のうち，57の研究は無作為化比較試験であり，3つの研究が他の介入との比較を含んだ一事例の計画であった。

介入効果を決めるために必要とされる基準の中には，実証的に支持された介入の開発に挑むスポーツ心理学の研究における重大な問題点を目立たせるものもある。例えば，介入後のフォローアップを含んでいた研究はたった2つであり（Crocker, Alderman, & Smith, 1988；Howard & Reardon, 1986），再現性を高め，治療の整合性を高める手助けとなる介入に関する十分な記述やマニュアルを記載していた研究は8つだけであった。個人の選択基準や除外基準のような，年齢や性別，チームメンバーやスポーツ集団への関与の基礎的記述以上のサンプルの特徴を記述する研究はほとんどなかった。全体として，介入提供者のトレーニングについても記述しておらず，介入がどう提供されたか（治療の整合性とも呼ばれる）についてもモニタリングしていなかった。

大部分の研究は（調査者の忠実さを統制するための）盲検法を用いていない。盲検法は，治療の提供者が研究の仮説を知らされないアプローチである。さらに，非特異的要因もしくは関係性の要因や，それらが潜在的に介入結果に及ぼす影響，参加者が抱く成功の期待感や参加者と実験者との関係のように，こうした要因が介入結果の代替説明になる可能性について評価して

いる研究は皆無であった。

　最後に，レビューの対象としたものの，統計学的，方法論的な脆弱性によってかなり問題のある研究も存在している。その脆弱性はアウトカムの結果に必然的に影響している。そのような脆弱性には，（タイプⅠのエラーを増加させる）必要以上の分析（Beauchamp, Halliwell, Fournier, & Koestner, 1996；Clark, 1960；Corbin, 1967b；Daw & Burton, 1994；Grouios, 1992；Lee & Hewitt, 1987；Short et al., 2002）と（検定力の減少につながる）少ない対象者での多数の従属変数（Burton, 1989b），潜在的な調査者の忠実さ（Johnson et al., 2004）が挙げられる。次の節では各介入法の結果について説明する。

目標設定

　104 の研究のうち，27 の比較がアスレチック・パフォーマンスを直接強化するために目標設定を用いていた。27 の比較のうち，6 つは競技者を対象としており，21 はアナログ集団やアナログタスクを対象としていた。

　表 5-1 からわかるように，（ターゲット集団である）競技者を対象としていた 6 つの比較のうち，2 つは基本的なデザインの基準を満たしていたが，4 つは基準を満たしていないため除外された。除外された比較のうち，1 つは無作為化割り付けもしくは最適な統制群の設定がなされておらず，3 つは他の介入との比較がない一事例の計画であったため除外された。基準を満たした 2 つの比較では，どちらも無作為化比較試験を採用していた。競技者を対象とした 6 つの比較のうち，3 つの比較ではマニュアルもしくは詳細な介入の記述が行われていたが，3 つでは介入の記述が不十分であり，フォローアップの手続きを行った研究はなかった。

　競技者を対象者とし，基本的なデザインの基準を満たしていた，目標設定の 2 つの比較では，統制群以上に有意なパフォーマンス強化の効果は見られなかった。実証的支持を決定するために定められた基準を用いてこれらの結果を評価する場合，公式の実証的支持を受けるための基準では，少なくとも 2 つの実験によって介入効果が示されることが必要であるため，目標設定は，競技パフォーマンスを強化する**実験的な**介入に分類される。

　アナログ集団もしくはアナログタスクを用いて目標設定の検証を行っている 21 の比較のうち，17 は基本的なデザインの基準を満たしていたが，4 つは無作為化割り付けもしくは最適な統制群の設定がなされておらず除外された。基準を満たした 17 全ての比較で，無作為化比較試験が採用されていた。アナログ集団もしくはアナログタスクを採用した 21 の比較のうち，7 つの比較ではマニュアルもしくは詳細な介入の記述が行われていたが，14 では介入の記述が不十分であり，フォローアップの手続きを行った研究は 1 つもなかった。

　基本的なデザインの基準を満たし，目標設定を検証した 17 のアナログ比較のうち，4 つは統制群以上に有意なパフォーマンス強化の効果が見られたが，13 の研究では統制群以上のパフォーマンス強化の効果は見られなかった。

イメージ技法

　104 の研究のうち，30 の比較がパフォーマンス促進介入としてイメージ技法を用いていた。30 の比較のうち，7 つは競技者を対象としており，23 はアナログ集団もしくはアナログタスクを用いていた。

　競技者を対象としていた 7 つの比較のうち，6 つは基本的なデザインの基準を満たしていたが，1 つは他の介入との比較がない一事例の計画であったため除外された。基準を満たした 6 つの比較全てで，無作為化比較試験が採用されていた。競技者を対象とした 7 つの比較のうち，3 つの比較ではマニュアルもしくは詳細な介入の記述が行われていたが，4 つでは介入の記述が不十分でありフォローアップの手続きを行っている研究は 1 つであった。

　競技者を対象者とし，基本的なデザインの基準を満たしていたイメージ技法の 6 つの比較全てで，統制群以上の有意なパフォーマンス強化の効果は見られなかった。実証的支持を正式に受けるための基準では，少なくとも 2 つの実験によって介入効果が示される必要があるため，イメージ技法は，競技パフォーマンスを強化する**実験的な**介入に分類される。

　アナログ集団もしくはアナログタスクを用いたイメージ技法の比較は 23 であった。そのうち 16 は基本的なデザインの基準を満たし，無作為化比較試験が採用されていた。7 つは無作為化割り付けもしくは最適な統制群の設定がなされておらず，除外された。アナログ集団もしくはアナログタスクを採用した 23 の比較のうち，6 つではマニュアルもしくは詳細な介入の記述が行われていたが，17 では介入の記述が不十分であり，フォローアップの手続きを行った研究は 1 つもなかった。

　基本的なデザインの基準を満たした 16 のアナログ比較のうち，6 つはイメージ技法もしくはイメージ技法と身体的練習を組み合わせると，統制群以上に有意なパフォーマンス強化の効果が現れることを示した。10 の研究ではイメージ技法もしくはイメージ技法と身体的練習を組み合わせても統制群以上のパフォーマ

ンス強化の効果は見られなかった。

セルフトーク

104の研究のうち，12の比較がパフォーマンス強化介入としてセルフトークを用いていた。12の比較のうち，7つは競技者を対象としており，5つはアナログ集団もしくはアナログタスクを用いていた。

競技者を対象としていた7つの比較のうち，4つは基本的なデザインの基準を満たしていたが，3つは基準を満たしていなかった。基準を満たさなかった3つのうち，1つでは無作為化割り付けもしくは最適な統制群の設定がなされておらず，2つは他の介入との比較がない一事例の計画であったため除外された。基準を満たした4つの比較のうち，3つは無作為化比較試験を採用し，1つは他の介入との比較がある一事例の計画を採用していた。7つの比較のうち，4つの比較ではマニュアルもしくは詳細な介入の記述が行われていたが，3つでは介入の記述が不十分で，フォローアップの手続きを行った研究は1つであった。

競技スポーツ選手を対象者とし，基準を満たし，セルフトーク技法を検証した4つの比較全てで，統制群以上の有意なパフォーマンス強化の効果は見られなかった。1つの研究では，競技スポーツ選手（3人中2人）で練習中の一貫しないパフォーマンス強化の効果が示唆されていたが，競技中の強化を見出すことはできなかった。効果を示す知見がないため，セルフトークも，競技パフォーマンスを強化する**実験的な**介入法に分類される。

アナログ集団もしくはアナログタスクを用いてセルフトークの検証を行っていた比較は5つであった。4つは基本的なデザインの基準を満たし，無作為化比較試験が採用されていた。1つの研究はデザインが明確でないために除外された。その研究では，異なるコーチが群をまたがって担当しており，結果の解釈が不可能であった。5つの研究のうち4つではマニュアルもしくは介入の詳細な記述が行われていたが，フォローアップの手続きを行った研究は1つもなかった。

基本的なデザインの基準を満たしセルフトークを検証した5つのアナログ比較のうち，4つで統制群以上の有意なパフォーマンス強化の効果が見られた。その他の比較では，セルフトークは3つのパフォーマンスに関する指標のうち2つでパフォーマンスを改善させていた。

覚醒の調整

104の研究のうち，13の比較がパフォーマンス強化介入として覚醒の調整を用いていた。5つの研究は競技者を対象としており，8つはアナログ集団もしくはアナログタスクを用いていた。

競技者を対象としていた5つの比較のうち，4つは基本的なデザインの基準を満たしていた。4つ全てが無作為化比較試験を採用していた。1つの比較は無作為化割り付けが行われていなかったため除外された。競技者を対象とした5つの比較のうち，2つの比較はマニュアルもしくは介入を詳細に記述していたが，3つは介入法の記載が不十分で，フォローアップの手続きを行った研究は1つもなかった。

競技スポーツ選手を対象者とし，基準を満たし覚醒の調整を検証した4つの比較全てで，統制群以上の有意なパフォーマンス強化の効果は見られなかった。効果を示せなかった研究に基づき，覚醒の調整は，競技に関わるアスレチック・パフォーマンスを強化する**実験的な**介入に分類される。

アナログ集団もしくはアナログタスクを用いて覚醒の調整の検証を行っている比較は8つであった。5つは適切なデザインであるため認められ，全ての比較で無作為化比較試験が採用されていた。3つは無作為化割り付けもしくは最適な統制群の設定がなされておらず除外された。8つのアナログ比較のうち，3つの比較はマニュアルもしくは介入法を詳細に記述していたが，5つの研究は行っておらず，フォローアップの手続きを行った研究は1つもなかった。

認められた5つのアナログ比較のうち，1つの比較で統制群よりも有意なパフォーマンス強化の効果が見られ，2つの比較でイメージ技法および統制群のどちらよりも有意なパフォーマンス強化の効果が見られた。1つの比較では，統制群よりも優れ，イメージ技法と同等のパフォーマンス強化の効果が見られた。最後に，1つの比較では，覚醒の調整は，反応時間を評価したタスク成績において統制群と同等であり，強度タスクでは統制群よりもパフォーマンスが改善していた。

複数の要素からなる介入法

104の研究の中には，アスレチック・パフォーマンスを強化するために複数（パッケージ）からなる介入を用いている38の比較が含まれていた。このうち，32の比較は競技者を対象としており，6つはアナログ集団もしくはアナログタスクを用いていた。

競技者を対象としていた32の比較のうち，12は基本的なデザインの基準を満たしていたため受け入れられた。8つは無作為化割り付けもしくは最適な統制群の設定がなされておらず，12は他の介入との比較がない一事例の計画であったため除外された。認められた12の比較のうち，10個は無作為化比較試験を採用し，2つは他の介入との比較がある一事例の計画を

スポーツ心理士によって頻繁に用いられている介入の多くは，パフォーマンス強化の十分な有効性が示されていない。

採用していた。競技者を対象とした32の比較のうち，19の比較はマニュアルもしくは介入を詳細に記述していたが，13は介入の記述が不十分で，フォローアップの手続きを行った研究は2つであった。

競技スポーツ選手を対象者とし，基準を満たした複数の要素からなる介入法を検証した12の比較からは，様々な結果が得られた。他の介入との比較がある一事例の計画を用いた2つの比較では，目標設定，イメージ技法，セルフトーク，リラクセーションを組み合わせた場合に競技パフォーマンスを強化することが示された。複数の要素からなる介入は部分的に「おそらく効果的な介入」のカテゴリー基準を満たしていたが，2つの一事例の計画の実験は定められた基準を完全には満たしていなかった。具体的には，専門家ではない同じ研究チームがこれらの比較を評価していること，1つの研究では介入法が明確に記述されていないもしくはマニュアルが提示されていないこと，2つの研究ともサンプルの特徴を詳細に記載していないことが挙げられる。結果として，一事例の計画を用いたこれら2つの研究の知見から，この複数の要素からなる介入法は**実験的介入**に分類される。

セルフトークと覚醒の調整の組み合わせを評価している1つの比較では，統制群と比較して有意なパフォーマンス強化の効果は見られなかった。そのため，セルフトークと覚醒の調整を組み合わせた介入法は**実験的介入**に分類された。

イメージ技法と覚醒を高めるための事前準備の組み合わせを評価した1つの無作為化比較試験では，10〜12歳の少年を対象とし，統制群よりもパフォーマンス強化の効果が優れていることが示された。基準に基づくと，介入法がおそらく効果的な介入として分類されるには，研究で介入法が明確に記述されているもしくはマニュアルが提示され，サンプルの特徴が詳細に記述されている**ならば**，1つの研究で十分である。しかし，この比較の場合は，どちらも行われていなかった。

そのため，イメージ技法と覚醒を高めるための事前準備から構成される介入法は**実験的介入**に分類される。

リラクセーション，イメージ技法，セルフトークの組み合わせを評価した3つの比較のうち，1つでは統制群よりも有意なパフォーマンス強化の効果は見られなかったが，2つでは統制群よりもパフォーマンスが強化されていた。改善が示された研究のうちの1つでは，パフォーマンスは実際にはフォローアップ期間に向上していた。これら3つの比較では矛盾する曖昧なデータが示され，サンプルの特徴は詳細には記述されていなかったため，リラクセーション，イメージ技法，セルフトークを組み合わせた介入法は，**実験的**な介入に分類される。

3つの比較は，視覚運動行動リハーサル（VMBR）として知られる複数の要素からなる介入法を用いている。VMBRは，イメージ技法とリラクセーションとしての覚醒の調整で構成されるマニュアル化された介入である。3つの研究では，矛盾する曖昧な結果が得られており，そのうち2つの研究では統制群よりも統計的にわずかに有意なパフォーマンス強化の効果が得られ，残りの1つでは，統制条件に比べてパフォーマンス強化の効果は見られなかった。研究間の結果に矛盾が存在し，研究の中ではサンプルの特徴が詳細に記述されていないため，VMBRは**実験的**な介入に分類される。

別の研究がVMBRと同様のイメージ技法とリラクセーションの組み合わせを実施しているが，実際のVMBRのプロトコルは利用されていない。この比較では，統制群と比較してパフォーマンス強化の効果は明らかにされなかったため，介入は**実験的**に分類される。

最後に，目標設定，覚醒の調整，セルフトーク，メンタルイメージ技法，注意集中の組み合わせが1つの研究で評価されている。研究結果では，アスリートのコーチによる主観的なパフォーマンスの評価で向上が見られたが，試合での実際の達成度で測定された（走行スコアのような）**客観的**パフォーマンスの効果では有意な向上は見られなかった。客観的なパフォーマンスの指標において，有意な客観的改善が得られなかったため，この組み合わせによる介入は，**実験的**に分類される。

アナログ集団もしくはアナログタスクを用いて複数の要素からなる介入の検証を行っている比較は6つであった。これらのうち，4つは認められ，全ての比較で無作為化比較試験が採用されていた。2つは無作為化割り付けもしくは最適な統制群の設定がなされておらず除外された。複数の介入要素を含んだ6つのアナログ比較のうち，3つの比較ではマニュアルによる介入もしくは介入の詳細な記述が行われていたが，3つ

の研究では十分な介入の記述は行われておらず，フォローアップの手続きを行った研究は1つもなかった。

基準を満たした4つのアナログ比較のうち，リラクセーション，イメージ技法，目標設定，セルフトークを組み合わせた1つの比較では，統制群以上にパフォーマンスを強化することが示された。イメージ技法とセルフトーク，リラクセーションを組み合わせた1つの比較では，パフォーマンス強化の効果は見られなかった。最後に，VMBRの効果を検証した2つの比較では，プラセボ群および統制群以上のパフォーマンス強化の効果が見られた。

なぜこうした結果が重要なのか？

応用スポーツ心理学の唯一最大の重点的課題は，最適なアスレチック・パフォーマンスに直接関連する心理社会的特徴を明確にし，競技上のアスレチック・パフォーマンスを強化するメカニズムを明らかにすることである。Mooreの研究の目的は，アスレチック・パフォーマンス強化のための一般的な介入についての実証研究を系統的にレビューし，つながりのある心理学の領域で確立された基準（Chambless et al., 1998；Chambless & Hollon, 1998；Chambless & Ollendick, 2001）に従って介入の実証的支持のレベルを決定することである。Mooreによって行われた研究は，競技選手に対する目標設定，イメージ技法，セルフトーク，覚醒の調整，複数の要素からなる介入の有効性を示す実証研究が不十分であることを示している。Mooreの研究で得られた結果では，これらの介入法が現時点では実験的な介入に分類されなければならないことが示されている。これらの結論には，スポーツ心理学の理論，研究，実践に対する深い示唆が含まれており，パフォーマンス向上に励むアスリートを手助けする実践家にとって有意義である。

伝統的なパフォーマンス強化介入の有効性

研究の系統的な評価によって，目標設定，イメージ技法，セルフトーク，覚醒の調整，複数の要素からなる介入の間で一貫した結果が得られている。研究対象（競技かアナログか）にかかわらず，全ての介入で実証的支持が十分でないことが評価から一様に明らかにされている。競技選手を対象としている実証研究では，全ての単一の介入で結果は明確であり，複数の要素からなる介入においてのみ矛盾する結果が存在していた。

アナログ集団とアナログタスクを用いた研究では，介入法に関して支持と不支持の矛盾する結果が存在することはよくある。しかし，パフォーマンス強化のサービスを受けようとしているターゲットグループを採用していないため，アナログ研究のデータは有効性を高く見積もってしまうことが多い。アナログ集団はターゲット集団（競技選手）とは態度，スキル，外的に要求されること，本人が必要とすることが同一でない可能性があり，より高度なスキルを獲得する可能性や成長の余地もある。実際，アナログ研究が結果を高く見積もる傾向については，過去のメタアナリシスでも述べられている。Meyersら（Meyers et al, 1996）は，「非競技パフォーマンスのアセスメントは，治療効果を過大評価している可能性がある」（p.156）と述べている。すでに指摘しているように，Mooreの研究では，競技選手を対象としたパフォーマンス強化介入の実証的な支持のレベルを検討したものであるため，アスリートでない集団を対象とした研究は正式には考慮していない。これらの研究を含めたとしても，介入の有効性を決定するうえであいまいな知見では不十分であろう。なぜなら矛盾するエビデンスは慎重に重みづけられなければならないし，矛盾する研究の相対的な数と最もデザインが優れている研究の傾向が考慮されなければならず，実証に基づく分類は保守的に行わなければならないからである（Chambless & Hollon, 1998）。

Mooreのレビューの場合，レビューは徹底的に行われたが，レビューの対象から漏れた研究もいくつかあり，介入を支持する少数の研究では，実証的支持が不十分であるという現在の知見を変えることはできない。競技選手を対象とした研究の中では，介入を支持する研究をいくつか追加することは，単に矛盾したデータを増やすだけであり，実験的な介入という分類は変わらない。よく用いられる介入は競技選手のパフォーマンスを強化しないという，デザインが優れた研究で一般的に得られている知見を考慮すると，有効性のレベルの変更には，そうした介入を支持する膨大な量の研究が必要だろう。研究の種類（競技かアナログか）にかかわらず，目標設定，イメージ技法，セルフトーク，覚醒の調整，複数の要素からなる介入は実証的支持に欠け，評価対象となっている全ての介入モダリティが現時点では実験的な方法である。研究中のそれぞれの介入法の結果について述べていきたい。

目標設定

「目標設定が身体パフォーマンスに及ぼすと予想されている影響は実証されていない」（Meyers et al., 1996, p.142）と述べられることもあれば，「スポーツにおける目標設定の有効性は全般的に検証が行われておらず，支持も得られていない」（Strean & Roberts, 1992, p.59）と述べられることもある。しかし，スポーツ心

理学の研究者と実践家は，介入方略として目標設定に高い価値を見出しており，逸話的報告や相関研究，事例研究では，目標設定をクライエントに用いることは効果的であることを示唆している（Burton, Naylor, & Holliday, 2001；Kyllo & Landers, 1995；Meyers et al., 1996）。実証的に不十分であるにもかかわらず，目標設定を使用することを強く支持し，奇妙なことに明確な実証的知見を提示する人もいる。例えば，Burton, Naylor, & Holiday（2001）は，彼らの研究のレビューから，「目標設定は効果的なパフォーマンス強化の方略である」という「間違えようのない結論」に至ったと述べている（p.521）。

目標設定は，スポーツ心理学の中で最も広く研究され，実践されている介入法の１つであるが，目標設定の手続きは，倫理を守り責任をもって標準的な実践に組み込むために必要な実証的妥当性のレベルを超えて強く支持されていることがMooreの研究で指摘されている。実際，Mooreの研究では，ターゲット集団を対象とし十分に計画された研究では肯定的な結果が一切得られていないことを考慮して，目標設定は実験的な介入という評価しか受けていない。正式な手続きからは外れてしまうが，実証研究の大部分を占める（大学生ボランティアのような）アナログ集団や（強度課題や耐久課題のような）アナログタスクを用いた研究に評価基準を適用した場合でも，こうした知見は一貫している。4つのアナログ研究で介入の有効性を示す結果が得られている一方，それ以上の研究（13）で矛盾する結果が得られている。そのため，アナログ研究からも目標設定は限定的な支持しか得ることができない。

イメージ技法

Mooreによるレビューの対象となった研究では，イメージ技法がパフォーマンスを強化する肯定的な効果は何も得られていない。これはイメージ技法はアスレチック・パフォーマンスを強化する効果的な介入であることを示す実証的なエビデンスが現時点で存在しないことを示唆している。Suinn（1997）が「メンタルトレーニングに関する研究は膨大であるが，決定的な知見にいたったものではほとんどなく，多くの流行や一貫しない様々な結果をもたらしている」（p.199）と指摘したように，これは新しい知見ではない。競技選手を対象にイメージ技法を検証した研究に，実証的支持のための確立された基準を適用することで，イメージ技法が実験的介入とみなされることが決定的になった。アナログ集団やアナログタスクを適用した研究でも，6つの研究結果が有意な（肯定的な）結果を示し，10の研究結果が有意でない結果を示しており，明らかに競技選手を対象とした場合と同様の結論にいたる。

セルフトーク

他のよく用いられる介入と比べて，アスレチック・パフォーマンスを直接強化するセルフトークの効果を評価した研究は少ない。しかし，Mooreによるレビューの対象となった実証研究の数は，セルフトークに対する実証的支持のレベルを決定するのに十分である。複数の文献レビューや相関研究（Gould et al., 1992；Orlick & Partington, 1988；Williams & Leffingwell, 2002）でこの介入法への支持が指摘されているが，Mooreの研究は，現時点までに収集されている実証データが，セルフトークの使用を支持しないことを示唆している。実際，ターゲット集団を対象とした場合に肯定的な結果がまったく得られていないという事実に基づくと，セルフトークは実験的介入に分類される。アナログ研究で明らかにされた肯定的な結果は，この分類を変更することはできなかった。実証研究の数が限られ有効性を支持する研究が欠如しているにもかかわらず，セルフトークは利用されることが多く，スポーツ心理学に関する本の章や文献レビューの中で注目を受けている。

覚醒の調整

心構えやリラクセーションのような覚醒の調整に関する方略は，人気があり，逸話的報告，相関研究，系統的文献レビューによって支持されているように見えるが（Anshel, 1992；Gould & Udry, 1994；Meyers et al., 1996；Murphy & Jowdy, 1992；Taylor & Wilson, 2002），覚醒の調整に関わる実証研究による基盤に懸念を抱いている研究者も存在する。Zaichkowsky & Baltzell（2001）によると，「コーチとスポーツ心理士はアスリートに覚醒の調整の技術を教えるが，有効性と効果を示している質の高い実証研究はほとんどない」（p.334）。Mooreは，実証的支持を決定するためにこの研究の基盤を評価した後，質の高い実証的研究がパフォーマンス強化の効果を示していないため，覚醒の調整も実験的な介入に分類されなければならないと指摘している。しかし，競技選手を対象とし基準を満たした実証研究では，統制条件を超える肯定的な結果が得られなかったにもかかわらず，応用実践家は覚醒の調整を広く使用している。

この実証的支持の欠如は，スポーツ心理学の専門家の中では新しい主張ではなく，「パフォーマンス向上のために覚醒を高めることが有益であるとする支持は暫定的なものである」（Meyers et al., 1996, p.144）や「多くの研究はリラクセーショントレーニングとパフォーマンスの改善の間の因果関係を明らかにできていないため，（実験）結果を解釈する際には注意が必要

である」(Gould & Udry, 1994, p.482) と述べられている。Moore は覚醒の調整の有効性を支持するデータが現時点で存在しないため，注意が必要であることを再確認している (Moore, 2003b；Moore & Gardner, 2005)。

複数の要素からなる介入

　個々のパフォーマンス強化介入を使用する機会は増えているが，パフォーマンス強化に向けて多くの技法をアスリートに提供するために，研究者は複数の介入法をパッケージとしてまとめ始めている。パッケージを利用する理論的根拠は一般的に存在せず，パフォーマンスを向上させ，組み合わせの有効性と効果を評価するために，数多くの組み合わせがアスリートや研究参加者に適用されている。広く使用されているにもかかわらず，Moore によるレビューでは，複数の要素からなる介入は実証的支持を正式に決定するための基準を満たしていなかった。したがって，それらも実験的な介入として分類された。しかし，実証的文献の中には興味深い不一致や将来性のある傾向も見られる。

　第1に，複数の要素からなる介入についての3つの研究（2つは競技，1つはアナログ）が目標設定，イメージ技法，セルフトーク，リラクセーションからなるパッケージが統制条件よりも競技パフォーマンスを強化することを見出し，見込みがあることを示している。競技選手を対象とした2つの研究は，2つともが一事例の計画であり，研究パートナーが重複しており，1つの研究でしか介入の内容が明確に記述されておらず，どちらの研究でもサンプルの特徴は明確にされていないため，実証に基づく介入のために必要な要件を満たしていない。このため，この複数の要素からなる介入は，実験的な介入に分類されるが，その結果では当然ながら，マニュアルを用い，サンプルの特徴を詳細に記述した異なるチームによる十分に計画された追加の研究を必要とする。競技選手を対象として十分に計画された研究を推し進めることは，複数の技法の組み合わせがアスレチック・パフォーマンス強化のおそらく効果的な，あるいは確立された介入として確立する手助けとなる。

　イメージ技法と覚醒を高めるための事前準備という複数の要素からなる介入を評価したある無作為化比較試験では，10～12歳の男児にパフォーマンスの向上が見られた。この研究では，介入に関する詳細な記述とマニュアルが示されておらず，対象者の特徴も十分に提示されていないため，この介入も実験的な介入に分類されざるをえない。この研究で示されたパフォーマンス強化の効果が成人の競技選手にも当てはまるかどうかは明確ではないが，設定された基準を満たすさらなる研究によってイメージ技法と覚醒を高めるための

介入は，逸話的報告，相関研究，個人の哲学のみに基づいて決めるべきではない。

事前準備の組み合わせの有効性がより強力に支持される可能性がある。

　視覚運動行動リハーサル (VMBR) は現在のところ実験的な介入であるが，矛盾しているがいくらか希望を持てる結果が競技スポーツ選手を対象に得られているため，将来の十分に計画された研究が必要である。興味深いことに，VMBR にはマニュアルがあり，競技選手のパフォーマンスを強化する再現可能なプロトコルが存在するものの，無作為化比較試験もしくは他の介入法との比較を含む一事例の計画を用いた実証的研究は，1980年代以降，VMBR については発表されていない。スポーツ心理学で利用できる複数の要素からなる介入のうち最も有望であるかもしれないこの介入法は，見落とされているのかもしれない。

　これら複数の要素からなる介入のそれぞれについて検証する際に，期待のできる兆候が見られるかもしれないことは明らかである。しかし，個々の介入を使用する場合と同様に，データは競技パフォーマンスを強化するために，これらの手続きを使用することを支持していない。今のところ，アスレチック・パフォーマンスを強化するために，介入を個別もしくは組み合わせて使用したアウトカム研究では，十分な介入の有効性は示されておらず，現時点ではこれらの介入は実験的な介入とみなされている。

　Moore の結果は，過去の警告 (Dishman, 1983；Meyers et al., 1996；Smith, 1989；Strean & Roberts, 1992) との間に矛盾はないが，実践場面での使用の現状との間には矛盾がある。しかし，実証的支持は明らかに欠如しているが，この有効性の欠如に関する特定の理由は現時点では明確ではなく，多くの可能性がある。第1に，介入が最適なパフォーマンスのために必要な要素や変数をターゲットにしていない，理論的に妥当でない，もしくは実際に効果的でない，という理由のために，支持が欠如している可能性がある。第2に，介入が最適な手続きや量で提供されていない可能性があ

る。第3に，個々のニーズや個人の特徴を考慮せずに個人や集団（チーム）に介入を適用することによって，介入から本来利益を得られる個人を対象とした場合にのみもたらされる肯定的な効果が隠されてしまっている可能性がある。第4として，（チームの人数に限りがあるといった）実情が理由であることが多いが，サンプルサイズの小ささが挙げられ，統計学的有意性を得るために必要な検定力を備えた実証研究として実施されていない可能性がある。第5として，介入の研究で用いられる従属変数が複雑で，そのため改善を示すことが困難である可能性が挙げられる。これは，客観的なパフォーマンスの指標が必要とされないことを示しているわけではなく，熟慮して注意深く競技パフォーマンスの指標を用いるべきであることを示している（Thelwell & Maynard, 2003）。最後に，実証的な有効性の欠如は，明確な介入プロトコルや厳格な科学的，方法論的基準を遵守していないことに起因する可能性がある。

Mooreの結果に関する特定の理由に関係なく，これらの介入は有効性を欠いているという主張は新しいものではなく，数多くのスポーツ心理学の実践家が有効性を支持するには不十分であると繰り返し警告している（Dishman, 1983；Meyers et al., 1996；Smith, 1989；Strean & Roberts, 1992）。そのような警告にもかかわらず，こうした手続きは標準的な実践方法として使用され続け，専門論文では実証的妥当性が強く示された手続きとして一般的に紹介されている。指摘されているにもかかわらず見逃されることが多い懸念に答えて，研究家や実践家はこうした知見が将来のスポーツ心理学の発展をどのように促進するかを考慮する必要がある。

専門的実践への示唆

実証的に支持された介入法を決定し，発展させ，普及させる最大の目的は，実践家が消費者に対して最適な専門的サービスを提供するのを手助けすることである。30年以上の間，スポーツ心理学の様々な領域の専門家が，目標設定，イメージ技法，セルフトーク，覚醒の調整，複数の要素からなる介入を研究し，実践場面でこうした方略を実施してきた。

スポーツ心理学の文献には，アスレチック・パフォーマンスを強化するためにこうした手続きの使用を奨励するものが多く存在する。また，大部分の文献で，十分なエビデンスによってこうした奨励が実証されていると述べられている（Burton et al., 2001；Jones & Stuth, 1997）。しかし，Mooreの分析によって，有効性を示すことができていない，方法論的脆弱性がある研究のみが支持している，もしくは，年齢，身体スキル，競技レベル，個人内・個人間の要因，発達的問題，移行の問題，臨床的問題と関係なく集団に一般化できると不当で性急な形で仮定されている伝統的介入を，自動的に用いることを正当化するのは困難になった。この明確であるが戸惑いを感じさせる結論は注意深く考慮される必要があり，実践家や消費者への影響は徹底的に検討されなければならない。

Mooreの知見や関連する警告を考慮すると，こうした介入に関する実証研究は，ベストプラクティスの手続きに興味のある実践家にとってはほとんど助言とならない。帰無仮説は決して証明することはできないため，こうした手続きがうまく働かないと結論づけることはできない一方，実践家がこれらの介入法を注意深く使用し，パフォーマンス向上を目指す際にクライエントに有効性について情報提供を行うべきであることをエビデンスは示唆している。スポーツ心理士の倫理的責務は，提案する介入の潜在的な危険性と利益を正直に隠し立てず説明することである。これらの介入の否定的な影響を示すエビデンスがないものの，宣伝されているようにうまく機能しない介入への時間とお金の投資は損失リスクがあるため，消費者は介入の有効性と効果についての現時点での研究状況を知る権利を有する。

さらに，よく用いられるパフォーマンス強化の手続きが実験的と分類されている状況は，スポーツ心理学に対する将来の世論の支持を混乱させる可能性がある。科学的に支持されている以上に一般的な介入をスポーツ心理学が推進するならば，専門家は重大な問題を受け入れ，解決しなければいけない。これらの知見を取り入れたいと思う実践家に向けて，いくつかのことを提案したい。

第1に，スポーツ心理士は，予想や信念を確認するという方法で実験データを解釈しないようにすべきであり，データによって自らの実践のスタイルや内容に情報を与えるべきである。第2に，倫理的な実践家は，適切なインフォームドコンセント（詳細については第12章を参照）を作成すべきであり，その中で伝統的な介入法が実験的であることを明確に述べ，競技パフォーマンスを直接強化するその介入の有効性は保証できないことを警告する必要がある。実践を良い方向に導くための法則定立的なアウトカムデータの不足を考慮すると，介入が特定のクライエントにとって多かれ少なかれ効果的であるかどうかを決定するために，スポーツ心理士はクライエントのニーズをより個性記述的な側面から分析する必要がある。

まとめ

自己調整の領域における最新の理論と実証的知見をより深く理解することを重視して，私たちは実践家と研究者に，競技を向上させるために別の介入モデルを考慮することを強くすすめる。どの介入法も全てのアスリートのニーズを満たしたり，全ての心理的問題を解決したりすることはできないため，私たちは実践家に新たな開発にオープンであり続けることを推奨する。なぜなら，新しい別の介入が特定のアスリート集団に対してより効果的に働く場合もあるからである。

私たちが開発した新たな介入法である，マインドフルネス・アクセプタンス・コミットメント（mindfulness-acceptance-commitment；MAC）に基づくパフォーマンス強化法（Gardner & Moore, 2004a）を次の章で紹介する。パフォーマンス強化のためのこの革新的なアプローチは，行動心理学の領域にすでに存在するアプローチを応用したものであり，一部のアスリートに対して競技で成功するために必要とされる行動的な自己調整法を提供することに初期段階ではあるが成功している。

目標設定：競技

研究	介入	研究デザイン	マニュアル	結果	対象者	採択 or 不採択
Boyce（1994）	目標設定	RCT		パフォーマンス指標：目標設定＝統制群	31〜45歳の30人のハイレベルの射撃手	採択
Burton（1989b）	目標設定	統制条件を伴わない介入前後単一群デザイン		女性：目標設定＞統制条件 男性：目標設定＝統制条件	30人の大学生の水泳選手	不採択
Lerner, Ostrow, Yura, Etzel（1996）	イメージ技法単独，目標設定単独，目標設定とイメージ技法の組み合わせ	比較対象を伴わない多層ベースラインデザインを用いた事例研究		目標設定を支持，組み合わせに最小限の支持，イメージ技法に否定的な支持（否定的なイメージはパフォーマンスを低下させる）	12人の大学生の女性バスケットボール選手	不採択
Swain, Jones（1995）	目標設定	比較対象を伴わない多層ベースラインデザインを用いた事例研究	×	4人の対象者のうち，3人でバスケットボールのパフォーマンスが向上	4人の大学生のバスケットボール選手	不採択
Ward, Carnes（2002）	目標設定	比較対象を伴わない多層ベースラインデザインを用いた事例研究	×	目標設定とパフォーマンスのフィードバックがパフォーマンスを向上	5人の大学生のサッカー選手	不採択
Weinberg, Stitcher, Richardson（1994）	目標設定	RCT	×	目標設定＝統制群	24人の大学生の男性ラクロス選手	採択

目標設定：アナログ

研究	介入	研究デザイン	マニュアル	結果	対象者	採択 or 不採択
Barnett, Stanicek（1979）	目標設定	RCT	×	目標設定＞統制群	30人の大学生	採択
Boyce, Bingham（1997）	目標設定	RCT		目標設定＝統制群	288人の大学生	採択
Boyce, Wayda, Johnston, Bunker, Eliot（2001）	目標設定	RCT		パフォーマンス指標：自己による目標設定＝指導者による目標設定＞統制群	156人の大学生	採択
Burton（1989a）	目標設定	統制群を伴わない無作為化介入前後群間比較デザイン		特定の目標＞全般的な目標	23人の大学生	不採択

表5-1 収集した実証研究の介入方法，対象，課題の要約
RCT＝無作為化比較試験。
Reprinted from Moore, 2003.

研究	介入	研究デザイン	マニュアル	結果	対象者	採択 or 不採択
Filby, Maynard, Graydon (1999)	目標設定	RCT		複数の目標方略＞統制群＞単一の目標方略	40人の大学生	採択
Giannini, Weinberg, Jackson (1988)	目標設定	統制群を伴う非無作為化介入前後群間比較デザイン		それぞれの競技目標設定が同等であるすべての目標設定に関する条件＞統制群	100人の大学生	不採択
Hall, Weinberg, Jackson (1987)	目標設定	RCT		目標設定＞統制群	94人の大学生	採択
Hollingsworth (1975)	目標設定	RCT	×	目標設定＝統制群	90人の中学生	採択
Johnson, Ostrow, Perna, Etzel (1997)	目標設定	RCT		目標設定＝統制群	36人の大学生	採択
Lane, Streeter (2003)	目標設定	RCT		目標設定＝統制群	72人の高校生のバスケットボール部の男子メンバー	採択
Lerner, Locke (1995)	目標設定	RCT	×	目標設定＝統制群	60人の大学生	採択
Miller, McAuley (1987)	目標設定	RCT		目標設定＝統制群	18人の大学生	採択
Smith, Lee (1992)	目標設定	RCT		目標設定＝統制群	51人の大学生	採択
Theodorakis (1995)	目標設定	統制条件を伴わない非無作為化介入前後単一群デザイン		結果は解釈不能	42人の大学生	不採択
Weinberg, Bruya, Garland, Jackson (1990)（2つの研究）	1. 目標設定 2. 目標設定	1. RCT 2. RCT	× ×	1. 目標設定＝統制群 2. 目標設定＝統制群	1. 87人の大学生 2. 120人の大学生	採択 採択
Weinberg, Bruya, Jackson (1985)	目標設定	RCT	×	目標設定＝統制群	96人の大学生	採択
Weinberg, Bruya, Jackson (1990)	目標設定	RCT	×	目標設定＝統制群	85人の大学生	採択
Weinberg, Bruya, Jackson, Garland (1987)（2つの研究）	1. 目標設定 2. 目標設定	1. 統制群を伴わない非無作為化介入前後群間比較デザイン 2. RCT	× ×	1. 全ての目標設定の条件は差なし 2. 目標設定＝統制群	1. 30人の大学生 2. 123人の大学生	不採択 採択
Wraith, Biddle (1989)	目標設定	統制群を伴わない非無作為化介入前後群間比較デザイン		全ての群でベースラインから介入後に改善なし	51人の11～13歳の女性	不採択

イメージ技法：競技

研究	介入	研究デザイン	マニュアル	結果	対象者	採択 or 不採択
Grouios (1992)	イメージ技法	RCT	×	身体的練習＞イメージ技法＞練習なし	30人の中型車のドライバー	採択
Howard, Reardon (1986)	イメージ技法単独, セルフトーク単独, 組み合わせ（認知的催眠イメージ）	RCT	×	組み合わせ＞セルフトーク＝イメージ技法＝統制群	32人の男性ウェイトリフティング選手	採択
Lerner, Ostrow, Yura, Etzel (1996)	イメージ技法単独, 目標設定単独, 目標設定とイメージ技法の組み合わせ	比較対象を伴わない多層ベースラインデザインを用いた事例研究		目標設定を支持, 組み合わせに最小限の支持, イメージ技法に否定的な支持（否定的なイメージはパフォーマンスを低下させる）	12人の大学生の女性バスケットボール選手	不採択
Mumford, Hall (1985)	イメージ技法	RCT		イメージ技法＝統制群	59人のハイレベルのスケート選手	採択

表5-1 収集した実証研究の介入方法, 対象, 課題の要約（続き）

研 究	介 入	研究デザイン	マニュアル	結 果	対象者	採択 or 不採択
Rodgers, Hall, Buckolz (1991)	イメージ技法単独，セルフトーク単独	RCT		イメージ技法＝セルフトーク＝統制群	40人の青年期のエリートフィギュアスケート選手	採択
Weinberg, Seabourne, Jackson (1981)	イメージ技法単独，リラクセーション単独，組み合わせ（VMBR）	RCT	×	3つのパフォーマンス指標のうち1つ：VMBR＞イメージ技法＝リラクセーション＝統制群	32人の大学生の空手部メンバー	採択
Wrisberg, Anshel (1989)	イメージ技法単独，覚醒の調整単独，イメージ技法と覚醒の調整の組み合わせ	RCT		組み合わせ＞イメージ技法＝覚醒の調整＝統制群	40人の10～12歳の男性	採択

イメージ技法：アナログ

研 究	介 入	研究デザイン	マニュアル	結 果	対象者	採択 or 不採択
Andre, Means (1986)	イメージ技法	RCT		イメージ技法＝統制群	66人の大学生	不採択
Burhans, Richman, Bergey (1988)	イメージ技法	RCT		イメージ技法＝統制群	65人の身体教育クラスの生徒	採択
Clark (1960)	イメージ技法	統制群を伴う非無作為化介入前後群間比較デザイン		矛盾した結果	144人の男子高校生	不採択
Corbin (1967a)	イメージ技法	RCT		イメージ技法＝統制群	120人の男子大学生	採択
Corbin (1967b)	イメージ技法	RCT		身体的練習＞イメージ技法＝統制群	30人の男子高校生	採択
Elko, Ostrow (1992)	イメージ技法単独，覚醒の調整単独	RCT	×	イメージ技法＞統制群，イメージ技法＝覚醒の調整，覚醒の調整＝統制群	60人の大学生	採択
Epstein (1980)	イメージ技法	RCT	×	イメージ技法＝統制群	45人の大学生	採択
Gould, Weinberg, Jackson (1980)	イメージ技法単独，覚醒の調整単独	RCT		覚醒の調整＞イメージ技法＝統制群	60人の大学生	採択
Hird, Landers, Thomas, Horan (1991)	イメージ技法	RCT		統制群＞イメージ技法	72人の大学生	採択
Isaac (1992)	イメージ技法	統制群を伴う非無作為化介入前後群間比較デザイン	×	イメージ技法＞統制群	78人のトランポリンの初心者から経験者	不採択
Minas (1978)	イメージ技法	RCT		イメージ技法＝統制群	32人の大学生	採択
Peynircioglu, Thompson, Tanielian (2000)	イメージ技法単独，覚醒の調整単独	統制群を伴う非無作為化介入前後群間比較デザイン		パフォーマンス指標：イメージ技法＞覚醒の調整＝統制群 強度指標：覚醒の調整＞イメージ技法＝統制群	120人の大学生	不採択
Powell (1973)	イメージ技法	統制群を伴わない介入前後群間比較デザイン		肯定的イメージ技法＞否定的イメージ技法	18人の大学院生	不採択
Rawlings, Rawlings, Chen, Yilk (1972)	イメージ技法	RCT	×	イメージ技法と身体的練習＝身体的練習＞統制群	24人の女子大学生	採択
Ryan, Simons (1981)	イメージ技法	RCT		身体的練習＞イメージ技法＝練習なし	39人の大学生	採択
Shick (1970)	イメージ技法	統制群を伴う非無作為化介入前後群間比較デザイン		サーブ：イメージ技法＞統制群 ボレー：イメージ技法＜統制群	10人の大学生	不採択
Short, Bruggeman, Engel, Marback, Wang, Willadsen, Short (2002)	イメージ技法	RCT	×	肯定的イメージ技法＞統制群，否定的イメージ技法＜統制群	83人の大学生	採択

研究	介入	研究デザイン	マニュアル	結果	対象者	採択 or 不採択
Start, Richardson (1964)	イメージ技法	統制群を伴わない非無作為化介入前後群間比較デザイン		運動課題では改善なし	32人の大学生	不採択
Van Gyn, Wenger, Gaul (1990)	イメージ技法	RCT		パワー：イメージ技法と身体的トレーニング＞身体的トレーニング＞統制群，スプリント：イメージ技法と身体的トレーニング＞統制群	40人の大学生	採択
Weinberg, Jackson, Seabourne (1985)	イメージ技法単独，覚醒の調整単独	RCT	×	イメージ技法＝特異的，覚醒の調整＝非特異的，覚醒の調整＞統制群	25人の男子大学生	採択
White, Ashton, Lewis (1979)	イメージ技法	RCT		イメージ技法と身体的練習＞イメージ技法＝身体的練習＞統制群	24人の大学生	採択
Wilkes, Summers (1984)	イメージ技法単独，覚醒の調整単独	RCT		覚醒の調整＞注意の焦点＝イメージ技法＝統制群	60人の大学生	採択
Woolfolk, Murphy, Gottesfeld, Aitken (1985)	イメージ技法	RCT		肯定的イメージ技法＝統制群，否定的イメージ技法＝パフォーマンスの低下	50人の男子大学生	採択
セルフトーク：競技							
研究	介入	研究デザイン	マニュアル	結果	対象者	採択 or 不採択
Barling, Bresgi (1982)	セルフトーク単独，覚醒の調整単独，セルフトークと覚醒の調整の組み合わせ	RCT		セルフトークと覚醒の調整＝セルフトーク＝覚醒の調整＝統制群	24人の大学生の水泳選手	採択
Howard, Reardon (1986)	セルフトーク単独，イメージ技法単独，組み合わせ（認知的催眠イメージ）	RCT	×	組み合わせ＞セルフトーク＝イメージ技法＝統制群	32人の男性ウェイトリフティング選手	採択
Johnson, Hrycaiko, Johnson, Halas (2004)	セルフトーク	比較対象を伴う多層ベースラインデザインを用いた事例研究	×	練習でのみ，3人の対象者のうち2人でパフォーマンスが向上	4人の青年期の女子サッカー選手	採択
Landin, Hebert (1999)	セルフトーク	比較対象を伴わない多層ベースラインデザインを用いた事例研究	×	一貫しない結果，一部肯定的な結果	5人の大学生のテニス選手	不採択
Maynard, Smith, Warwick-Evans (1995)	セルフトーク	統制群を伴う非無作為化介入前後群間比較デザイン		セルフトーク＝統制群	24人のセミプロサッカー選手	不採択
Ming, Martin (1996)	セルフトーク	比較対象を伴わない多層ベースラインデザインを用いた事例研究	×	介入方法をわずかに支持	4人の11～13歳のフィギュアスケート選手	不採択
Rodgers, Hall, Buckolz (1991)	セルフトーク単独，イメージ技法単独	RCT		イメージ技法＝セルフトーク＝統制群	40人の青年期のエリートフィギュアスケート選手	採択
セルフトーク：アナログ							
研究	介入	研究デザイン	マニュアル	結果	対象者	採択 or 不採択
Hatzigeorgiadis, Theodorakis, Zourbanos (2004)	セルフトーク（動機づけ），セルフトーク（教育）	RCT		セルフトーク（動機づけ）＞統制群，セルフトーク（教育）＞統制群	60人の水泳教室のボランティア	採択

表5-1 収集した実証研究の介入方法，対象，課題の要約（続き）

研究	介入	研究デザイン	マニュアル	結果	対象者	採択 or 不採択
Perkos, Theordorakis, Chroni (2002)	セルフトーク	重篤なデザイン上の問題を伴うRCT（群を担当するコーチが異なる）	×	セルフトークは3つのパフォーマンス指標のうち2つでパフォーマンスを改善	62人の青年期のバスケットボール初心者	不採択
Theodorakis, Chroni, Laparidis, Bebetsos, Douma (2001)	セルフトーク	RCT	×	セルフトーク（「リラックス」）＞セルフトーク（「早く」）＝統制群	60人の男子大学生	採択
Van Raalte, Brewer, Lewis, Linder, Wildman, Kozimor (1995)	セルフトーク	RCT	×	肯定的セルフトーク＞否定的セルフトーク＝統制群	60人の大学生	採択
Weinberg, Smith, Jackson, Gould (1984)	セルフトーク	RCT	×	肯定的セルフトーク＞統制群	130人の大学生	採択

覚醒の調整：競技

研究	介入	研究デザイン	マニュアル	結果	対象者	採択 or 不採択
Barling, Bresgi (1982)	セルフトーク単独，覚醒の調整単独，セルフトークと覚醒の調整の組み合わせ	RCT		セルフトークと覚醒の調整＝セルフトーク＝覚醒の調整＝統制群	24人の大学生の水泳選手	採択
Caudill, Weinberg, Jackson (1983)	覚醒の調整	群内デザイン		覚醒の調整＞統制群	16人の大学生のハードル走者と短距離走者	不採択
Maynard, Hemmings, Warwick-Evans (1995)	リラクセーション	RCT	×	リラクセーション＝統制群	17人のセミプロサッカー選手	採択
Weinberg, Seabourne, Jackson (1981)	リラクセーション単独，イメージ技法単独，組み合わせ（VMBR）	RCT	×	3つのパフォーマンス指標のうち1つで，VMBR＞イメージ技法＝リラクセーション＝統制群	32人の大学生の空手部メンバー	採択
Wrisberg, Anshel (1989)	覚醒の調整単独，イメージ技法単独，覚醒の調整とイメージ技法の組み合わせ	RCT		組み合わせ＞イメージ技法＝覚醒の調整＝統制群	40人の10～12歳の男性	採択

覚醒の調整：アナログ

研究	介入	研究デザイン	マニュアル	結果	対象者	採択 or 不採択
Elko, Ostrow (1992)	覚醒の調整単独，イメージ技法単独	RCT	×	イメージ技法＞統制群，イメージ技法＝覚醒の調整，覚醒の調整＝統制群	60人の大学生	採択
Gould, Weinberg, Jackson (1980)	覚醒の調整単独，イメージ技法単独	RCT		覚醒の調整＞イメージ技法＝統制群	60人の大学生	採択
Lee (1990)	覚醒の調整	統制群を伴う非無作為化介入前後群間比較デザイン		覚醒の調整＞統制群	52人の大学生	不採択
Peynircioglu, Thompson, Tanielian (2000)	覚醒の調整単独，イメージ技法単独	統制群を伴う非無作為化介入前後群間比較デザイン		パフォーマンス指標：イメージ技法＞覚醒の調整＝統制群　強度指標：覚醒の調整＞イメージ技法＝統制群	120人の大学生	不採択
Weinberg, Gould, Jackson (1981)	覚醒の調整	統制群を伴わない無作為化介入前後群間比較デザイン		群間に差なし	80人の大学生	不採択
Weinberg, Jackson, Seabourne (1985)	覚醒の調整単独，イメージ技法単独	RCT	×	イメージ技法＝特異的な予備的覚醒＝非特異的な予備的覚醒＞統制群	25人の男子大学生	採択

研 究	介 入	研究デザイン	マニュアル	結 果	対象者	採択 or 不採択
Whelan, Epkins, Meyers (1990)	覚醒の調整	RCT	×	パフォーマンス強度：覚醒の調整＞統制群，反応時間：覚醒の調整＝統制群	86人の大学生	採択
Wilkes, Summers (1984)	覚醒の調整単独，イメージ技法単独	RCT		覚醒の調整＞注意の焦点＝イメージ技法＝統制群	60人の大学生	採択

複数の要素：競技

研 究	介 入	研究デザイン	マニュアル	結 果	対象者	採択 or 不採択
Annesi (1998)	リラクセーションとセルフトークの組み合わせ	比較対象を伴わない多層ベースラインデザインを用いた事例研究		わずかなパフォーマンスの改善	3人の青年期のエリートテニス選手	不採択
Barling, Bresgi (1982)	セルフトーク単独，覚醒の調整単独，セルフトークと覚醒の調整の組み合わせ	RCT		セルフトークと覚醒の調整＝セルフトーク＝覚醒の調整＝統制群	24人の大学生の水泳選手	採択
Crocker, Alderman, Smith (1988)	リラクセーションとセルフトークの組み合わせ	統制群を伴う非無作為化介入前後群間比較デザイン	×	組み合わせ＞統制群	31人のエリートバレーボール選手	不採択
Davis (1991)	イメージ技法とセルフトーク，刺激制御の組み合わせ	比較対象を伴わない多層ベースラインデザインを用いない事例研究		4つのパフォーマンス指標の3つで，組み合わせはパフォーマンスを改善	1人の女子テニス選手	不採択
Daw, Burton (1994)	目標設定とイメージ技法，覚醒の調整の組み合わせ	統制群を伴う非無作為化介入前後群間比較デザイン	×	4つのパフォーマンス指標の1つで，組み合わせはパフォーマンスを改善	24人の大学生のテニス選手	不採択
De Witt (1980)	リラクセーションとイメージ技法，セルフトークの組み合わせ	RCT	×	組み合わせ＞統制群	12人の大学生のバスケットボール選手	採択
Gravel, Lemieux, Ladouceur (1980)	組み合わせ（VMBR）	RCT	×	スキーレースのタイム：VMBR＞プラセボ	12人のハイレベルな大学生のスキー選手（1群に6人）	採択
Hall, Erffmeyer (1983)	VMBRとモデリングの組み合わせ	統制群を伴わない無作為化介入前後群間比較デザイン	×	VMBRとモデリング＞VMBR単独	10人の習熟した大学生の女子バスケットボール選手	不採択
Holm, Beckwith, Ehde, Tinius (1996)	リラクセーションとイメージ技法，セルフトークとの組み合わせ	RCT	×	リラクセーションとイメージ技法，セルフトーク＝統制群	62人のサッカーチームと水泳チームの大学生	採択
Howard, Reardon (1986)	イメージ技法単独，セルフトーク単独，組み合わせ（認知的催眠イメージ）	RCT	×	組み合わせ＞セルフトーク＝イメージ技法＝統制群	32人の男性ウェイトリフティング選手	採択
Kendall, Hrycaiko, Martin, Kendall (1990)	イメージ技法とリラクセーション，セルフトークの組み合わせ	比較対象を伴わない多層ベースラインデザインを用いた事例研究		わずかな改善	4人のバスケットボールの大学代表選手	不採択
Kirschenbaum, Owens, O'Connor (1998)	セルフモニタリング，イメージ技法，刺激制御の組み合わせ	比較対象を伴わない多層ベースラインデザインを用いた事例研究	×	ゴルフスコアの改善	5人のゴルフ選手	不採択

表5-1 収集した実証研究の介入方法，対象，課題の要約（続き）
VMBR＝視覚運動行動リハーサル。

Lee, Hewitt (1987)	イメージ技法とリラクセーションの組み合わせ	統制群を伴う非無作為化介入前後群間比較デザイン		リラクセーションとタンクでのイメージ技法＞リラクセーションとマットでのイメージ技法＝統制群	36人の9～17歳の女性体操選手	不採択
Lerner, Ostrow, Yura, Etzel (1996)	イメージ技法単独，目標設定単独，目標設定とイメージ技法の組み合わせ	比較対象を伴わない多層ベースラインデザインを用いた事例研究		目標設定を支持，組み合わせに最小限の支持，イメージ技法に否定的な支持（否定的なイメージはパフォーマンスを低下させる）	12人の大学生の女性バスケットボール選手	不採択
Li-Wei, Qi-Wei, Orlick, Zitzelsberger (1992)	リラクセーションとイメージ技法との組み合わせ	統制群を伴う非無作為化介入前後群間比較デザイン	×	リラクセーションとイメージ技法＞ビデオ観察＞統制群	40人の7～10歳の男性の卓球選手	不採択
Lohr, Scogin (1998)	組み合わせ（VMBR）	統制群を伴う非無作為化介入前後群間比較デザイン	×	VMBR＞統制群	36人の大学生の7種類スポーツ選手	不採択
Madden, McGown (1988)	リラクセーションとイメージ技法の組み合わせ	RCT		リラクセーションとイメージ技法＝統制群	17人の女性のバレーボール選手	採択
Meyers, Schleser (1980)	リラクセーションとイメージ技法，セルフトークの組み合わせ	比較対象を伴わない多層ベースラインデザインを用いない事例研究	×	パフォーマンスの改善	1人の大学生のバスケットボール選手	不採択
Meyers, Schleser, Okwumabua (1982)	イメージ技法とリラクセーション，セルフトークの組み合わせ	比較対象を伴わない多層ベースラインデザインを用いた事例研究	×	介入は成功	2人の大学生のバスケットボール選手	不採択
Noel (1980)	組み合わせ（VMBR）	RCT	×	VMBR＝統制群	14人の大学生のテニス選手	採択
Palmer (1992)	セルフトークとイメージ技法の組み合わせ	統制群を伴う非無作為化介入前後群間比較デザイン	×	イメージ技法＞統制群	13人の競技フィギュアスケート選手	不採択
Pates, Cummings Maynard (2002)	リラクセーションと催眠誘導，催眠退行，トリガーコントロール，イメージ技法の組み合わせ	比較対象を伴わない多層ベースラインデザインを用いた事例研究	×	5人の対象者で介入直後に改善	5人の大学生のバスケットボール選手	不採択
Patrick, Hrycaiko (1998)	目標設定とリラクセーション，イメージ技法，セルフトークの組み合わせ	比較対象を伴う多層ベースラインデザインを用いた事例研究	×	3人の対象者のうち，2人でわずかな改善	3人の男性トライアスロン選手	採択
Prapavessis, Grove, McNair, Cable (1992)	リラクセーションとセルフトークの組み合わせ	比較対象を伴わない多層ベースラインデザインを用いた事例研究		パフォーマンスの改善	1人の男性ライフル射撃選手	不採択
Rogerson, Hrycaiko (2002)	リラクセーションとセルフトークの組み合わせ	比較対象を伴わない多層ベースラインデザインを用いた事例研究	×	わずかなパフォーマンスの改善	5人の男子ジュニアホッケーゴールキーパー	不採択
Savoy (1993)	イメージ技法と注意トレーニング，覚醒の調整の組み合わせ	比較対象を伴わない多層ベースラインデザインを用いた事例研究		試合でのパフォーマンスとコーチ評価の向上	1人の全米大学競技協会所属の女性バスケットボール選手	不採択
Thelwell, Greenlees (2001)	目標設定とリラクセーション，イメージ技法，セルフトークの組み合わせ	比較対象を伴わない多層ベースラインデザインを用いた事例研究		パフォーマンスの改善	5人のトライアスロン選手	不採択

研究	介入	研究デザイン	マニュアル	結果	対象者	採択 or 不採択
Thelwell, Maynard (2003)	目標設定と興奮の調整, イメージ技法, セルフトーク, 注意集中の組み合わせ	RCT		客観的パフォーマンスは有意な効果なし	16人のセミプロクリケット選手	採択
Wanlin, Hrycaiko, Martin, Mahon (1997)	目標設定とイメージ技法, セルフトークの組み合わせ	比較対象を伴う多層ベースラインデザインを用いた事例研究		目標設定に弱い治療効果	4人のエリートスケート選手	採択
Weinberg, Seabourne, Jackson (1981)	イメージ技法単独, リラクセーション単独, 組み合わせ (VMBR)	RCT	×	3つの指標のうち1つで, VMBR>イメージ技法=リラクセーション=統制群	32人の大学生の空手部メンバー	採択
Weinberg, Seabourne, Jackson (1982)	組み合わせ (VMBR)	統制群を伴わない非無作為化介入前後群間比較デザイン	×	VMBRの介入方法でパフォーマンス向上はみられなかった	32人の大学生の空手部メンバー	不採択
Wrisberg, Anshel (1989)	イメージ技法単独, 覚醒の調整単独, イメージ技法と覚醒の調整の組み合わせ	RCT		組み合わせ>イメージ技法=覚醒の調整=統制群	40人の10～12歳の少年	採択

複数の要素：アナログ

研究	介入	研究デザイン	マニュアル	結果	対象者	採択 or 不採択
Beauchamp, Halliwell, Fournier, Koestner (1996)	覚醒の調整とセルフトーク, イメージ技法, 注意集中, 目標設定, パフォーマンスルーティーン, エネルギー制御, セルフモニタリング, 身体的練習の組み合わせ	RCT		組み合わせ>統制群=身体的練習	65人の17～28歳の大学生	採択
Murphy, Woolfolk (1987)	イメージ技法とリラクセーション, セルフトークの組み合わせ	RCT	×	組み合わせ=統制群	61人の大学生	採択
Seabourne, Weinberg, Jackson, Suinn (1985)	組み合わせ (VMBR)	RCT	×	VMBR>プラセボ>非接触統制群	43人の大学生	採択
Straub (1989)	リラクセーションと目標設定, イメージ技法の組み合わせ	統制群を伴わない非無作為化介入前後群間比較デザイン	×	差なし	75人の大学生	不採択
Thelwell, Greenlees (2003)	目標設定とイメージ技法, リラクセーション, セルフトークの組み合わせ	比較対象を伴わない多層ベースラインデザインを用いた事例研究		4人の対象者のうち3人で改善	4人の娯楽としてジムのメンバー	不採択
Weinberg, Seabourne, Jackson (1987)	組み合わせ (VMBR) と覚醒の調整とイメージ技法の組み合わせ	RCT		VMBR>覚醒の調整とイメージ技法=統制群	42人の護身術教室の生徒	採択

表5-1 収集した実証研究の介入方法, 対象, 課題の要約 (続き)

第6章

パフォーマンス向上（PD）のためのマインドフルネス・アクセプタンス・コミットメント（MAC）

　前章では，変化を重視する従来の認知行動的方法に基づいた伝統的なパフォーマンス強化技法に関する実証的な裏づけがいかに疑わしいかを，最近行われた構造的な質的レビューが明らかにした（Moore, 2003b；Moore & Gardner, 2002, August；Moore & Gardner, 2005）。これらの知見があるにもかかわらず，思考，感情，身体感覚といった内的プロセスのセルフコントロールに焦点をあてた心理的スキルトレーニング（psychological skills training：PST）がアスレチック・パフォーマンスの強化を目指した介入の選択肢であり続けている（Van Raalte & Brewer, 2002）。

　しかしながら，最近では心理学の様々な分野において，変容に基づいた伝統的な認知行動的介入は，特定の領域やクライエントには限られた効果しかもたらさない可能性があることを示すエビデンスが増えつつある（Roemer & Orsillo, 2002；Segal et al., 2002）。物質乱用（Hayes et al., 1999），うつ病（Teasdale, Segal, & Williams, 1995），人間関係による苦悩（Cordova & Jacobson, 1993）といった広い領域にわたって，行動療法家は理論的にも実践的にもこれまでとは異なるアプローチの必要性を主張するようになっている。実際，理論家たちは認知や感情体験を直接コントロールするよりも，**アクセプタンス**［訳注：受容］をターゲットにした介入の有効性の実証的支持を示している。

　本章では，メタ認知とアクセプタンスに基づく理論，研究，実践について述べ，パフォーマンス強化に対するマインドフルネス・アクセプタンス・コミットメント（mindfulness-acceptance-commitment：MAC）アプローチがアスレチック・パフォーマンスにおける自己制御プロセスの理論的側面にどのように貢献できるかについて，丁寧に考察していく（Gardner & Moore, 2004a；Gardner et al., 2003, October；Gardner, Moore, & Wolanin, 2004, July）。このアプローチは，応用スポーツ心理学で普及している伝統的な心理的スキルトレーニングのアプローチとは，理論的な考え方や介入においてまったく異なる。MACアプローチは実証的に支持された臨床技法（Hayes et al., 1999；Segal et al., 2002）から採用され，アスリート向けに特別に開発されたものである。

心理的スキルトレーニングの歴史

　アスレチック・パフォーマンスを強化する取り組みは，歴史的には認知行動的介入（Meichenbaum, 1977）と社会的認知理論（Bandura, 1977）の初期のスキルトレーニングモデルに基づいていた。これらのスキルトレーニングによる介入は，目標設定，イメージリハーサルやメンタルリハーサル，覚醒の調整，セルフトーク，競技前のルーティンといった心理的（メンタル）スキルをアスリートが身につけるために使用されてきた。これらの手法は，自信，注意，感情，認知，身体状態といった内的プロセスのセルフコントロールによって，理想的なパフォーマンス状態をつくりだすことを目的としていた（Hardy et al., 1996）。

　数十年の間，PSTはパフォーマンス強化の主要なアプローチであり続けている。多くの著者が，伝統的なPSTは実証的支持の面で一致していなかったり不十分であることに言及しながらも，PSTについて論じ，支持している（Gould, Damarjian, & Greenleaf, 2002；Gould & Udry, 1994；Meyers et al., 1996；Weinberg,

1994；Weinberg, 2002；Williams & Leffingwell, 2002；Zaichkowsy & Baltzell, 2001）。

パフォーマンス強化のための代替アプローチ

　近年，様々な心理学の領域で，ネガティブな内的体験は必ず行動面でネガティブな結果をもたらすという前提が疑問視されるようになっている（Hayes et al., 1999）。現在では，望まない思考や感情を抑えようとすることは逆説的な結果を招くと考えられている。抑制によってメタ認知的スキャンが始動し，ネガティブな認知や望まない思考の兆候がないかどうかを積極的に探索し，検出するとそれに気づいてしまうからだ（Purdon, 1999；Wegner & Zanakos, 1994）。このスキャンする過程と，その結果としての認知的気づきが，トレーニングやパフォーマンス中のアスリートの目標とはかけ離れた過剰な自己注目，およびタスクとは関連しないことへの注目をもたらすと考えられている。スキャンは，メタ認知的で，タスクに関連することへの注意や目標志向的な行動を通してパフォーマンス強化を促進するのではなく，アスリートの認知活動や課題とは関係ないことへの注目を強めることで，パフォーマンスを悪化させる。Gould ら（Gould et al., 1992）は，質的研究を入念に調べた結果，タスクに関係ないことを考えること，競技で勝つための戦略計画を守らないこと，競技の戦略的選択をミスすることは，一流のアスリートにおけるパフォーマンスの低下と強く関連することを見出した。

　科学的な文献ではさらに，思考を抑制したり，ネガティブな思考パターンを制御しようとすることによって，実際には望まない認知活動が**増えてしまう**ことが示されている（Clark et al., 1991）。これらの知見は明らかに，ネガティブな認知を変えるためにセルフトーク技法を用いてはならないことを示している。さらに，これまで抑制していた思考が再び頭に浮かぶと，それに応じた感情状態や自律神経活動も増大することがわかっており（Wegner et al., 1990），これらはパフォーマンスの結果にネガティブな影響を及ぼす。「メンタルコントロールの皮肉プロセス」（Wegner & Zanakos, 1994）としても知られる思考抑制によるこれらの結果は，アスリートとともに行う私たちの研究にとって，とりわけ関連性が強い。

　アスレチック・パフォーマンスにおける自己制御を注意深く調べた結果，内的体験（思考，感情，身体状態）をコントロールしたり，変えたり，抑えることが実際には逆効果であることが理論的に示されるとしたら，私たちはどうしたらよいのだろうか？　人間のパ

このアスリートは，自己評価や身体の不快な感覚といった内的体験に注目するのではなく，タスクに関連する外的な手がかりや要求に注意を向けている。

フォーマンスの諸領域に関わる自己制御について説明している最近のモデル（Barlow, 2002）によれば，特にアスレチック・パフォーマンスの領域では（第2章参照），一貫してよいパフォーマンスを発揮するためには，外的な手がかりや選択肢，そして目の前のパフォーマンスタスクや価値を置いている長期的な目標に関わる随伴性へのメタ認知的な注意が必要であることが示されている。同時に，最適な自己制御ができているときには，自己判断，外的あるいは内的な脅威に対する注目，パフォーマンスの結果に関する心配（言い換えれば，脅威をスキャンすること）のいずれもが**最小限**になっている。

　前述したように，様々なパフォーマンス不安に関する研究で得られた実証的データ（Sbrocco & Barlow, 1996）によれば，最高のパフォーマンスを発揮するためには，タスクに関連した，今この瞬間に周囲で起きていることに注意資源を向ける必要があり，自己判断や脅威のスキャン，未来志向的な認知活動に注意を向けるべきではない。これらの発展を考慮すると，セルフトーク（認知や感情のプロセスを変えたりコントロールしたりするために行う），ポジティブイメージ技法（頭の中のイメージをコントロールするために行

う），覚醒の調整（身体の状態をコントロールするために行う）といった内的プロセスをコントロールしたり変えようとしたりする伝統的な PST 技法は，現在最高のパフォーマンスに必要だと考えられているタスクにメタ認知的に外的な注意を向けることとは矛盾する。強調しておきたいのは，ポジティブイメージ技法やセルフトークが，常にネガティブな思考やイメージを抑制しようとして行われるわけではないということである。しかしながら，通常はこれが主要な目的になっている。アクセプタンス・モデルによれば，経験がポジティブであるかネガティブであるかをラベルづけすることでさえ問題であり，それらを変えたりコントロールしようとすることはそれ以上に問題である。その代わり，あらゆる内的経験は自然に起きては消えていくもので，ラベルをつけたり，判断したり，管理したり，コントロールする必要はないことをアスリートが認識しやすくすることを目指すべきである。内的経験をコントロールしようとすることは，実際には内的経験に過度に注目してしまうことになりかねない。自己制御に関する最近の実証に基づいたモデルによれば，これこそまさに，非機能的なパフォーマンスに関連する活動に相当する（Barlow, 2002；Carver & Scheier, 1988；Gardner & Moore, 2003, August；Gardner & Moore, 2005a；Moore & Gardner, 2001, October）。

パフォーマンス強化を目指す伝統的な PST は，一般的に内的プロセスのコントロールを目標としているため，気づかないうちにタスクと関連しないことに注意を向けさせてしまう。その結果，自己制御の妨害を減らすよりむしろ，気づかないうちに**強めてしまう**。伝統的な PST とアスレチック・パフォーマンスの自己制御に必要なことの間にあるこうした理論的不一致は，なぜ PST の手法が効果的な介入として実証的支持を十分に得られていないかの説明に有用だろう。この不一致は，コントロールに基づく PST の基本的な前提が実際には間違っていることを示唆している。

さらに，スポーツ心理学の文献の中には，パフォーマンス強化のための伝統的な PST と実際の競技パフォーマンスを媒介する変容メカニズムについて評価したものがほとんどない。変容をもたらすメカニズムを直接的あるいは間接的に調べた数少ない研究では，伝統的な PST の前提を支持する結果は得られていない（Holm, Beckwith, Ehde, & Tinius, 1996）。

例えば，Holm ら（Holm et al., 1996）は，セルフトーク，イメージ技法，目標設定を含む PST の介入パッケージを大学生のアスリートに実施する研究を行った。性別，競技スキル，経験を釣り合わせた後，無作為に割り当てたウェイティングリスト統制群と比較した。その結果，プログラム後において，統制群に比べて介入群では競技不安が有意に低く，心理的スキルの継続使用頻度も非常に高かった。しかしながら，アスレチック・パフォーマンスについては，群間に有意差が**見られなかった**。よく統制され，計画されたこの研究は，パフォーマンス強化に必要と考えられる心理的スキルを教えることに成功し，その結果，パフォーマンス強化の主要な媒介変数であると考えられた競技不安が下がった。しかしながら，競技不安が下がった**にもかかわらず**，実際のパフォーマンスが有意に高まることはなかった。

同様に，大学生の競泳選手に目標設定を実施した研究（Burton, 1989b）や，セルフトーク，イメージ技法，目標設定といった複数の要素からなる PST の介入を大学生の競技テニス選手に実施した研究（Daw & Burton, 1994）では，不安の認知的側面は有意に減少し，自信も増加した**にもかかわらず**，パフォーマンスの改善は一貫性がなく最小限であった。Maynard ら（Maynard, Smith, & Warwick-Evans, 1995）は，セミプロのサッカー選手に対して，不安の認知的・身体的側面を減弱させ，競技パフォーマンスを高める（意思決定やスキルの実行）ために認知的技法（セルフトーク）を用いた結果，同じような結果が得られた。仮説通りに不安は弱まったが，実際の競技パフォーマンスは改善しなかった。Murphy & Woolfolk（1987）や Weinberg ら（Weinberg, Seabourne, & Jackson, 1981）も同様に，イメージ技法，リラクセーション，セルフトークに焦点をあてた PST 介入は，状態不安や特性不安をうまく弱めはするが，結果には一貫性がなく，実際のアスレチック・パフォーマンスの有意な改善にはいたらないことを示した。

これらの研究は全て，不安のような想定される媒介変数を減らし（それに応じたネガティブな考え方も減らす），自信のような想定した媒介変数を増大させることは，競技パフォーマンスの強化にはほとんど影響がないことを示唆している。これはすなわち，不安の減弱，自信の向上，ネガティブな考え方の減少といった，それ自体は有益であると考えられるものが，アスレチック・パフォーマンスの強化をターゲットにした介入の変容メカニズムとしては正しくなかった（あるいは必要ではなかった）ことを示唆している。

反対に，アクセプタンスに基づく最近の介入にしたがって，Crocker らは，パフォーマンスに**集中**し，今この瞬間に**注意を向け**，喚起された感情に**対処する**アスリートの能力を伸ばすためのコーピングスキルの実践と瞑想を含んだストレスマネジメントの介入を用いた（Crocker et al., 1988）。この研究では，競技不安は**減らず**，ネガティブな認知の変化も最小限であったが，パフォーマンスは有意に**改善**し，6 ヵ月後のフォ

ローアップにおいてもその改善は維持されていた。この研究は，内的な状態とアスレチック・パフォーマンスの関係にさらに疑問を投げかけており，研究者と実践家双方に関わる概念的な検討事項を挙げている。

質的な分析方法を用いた最近の研究では，D'Ursoらがベストパフォーマンスとワーストパフォーマンスを分ける心理的な違いとスキルに基づいた違いの影響を調べた。その結果，スキルに基づいた構成要素のみがパフォーマンスの違いに確実に関連することがわかった（D'Urso, Petrosso, & Robazza, 2002）。さらに彼らは，様々な認知状態と感情状態の促進的または抑制的な役割に関して，競技アスリートの個人内および個人間の違いを調べた。この論文の著者たちやそれと一致する最近のアクセプタンス理論によれば，「ポジティブ感情，ネガティブ感情はともに，意味づけのされ方と強さによって，促進的な効果をもたらすか，妨害的な影響をもたらすかが決まる（p.174）」ため，内的な状態がアスレチック・パフォーマンスに及ぼす影響の個人差は慎重に説明されるべきである。

メタ認知やアクセプタンスに基づく理論的立場は，伝統的なPSTの方法が基礎としている仮定に異議を唱えることで，D'Ursoらの実証的な知見を説明することができる。PSTの手続きは基本的に，ネガティブな感情状態や認知的活動を減らす一方で自信を高めれば，アスレチック・パフォーマンスに直接影響を及ぼしてパフォーマンスを高めることができると考えている。しかし，実証的なエビデンスは，これらの介入目標（不安やネガティブな認知を減らし，自信を高めること）がパフォーマンスを高めるために必要，不可欠，あるいは関連しているという主張を裏付けるものではない。事実，伝統的なPSTアプローチによって過剰な認知活動（コントロールしようとする活動，言語的な活動，自己注目）が生じ，こうした活動をコントロールするための無駄な努力を引き起こしてパフォーマンスに悪影響を与える可能性さえある。過度に認知的で，自己に注意を向けた処理は，これまでに身につけたアスレチック・スキルを（信用しながら）自動的に発揮し，文脈的手がかりに反応し，競技に必要な側面に注意を向けるアスリートの能力を妨害する可能性がある。

最近のエビデンスは，伝統的なPSTアプローチがコントロール手法に内在する特徴として，間接的に自己非難を高めてしまうのではないかと指摘している。特に完全性を求める競技アスリート（完全主義者）は，自分が認知的な処理を十分にコントロールできなかったからパフォーマンスが不十分であったと考えてしまわないだろうか？　これがさらなる（非機能的な）自己注目をもたらし，内的プロセスをコントロールしようとして脅威をスキャンしてしまうのではないだろうか？　これらの点については実証的に明らかにされていないため，理論的に検討する価値がある。

新たな理論的概念

変化に基づく伝統的なPSTアプローチが，アスレチック・パフォーマンス強化の点で実証的にも理論的にも限界があるということは，メタ認知的プロセスやアクセプタンス，自己制御に関する最近の理論や研究に基づいた革新的なアプローチを導入して利用する正当な理由となる。特に，急速に発展しているマインドフルネスとアクセプタンスに関する，行動変容を理論的に理解するためのアプローチは，パフォーマンス強化の取り組みと関係がある。これらの革新的なアプローチは，臨床応用における有用性を示す実証的支持がますます増え，仕事上の困難さを減らすこと（Bond & Bunce, 2000）や，大学生のソフトボール選手のアスレチック・パフォーマンス強化に暫定的に成功したこと（Little & Simpson, 2000）が示されている。後者の研究では，アクセプタンス＆コミットメント・セラピー（Hayes et al., 1996）と類似した介入が用いられており，アスリートは，自分自身やパフォーマンスに関するネガティブな思考はパフォーマンス困難の原因ではなく結果であるととらえるように促される。また，内的な出来事（思考や感情）は正常な反応で一時的なものであり，行為，選択，結果と本質的に，密接に結びついているわけではないと考えるように教えられる。この介入では，アスレチック競技における文脈手がかりと随伴性が重視された。この研究によって，競技でのアスレチック・パフォーマンスの強化において有望な結果が示された。しかしながら，この研究ではマインドフルネスの手法を追加して用いていなかった。

マインドフルネスやアクセプタンスに基づく介入では，内的な体験をコントロールしようとしたり減らしたりしようとするのではなく，今この瞬間における認知的，感情的，感覚的体験をマインドフルに，判断せずに気づき，受け入れられるようになることが重視される。内的な体験（思考，感情，感覚）は自然に生起し，存在することの正常な様相として来ては去るものである。アスレチック・パフォーマンスはこれらと同じ内的な現象を必要とする。包括的な理論的立場から見ると，人間の困難は，個人が内的な体験（思考，感情，自己評価と他者評価）をフュージョン［訳注：内的体験と現実を同一視すること］してしまい，内的プロセスがあたかも出来事の原因となり，行動の選択をもたらす絶対的な事実であるとみなしてしまうときに生じ

る。その結果，アスリートは自分にとって価値のあることにコミットした行動（一生懸命に練習したりトレーニングをすること，積極的に競争すること，戦略のプランを考えたり選択すること，セルフケアをすること）をとらずに，不快で受け入れられないと考える内的な体験を避けたりコントロールすることを選んでしまうことが多い（Hayes et al., 1996）。

Tice らによって最近行われた一連の研究（Tice, Bratslavsky, & Baumeister, 2001）は，マインドフルネスとアクセプタンス・アプローチの理論的基盤を説明し，重要な実証的支持を示している。これらの研究において，自分の感情（気分）が硬化して変えることができないと考えている人は，ネガティブな気分をすぐに和らげようとする行動を著しく減らすか，行動をとることさえしなかった。この研究では，対象者が気分を変える必要がないと考え出すようになると，太るおやつをあまり食べないようになり，満足することを遅らせることができるようになり，先延ばしする傾向が減少した。人はネガティブな感情を経験すると，すぐに気分をよくしたいという気持ちに屈して，感情をコントロールしようとする場当たり的な対処方略をとってしまうことが多い，と著者らは結論づけている。ほとんどの人がネガティブな気分をすぐに取り除くために短期的な効果をもたらす方略をとってしまい，遠い目標（例えばアスレチック競技で高い成績を残すこと）を追求するための長期的な自己制御をとらない。要するに，ネガティブな感情が強まると，（長期的ではあるが）個人が求めている本来の価値をなおざりにして，不快な感情や思考を減らしたりコントロールするためにすぐに反応してしまうのである（体験の回避として知られるプロセス）。しかしながら，感情は変えられるものではない，あるいは**変える必要がないもの**と考えるようになると，（短期的な感情調整のための）体験の回避は大きく減少し，目標志向的な自己制御行動が増大する。これらの結果はアクセプタンスに基づくアプローチの理論的基盤と完全に一致するものであり，応用スポーツ心理学の領域における有用性を強く示している。

コミットメントはアクセプタンスに基づくモデルにおいて特に重要な概念である。この文脈において**コミットメント**は，体験の回避や内的なルール（「私はそのような人のためにはプレーできない」）を維持させる行動ではなく，個人の価値の達成に向けた行動を遂行することを指している（Hayes et al., 1999）。全体的に，アクセプタンス・コミットメントの介入は，思考や感情を判断せずに受け入れることを促し，これらの内的な体験は文字通りの真実や現実ではなく，避ける必要はなく，すぐに減らしたりコントロールしたりする必要のないものだと主張している。事実，内的な体験（思考や感情）を揺るぎない真実としてとらえ，体験の回避をするようになると，一般的には効果的ではない行動を選択してしまう。繰り返しになるが，アクセプタンス・コミットメントのアプローチでは，内的な体験が，自然に生起し，人生を通して来ては去る一時的な出来事であると考えることや，これらの出来事を十分に体験するウィリングネスを高めること，選択した価値の達成に向けた行動を一貫してとるコミットメントを高めることを促す。

マインドフルネスはアクセプタンスやコミットメントと密接に関連している。今この瞬間への気づきを表すマインドフルネスは，東洋の哲学的伝統に由来するものであり，「ある特定の方法で物事に注意を向けること，すなわち，意図的に，今この瞬間に，価値判断することなしに，注意を向けること」と定義されている（Kabat-Zinn, 1994, p.4）。マインドフルネスは，慢性うつ病（Segal et al., 2002），境界性パーソナリティ障害（Linehan et al., 2001），ストレス（Kabat-Zinn, 1994），パニック障害（Miller, Fletcher, & Kabat-Zinn, 1995），全般性不安障害（Roemer & Orsillo, 2002）といった様々な問題に対する治療的介入の主要な構成要素である。

マインドフルネス技法は，外的な刺激や内的なプロセスを含む今の現実に判断を加えることなく，注意を向けることを重視している。意識にのぼった刺激に対して良い/悪い，正しい/間違っている，といった評価をせずに，ただ観察する。自己制御し，今この瞬間に注意を向けるこのスキルは，マインドフルネス・エクササイズを定期的に練習することによって培われる（Kabat-Zinn et al., 1992）。人間のパフォーマンスに関する自己制御モデルについて蓄積されてきたエビデンスによれば，最高のパフォーマンスを発揮するためには，今取り組んでいるタスクに対して，判断することなしに注意を向ける必要があることが示されている（Barlow, 2002；Gardner & Moore, 2004a；Gardner et al., 2005；Moore & Gardner, 2001, October；Wolanin, 2005）。このように，マインドフルネスはアスレチック・パフォーマンス強化に効果的な方法として理にかなった要素になりうる。

今この瞬間への注意を高めることに加えて，マインドフルネス技法は不安や心配の言語的な要素を効果的に減らすこともできる（Roemer & Orsillo, 2002）。Crews & Landers（1993）による研究は，高いパフォーマンスを示すアスリートは言語的な活動が少ないことを示しているため，パフォーマンス強化のための介入にマインドフルネス技法を含めることは特に適切であるように考えられる。また，マインドフルネス技法は

自己への気づき（Roemer & Orsillo, 2002）を高めたり，外的な手がかりへの習慣的な反応を特定することにも役立つことが示されている。自己への気づきが高まり，個人の反応傾向がわかってくると，当該の状況で要求されていることに対応する際に，常に新しい視点を得たり，行動の柔軟性を高めたりすることができる。伝統的なPSTにおける認知的な気づきは，過度な自己注目と，過去・現在・未来に関する判断と予測に関わる認知活動を高める可能性があるが，マインドフルネスは，今この瞬間の内的状態や外的手がかりへの気づきを重視している。この気づきが高まることによって，パフォーマンスの手がかりに注意を向けられるようになるとともに，競技における要求や結果として生じる内的体験が変動するときに，行動の柔軟性が高まる。

Klingerら（Klinger et al., 1981）による研究では，タスクに関連した，今この瞬間に注意を向けることと，それに関連した文脈的手がかりに対する注意の重要な役割が明確に説明されている。この研究では，大学生のバスケットボール選手が試合で失敗したり，競争によってプレイのレベルが上がると，注意の方向が試合に関連する外的手がかりから，自己判断的で未来志向型の予期的なものに変わった。当然ながら，この注意の方向の変化はアスレチック・パフォーマンスに悪影響を及ぼす。この注意のシフトは，勢いの変化，小さなスランプ，より長期的なパフォーマンス不調にも関連している。これらの知見は，注意の方向がタスクに関連した外的対象からタスクと関連しない内的プロセスに向いたときにパフォーマンス困難が生じるという点で，最近の自己制御モデルによるパフォーマンス不調の予測とも一致している（Barlow, 2002；Gardner & Moore, 2005a；Moore & Gardner, 2001, October）。

パフォーマンス強化のためのマインドフルネス・アクセプタンス・コミットメント（MAC）

パフォーマンス強化を目指すマインドフルネス・アクセプタンス・コミットメント（MAC）アプローチは，Hayesら（Hayes et al., 1999）によって開発されたアクセプタンス＆コミットメント・セラピー（acceptance and commitment therapy：ACT）とSegalら（Segal et al., 2002）によって開発されたマインドフルネス認知療法を統合し，状況に合わせて適合したものである。MACアプローチはルール支配行動（Hayes et al., 1999）に関する広範な研究も利用している。個人が外的環境の刺激に対してネガティブに反応し（熟練した対戦相手に対して不安を感じるなど），すぐにその刺激について考えると（「わたしはついていけない」など），その思考に対してネガティブな感情反応を喚起しやすいことをHayesらは示している。その後には，その感情反応あるいはその外的刺激が同様の思考を引き起こす。同様に，認知的・感情的反応が手がかり刺激になり，回避（外顕的なタスク非従事），または心配や集中力の低下（内潜的なタスク非従事）を招くことが多い。

私たちが望んでいないのは，アスリートが，自分の思考と情動がまるで実際の現実であるかのようにとらえて反応し，その見せかけの真実に基づいて行動してしまうことである。そうした行動は，ネガティブで不快な内的体験を回避したり逃げたりするために遂行されることが多い。例えば，自分より強い対戦相手に直面して不安が喚起されると，闘争心を失ったり，試合に出たくないと言ったりするかもしれない。このプロセスは「体験の回避」と呼ばれている（Hayes et al., 1996）。体験の回避は，その人が不快でネガティブな内的プロセスを避けようとする場合に様々な形で現れ，一瞬のうちに始動されうる。例えば，あるアスリートが練習の前に（競技に関連すること，あるいは関連しないことで）不安や怒り，フラストレーションを感じると，「ストレスが強すぎて練習できない」といった考えが浮かんで練習をやめてしまうかもしれない。この例における体験の回避は，情動に対する認知的反応（その人によって確立された個人のルール）が直接，回避行動を支配しているので，ルール支配行動に基づいているといえる。回避行動は，パフォーマンスを向上させたり，うまく競争したり，競技への参加を楽しむといった価値の目標と一致するものではない。

確かに，あらゆるスキルレベルのアスリートは，感情の即時的な満足を犠牲にしてでも長期的な目標に近づくことができるように，一貫して自分の行動を自己制御しなければならない。ルール支配行動と価値に向けた行動の違いはとりわけ重要である。MACアプローチの大きな特徴の1つは，最高の競技パフォーマンスに必要な競技（今この瞬間）に関する自己制御と，質の高い練習，高強度トレーニング，長期的なスキル向上に必要な個人の競技上の価値へのコミットメント両方を促進することである。

例えば，「私は彼のためにはプレーできない。彼は間抜けだ」や「自信がなかったのでやらなかった」といったコメントは，最も価値を置く環境の随伴性ではなく，内的なプロセス（認知的・感情的反応）を用いて行動を説明したり行動を起こすアスリートからよく聞かれる。最も価値を置く環境の随伴性には，スポーツに特異的な行動を文脈的に必要とする随伴性（できる

ときには試みること)や,パフォーマンスを高めるためにワークすること(質の高い練習),自分が取り組んでいるスポーツで競争を楽しむことなどが含まれる。

こうした環境では,アスリートは自分の思考が現実を表しているかのように反応してしまうことに気をつけてほしい(「私は彼のためにはプレーできない。彼は間抜けだ」や「自信がなかったのでやらなかった」)。そして,アスリートはフラストレーションや不安といった内的な体験を減らそうとしたり(体験の回避),個人の価値(最高のパフォーマンスをすること)を達成するようには振る舞わない。反対に,MACアプローチでは,内的体験を受け入れられるようにする一方で,状況を効果的に操ったり短期的かつ長期的な価値のある結果を達成するために必要とされる,適切な外的随伴性と行動反応に注意を向けることも促す。このようにMACアプローチは,スポーツ心理士がパフォーマンス強化と内的体験の制御に注目するだけではなく,効果的な問題解決,意思決定,競技アスリートとしての適切な練習行動といった実際的な検討事項を奨励すべきだ,というMurphy & Tammen (1998)の提言と一致している。MACアプローチには,練習や競技パフォーマンス中の自己制御が含まれるが,価値を明確にしたり,その価値を現実に達成させる行動をとることへのコミットメントを直接促す。したがって,MACはアスレチック・パフォーマンスの強化だけではなく,アスリートの意思決定,問題解決,日々のパフォーマンス向上や楽しみに関わる行動プロセスをもターゲットにしている。こうした検討事項にはトレーニング,練習,セルフケア,日々の考慮を必要とするその他多くのことが含まれている。

この議論によって,最高のアスレチック・パフォーマンスと関係する自己制御プロセスと,マインドフルネス・アクセプタンス・コミットメントの理論的根拠とのつながりが明らかになる。これらのつながりゆえに,マインドフルネス(Segal et al., 2002)とアクセプタンス&コミットメント・セラピー(Hayes et al., 1999)をパフォーマンス強化のためのMACアプローチに統合することができたのである。MACは,マインドフルに,判断せずに,今この瞬間に向ける注意(マインドフルネス)と,内的な体験を自然に生起するものとして受け入れ,内的体験と向き合い続けるウィリングネス,そして価値に向けた行動(コミットメント)をターゲットとした統合アプローチである。これらのスキルは,内的状態をセルフコントロールしようとする役に立たない努力や,非機能的で不十分なパフォーマンスに伴うことが多い行動制限の代替行動となることが意図されている(Gardner & Moore, 2005a;Moore & Gardner, 2001, October)。マインドフルネスとアク

内的なルールは無視しづらく,競技に集中しようとするアスリートの能力をそいでしまう。

セプタンス&コミットメント・セラピーを臨床適用した場合と同様に,MACの介入を受けたアスリートは,注意の気づきや,判断することなくタスクに関連したことに注意を向けること,および行動の柔軟性が高まることが示されている。さらに,これらのプロセスによって,練習やトレーニングの質,競技パフォーマンスが高まるとともに,競技での体験を楽しむことができるようになる。

MACの実証的研究の状況

MACの介入方法が開発され,3段階で実証的に検証されている。第1段階では,MACに関する一連の事例研究の評価と非対照試験が,最近,様々なスポーツにおける1部リーグ(ディビジョン1)に属する大学のアスリートと大学生より年長の一流アスリートを対象として実施された。第2段階では,1部リーグに属する大学のアスリートを対象として,MACプロトコルのオープンな[訳注:どの群に割り付けられたかわかっている]比較試験が行われた。現在進行中である第3段階では,MACアプローチの効果について,伝統的な心理的スキルトレーニングと比較した無作為化比較試験が実施されている。

介入プロトコル

MACアプローチの基本的な構成要素を以下に挙げる。1時間のセッションが8回で構成されている。

教育段階

教育段階では,この介入法を理解して協同的に参加したいアスリートのニーズに応える。この要素には,介入の理論的説明,自己制御の観点から見たアスレチック・パフォーマンス,アスリートのパフォーマンスに関する個人的体験,および思考,感情,身体感覚

などの内的体験を伝統的な自己制御法でコントロールしようとすることの矛盾などについてディスカッションを行うことが含まれている。MACプロトコルの教育段階では，パフォーマンス困難や障害に関わる外的出来事（早い段階で手がかりに気づくこと）や，内的体験（思考や情動）との関係性，そして後に続く行動の選択にアスリートが気づき始める。

マインドフルネスの段階

　マインドフルネスは最高のアスレチック・パフォーマンスを発揮するために重要な変数であると紹介され，マインドフルネスの手法によって，内的体験に対する気づき（マインドフルな気づき）が高まり，判断することなく今この瞬間に注意を向けられるようになると伝えられる。ただし，これらの手法を，不快で厄介な体験を避けるために用いることがないように特に注意しなければならない。なぜなら，そうすることは，人間の体験にとてもよく見られる体験の回避を別な形で行っているにすぎないからである。むしろ，マインドフルネスを適切に利用すれば，ネガティブな，あるいは苦痛な内的出来事にアスリートが気づき，そのままにして，判断や回避をせずにあるがままのそれを体験するのに役立つ。セッションでは，アスリートはマインドフルネス，注意トレーニング，場面における注意の分配エクササイズ（Wells, 2000）を学び，これらをセッション中や自宅，および練習中や試合中に練習する。さらに，アスリートは，内的体験を避ける，内的に不快な状態や行動の選択について反芻したり心配するといった典型的な習慣とこれらのスキルを対比させることもできるようになる。

価値の同定とコミットメントの段階

　この段階では，目標（結果の目的地）と価値（プロセスの旅）の違いについて探る。全般的な目的としては，個人の価値に役立つ効果的な行動を増やすことである。スポーツや他の生活上の重要な領域において，価値を置く方向を選択することについて集中的に話し合いを行う。その後，アスリートは，内的なルールと体験（ルール支配行動として知られる）を行為や行動の選択と切り離す認知的ディフュージョンを紹介される。アスリートはネガティブあるいは苦痛な内的状態にかかわらず，価値に基づいた目標に沿って行動できるようになる。

アクセプタンスの段階

　MACプロトコルの第4段階では，アスリートは自分の思考，感情，行動の関係について認識する能力をさらに高める。アスリートが自分の反応の傾向に気づき，思考，感情，行動の選択を自動的に関連づけてしまっていたものを分断できるようになるために，ルール支配行動については継続的に話し合う。特にアスレチック・パフォーマンスに関わるため，内的な言語と行動の関係について話し合う。認知的フュージョンについて詳しく分析し，思考や情動を行動や選択と結びつけない取り組みが続く。ネガティブな体験をコントロールすることとは対照的に，出来事やそれに関連する思考や情動を受け入れることに再び焦点があてられる。これら全ての概念と，アスレチック・パフォーマンスにおける自己制御やマインドフルネスについてこれまで話し合ってきたことを結びつける。

統合と練習の段階

　MACプロトコルの最終段階では，アスリートはマインドフルネス，アクセプタンス，コミットメントのスキルを，スポーツ場面だけではなく日常生活の中でも毎日取り入れながら統合し，強化して練習を行う。現実場面で体験する（練習や試合中）ことによって，アスリートはこの手法をさらに活用し，練習することができる。さらに，手法を使うときの問題が徹底的に対処され，外的要求や内的体験を扱うMACアプローチは継続的に練習され，強化され，形成されていく。最後に，これらの新しいスキルを，練習や試合と同様，運動競技に関わらない状況においても，継続して用いることに特に注意が払われる。

MACアプローチの事例

　以下に，MACプロトコルの基本要素がわかりやすい事例を紹介する。この事例では，女性選手がパフォーマンスを強化し，競技活動を楽しむことができるようになるためにスポーツ心理学のサービスを求めた場合をあげている。

事例研究：マスターズレベルの女性重量挙げ選手

　LDは37歳のマスターズレベルの女性重量挙げ選手であり，20代の頃には自身の階級で何度か世界チャンピオンになっている。過去3年間，マスターズの試合に再び参加し始めたが，ほとんど勝てなかった。ウェイトトレーニングは頭打ちになり，過去2シーズンでは進歩がなかったと彼女は報告した。包括的なアセスメントを行ったところ，LDにはパフォーマンス向上が期待できた。スポーツ心理学的多元分類システム（Multilevel Classification System for Sport Psychology：MCS-SP）では，彼女のケースはPD-II（performance development II）と分類された。

これらのアスリートはマインドフルネス・スキルを練習や試合の状況で用いることを学んでいる。

　LDは，トレーニングに一貫性がなく，集中できていないが，仕事や社会機能は良好で，かなりうまくいっていると述べた。MACプロトコルを始める前に，LDは20分ほど使っていくつかのアセスメント尺度に回答した。スポーツ不安尺度（Sport Anxiety Scale：SAS）(Smith, Smoll, & Schutz, 1990) の下位尺度である注意散漫のスコアは27であった。これは，競技中の注意にかなり問題があることを示していた。また，内的状態の回避とアクセプタンス，および価値に基づいた目標に向けて行動するウィリングネスの尺度であるアクセプタンス＆アクション質問紙（Acceptance and Action Questionnaire：AAQ)(Hayes et al., 1999) のスコアは77であった。他の自己報告式質問紙のデータは全て正常範囲内であった。介入目標は，競技パフォーマンスとともにトレーニング行動の集中と強度を高めることであった。MACの介入は，今この瞬間の体験に対する注意と，競技での成功という個人目標に沿ったトレーニング行動へのコミットメントを高めることに焦点をあてた。

　MACの介入は，MACとそれに関わる事柄に関する教育から始まった。この教育段階の後，プロトコルではマインドフルネス・スキルを練習して向上させることに焦点があてられた。これは，LDが練習中にタスクと関係ないことを考えている程度を認識するのに役立った。彼女は熱心にマインドフルネスの練習を行い，トレーニングをしているときに思考や情動を制限したりコントロールしようとするのではなく，受け入れるように取り組んだ。LDは運動競技に関わる個人的な価値について話し合うことが特に重要であることに気づいた。彼女はウェイトトレーニングへのコミットメントを評価し，彼女のアプローチがトレーニングを十分に行いたいという欲求を正確に反映していないと考えた。彼女はよりハードで，より効率的なトレーニングを開始し，楽しさが有意に増えたと報告した。介入終了時には，AAQスコアは43点にまで減少し，

体験の回避が減少するとともに，彼女が自身の価値を追求する中で生じる不快感に耐えるウィリングネスが高まったことを示していた。さらに，SASの下位尺度である注意の散漫スコアが12にまで減少し（十分に標準の範囲内），タスクに集中できるようになったことを示していた。

　行動的には，トレーニングの強度が劇的に増大したことが彼女から報告され（記録からもわかった），練習での重量挙げパフォーマンス（挙げられる重量の最大値と総量）も高まった。8週間のプロトコルの6週目が終わったところでは，彼女は最初の大会で3位になり，この階級になってからのベストパフォーマンスを発揮した。そして，彼女がマスターズレベルの競技を始めてからのベストパフォーマンスを15％も上回る重量を挙げた。

　個々の事例研究は介入効果について決定的なデータを提供するものではないが，初期の研究段階では，介入プロトコルを精緻化し，介入マニュアルを作り，後の比較試験で検証されるべき仮説を構築することができる。次節では，最近行われたMACアプローチの予備的研究をまとめてみよう（Gardner et al., 2003, October；Gardner et al., 2005；Wolanin, 2005）。

MAC プロトコルの予備的検討

　最近，ある研究がマインドフルネス・アクセプタンス・コミットメント（MAC）アプローチの効果について1部リーグに属する大学生アスリートを対象に調べた（Gardner et al., 2005；Wolanin, 2005）。フィールド・ホッケーとバレーボールの女性アスリート11名が8週間のMACプロトコルに参加し，同種目のアスリート7名で構成される統制群と比較された。MAC群の64％は2年生，18％が3年生，18％が1年生であった。統制群は57％が2年生，29％が4年生，14％が1年生であった。介入を始める前，実験群の各メンバーは，MCS-SPの半構造化面接（第3章と第4章を参照）を使ってMSC-SPにしたがって分類された。実験群の中で，6名（55％）はPD-Ⅱに，5名（45％）はPdy-Ⅱ（performance dysfunction Ⅱ）に分類された。PI (performance impairment) に分類された者はいなかった。パフォーマンスについては，この研究用に作成された質問紙を用いてコーチが評定した。この質問紙はアスレチック・パフォーマンスや関連するパフォーマンス変数を評価できるように作成されていた。なぜなら，アスレチックの統計指標（ポイントスコアのようなもの）はアスレチック・パフォーマンスを必ずしも正確に反映しないからである。全体的なパフォーマンスの評定（各アスリートの**現在の競技パフォーマンス**

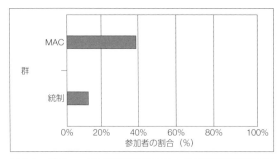

図 6.1 パフォーマンスの評定が増大した参加者の割合に基づいた MAC 群（$n = 11$）と統制群（$n = 7$）の比較

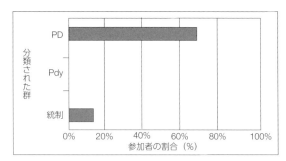

図 6.3 パフォーマンスの評定が増大した参加者の割合

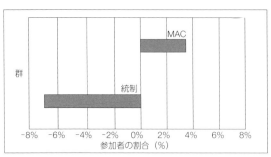

図 6.2 MAC 群（$n = 11$）と統制群（$n = 7$）におけるパフォーマンス評定の変化率の平均

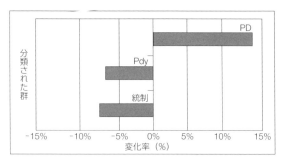

図 6.4 MAC PD 群，MAC Pdy 群，統制群におけるパフォーマンス評定の変化率の平均

に関するヘッドコーチによる評定）に加えて，評定尺度では集中力や積極性といった構成概念についても評価する。集中力や積極性は，注意や行動的なコミットメントが高まったことを外顕的に示すものと考えられているため，MAC 介入でターゲットとされるプロセスを反映すると理論化されている。特性不安の身体的側面と認知的側面を 21 項目の自己記入式質問紙で測定するスポーツ不安尺度（SAS）（Smith et al., 1990）も実施された。

ノンパラメトリック分析を行ったところ，MAC が準臨床的な問題のない，大学生アスリートのアスレチック・パフォーマンスを強化することを示す予備的な支持が得られた。さらにこのデータは，パフォーマンス強化を求める心理的に健康なアスリートに対して，MAC が新たな介入モデルになりうることを示している。

MAC の治療と統制群のパフォーマンス評定について最初に行った比較では，パフォーマンス評定の増大が見られたのが統制群では 14％であったのに対して，MAC 群では 37％であったことから（図 6.1）わずかな治療効果があるように思われた。しかし，介入の必要性（および MCS-SP サブタイプ）にかかわらず全てのアスリートをまとめると，MAC プロトコルは伝統的な PST の効果研究の大半（Moore, 2003b；Moore & Gardner, 2005）と同程度の効果しかもたらさず，パフォーマンス強化の介入は最小限の効果しかなかった。例えば，MAC の介入を受けた参加者は，パフォーマンス評定において 3.2％の増大にとどまっており（統制群ではパフォーマンス評定が平均 7％**減少**している），これは MAC が現実の場面に応用できる可能性は小さいことを示している（図 6.2）。この知見は，アスリートを同一集団として研究することの限界を示している。すなわち，パフォーマンス強化を求める全てのアスリートが単一の同質な集団ととらえられて均一な介入を受ける場合，パフォーマンス強化は最小限にとどまるのである。

一見したところでは，これらの結果は残念に見える。しかしながら，MAC の効果について介入前の MCS-SP 分類を考慮してみると，より大きな治療効果が見えてくる。特に，**最小限の心理的障害しか持たないアスリート**（PD-Ⅰ あるいは PD-Ⅱ に分類）のパフォーマンスにおいては，かなり大きく向上させることがデータからわかる。PD に分類された参加者の 67％にコーチ評定の改善が見られたのに対して，Pdy に分類された参加者では 0％であったという事実は，準臨床的な心配を**持たない**アスリートのパフォーマンス強化には MAC が効果的なプロトコルになりうることを示している（図 6.3）。したがって，競技アスリートを**異質な**集団として見ることによって，さもなければ隠れていた真の介入効果を検出することができる。

第6章　パフォーマンス向上(PD)のためのマインドフルネス・アクセプタンス・コミットメント(MAC)　　89

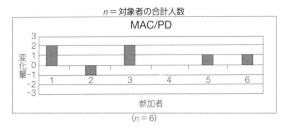

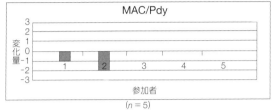

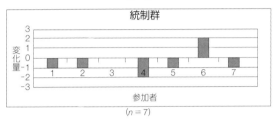

図 6.5 MAC PD 群（$n = 6$），MAC Pdy 群（$n = 5$），統制群（$n = 7$）における個人ごとのパフォーマンス評定の平均変化値の比較

　MAC 介入を受けた PD アスリートはパフォーマンス評定がおよそ 14％**増大していた**のに対し，Pdy アスリートと統制群はパフォーマンス評定がおよそ 7％**減少していた**。Pdy のパフォーマンス評定における減少は統制群と類似しており，およそ 6％の減少を示した（図 6.4）。真に重要な結果は，準臨床的な心理的苦痛（Pdy）を経験しているアスリートには，MAC の効果がほとんどなかったということである。図 6.5 は PD または Pdy に分類されているアスリートにおける MAC の効果の違いを図示している。これらの結果から，パフォーマンスに影響を及ぼしている心理的障害にさらに焦点をあてた臨床的な介入の方が，準臨床的なアスリートのパフォーマンスを強化できる可能性があると予測できる。これは，まず心配や完全主義といった背景となる特性あるいは問題となる特性をターゲットとし（Gardner & Moore, 2003, August；Gardner & Moore, 2005a），その後に初めて，行動的な自己制御を高めることに焦点をあてた介入によって可能であろう。また，Pdy に分類されたアスリートには，伝統的な認知行動療法も有効である可能性がある。この可能性はさらなる検証が必要な研究課題であるが，Wolanin（2005），Gardner ら（2005）の知見は，この可能性を支持している。特に，Pdy のアスリートは PD 群に比べて，体験の回避や心配の得点が高い（準臨床的）

傾向にある。これは第 2 章で述べたアスレチック・パフォーマンスの統合モデルの理論的基盤とも一致する知見である。これらの結果は，より臨床的な介入プロトコルによって，心配や反芻といった準臨床的な全般性の不安症状を示す Pdy のアスリートのパフォーマンスを強化できるかもしれないことを最初に示したものである。

　この研究は，パフォーマンス強化を求めるアスリートを同一集団とみなして介入しては**いけない**ことを最初に示した実証研究であるため，特に重要である。公式に調べたわけではないが，他のスポーツ心理士もかねてより，この基本的な考えを支持している（Meyers et al., 1996；Vealey, 1994a）。アスリートを異質な集団として見る必要があることは，研究場面と実践場面の双方において MCS–SP のような分類システムを実施することの理論的整合性も示している。第 5 章や第 14 章で示されているように，スポーツ心理学の文献の中で効果が思わしくなかった研究は，アスリートを同一集団と仮定してしまったことが一因であると考えられる。Wolanin（2005）と Gardner ら（Gardner et al., 2005）の結果は，対象者を MCS–SP によって分類すると，異なる治療効果が検出されることを示している。伝統的な心理的スキルトレーニングに関する先行研究の研究者たちが，介入前に分類システムを利用してアスリートが真に求めることを判断していたら，結果がどのようになっていたかは推測することしかできない。

　Wolanin（2005）と Gardner ら（Gardner et al., 2005）のもう 1 つ重要な知見は，パフォーマンスの評定が増大したアスリートにおいてさえ，MAC によって（SAS で測定されるように）不安が減弱したわけでは**ない**ということである。これは，予期される通り，MAC の介入によって，アスリートが不安の身体感覚を機能的なものとして解釈し，不安に関する手がかりに向ける注意が最小限になり，不安状態を受け入れることができることを示している。この知見は，人がその瞬間の身体感覚に気づきながらも，内的状態をコントロールするのではなく，目の前のタスクに集中することを示すアクセプタンスに基づいた研究と理論的に一致している。さらに，この知見は，不安の減弱が競技アスリートのパフォーマンス増大の真の変容メカニズムではない可能性を示す最近の研究（Cohen, Pargman, & Tenenbaum, 2003；Craft, Magyar, Becker, & Feltz, 2003；Maynard et al., 1995）とも一致している。

　Wolanin（2005）と Gardner ら（Gardner et al., 2005）の研究において変容メカニズムが詳細に分析され，パフォーマンス評定の増加は集中力（$r = .573$, $p < .05$, 両側検定）や積極性（$r = .634$, $p < .05$, 両側検定）の評定とかなり強く相関していることが示された。これ

らのデータは，MACプロトコルによってアスリートは内的状態ではなく，運動競技のタスクに関連する手がかりに集中することができるという理論的予測を支持している。さらに，積極性の評定が高まったことは，価値に基づいた目標とつながる行動や環境の手がかりと随伴性（MACプロトコルにもともと備わっている）に注意を向けることが，最高のパフォーマンスに必要である積極的な行動を高めることを示している。アクセプタンスに基づく理論と一致して，これらのデータは，最高のパフォーマンスを発揮するアスリートが，彼らの望んでいる結果に反する思考や情動ではなく，どのように振る舞いたいかということ（価値）に合致した行動（原因，随伴性，選択）に集中できていることを示している。

また，パフォーマンスの評定が増大した参加者は，思考，情動，および内的なプロセスがもたらしうる結果をコントロールできないことについてほとんど考えなくなった者であったことも結果が示している。この知見はMACの理論モデルとも一致している。そのモデルとは，思考や情動に気づき，それらは一時的な出来事であるととらえ，行動的な意思決定と分けて考えられる能力はパフォーマンスを高めるというものである（Gardner & Moore, 2004a）。これらの変容の媒介メカニズムに関するエビデンスは予備的なものであり，さらなる検討が必要であるが，このメカニズムが示唆することは刺激的である。MACに関するさらなる無作為化比較試験が，様々なスポーツにわたって，PDとPdyに分類された多くのアスリートを対象として現在実施されている。予備的ではあるが，今のところ，類似した結果が得られている。

まとめ

いかなる心理社会的介入であれ，それが応用心理学の中でエビデンスに基づく実践であるためには，臨床領域，カウンセリング領域，スポーツ領域にかかわらず，一貫して用いられなければならないとともに，実証的支持の認められた基準を満たし，検討対象となっているアウトカムに直接関わるプロセスを通して作用することが示されなければならない。これらの基本的な基準を満たしていない介入は，利用が促進され，普及していても，専門性が疑似科学にまで堕落することになり（Lilienfeld et al., 2003），これによって消費者には受け入れられなくなるとともにクライエントを危険に陥れる。特にスポーツ心理学においては，アスレチック・パフォーマンス強化のための伝統的な心理的スキルトレーニングについて最近発表された批判的レビューで，問題なことに実証的支持を欠いていることが示されている（Moore, 2003b；Moore & Gardner, 2005）。同様に，理論的にも実証的にも，伝統的な心理的スキルトレーニング（PST）が内的な心理プロセスとアスレチック・パフォーマンスの関係について想定している前提には疑問の余地がある。

長年にわたる研究と適用の後，アスレチック・パフォーマンス強化のための伝統的な自己制御（認知行動的）PSTアプローチは，実証的支持が限られており，疑わしい理論的背景に基づいているように見え，再考が必要である。最近，行動の機能を理解し，高めるためのメタ認知的なマインドフルネスやアクセプタンスのアプローチが臨床科学の分野で台頭し，人間の様々な行動や条件にわたって有望な実証的支持を示している。本章の目的は，これらの理にかなった概念化を統合したものに基づいて採用された介入の理論的背景を述べるとともに，アスレチック・パフォーマンスを強化するための新たなアプローチであるマインドフルネス・アクセプタンス・コミットメント（MAC）を概観することであった。私たちは，この比較的新しい理論と介入方略が非常に重要な実証的支持を得ていくと考えている。新しい介入の実証的支持を構築する作業は始まったばかりであるが，実践家にはぜひその検証に加わって，発展を追求してほしい。最後に，新たな理論的枠組みについて議論することでスポーツ心理士が刺激され，応用スポーツ心理学における伝統的なアプローチを超えて，アスレチック・パフォーマンスを強化するための，実証に基づく効果的な方法が開発されていくことを私たちは望んでいる。

第7章

パフォーマンス不調（Pdy）

　アスリートも，アスリートではない人と同じように個人的問題を抱え，様々なストレッサーに直面している。一般の人々と少なくとも同程度に，アスリートも背景となる特性や生活上の要求の影響を受ける。特に競技スポーツ界にいるアスリートには，ぶれることなく，専心し，最適な生産性を維持するために強力な要求が課される。トレーニングの負荷や身体のケガ，外部あるいは自身によるパフォーマンスの評価といった特有のプレッシャーが，家庭や学校，職場や友人関係などの生活上の問題と絡み合いながらアスリートに襲いかかる。

　第3章で紹介したパフォーマンス不調（performance dysfunction：Pdy）は，個人特性あるいは個人特性と外的要因との相互作用のいずれかによって生じる重大なパフォーマンスの不調を指す。外的要因とは，選手を取り巻く環境（例：指導者との衝突）や個人の体験（例：重要な人間関係の崩壊）などである。パフォーマンス不調は，アスリートの個人特性や外的要因への反応が準臨床的（準症状的）であることを明らかな特徴とする。これはアスリートに混乱が生じてはいるが臨床的な水準にはない，ということを意味する。しかし，完全に臨床的でなくとも，これらの特性や反応は一次治療として臨床的介入を必要とする。それにより，準臨床的な症状が改善し，（二次的な関心事である）パフォーマンスの改善も認められるようになる。

　臨床スポーツ心理士とのコンサルテーションは，アスリートが不満を漏らすことから始まることが多い。指導者との衝突を直接的に述べる者もいれば，不満の内容や動機の欠如，抱えている問題などを曖昧に述べる者もいる。（第3章と第4章で論じた）慎重なアセスメントを通じて，それらの不満の根底にパフォーマンス向上，パフォーマンス不調，パフォーマンス障害（臨床障害），あるいはパフォーマンス終結の問題があるのかどうかを明確にできよう。パフォーマンス向上（performance development：PD）とその介入については，すでに別の章で論じている。ここでは，スポーツ心理学的多元分類システム（Multilevel Classification System for Sport Psychology：MCS-SP）の2つ目の分類にあるPdyを取り上げる。概説すれば，一般にPdyアスリートはパフォーマンス強化を望んでおり，過去に一貫してより高い水準にあった者もいれば，期待通りの成果を上げられていない者もいる。PDアスリートと異なり，Pdyアスリートは特定可能な心理的障壁によって，アスレチック・パフォーマンスまたは生活機能全般が影響を受けている。こうした心理的障壁には，個人的，対人的，発達的および移行の問題などが含まれ，それらは一次治療として心理的介入を要する。自己制御アプローチが役に立つことはあるものの，問題が軽減したり解消したりするまでは，心理的介入がパフォーマンス強化に先立ち実施される。

　思い出していただけるだろうが，Pdyは2つのサブタイプに分類される。1つ目のPdy-Ⅰは，発達的，一過的，対人的あるいは外因的なライフイベントがきっかけで心理的反応が生じ，結果としてアスレチック・パフォーマンスが不調に陥るものである。Pdy-Ⅰは，主として外的要因に，二次的に外的要因と個人特性との相互作用に基づいている。2つ目のサブタイプであるPdy-Ⅱは，主に内的ないしは個人的な特性に基づき，外的要因の影響は二次的である。こうした内因性心理的要因には，厳格な基準（極端な完全主義），過度な失敗恐怖，不合理な承認希求，フラストレーションへの非耐性といった中核となる認知的スキーマ（永続的な行動特性）が含まれる。概してパフォーマンスの手がかりや競争的な環境がこうした内因性要因を刺激することで，アスレチック・パフォーマンスが不調に陥る。

　アセスメントによりどちらのPdyであるかを分類した後に臨床スポーツ心理士が最初に行うのは，パフォーマンスに関する問題と個人変数との関係を明らかにし，実証に基づく介入計画を立てることである。ここでのパフォーマンス問題とは心理的問題であり，たいていはより深刻な精神疾患と同様に複雑なもので

ある点に留意する必要がある。

アスリートが心理学に基づいたパフォーマンス上の懸念に対して支援を求めにくるときは，たとえ臨床スポーツ心理士が最終的にパフォーマンス上の懸念は二次的なものだと判断していたとしても，競技パフォーマンスに関する問題が動機である可能性が高い（Bond, 2001）。この状況での臨床スポーツ心理士の目標は，アスリートにとって大きな気がかりであるパフォーマンス不調と内的・外的要因との関係をアスリートに説明することである。支援を求めるアスリートは，介入の論拠を理解（して同意）するのが一般的で，実践家が彼らの競技や生活上の問題を理解するために時間を費やしていると知ると満足する。

上記の観点は，アスリートの抱える問題を体よく臨床的なものあるいはパフォーマンスに関するものに分類されると決めてかかる応用スポーツ心理学で一般的な，二値的なとらえ方とは異なる（第1章，第3章および第4章にて既述）。既述したように，二分法的に問題を分けてしまうと，極端に単純化され，現状の専門的な実践ではほとんど役に立たない。残念ながら実践家はしばしば，診断可能な心理的疾患を抱えるアスリートだけが，克服すべき明確な心理的障壁を抱えるものだと思い込んでいる。こうした傾向から，他のパフォーマンスに関する現象はいずれも心理的スキルと直接的に関係しており，疾患を有しないアスリートはメンタルスキルを向上させることで恩恵を受けられると思われがちである。

アスリートのニーズやそれに基づく介入に関する私たちの概念的理解は，こうした傾向に抗うものである。私たちは，主してアスリートが競技の世界で進歩を果たそうとする一個人であると認識している。それぞれのアスリートが，時折競技特有の問題にもがき，また内因性の状態や外因性の現実とも向き合いながら成長しているのである。それゆえ，専門的な支援を求めているアスリートは，複雑かつ強力なプレッシャーのかかる環境に身を投じている個人であり，全体的なアセスメントと介入を通じて，スポーツ界とより広範な生活環境の両者で機能性が高められることを理解する必要がある。

準臨床的な問題やパフォーマンス不調（Pdy）を抱えるアスリートへの介入は，単にパフォーマンス強化を求めるアスリートへのそれとは幾分異なる。アスリートにとってパフォーマンス改善は大いなる喜びではあるものの，Pdy介入においてそれは二次的な産物である。一般には，Pdyアスリートの内因性および外因性の準臨床的問題を最小化することが，結果としてパフォーマンスの改善に結びつくのである。

準臨床的（あるいは準症状的）とは，アスリートについて論じるうえでどのような意味を持つのであろうか？　スポーツ心理学の文献では，しばしば準臨床的問題を心理的障壁として扱っている（Giges, 2000）。それらは，具体的な臨床障害としては分類されていないものの，個人内の要因や外的事象に対する個人的反応に起因するものとして位置づけている。こうした問題は，たいていが伝統的な心理的スキルトレーニングの手順とは異なる心理的介入を必要とする。Pdy事例への介入の場合，伝統的には心理カウンセリングや心理療法の利用が考えられる。これらの介入により，準臨床的問題が改善し，結果的にパフォーマンスの改善も見られる。Pdyアスリートは，（問題行動を矯正する介入として位置づけられた）心理療法を**必要とする**ような明確な問題を抱えていないという点で非常に興味深い立場にある。それにもかかわらず，個人的な障壁に対してより効果的に対応するための行動方略を発達させるにあたり，心理カウンセリングの**恩恵を得られる**のである。こうしてみると，心理カウンセリングはパフォーマンス強化のための方略ともいえる。

スポーツ心理学者の中には，アスリートの最初の訴えにおいて準臨床的問題が明らかでない場合や，主訴の強さが臨床診断や治療を行うほどではない場合は，伝統的な心理的スキルトレーニングを施すのが適当だと考える者が多い。しかし，パフォーマンス強化に向けた伝統的な自己制御アプローチの効果に関する実証的知見は不十分であるか不確かであるのに（第5章参照），パフォーマンスに関するものか臨床的なものかの厳密な区分が難しいクライエントの実在する複雑なニーズを考慮しないままに，しばしばこれら伝統的なアプローチが施されている。スポーツ心理士は以前よりこのことに気づいており，多くのアスリートが当初はパフォーマンスに関する懸案事項の解決のためにスポーツ心理学の支援を求めるものの，すぐに個人的問題や生活様式の管理が介入の焦点であることが判明することを報告している（Bond, 2001；Meyers et al., 1996；Bauman, 2000, October）。心理的スキルを頻繁に用いるアスリートでさえ，スポーツや日常生活における最適な機能を阻害する準臨床的な問題や特性要因を抱えている。それゆえ，本書に記された枠組みの中で実践しているスポーツ心理士は，アスリートを最初の訴えの段階で決めつけることはせず，全体像がわかるまでは心理的スキルトレーニングの実施を控えるべきである。

背景要因

パフォーマンス不調を正しく理解するには，第2章で取り上げた認知スキーマに立ち戻る必要がある。ア

第 7 章 パフォーマンス不調（Pdy） 93

パフォーマンスが阻害されることに対するこのアスリートの反応は，彼女の学習歴によって大部分が規定され，そのことが自己評価やパフォーマンス期待の根源となる。

オペレーティングシステムになる。

　アスリートのパフォーマンスに関する個人的意味や重要性は，アスリートが自身の競争的な世界に対して行う評価や解釈，反応などを組織化するシステムの形成に役立つ。アスリートは，既存のテンプレート（認知的スキーマ）を用いてパフォーマンスの成功や失敗，指導者との衝突などを解釈し，かつては適応的であった行動パターン（随伴性で形成された行動）に従って反応する。幼少期には適応的であったかもしれない行動パターンも，成人期にはあまり適応的でなくなったり，ときには機能不全に陥ったりする。ある男性アスリートの例を挙げよう。彼は幼い頃に，家庭において基本的なことができたとき，あるいは学校や遊び場で優れた成績を収めたときでさえ，両親から無視されたりどなりつけられたりすることを学んだ。こうして彼は，容易に学習できない困難な課題を回避する傾向を幼少期に身に着けたのである。彼はまた，他者からの否定的な反応を引き起こすような状況を修正したり逃避したりできるよう，周囲の反応を慎重に評価するようになった。この行動パターンにより彼は，自分の生活において重要な大人を満足させ，自らのネガティブ感情をコントロールすることができた。また，重要な他者との必要な関係性を維持することもできた。この行動パターンは，彼の幼少期の環境の現実を考えると，より快適な生活をもたらす適応的なものであった。しかしながら，成人期においてはこの（失敗や著しく厳しい基準に基づく）スキーマが，挑戦を避け，困難に直面するとすぐ諦め，過剰なまでに平穏を求め，有益（だがときにネガティブ）なフィードバックに対して極端な反応を示すなどの行動パターンを生じさせるのである。

　第 2 章で取り上げたように，内的ルールシステム（認知的スキーマ）は傾向として自己永続的で変えようとしても変えがたい。幼少期に発達し，幼少期に体験した出来事のパターンに基づいており，個人の自己概念や対人関係や，個人の世界観や期待の核を形づくる。この世界観は多くの領域に広がり，パフォーマンスに関する欲求や期待，基準などの発達につながる。スキーマとその結果としてのコーピングスタイルは，個人の世界と競技パフォーマンス状況やライフイベントに対する解釈や見方，反応の仕方を組織化する特性的機能として観察されるようになる。アスリートによっては，こうしたスキーマの有効性を維持するために環境刺激をしばしば歪曲し（Young et al., 2003），自身の世界観に関するルールや期待に一致する点にのみ焦点を当てる「選択的不注意」に陥ってしまうことがあるかもしれない。その結果，かつてそのスキーマを発達させた出来事にはなんら似たところのない多様な

スリートは，他の全ての人がそうであるよう，環境刺激への同化や適応のテンプレートとして役立ち，自身の成育歴に基づく背景となる特性を有している。あらゆる個人が，外界との相互作用を繰り返すことで，自己および自己と外界との関係の認知表象としての自己と他者のメンタルスキーマの相互作用パターン（内的ルール体系）を発達させる（Safran & Segal., 1990）。こうしてつくりあげられた認知スキーマや特徴的な行動パターンは，外界を理解し感情反応をコントロールする基礎となる。体験の回避といった反応パターンがしばしば生じるが，このような行動反応は自己破壊的になりうる。これらの反応パターンは，心理的自己防衛のためのものではあるが（例えば，恐れている状況の回避），しばしばより機能的な行動（例えば，目標志向的な競技関連行動）を犠牲にする。こうした行動パターンは一般的に幼少期に発達するが，成人期では同じように自己防衛的に機能しないのが通常である。当初は環境に対して適応的な反応であったかもしれないが，年月を経る中で自然発生的な随伴性により強化され，自らが意図しない形で不適切に汎化する。（生活上の随伴性に繰り返し曝露することで学習されることから）随伴性形成行動と呼ばれるこうした行動パターンが，認知スキーマ（非言語性ルール）を形成するのである。このようにして学習された行動パターンは，個人が外界に対して有機的に反応するための根幹をなす

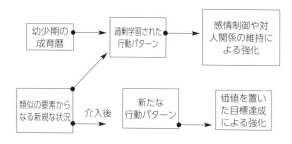

図7-1 新たな行動パターンの学習に向けた刺激弁別トレーニング

状況に対しても，同じような反応を示しがちになるのであろう。

　個人がある状況に対する反応を，わずかに類似した他の状況にも一般化するプロセスが刺激般化である。たとえごくささやかな点でも，かつての状況と似ていると知覚したものには反応しやすいという点で，刺激汎化は重要なプロセスである。このプロセスが認知スキーマを刺激することで，過剰学習された行動パターンが生じる（図7.1）。逆に言えば，現在の状況と以前の状況とを差別化する要素には，注目も反応もしないであろう（刺激弁別）。多くの点において，こうした特性的な問題への介入は刺激弁別トレーニングであり，介入により外的事象（誘発刺激）の微妙な差異の見分け方を学習することで，反応の選択肢は増えていく。刺激弁別トレーニングを通じて，非機能的な行動につながったかつての状況と，わずかに類似した現在の状況とを識別する能力は養われていく。高圧的な親を持つアスリートの例では，心理的介入を通じて指導者のフィードバックにきわめて不十分な反応しかできない理由を理解すると同時に，父親と指導者とを区別できるようになると思われる。加えて彼は，（おそらく幼少期に学習したであろう）失敗の知覚に伴うネガティブ感情を避けたいという欲求が現在，競技での成功に向けてのコミットメントを阻害していることを学習するものと思われる。彼は介入を通じて，自身の思考が必ずしも現実的でないことに気づくとともに（幼少期に学習した歴史の現れにすぎない），自身の行動を感情状態のコントロールに向けるのではなく，大切な目標の達成に向けられるようになるだろう。

　第2章にあるスキーマの一覧から特に競技に関連するものに目を通せば，読者はそれぞれの内容に合致したアスリートを思い浮かべることができるだろう。なぜなら，これらのスキーマは重要な心理的問題に直面したアスリートにのみ存在するわけではなく，あらゆる人々に備わるものだからである。再度確認すべきは，スキーマが問題ではないということである。問題は，単一の出来事あるいは連続した出来事により誘発されたスキーマにより，適応的な機能が阻害されるときに生じるのである。本章ではこの先，臨床スポーツ心理士が遭遇するパフォーマンス不調の典型を取り上げる。

パフォーマンス不調Ⅰ（Pdy-Ⅰ）

　Pdy-Ⅰに共通するのは，生活役割葛藤，役割変化への対応（移行），組織的適合の欠如，問題を抱えた対人関係，および死別や喪失，急性ストレス反応といった進行性および一過性の出来事である。以下，それぞれについて論じる。

生活役割葛藤

　競技とは関係のないところで生じたストレッサーが，競技場面でのストレスを引き起こしたり能力を低減させたりすることがある。逆もまた然りで，競争競技におけるストレスやプレッシャーが，他の生活領域に悪影響を及ぼしうる。スポーツが生活役割への適応にもたらす影響や，逆に生活役割葛藤がアスレチック・パフォーマンスに及ぼす影響は，臨床スポーツ心理学の実践にとって重要である（Murphy, 1995）。生活役割葛藤は，アスリートの競技への集中を妨げ，認知的および感情的な阻害因となり，意欲を減退させる。

　私たちは人として，自身の認知的スキーマを毎日の生活にも当てはめている。全ての人がそうであるように，アスリートは彼ら特有の経験に基づく生活役割上のストレッサーに多かれ少なかれ脆弱である。依存的あるいは脆弱なスキーマを持つアスリートは，一人暮らしや初めて家を出ていくことに対して反応しやすい一方，不信感が強いあるいは自棄的なスキーマを持つアスリートは，人間関係のもつれや崩壊に対し，強い反応を示しがちである。生活役割ストレスに対して同じ反応を示す者はいないので，臨床スポーツ心理士にはアスリートがライフイベントをスキーマを使ってどう解釈するかに基づいて正しく評価することが求められる。

　典型的な生活役割葛藤には，家族，人間関係，夫婦，学校や職場に関連したストレスなどが含まれる。しばしば，これらのストレッサーそのものというよりも，これらが競技のプレッシャーや競争的なパフォーマンスと相互に関連することで，生活役割葛藤が生じる。アスリートは特に，競争によるプレッシャーと仕事や学校，家族などに内在するプレッシャーとが結びついて自身のコーピング資源を脅かす場合，たとえその人がきわめて調和のとれた人であったとしても生活役割葛藤に対して脆弱になる。生活役割葛藤がいかに問題

になるかは，状況要因，特性要因，準備の状態，同様の状況に対する過去経験，支援体制の有無などにより決まる。

　介入は，個人のそれまでの経験，深刻さ，(日常生活または競技のどちらかにおける) 機能の損傷，および認知スキーマの強度によって様々であるが，臨床スポーツ心理士は直近の葛藤に取り組む解決志向型のアプローチから着手し，その後，残存する心理的症状に対する介入を実施するのが一般に最良とされる。そして，必要性があり，アスリートが望む場合には，特性行動パターンに対するより長期的な介入を実施することになる。家族，交友，夫婦カウンセリングも有用であり，また個人に焦点をあてた実証的に支持された対人関係療法 (interpersonal psychotherapy：IPT) (Klerman & Weissman, 1993) や短期の認知療法 (cognitive therapy：CT) (Beck, 1976) なども，役割葛藤を改善する上で必要になることもある。

　役割に関する葛藤は，生活上のパートナーやルームメイト，親密な友人などとの間で生じ，他者に対する過剰な期待や解決不能な (語られたものも語られていないものも) 対人問題などを含む (Gillies, 2001)。これらの問題はしばしば，問題解決に必要な自己主張スキルの欠如や社会的な自発性の欠如とその結果としての孤独感であったり，(建設的な思考を伴う) 対人間の問題解決スキルの欠如などといった，対人スキルの欠如により引き起こされる。

　役割葛藤に対する短期介入は，自身の現在の生活役割，(行動的あるいは認知的) 役割葛藤への独自の貢献，現在の葛藤を改善するのに必要な選択や行動などを，アスリートにはっきりと理解させることに重点を置いている。この介入は，効果を最適化するために系統的に実施しなければならない。アスリートとの強固な作業同盟を築いた後，現状の外的および内的要因の理解や，肯定的な結果へと導くための積極的な行動反応やストレッサーに対する問題解決アプローチの獲得に焦点をあて，アスリートに対して自然な強化を行うことが必要である。

　生活役割におけるトラブルを経験しているアスリートに共通に認められのが，程度の様々な怒りや不安，抑うつなどの体験である。生活役割葛藤は，おそらく **DSM-IV-TR** の適応障害の基準に合致するものの，短期ではあるが目標型のカウンセリングを行うのが典型である。こうした葛藤は多くの場合，基本的な支援型カウンセリング (場合によってはまったく介入しない) で軽減するものの，すぐに悪化してしまい，大うつ病などの臨床的障害へいたってしまうこともある (次章で扱う)。生活役割葛藤は，(しばしば気分変調性障害と呼ばれる) 慢性的に軽度の抑うつを抱えた個人によく認められる。こうしたクライエントは特徴として，ソーシャルスキルが欠如し，能力を必要とするような世界は自分を無力とみなし，他者の行為や意図に対して誤った解釈をする傾向がある (McCullough, 2000)。このような人は，生活役割葛藤に対しより強い反応を示しがちで，本格的な介入を行う前に気分変調性障害の可能性がないか，アセスメントする必要がある。気分変調性障害を抱えた個人は，慢性的に不快な状態にあることに慣れてしまっているため，(抑うつが悪化しない限り) 自らを抑うつ的であると認識しない。楽しさや愉快さを伴うはずの活動 (例えば運動など) に従事した際にも，喜びや幸福などの体験をほとんど報告しない。気分変調性障害は，次章でも取り上げる。

役割変化への対応

　役割変化は，生活やスポーツに関するストレッサーが緩急様々に人の機能に影響を及ぼし，日常における社会的交換や強化の有り様も変化させるときに生じる (Wheeler, Christensen, & Jacobson, 2001)。役割の移行は，結婚，対人関係の崩壊，あるいは初めて家を出て家族の支援なしに生活することなどと同じくらい複雑になりうる。アスリートにとって最も問題となる生活役割変化とは，例えばチームスポーツなら正選手から控え選手に回されること，個人スポーツならトップチャレンジャーから群衆の1人になること，あるいは組織からの新たな要求など，たいていは競技における個人的な役割が変化することである。こうした変化は，加齢，ケガ，トレード，転校，指導者の交代など，様々な要因が関係する。状況の変化と特性要因 (スキーマ) とが絡み合うことで，個人に良くも悪くも変化が生じる。

　臨床スポーツ心理士は，いくつかの方法を通じてアスリートの役割変化に対する強い反応にはたらきかけることができる。1つ目は，引退や大学卒業などの回避不能な状況に対しては，ライフスキルの獲得や現実的な将来設計など，先を見通した教育を提供することである (Danish et al., 1995；Murphy, 1995)。2つ目は，アスリートにとっては押しつぶされそうに見えるが，実際は人生の移行期に見られる当然の反応を支えて正常化することである。3つ目は，病的な感情や行動反応を示し，(競争競技を含む) 1つ以上の主たる生活領域において適応機能が低下している場合に，臨床的介入あるいはカウンセリングによる介入を行うことである。解決志向型介入は役割葛藤に適用されるものと同様で，クライエントが抱える問題に助言を与えて修正すること，役割変化を適切に解釈すること，個人的価値を追求するのに必要な適応行動を維持するこ

と，そして，後に可能な限りスキーマを変化させることに焦点をあてている（Young et al., 2003）。ここでの**個人的価値**とは，正確に言うと，達成目標を叶えることとは対照的な人生行路を指す。

役割変化に対応するアスリートは，共感や支持，ノーマライゼーションなど，基本的なカウンセリングスキルとの相性が良いことが多い。しかしながら，役割変化に対するアスリート特有の解釈（特定の移行状況に対する個人的意味を含む）が感情反応を悪化させて（Beck, 1976），変化に対して効果的に対処するための必要な見通しが持てなくなってしまうことがある。臨床スポーツ心理士は，変化した生活環境に関する出来事や必要なことを客観的および現実的に観察することで，アスリートの移行における適応を支援することができる。この種の問題に遭遇しやすいアスリートは，移行により感情が強められるため，解決志向型の行動よりも即座の感情制御に焦点化した行動をとりやすくなる。感情焦点型行動により状況が悪化し，アスリートの最終目標は妨げられる。こうした状況下では，介入を通じてアスリートが個人的価値を見失うことなくそれに専心するようにするとともに，感情や苦痛の増加は一時的で予想可能で耐えられるものであると理解させる必要がある（Hayes et al., 1999）。

組織的適合の欠如

アスリートが抱える問題が常に内的であるわけではない。プロフェッショナルチームやオリンピックチーム，大学やクラブなど，組織における問題がパフォーマンス不調をもたらすこともある。競技環境や組織の特徴が変わりつつあったり挑戦的であったりすると，パフォーマンス不調は頂点に達する。第2章で示したアスレチック・パフォーマンスの機能と機能不全に関するモデル（アスレチック・パフォーマンスの統合モデル〔IMAP〕）によれば，最適なパフォーマンスのためにはアスリートは準備局面において自身のスキルや能力を個人の背景要因や外的要因（外的なパフォーマンス要求や組織の現状などを含む）と統合しなければならない。非現実的な競技要求や不完全な指導，非機能的な対人関係によりこの自己制御プロセスの第一段階（準備局面）が阻害され，パフォーマンス不調に陥ることがしばしばある。

このような状況に対する臨床スポーツ心理士の最初の取組みは，労働状況またはアスリートの（特性的な認知スキーマや行動パターンなどの）心理的力動，あるいはその両者がどの程度原因となってパフォーマンスに関する問題が生じているのかを正確にアセスメントすることである。実践家は，教育やトレーニングを受けていない，対応できない，あるいはアスリートの競技環境の変化を促すことができなくとも，パフォーマンス不調につながる要因をできる限りアセスメントするよう努めなければならない。そうすることで，実践家はアスリートとともに，問題を受け入れてより効果的に問題解決にあたることができ（目標促進行動的な選択肢に一致した感情的受容ができ），必要だと思われる際には（移行，新たな個人指導者，移籍の要求などの）問題となる状況からアスリート自身を遠ざける方法も検討できる。アスリートがパフォーマンスに関する問題を外的要因によるものだと主張しても，臨床スポーツ心理士は外的要因が主要因であると性急に結論づけるべきでなく，第三者的視点を維持しなければならない。この客観的であらゆる可能性のある説明を視野に入れた視点に立つことで，競技や組織の特有の環境に問題があるのか，それともアスリートの反応や調整不足，あるいは無理のない組織の要求への適応に問題があるのかなどを明らかにしやすくなるだろう。

このような状況下では（そしてあらゆるコンサルティングの役割において），臨床スポーツ心理士が組織に対してその歴史や使命，文化などを全面的に理解したコンサルティング関係をつくりあげることが非常に有益である。このような関係は，**インターナル・コンサルタント・プロフェッショナル・ロール**と呼ばれる（Gardner, 1995）。この役割により，実践家は組織のシステムを促してシステム自体とアスリート個人の両者に利をもたらすことが可能となる（Gardner, 1995, 2001）。しかしながら，このような専門的役割はほとんど存在しない。この役割が生じれば，役割はゆっくりと発展していくが，決して無理に大きくしてはならない。そして，この役割が生じたとしても，臨床スポーツ心理士は契約した職務記述書の内容と自身の専門的適格性の範囲に留まるべきである。補足すれば，インターナル・コンサルタント・ロールは，組織の変化が可能かつ適切に行われ，そのような変化に管理側が開かれている場合にのみ実現されるであろう。第12章で論じるよう，臨床スポーツ心理士には，アスリートや組織の支援のために組織変化をもたらすにあたっては，倫理問題を注意深く検討しなければならない。あらゆる組織への介入において，適格性，契約状況，守秘義務および組織とアスリートの両者に関する最大利益を考慮しなければならない。実践家はさらに，実際のクライエントが誰であるのか，すなわちアスリートかより大きな組織のシステムなのかについて，より慎重に考える必要がある。事前の同意や承諾，そしてスポーツ心理士としての契約が，この問いに対する一般的な回答である。

有効な対人関係の構築や維持に伴う問題は，練習への不参加，動機づけの喪失，孤立，チームメイトやコーチとの不和を引き起こすおそれがある。

問題をはらんだ対人関係

　問題をはらんだ対人関係は，競技領域において最も不安定で破壊的な問題を発生させ，個人とチームの両方のパフォーマンスを損なわせてしまう。対人関係の問題は，タスクへの集中力の低下や動機づけの阻害，認知的および感情的な活動の増加やトレーニングへのコミットメントの減退などを通して，個人のパフォーマンス不調をもたらす。これらのネガティブな結果は，アスリート個人に加えて小グループ，あるいはチーム全体にまで影響を及ぼすおそれがある。問題をはらんだ対人関係は恋愛関係が破綻したときのように一時的に強くなるものもあれば，激しく口論して長期に渡り対人関係がぎくしゃくしている場合のように慢性的で周期的なものもある。

　しばしば，対人関係の問題に起因した感情反応が（突然引き起こされたり想定される葛藤以上に）不釣合なほど破壊的になり，個人が非機能的な対人関係パターンから脱け出せなくなるようになる。状況によっては，こうした問題が公のものとなり，友人や家族，スタッフやチームメイトなど，当初は関係のなかった人々にまで影響が及ぶようになる。問題をはらんだ対人関係は，権威のある人に対する特徴的な非機能的反応パターン（本章で後述），対人スキルの欠如（コミュニケーションスキルや葛藤解決スキルなどを含む），指導者やチームメイト，あるいは友人（恋人を含む）との個々の対人力動などに起因することが多い。こうした問題をはらんだ関係は，激しく急性のものもあれば，より軽微で慢性的なものもある。しかしながら，問題をはらんだ対人関係はいずれもアスリートの注意を逸らして精神的疲弊をもたらしがちで，チーム全体に影響を及ぼしうる。

　臨床スポーツ心理士は，個人あるいは集団（チーム）への介入に先立ち，背景要因と状況的要求とを注意深く評価する必要がある。求められる介入は，単純なコミュニケーション・トレーニングや葛藤マネジメントであることが多い。他方，問題解決スキルとより認知的なアプローチとを統合した介入が選択される場合もある。（問題解決スキルの向上を含む）認知的介入は，必要となるスポーツ関連の選択や行動に焦点をあて続けると同時に，正確な対人関係の解釈を促進し，より肯定的な関係の構築を導くような行為の獲得と強化も重視する。こうしたの介入は，チームの複数のメンバーあるいはチーム全体を対象に実施されることが多い。臨床スポーツ心理士は，対人関係の問題がより大規模なチームのシステムに与える影響を理解するとともに，そうしたチームは傾向として密な関係が築かれた閉じたシステムにあるため，1人のメンバーの問題のある対人関係行動を変化させることで他のメンバーにも容易に影響が及ぶことを理解する必要がある。

他の進行性および一過性の出来事

　上述した様々な問題に加えて，他の進行性および一過性の出来事がアスリートにとって障壁となることがある。具体的には，死別や喪失および急性ストレス反応である。

死別と喪失

　全ての人が人生の一部として，知人や愛する者の死に直面しなければならない。アスリートだからといってこの現実に免疫があるわけでなく，予期された喪失にも予想外の喪失にも対応を迫られる。親の死の場合のように，そうした喪失は現実的なものであることもあれば，ケガによるキャリアの終結（第10章で取り上げる）のように象徴的なものになることもある。喪失感はまた，長期に渡る関係が崩壊したときや，生活の状態や様式が大きく変わるときにも生じる。

　ライフイベントに対して生じるあらゆる反応と同様に，アスリートの背景となる特性，利用可能な支援体制および特徴的なコーピング行動などが，感情の強度，生活全般および特定のパフォーマンスの衝撃，そして最終的には喪失への適応に影響を及ぼす。Kubler-Ross（1969）は，死に対する個人の反応は，線形あるいは非線形のどちらであっても，識別可能な一連の段階をたどると論じている。この段階は，拒否，怒り，取引，抑うつ，そして最終的に受容からなる。

　死別や喪失に対して最も多い反応は，気分やエネルギー，専心の変容を伴いうる標準的な悲嘆である。悲嘆は相対的に長引くことはなく，たいてい数週間が経過すれば，感情的および行動的な状態は出来事以前の水準に戻る。こうした状況下で臨床スポーツ心理士に

できるのは，悲嘆の過程が正常に落ち着くような支援や共感的カウンセリングを提供することであろう。

しかしながら，時として個人の特性要因（一般的に解決不能な対人関係の問題や幼い頃の学習歴などが関係している）が影響して，悲嘆が標準的な過程をたどらず持続してしまう場合がある。こうなると，たいていは標準的な悲嘆反応が遮断され，自ら悲嘆過程を進めることを拒んだり，心理的要因が障害となって悲嘆を終えられなかったりする。悲嘆反応が増大した場合には，完全に成功裏に悲嘆過程を終えるために治療的介入が必要となる。こうした状況下における実証に基づく介入が，解決不能な悲嘆の終結に焦点をあてた対人関係心理療法（interpersonal psychotherapy：IPT）(Klerman & Weissman, 1993) である。

急性ストレス反応

DSM-Ⅳ-TR（APA, 2000）により急性ストレス障害（acute stress disorder：ASD）と名づけられた急性ストレス反応に関するデータは多くないが，多くの人が多様な外傷体験に対する短期間で高強度の反応を経験する。私たちはASDがパフォーマンスや日常生活での時限的な望まない結果を伴う短期間の反応であることから，これをパフォーマンス不調に分類している。ASDの苦しさや持続の程度は，重篤な臨床障害に及ぶものではなく，深刻なパフォーマンス障害にいたることはない。ASDの影響は，外傷を負った本人のみならず，チームメイトにも同様に及ぶことがある。

ASDの本質的特徴は，外傷体験から1カ月以内に発生する不安や無感覚，あるいは他の心理的症状である。自動車事故や性的暴行（またはチームメイトの性的暴行被害）などが，急性ストレス反応の多くの誘因の一例である。ASDを発症すると，外傷体験を（夢やフラッシュバックにより）再体験したり，関連する状況や刺激を回避したり，日常の機能が明らかに減退したりする他，例えばスポーツ参加といった特定領域の機能の衰えも見られるようになる。急性ストレス反応は，2日程度で収まる場合もあれば，4週間程度かかる場合もある。短期間ではあるが激しい反応が生じることもあり，個人とチームメイトの双方に影響を及ぼす。直接的あるいは身近な人を通して代理的に外傷体験を経験した者の多くは，急性反応を慢性化（4週間以上持続）させてしまう可能性があり，深刻な心理的問題である心的外傷後ストレス障害（posttraumatic stress disorder：PTSD）を発症しうる（第8章で論じる）。

急性ストレス障害を発症する者は，不安や無感覚に加え，自暴自棄や絶望をも経験する。他者と悲惨な外傷体験に直面し，その人が大変な結果を迎えることとなった場合などは（例えば，自動車事故に遭遇し，友人は死んだが自分は生き残った），十分な助けができなかったことや自分が相対的に傷つかずにいたことに対する罪悪感に打ちのめされる。急性ストレスに曝されている人はしばしば，ネガティブな結果に対して，合理的に当然と思われる以上に自身に責任があると考える。急性ストレス反応でよく見られる特徴として，衝動やリスク選択，基本的な健康や安全の軽視などが挙げられ，これらは特に青少年や若年成人でよく見られる。アスリートというものは，たいてい若くて健康状態が良いので，強靭さや全能さを感じていることが多く，自分自身のあるいはチームメイトの外傷体験（直接目の前で生じたものでない場合でさえも）に強く影響を受ける可能性がある。急性ストレス反応が個人に加えてより多くのチームメイトに影響する背景には，競技スポーツチームに固有かつ勝利に不可欠とされる自然な結びつきがある。ASDのリスクは，以前に外傷体験を負い心理的問題が先在している場合は当然のことながら高まり，期間や重篤さ，出来事への近さなどがASDの最たる予測因とされる。

残念なことに現状では，ASDに関して実証的に支持された治療法が存在しない。緊急事態ストレスデブリーフィング（critical incident stress debriefing：CISD）が，ASDとPTSDの両者に有効であるとの見解があるが（Kirk & Madden, 2003；Rank & Gentry, 2003），CISDの比較試験によれば結論は逆とされ，さらにはCISDはネガティブな反応を引き起こしてPTSD症状を悪化させることさえ示唆されている（Lilienfeld et al., 2003；Litz, Gray, Bryant, & Adler, 2002）。CISD（オンラインデブリーフィングとしても知られる）の目的は，外傷体験後すぐに（最初の3日以内）1セッションからなるデブリーフィングセッションを実施して，PTSDの潜在的な悪化を最小化することである。報告によると，CISDは非効果的で有害な効果をもたらす可能性があるだけでなく，犠牲者のPTSD症状が全体に悪化し，抑うつや不安，全般的な精神病理などがCISDを施されていない場合よりも有意に長引くという（Bisson, Jenkins, Alexander, & Bannister, 1997；Mayou, Ehlers, & Hobbs, 2000）。

急性ストレス障害に関する実証的に支持された治療法は確立されておらず，CISDが明らかに禁忌であることから，ここでは入手可能なデータをもとに，いくつかの提案を試みる。ASDは，相対的には標準的で反応の予想もつくため，治療的支援を提供したり，社会的支援の獲得を促したり，できる限り日常業務に取り組み続けさせたりするのが良いと思われる。実践家が正式な介入が必要と思うのなら，エクスポージャーもしくは不安マネジメント法を伴うエクスポージャーを利用した5セッションからなる介入（外傷体験から2

週間以内に行うこと）により，PTSD悪化の可能性を低下させられるだろう（Bryant, Sackville, Dang, Moulds, & Guthrie, 1999）。臨床スポーツ心理士は，選択した介入方略にかかわらず，アスリートの反応を綿密に観察しなければならない。万一，症状が強まって慢性化し，PTSDにつながるおそれがあるようなら，アスリートの反応をよく観察しながら認知処理療法（cognitive processing therapy：CPT）（Resick & Calhoun, 2001）を用いた介入を行う必要がある。CPTは，今のところPTSDに関して最も実証的に支持された治療法であるが，この点については第8章で詳述する。

パフォーマンス不調Ⅰ（Pdy-Ⅰ）の問題に関するまとめ

Pdy-Ⅰに共通の問題
主たる外的要因の例

- 生活役割葛藤
- 役割変化や移行への対応
- 組織的適合の欠如
- 困難な対人関係
- 他の一過性の出来事
  - 死別や喪失
  - 急性ストレス反応

パフォーマンス不調Ⅱ（Pdy-Ⅱ）

ここからはPdy-Ⅱによく見られる問題に目を向ける。典型的には，回避および過少関与のパターンと過剰関与のパターンなどが挙げられる。以下，それぞれを取り上げる。

回避および過少関与

体験の回避は，否定的な思考や感情を避けることと定義されている（Hayes et al., 1996）。第2章で取り上げたよう，回避型のコーピングスタイルはパフォーマンス不調と頻繁に関連する。このスタイルは，おそらく特性的か，さもなければ成功に向けてより適応的に努力する中で失敗を繰り返すことにより形成されると考えられる。さらに，不調を何度も経験することでネガティブな結果を予期する傾向が強まり，それが回避行動に負の強化として作用することで，この特徴的なスタイルが形成される。アスリートは（あらゆる人々と同じで），行動から良い結果が得られる限りタスクに従事し，当然のごとく良い結果が得られると信じている。一方で，思わしくない結果が続いたり，それが予想されたりする場合には，従事することを放棄してしまいがちである。パフォーマンス不調が続くと，アスリートは顕在的または非顕在的に課題を回避したり放棄したりしがちになる。

体験の回避は，高レベルのネガティブな感情を体験している人にとって，短期的に感情制御する手段となることが，私たちが考えるパフォーマンス不調の概念には含まれている。このことはまた，行動障害に関する最近の研究でも支持されている（Hayes et al., 1996）。この種の感情制御は，（例えば，パフォーマンスに関する）長期に渡る価値を置いている目標を達成させるものではないものの，速やかに感情を減弱させることから，それ自体は強く（負に）強化される。例えば，指導者との間に問題を抱えているため練習中にネガティブ感情を体験しているアスリートは，対人的葛藤を避けるために練習に参加しなくなるかもしれない。そうすることでアスリートのネガティブ感情は減少するがゆえに，回避行動は負に強化されることになる。しかしながら，体験の回避はアスリートをその瞬間は心地よくさせるものの，（例えば，スポーツでの成功といった）価値を置いている目標の妨げとなってしまう。この強化パターンは多くの場合，しっかりと学習され，様々な文脈で用いられる。他の生活領域で体験の回避が身につき，競技環境で汎化したり，状況要因に基づいた競技環境で特化したりする可能性もある。

体験の回避には多くの型があるため，臨床スポーツ心理士はパフォーマンス中に生じる行動の機能分析を通じて，その実態を慎重に評価しなければならない（第6章で取り上げたアクセプタンス＆アクション質問紙〔AAQ〕も非常に有用である）。例えば，トレーニングが不十分でスタッフのはたらきかけに対する反応が弱いアスリートは，回避行動に陥っている可能性がある。実際，説明としては動機づけの欠如が明らかに思われるが，この問題行動はより遠くの（長期的な）競技目標に向けたコミットメントの欠落をも同じくらい確かに反映すると思われる。回避行動が競技目標に有益でないことは明らかであるが，短期的にネガティブな思考や感情を減少させることがアスリートにとって効果的かどうかについては，不明な部分も多い。研究によれば，回避行動の短期的恩恵は強く強化されるがゆえに，回避行動への動機づけも強められるという（Tice et al., 2001）。この種の回避行動は主だったコーピングスタイルとして支配的となり，あからさまに，もしくはよりわかりにくい形で出現すると考えられる。

回避型のコーピング方略は，多くのパフォーマンス・スキーマが行動的に顕在化したものである。回避方略は，競技目標におけるアスリートの過少関与につながり，能力や経歴から想定されるレベルまで活躍さ

せなくする可能性がある。過少関与の中心的問題は，自身がなすべき競技役割に専心できなくなることで自身の可能性を引き出せなくなったり，あるいは競技要求と典型的なパフォーマンス要求との間に深刻な溝が生じたりすることである。過少関与は非定期的な間隔で周期的に認められるが，ときに持続して，非常に特性的なものになる場合もある。過少関与には概して，以下の4つの型が見られる。

1. 権威や必要なトレーニングへの抵抗
2. 先延ばし
3. 一時的なパフォーマンス不調（スランプ）
4. 成功や失敗への恐れ

これらは，以前に見られた様々な認知スキーマが誘発される場合に頻発する。スポーツ領域では，回避型の問題に関わるスキーマ（随伴性形成行動に関連したルールシステム）について正式に研究がなされておらず，競技スポーツと他の領域とで回避型の問題が異なるのかは不明である。この点に留意しながら，過少関与の4つの型について議論したいと思う。

権威や必要なトレーニングへの抵抗

この行動パターンは，権利あるいは低いフラストレーション耐性に関するスキーマによって生じることが最も多い。これらのスキーマを有することで，しばしば怒りやすくなり，フラストレーションに耐えられなくなる。フラストレーションに反応して回避行動が働き出し，不満（フラストレーション）を取り除いてより快適な感情状態をつくりあげようとする。こうしたアスリートが経験する怒りは権威者（スタッフ）に向けられ，自己規律や組織基準の順守が求められる場合に引き起こされることが多い。しばしばこのようなアスリートはスタッフやチームメイトを常にいらいらさせ，チームメイトやスタッフは，彼らをチームの環境に合わせてそれらに従わせたり，他人と同じルールを受け入れさせたりするのが困難だと思う。そのため，チームメイトやスタッフとの衝突が周期的に繰り返されうる。同様の問題は，非競技場面（家庭や学校など）でもよく見られる。極端な場合，これらの行動的特徴はパーソナリティ障害や物質使用障害，怒り障害や家庭内暴力などの中核的要素になる（第9章で論じる）。筆者らの経験では，こうした行動的特徴は，特に過度に管理的もしくは寛容なスタイルの指導者がきっかけで引き起こされ，どちらのスタイルもアスリートの持つ対人的特徴と相互作用しながら，アスリートのパーソナリティの非適応的側面を誘発する。

特性的基盤に状況要因が重なって生じた問題は，アスレチック・パフォーマンスの準備局面で問題のある反応をもたらすことで，いともたやすくパフォーマンス不調を生じさせる（第2章で既述）。この局面ではまず，競技環境に固有の外的なパフォーマンス要求もしくは特定スタッフの行動的（あるいは権威的）スタイルによって，アスリートのスキーマが誘発される。誘発されたスキーマにより，上述した感情反応や関連する行動が増加し，不適応的なコーピング行動がスキーマが誘発されると生じる感情を制御しようとするが，それにより価値を置いている目標が達成されることはほとんどない。これが，非専門家の目には明らかに自己破壊的で理解不能な行動として映る理由である。

こうした特有のパフォーマンス不調への介入は複雑である。第一に，伝統的なスポーツ心理学の文献（Burton et al., 2001）に頻出するような標準的な目標設定を利用しても，その目標設定が動機づけや自己制御として用いられているなら解決にいたらない可能性が高い。加えて，セルフトーク（Williams & Leffingwell, 2002）や試合前のルーティン（Hardy et al., 1996）も，限られた実証的知見（Moore, 2003b；Moore & Gardner, 2005）や理論的な適合さに欠けることから同様にうまくいかないだろう。こうしたアスリートにとっての問題は，動機づけや否定的なセルフトーク，あるいは単なる行動的な自己制御ではなく，（認知および感情に関する）不快な内的経験からの過剰に学習された回避なのである。いかなる介入努力も，学習性回避を不適応的な形の感情制御として用いていることをターゲットにするべきである。アスリートが苦痛を受け入れて耐えるようになり，どの程度（認知スキーマと自動的な行動反応に基づく）ルール支配行動で反応が自動化されているかを理解し，自身の個人的な目標（コミットメント）に向けて行動し，そして自らの環境にある自然随伴性に強化されなければ，介入は成功しないだろう。このような概念的立場から，目標設定やセルフトークなどに代表される伝統的な心理的スキルトレーニングを用いることは，作動している不調な認知的および行動的プロセスに合致しないといえる。苦痛への耐性や価値志向行動に注目することなしに自己制御を促進する介入を行っても，効果が望めないばかりか，アスリートやスタッフの不満を助長しかねない。

先延ばし

先延ばしとは，アスリートが（スポーツタスクを含む）目標行動を適切なときに開始したり完了したりすることや，最適なパフォーマンスに必要な活動（トレーニングや試合の準備などを含む）を回避する，持続的でしばしば周期的な行動パターンを指す。先延ばしは，失敗に関するスキーマ，あるいは極端な基準の

スキーマのどちらかを有しているアスリートに最もよく見られる。どちらのスキーマでも，アスリートは失敗することやパフォーマンスに対する評価が下されることが現実または可能性として知覚される状況を容易に諦めたり状況を回避したりする。先延ばしの典型は，異なる3つの要素を含んでいる（全ての要素があらゆるアスリートに見られるわけではない）。

1. 目標志向型活動を適時に開始できない（例えば，長距離走者がトレーニングの開始を遅らせる）。
2. 目標志向性のタスクの完了を妨げる活動を続ける（例えば，友人と夜遅くまで外出するのを繰り返して，ストレングストレーニングを怠る）。
3. 継続したり（おそらく完了できる）以前に始めた目標志向性のタスクを続けられない（例えば，指導者と時間外のワークを始めたにもかかわらず，約束を破ることが増える）。

先延ばしは一般に，動機づけ（成長して成功したいという欲求と定義される）の欠如や集中力の欠如によるものではない。むしろ，ネガティブな認知や感情の減弱（制御）を意図した回避型のコーピングスタイルを反映している。そうして，ここでもこの行動パターンはアスリートが重要視する目標を犠牲にして生じるのである。傍から見ればこのことは明らかなものの，一般的に先延ばしをする者にはこうした先の結果が見えていないのである。

先延ばしするアスリートは，必要な努力でもってパフォーマンス要求に反応を示さず，外的要求や望ましくないパフォーマンスに対する自己知覚によって生じたネガティブな思考や感情をコントロールするために，タスクを回避するという反応を示すだろう。アスリートの成功したいという欲望の表出と，成功に必要な活動を時折軽視することは合致しないのである。こうしたアスリートの主たる目標は，パフォーマンスに関する目標達成ではなく速やかな感情制御を行うことになるため，外的要求や随伴性が求める行動に従事できないのである。彼らのこうした行動パターンは通常，学校や家族の責任といったスポーツ以外の活動においても，失敗や評価対象となりうるときには見られる。

先延ばしによるパフォーマンス不調は，アスレチック・パフォーマンスの準備局面で最もよく見られ（第2章参照），これも標準的な心理的スキルトレーニングの介入では改善が期待できないだろう。こうしたアスリートは動機づけや集中力を欠いているように見えるかもしれないが，彼らのわずかな自信と，現実あるいは可能性としての失敗の過剰解釈が，成功に対する心理的障壁を形成している。問題は，目標設定や集中力の欠如，ネガティブなセルフトークあるいは成功へのイメージがないことではないため，伝統的な自己制御スキルのトレーニングだけでは成功を導けないだろう。それよりも，不適応なプロセスに内在する中心的問題に基づいた特別な介入が必要である。その際焦点とすべきは，以下のものである。

a) 著しい苦痛への耐性を獲得するためにアスリートを自身のネガティブ感情に曝露させるという行動の配分（課題完了エクササイズ）。
b) 失敗に関連した中核的信念（スキーマ）の観察と理解（自動思考のセルフモニタリング）。
c) 自動思考の直接的排除，すなわち真実か虚偽か，正解か不正解かといった判断的な自動思考を伴わないマインドフルな気づきの獲得（マインドフルネスと認知的脱フュージョン・エクササイズ）。
d) 価値を置く目標およびその達成に必要な選択と行動の明確化（価値の明確化と行動活性化）。

介入の**より後期**の段階では，試合前または練習前プランというような刺激コントロール技法を補助的に行うことで，必要な刺激弁別を学習し，適切な行動の増加を促進させられよう。

権威への抵抗や先延ばしは，アスレチック・パフォーマンスの準備局面，パフォーマンス後の反応局面でも生じることがあり（第2章参照），その場合，アスリートは練習や試合をあからさまに，もしくは微妙に，完全回避したり部分的に放棄したりもしよう。この局面での不調のプロセスや必要な介入とは，他の2つの局面と同様である。

一時的なパフォーマンス不調（スランプ）

第2章でパフォーマンスの好不調の連続性について論じたが，アスリートの中には，ぱっとしないパフォーマンスに反応して活力を失っていき，慢性的にもなりかねないパフォーマンス不調に陥る者もいる。パフォーマンス局面に問題を抱えると，特に不一致の調整を要する場合，パフォーマンスに悪影響が生じることがある。多くのアスリートはたいてい，適応的な背景となる特性や一時的な不調を取るに足らない問題だととらえる肯定的な結果予期により，不可避の経験から素早い回復を見せる。しかしながら，パフォーマンス不調が続き，それは時限的であることもあれば，より慢性化することもある。そうした者は，以前より持っていたパフォーマンススキーマが誘発されたり，（ケガなどで）競技スキルが阻害されたり，外的環境が新しくなるまたは変化する（例えばより激化した新た

な競技レベル）ことで，一般的にパフォーマンス不調に陥る。

　一時的なパフォーマンスの困難さは，アスレチック・パフォーマンスのパフォーマンス局面で生じる重大な混乱に起因するのが典型である。混乱は不一致を修正しきれないことで生じることが最も多く，特にタスクに対して自動化されたプロセスがより制御的で自己焦点化されたプロセスとして顕在化される場合に顕著である。不一致の修正不足により脅威の解釈が増し，ネガティブな認知反応や感情反応，覚醒などが高まり，さらにタスクに対する注意の焦点が逸れることになる。修正不足は，この種の不調の始まりとして最も多いものであるが，混乱は，自己の（おそらくネガティブな）認知的側面への焦点化が過度になっているときや予期せぬ（おそらくは誤って解釈された）感情的覚醒が増加しているときなど，自己制御プロセスのより後期にも生じうる。アスレチック・パフォーマンスの不調は，好ましくないパフォーマンスに起因して内的側面への過度な焦点化が進むことで不可避的に生じ，その後，それが支配的となってパフォーマンス関連行動に取って代わる。先述した通り，パフォーマンスの混乱はよくあることで，ほとんどの場合，自己修正される。またそれは短期間であり，長期的な競技パフォーマンスへの影響は最小限であることが一般的である。しかし，ネガティブなパフォーマンス上のことにより，例えば失敗，承認希求，消極性，極端な基準あるいは自罰に関するパフォーマンススキーマが誘発されると，不調のスパイラルはいともたやすく作動し，慢性化して解決困難なものとなりうる。その結果，個人的な社会的学習歴（おそらくは競技歴も）に基づくこうしたスキーマを持つアスリートがパフォーマンスの自然な衰退に直面すると，過度な自己焦点化や（否定的な内的状態に対する）回避反応に陥りやすくなる。さらに彼らは，パフォーマンスに関する外的手がかりや随伴性の代わりに（思考や感情などの）内的プロセスに焦点化するため，こうした状況から回復することが難しくなる。このような状況下では，自己焦点がタスク焦点に取って代わり，自動化されたアスレチック・パフォーマンスに混乱が生じて，（潜在的に弱体化を招く心配や反すうなどの）認知活動が増加することになる。

　伝統的な心理的スキルトレーニングの概念的弱点は，この一時的なパフォーマンス不調に最も顕著に現れる。第1章で取り上げたように，心理的スキルトレーニング介入の背景理論に従えば，（しばしば心理的スキルとして記述される）パフォーマンス不調の主たる原因は適切な行動の混乱である。それゆえ，介入では自己制御の援助を目的とした行動（目標設定）や認知（セルフトークやイメージ技法，注意コントロールなど）のスキルに焦点があてられる。具体的には，これらの手続きを通じてアスリートは以下のことを教わる。

a) 思考や感情（内的体験）はパフォーマンス不調の原因となり，競技パフォーマンスの成功や失敗に直接的な影響を及ぼす。

b) 最上の成功には，内的体験を支配（コントロールあるいは低減）できるようになることが必要である。

c) スポーツ心理士は，内的体験を支配（やコントロール）できるようになるための技法を提供する必要がある。

d) これらの技法を常に熱心に練習するアスリートは，競技での成功を掴むことができる。

　実証データによると残念ながら，伝統的な心理的スキルトレーニング固有の仮定は支持されないどころか，パフォーマンスを強化するのに効果的でさえない。特に，パフォーマンスに関する手がかりや随伴性に注目せずに内的過程を過度に重視していることが原因でパフォーマンス不調が生じるPdyのケースにおいては有害である。

　臨床スポーツ心理士の1つの選択肢は，伝統的なエクスポージャーに基づいた原理にアクセプタンスやマインドフルネスの手続きを組み合わせた介入を用いることである（Hayes, Jacobson, Follette, & Dougher, 1994）。第6章で論じたが，予備データによると，PD-ⅠまたはPD-Ⅱに分類されるアスリートに最も効果的なのは，MACのオリジナルプロトコルである（Gardner et al., 2005；Wolanin, 2005）。PdyアスリートにMAC介入を実施するには，彼らに特有のニーズに合わせて少し修正が必要である。具体的には，個人的価値を明確化してそれらの達成に向けた行動の必要性を定義することや，ネガティブな内的状態を経験することを厭わないことに焦点化するなど，全般性不安障害の治療の際によく利用される心配エクスポージャー法のバリエーション（Barlow, 2001）をMACプロトコルに組み合わせることである。臨床面で改善されたMAC心配エクスポージャー法（MAC-worry-exposure：MAC-WE）と呼ばれるこのMACプロトコルにより，アスリートは自身の心配状態への気づきやそれらを一過性のものとして観察することを学ぶ。これにより，自分の思考や感情を体験し，それらと共存し，タスクに焦点化するにつれてそれらは穏やかに過ぎ去るようになる。こうした手続きを組み込むことに決めた直接的な理由として，私たちの研究室で，一時的なパフォーマンス不調を抱えるアスリートが，病理的心

第7章　パフォーマンス不調（Pdy）　103

試合中，競技の手がかりや随伴性などではなく，思考や感情，身体感覚などの内的プロセスに焦点化することで，パフォーマンスの効果が減衰するおそれがある。

配を測定するペン状態心配質問紙（Penn State Worry Questionnaire：PSWQ）（Meyer, Miller, Metzger, & Borkovec, 1990）において，臨床水準との境界得点を示す傾向にあることを見出したことが挙げられる。この知見に基づけば，たとえ準臨床水準とはいえ，一時的なパフォーマンス不調が，不安や心配，回避などに特徴づけられる臨床障害である全般性不安障害（Barlow, 2001）に類似しているといえよう。心配の回避的な性質を踏まえれば，心配に基づく一時的なパフォーマンス不調を回避的な行動パターンの特殊な部分集合として扱うのは合理的である。私たちはまた，心配傾向はないものの，否定的な自己イメージに注目し，身近な人物への反応が苦手なアスリートに対してMAC-WEの手続きが効果的であることも見出している。

MAC-WEはこうしたアスリートに対しては，より機能的に外部に注意を焦点化させたり，（自動化されたパフォーマンスに誘発された行動として知られる）自身のパフォーマンス能力への信頼を犠牲にして内的状態の観察や内的コントロールへの努力を過度に強調していることに焦点をあてることで，パフォーマンス不調の根底にある心配を標的にする。このプロトコルを通じて，アスリートはマインドフルな注意を獲得し，価値を明確化し，ネガティブな感情状態を受容し，アスレチック・パフォーマンスの成功に必要な行動にコミットするようになる（MAC介入の基本的なスキル）。心配エクスポージャー法では，マインドフルネス瞑想を用いてアスリートの内的状態への接触や気づきを高めるのを助け，内的状態を正常で穏やかで，あま

り「現実的」でないものとみなせるような心配への慣れを促進する。実践家は，MAC-WEの実施に加え，他の伝統的な認知行動介入（Beck, 1995）やアクセプタンス＆コミットメント・セラピーなどのより新しい第三の行動介入（Hayes et al., 1999）を選択することもある。

多くのアスリートが，より良いパフォーマンスを望んでスポーツ心理士のコンサルテーションを求めるが，その多くはまた，自身の考え方や感じ方を好まないでいる。個人的苦痛を緩和することが，自身の内的状態に起因するパフォーマンスの混乱よりも優先されることはよくある。多くの場合，ネガティブな内的状態（思考や感情）は妨害的である。**なぜなら**，アスリート自身が妨害的と認識し，ネガティブな体験のコントロールや緩和のため，自身の内的状態に対してますます融通のきかない行動反応（競技場面においてでさえ）を発展させるからである。残念ながら，ルール支配行動の下，アスリートの中には，非効果的に反応するための**都合のよい理由**として自身の思考や感情を表現する者がおり，「ストレスが溜まっているから，気分が良くなるまで練習しない」などと口にすることがある。そのようなケースでは，内的状態の（コントロールではなく）受容および内的状態とタスク関連行動との切り離しに焦点化した介入を行う必要がある。介入の主たる目標は，「**だけど**」を「**だから**」に置き換えることである。つまり，「トレーニングが必要なことはわかっている**だけど**，今はストレスを感じている」と言って競技目標に反する行為を選択する代わりに，気分がすぐれなくても必要なトレーニングに取り組むことができるようになる（そしてネガティブな内的状態を低減するための回避行動に抵抗できるようになる）ことを目指すのである。その結果，「トレーニングが必要なことをわかっている。**だから**，今はストレスを感じている」と口にするようになるであろう。こうした介入により，ネガティブな内的体験を有しながらも，競技責任を果たすようになるであろう。

価値の同定は，アスリートがその時点に留まることや以前に回避した苦痛に耐えることを学習すると同時に，行動の活性化をも促進することから，合理的な補助的介入であろう。反対に，ポジティブ・イマジェリーや特にセルフトークに関する介入などは，内的コントロールを促進するための自己制御に関するもので，内的な観察や認知活動を高めることから禁忌とされる。

準臨床的不安における他の型もまた，パフォーマンス不調と関係する。例えば，社交パフォーマンス不安や強迫性障害の準臨床型は自己制御プロセスを阻害しうることから，過去の臨床研究に基づきつつ，アス

リートに特有のニーズに対応させた介入が必要となる。これらのプロトコルは第8章で取り上げる。

パフォーマンス不調が慢性化すると，回避行動パターンがタスクへの従事を終結させる方向で働くことがある。放置してしまうと，こうした回避は顕在化して終結をもたらすものと思われる。要求された基準でパフォーマンスできないことが繰り返されると，必要な努力（接近行動）が失われ，スポーツ参加からの回避行動が強化されるおそれがある。Smith（1986）が示唆したように，負の強化と，競技に関与し続けることがもたらす不快な結果のバランスは，不満とネガティブ感情が支配的になることもある。こうした状況下にあるアスリートは，競技に参加し続けても何の益にもならないと考え，動機づけが大きく低下し，最後にはその活動を終えることになるであろう。Smith（1986）やHardyら（Hardy et al., 1996）は，この現象を**バーンアウト**と呼んでいる。こうしたケースに対する介入は，意思決定の不均衡（回避理由が残留理由よりも強いかどうか）に焦点をあてる必要がある。これには，知覚錯誤（認知の歪み）によりパフォーマンスへの非現実的で否定的な解釈が生じているのなら，自動思考に対するセルフモニタリング，喜びや達成に関する記録，あるいは認知的再体制化などが利用できよう（Beck, 1976）。実際に競技での失敗を繰り返すことで否定的な意思決定バランスが形成されている状況では，まずはアスリートが自身の価値を見極めて明確化し，パフォーマンス向上のために必要なことを進んでするつもりがあるかどうか判断することが重要である。価値の明確化は，直接的にスキルが強化される前に（大半は指導者やスタッフとの対話を通じて）なされるべきである。しかし，このような強化を伴うトレーニングが適切に実施されて正確に定義されても，アスリートは失敗を繰り返すことで諦めることがあり，コンサルテーションにも応じなくなる可能性がある。そうしたときは，週毎の目標設定や刺激コントロール，あるいは自身の努力を増すための行動契約などの技法を通じた行動活性化が有用であろう。

成功や失敗への恐れ

成功への恐れ（fear of success：FOS）と失敗への恐れ（fear of failure：FOF）の両者は，競技場面に時折見られる過少関与の説明に有用な構成概念である（Mulig, Haggerty, Carballosa, Cinnick, & Madden, 1985）。最近ではConroy & Meltzer（2004）が，FOFに関連する強力で際立ったセルフトークのパターンや，FOSにも関連する幾分か説得力のないパターンを報告している。別の研究によれば，FOFは高度の心配，身体不安，認知的混乱および全般的なスポーツ不安とは強い正の関連を，楽観主義とは負の関連を示すという（Conroy, Willow, & Meltzer, 2002）。興味深いのは，この研究で，FOFは知覚された有能感と関連がなく，それゆえ独立的であるとの報告もなされている点である。最後に，アスリートやパフォーミングアーティストへの広範なインタビューデータからは，彼らが失敗や成功，そしてそれに伴う結果に関心を示しており，このことが著者らのFOFとFOSの多次元モデルの開発につながったという（Conroy, Poczwardowski, Henschen, 2001）。FOFやFOSと理論的に一致するパフォーマンススキーマには，承認および再認識の希求，消極性，極端な基準そして自罰に関する各スキーマがある（第2章参照）。

失敗への恐れの本質は，失敗に脅威づけられた特性スタイルにある。最も特徴的なコーピング行動は，失敗の言い訳が立つように難易度のとても低いタスクを引き受けること（そして挑戦的な競争状況を避けること）である：「もっとうまくできたのに，本気を出さなかった……だから**実際は失敗じゃない！**」

FOFの根本には，失敗するという中核的信念と，目標が達成できないだろうという関連的信念がある。加えて，失敗は一般に，社会や家族の拒絶の予測，他者から罰せられることの予期および社会的価値の減少感などと関連する（Burney, Burdick, & Teevan, 1969）。失敗を恐れるアスリートはトレーニングや準備を避ける傾向にあり，それゆえ実際に失敗が生じ，失敗由来の信念体系が強化される。FOF傾向が高いアスリートは，積極的な努力を中断しがちであるが　そのことを滅多に口に出さない。動機づけは高そうに見えるが行動が伴わず，それは特に目標の達成が目前に迫ったときに顕著である。目標関連行動から目を背けるために，周囲のご機嫌取りに熱心になり，好印象を得ようと躍起になる。こうした人は，効果的な問題解決策がしばしば見つけられないでいる。代わりに，不要なタスクに多くの時間を割き，リスクの高いトレーニングや準備を行い（表面的には衝動的に見える意思決定），明らかに制約された範囲内で目標を設定する。失敗の回避がFOFアスリートの主たる動機づけであり，成功の達成ではない。

成功への恐れ（FOS）もまた，過少関与行動を説明する構成概念である。FOSは，特に成功が目前に迫っている場合に，達成につながる活動を回避する持続的な傾向を指す（そのためアスリートは自己破壊的に見える）。加えて，FOSを抱えた人は達成を最小限にし，成功や目標達成を自身の直接のコントロール外のものに帰属させる（Kirkpatrick, 1982）。関連のあるパフォーマンススキーマと一致しているのは，FOSの特徴である低い自尊感情や外的評価への専心（と無能力

だと思われる恐れ）などである（Pappo, 1983）。また，パフォーマンスが評価される不安もよく認められる。真の恐れは成功が束の間で持続するものではないということなので，FOS はいろいろな意味で失敗への恐れともいえる。本質は，アスリートが自身の能力を実際よりも低く見積もり，成功も最終的には他者に誤りであることを見透かされるととらえている点にある。誰が見ても明らかな成功に思われるにもかかわらず，FOS アスリートは，成功とは来たるべき（そして表面的に疑いのない）失敗時に暴かれ，当惑させられ，おそらくは侮辱されさえすることが近づいている証であるととらえている。FOS は，成功や達成が関連するパフォーマンススキーマや失敗に関する懸念を呼び起こす刺激になるという点で，FOF の亜型とみなすことができる。

先行研究によると，FOS 傾向が高く達成動機が低い個人は，特にパフォーマンス不調に陥りやすいという（Tresemer, 1976）。FOS を経験しているアスリートは，スタッフや指導者の評価，競技キャリアへの家族の関与，そしてより高い競技水準に付き物の衆目などに対してより脆弱な可能性がある。

FOF や FOS への心理的介入では，アスリートが有する成功に対する主観的な見積もりや失敗がもたらす結果の見通しに直接取り組む必要がある。FOF や FOS アスリートの思考プロセスはしばしば過剰学習されていて自動的であるため，成功や失敗の見通し，予想される結果の回避や回避がもたらす結果をそのままはっきりと口にすることができないことがある。効果的な介入の第一歩は，例えば「もし私が成功したら，古くからの友人は私を好きでなくなり，最後には失敗する私を見て笑うのだろう」や「もし私が失敗したら悲惨だ。家族はがっかりするだろうし，私は残りの人生で馬鹿にされ続けるだろう」などといった，成功や失敗に関する自身の個人的なルールへの気づきを促すことである。誤りあるいは未検証の仮定や結論に対する認知的再体制化により，自身のキャリアや競技目標をより現実的にとらえられるようになるであろう。

アスレチック・パフォーマンスは，常に私たちやアスリートが望むほどに変化させることはできない。そのため，FOF や FOS への介入を実施する前に，関連する能力に注意深く目を向ける必要がある。大半のアスリート，特にプロではないアスリートにとっては，不安や回避につながったことのある野心的な（しかしおそらくあまり現実的ではない）目標を達成するよりも，より小さな目標を達成することの方が，より満足感が得られるだろう。これに関して，価値を明らかにし，妥当な目標に組み込む競技的・準競技的計画が，介入方略としてしばしば必要となる。現実的な目標を設定し，努力を高め，スタッフに支援を求めることで，アスリートは（回避型よりもむしろ）接近型の行動を学習し，より容易に目標を達成し，自己効力感を高めることになろう。

過剰関与

過剰関与について考察する際も，過少関与と同様に，読者は通常の行動と問題行動との違いが明確な場合もあればわからない場合があることを認識する必要がある。例えば，過少関与の傾向が疑われるアスリートをアセスメントする際，臨床スポーツ心理士はその人の行動が単に効果的でないだけなのか，それとも回避行動に起因するのかを判断しなければならない。同様に，過剰関与の傾向が疑われるアスリートをアセスメントする際，実践家はアスリートが衝動的な行動を示しているのか，それとも建設的な達成志向行動を示しているのかを見極めることが求められる（Hayes & Feldman 2004）。過少関与と過剰関与双方にとってこの見分けは重要だが，両者はまったく異なるプロセスでもある。過剰関与は「仕事中毒」として取り上げられているが（Naughton, 1987），競技スポーツの「いかなる犠牲を払ってでも」という文化の中ではほとんど問題視されてこなかった。実際，成功に向けられた動因や強迫的なまでの関心は，多分にポジティブなパーソナリティ特性とみなされ，スポーツ場面では高く評価されるのが一般的である。過剰関与は，目標志向型で成功を求めるアスリートにとって成功のために支払い可能なものであろうが，他方で不健全な動機に基づいたもので，不幸と苦痛をもたらし，バーンアウトを招くおそれもある。

成功志向の強いアスリートと連携する際は，強迫的で最終的には成功を収める競争心ある追求と行動に対し，スポーツ文化の中で与えられる報酬を過小評価してはならない。過剰関与のアスリートに介入を決める際には，常にこの報酬を慎重に査定して考慮する必要がある。過剰関与の特徴は，以下のように定義される。

a) スポーツ参加に対する明白な楽しみの欠如。
b) 競技活動以外への関心や楽しみの欠如。
c) 社会活動への取り組みが最低限になりがち。
d) 付加的成功のために健康を危険に曝す（パフォーマンス強化のための薬物使用や，ケガを負うまで追い込むことなど）。
e) アルコールや薬物の使用といった潜在的な自己破壊的コーピング行動に依存する可能性。

過剰関与傾向のアスリートの多くは，その生活が競技

目標の達成という方向のみに向けられる傾向にあり，喜びは成功の副産物（でありおそらく不要なもの）でしかない。

いかなるスポーツ組織，特に勝利と金銭的報酬が最重視されるような高い水準にある組織では，強迫行動ともいえる明白な過剰関与が問題視されることはない。実際，多くの読者も，これらの行動がスポーツ環境で問題になるとは思わないだろう。しかしながら，個人に注目すると，成功への強迫観念は相当の負担になりうる。強迫観念を抱えている人は，通常，深刻な対人関係の問題やオーバートレーニングによるケガなど医学的合併症を抱えたりしている。言うまでもなく過剰関与に伴うポジティブな結果や日々正の強化がなされることが，たとえそれが最も良い環境だとしても，問題視すべきことを難しくしているのである。

臨床スポーツ心理士が過剰関与に注目するのは，強迫的な努力が効果的でなくなり，ネガティブな結果が出てくるまでになったときであることが最も多い。これには，過信や非現実的なキャリア目標，身体的あるいは精神的なエネルギーの持続不足によるパフォーマンスの衰え，オーバートレーニングによる身体資源の衰え，ケガからの不十分な回復やケガの後の身体治療中における揺れ戻し，抑うつ，時期尚早の離脱や引退を考えることなどが含まれる。しかし，これら望ましくない結果に対して援助を求めるアスリートがいる一方で，スポーツ心理士によるコンサルテーションが行われる場合もある。スポーツに強迫的なアプローチを用いるアスリートが支援を必要とするのは，（自身の人間関係構築の欠如により）重要な他者を喪失したりそのよりも脅威がある場合や，過剰関与に伴う過度のストレスに対処するための物質乱用や類似の破壊的な強迫行動が進行する場合，そして彼らの自尊感情の大半かつおそらく唯一の源泉を喪失することにもなるキャリア終了後であろう（第10章で論じる）。

過剰関与には，失敗や消極性に対する過剰補償，極端な基準あるいは自罰に関する各スキーマがいずれも関係すると考えられ，臨床スポーツ心理士はこれらを慎重にアセスメントする必要がある。こうした認知スキーマのアセスメントにより，より良い成績を収めることで賞賛を勝ち取ったり，重要な支援者とのつながりを維持しなければならない，アスリートの置かれた随伴的な環境が明らかになることがしばしばある。ある例では，強迫的で完全主義的な努力は何よりもストレスフルで混沌とした家庭環境から逃げ出すためであった。

これらのスキーマそれぞれに関連する主なコーピング行動が，強迫的で完全主義的な行動である。完全主義についての理解はほとんど進んでおらず，最近になりスポーツ科学や臨床科学の文献で関心が寄せられつつある（Anshel, 2003；Ellis & Knaus, 1977）。完全主義は，不安などのネガティブな感情状態の減少や回避を目的としたコーピング方略と概念化されている。Wagner & Gardner（2005）は最近の研究において，120名の大学生アスリートと非アスリートを対象に完璧主義，体験の回避および心理的苦痛の関係を調査した。その結果，体験の回避は，完全主義と心理的苦痛との間の強固な関係を媒介することが明らかとなった。興味深いことに，アスリートと非アスリートとでは，完全主義や，完全主義と関連する心理的ストレスのレベルに違いが認められなかった。

アスレチック・パフォーマンスへの強迫的なアプローチである過剰関与と，完全主義の間には明らかな関係がある。一説には，綿密で体系的な目標志向行動への注意が支配的な健全型の完全主義もあるという。問題となるのは，成功に向けられた健全な必死の努力ではなく，成功のために全てを投げ打つような非健全的で強迫的な，際限のない完全主義である。極端な完全主義は，ときに木を見て森を見ずといったように，トレーニングにおける努力の払い方を誤ることがある。

スポーツには強迫的な過剰関与に関連した正の報酬が存在するため，変化を促す介入は容易でない。過剰関与に対するコンサルテーションを求めるアスリートの大半は，例えば夫婦の対立やオーバートレーニング，あるいは物質使用などがもたらす**結果**に対処するための援助を求めてやってくるのであり，それらの結果をもたらしているスポーツ場面での強迫的で完全主義的な関与を変化させるためではない。このようなアスリートは，過剰関与がもたらす結果のみを問題視する（過剰関与それ自体は問題視しない）ことから，変化するための準備性を考慮する必要があろう。Prochaska, Diclemente, & Norcross（1992）は，この点に特に関連する変容ステージについて論じている。このモデルによれば，行動変容は個々の局面からなり，その本質は以下に対応する。

a) 変化の必要性を十分に認識しておらず，他者からの助言や要請によりコンサルテーションを求める段階（前熟考期）。
b) 変化に伴う負担と恩恵を考え，自身の行動パターンやそれがもたらす結果に初めて向かい合う期間（熟考期）。
c) 変化が必要であると決心し，自身の最善の利益のために変化に向けて積極的に努力しようとする期間（実行期）。
d) 変化の継続や強化に積極的に従事する期間（維持期）。

このモデルは主に，社会的あるいは身近な人により治療を余儀なくされていた，行動変容を必要とする個人との連携の中で考え出された。

　過剰関与のアスリートへの介入には，動機づけ面接やスキーマに焦点をあてた認知行動介入などが含まれるが，両者は異なるプロセスを標的としている。動機づけ面接は，前治療的な方略として使用される他，変化するために努力する準備ができているアスリートが，前熟考期から実行期に移行するのを助けるための完全な介入として実施されることもある（Burke, Arkowitz, & Menchola, 2003）。いくつかの実証的支持も報告されており，こうした人に対するカウンセリングの健全な第一歩でもある。アスリートが動機づけ面接を通じて変化に向けて取り組み始めた後は，スキーマ焦点型の認知行動介入（Young et al., 2003）により，過剰学習や不調パターンの認識，かつての不適応的な認知スキーマに関連する認知的および行動的プロセスの修正，不確実性やコントロールの欠如に対する耐性の向上（心配や完全主義を修正するための本質への注目）のための支援がなされる。このような介入では，アスリートが深読みして知覚された判断やフラストレーション，拒絶などに強い反応を示しがちとなるので，受容的で非脅威的な治療関係が重要となる。臨床スポーツ心理士は，アスリートが抱くアイデンティティ喪失やコントロール不能への恐れを，変化しようとする努力の表れとして完全に理解し尊重する必要である。

　付加的な介入方略として，アスリートの地位に基づいた競技に価値を置く目標とは別に，その人個人に価値を置く目標を設定することがある。（達成目標の反意語である）価値のある目標とは，人生行路やその過程に言及するものであり，終着点というわけではない（Hayes et al., 1999）。アスリートがどのような人物でありたいのか，そしてどの非競技的な対人関係や活動に個人的な意味があるのかなどを議論することは，包括的な介入の付加的な助けとなろう。アスリートの多くは，競技での成功と過剰関与行動との関係は不可分であると思い込んでいる。そのため彼らは，ハードワークや目標志向型行動と競技以外の目標との折り合いのつけ方や，過剰関与が減少することで，実際には競技や他の価値のある目標の達成が実現しうるということなどを，ゆっくりと辛抱強く学習しなければならない。

典型的なパフォーマンス不調Ⅱ（Pdy-Ⅱ）に関するまとめ

Pdy-Ⅱに共通の問題
主たる内的要因の例
- 回避および過少関与のパターン
- 先延ばし
- 一時的なパフォーマンス不調とスランプ
- 成功や失敗への恐れ

過剰関与のパターン
- 仕事中毒
- 極端な完全主義

まとめ

　本章を通じて，パフォーマンス不調の多様な例を概観した。一般的に，パフォーマンス不調の主たる原因は，心理的特性と外的事象である。これら外因性および内因性の要因は，最適なアスレチック・パフォーマンスに関する最終目標の障壁となりうる。同時に，これら外的要因に対する準臨床的な心理的特徴や反応が個人的苦痛をもたらし，競技スポーツを除くQOLを損なうおそれもある。こうした特徴や出来事は，類似した臨床的問題の準臨床的な亜型といえることもあるが，臨床障害として診断の対象にならないのが一般的である。これらの問題や障壁には心理治療が必要であり，パフォーマンス強化を目的とした伝統的な心理的スキルトレーニングは（少なくとも初期において）不適切である場合が多い。

　本章では，アスリートや彼らのパフォーマンスに関連する問題を全体的な視点でとらえる必要性や，競技スポーツには個人とスポーツ，そしてスポーツ以外の各問題が複雑に絡み合っていることを理解する必要性を強調した。競技に関わるパフォーマンス不調の理由は，通常の生活におけるそれと同じく多様である。私たちが意図したのは，心理的，身体的，技術的および状況的な各要因のバランスを考慮する必要性や，単純で非特異的な介入がこの複雑なバランスに効果を及ぼしうるという安直な想定に対して反証を示すことであった。次章では，MCS-SPのパフォーマンス障害（performance impairment-Ⅰ：PI-Ⅰ）に分類される不安障害，うつ病性障害，摂食障害および注意欠陥障害といった，アスリートのより臨床的な問題について論じる。

第8章

パフォーマンス障害Ⅰ（PI-Ⅰ）

　本章と次章では，運動競技やその他の主要な生活領域の両方を損なう，広範な臨床的障害について考察する。また，臨床スポーツ心理士が頻繁に出会う臨床的障害に対する最も確立されたエビデンスに基づく介入法について述べる。

　第3章で考察したように，臨床的障害は，スポーツ心理学的多元分類システム（Multilevel Classification System for Sports Psychology：MCS-SP）を用いてパフォーマンス障害（performance impairment：PI）に分類するのが最も適しているだろう。PIの分類は，競技パフォーマンスの低下として特徴づけられ，おそらく多くの場合，このパフォーマンス低下が実践家に紹介される第一の理由であり，重大な心理的問題や全般的な生活機能の障害は二の次である。PIの多くは，特定のDSM-Ⅳ-TR（APA, 2000）の診断に当てはまり，アスレチック・パフォーマンスの問題も同時に生じているものの，介入の第一選択肢としては臨床的な治療が必要である。

　心理的障害とその他の要因（パフォーマンスの変化や健康に対する懸念など）を区別するのは，概念的にも臨床的にも複雑であり，入念なアセスメントを要する（第4章参照）。臨床スポーツ心理士にコンサルテーションを求める多くの人は，臨床的な注意や治療が必要な不安，抑うつ，または他の症状を有している。もちろん，このような症状のあるアスリートが最初のセッションで常にそれらの問題を直接的に示すとは限らないため，実践家は臨床症状がないか，入念にアセスメントすることを忘れてはならない。

　概観すると，MCS-SPにおいてPIの分類は，アスリートが，競技の追求とその他の主要な生活領域での機能の双方に影響を及ぼす，著しい感情困難または行動の異常調節を伴うはっきりとした臨床的問題を示していることを表す。これらの臨床的問題は性質上，個人内のことか対人関係に関わるかのどちらかであり，パフォーマンス強化ではなく，直接的な臨床的治療が必要となる。

　すでに述べてきたように，MCS-SPの中には2つのサブタイプが存在する。PI-Ⅰは，全般的な機能（アスレチック・パフォーマンスを含む）を重度に障害する臨床的障害や共存する臨床症状を指す。こうした障害には，不安障害，感情（気分）障害，摂食障害，注意欠如障害などが含まれる。PI-Ⅰについては本章で取り上げる。PI-Ⅱについては，本章でも両サブタイプに共通する基本的な要素を取り上げるが，詳細については次章で紹介する。PI-Ⅱも主要な生活領域や競技参加における深刻な機能障害を示す。しかし，PI-Ⅱのサブタイプは，怒りと衝動制御障害やアルコール使用障害，薬物使用障害，パーソナリティ障害といった重篤な行動の異常調節を経験しているアスリートも包含する。このような行動の異常調節は，最終的には対人関係，家族，仕事を障害する。そして，行動障害により，アスリートはしばしば競技生活からの引退というリスクを負うことになる。

　PIを経験しているアスリートは，深刻な競技パフォーマンスの問題を（少なくとも断続的に）報告するだろうが，臨床スポーツ心理士は大局的な視点を維持し，これらのパフォーマンス低下は全般的な心理的苦痛にとっては二次的なものであり，PI障害に見られる特徴である機能低下とみなさなければならない。実際，こうしたアスレチック・パフォーマンスの低下は，心理的苦痛や行動の異常調節が直接的な原因で生じているのだろう。これは，職場での効率低下を示している，同様の心理的苦痛を抱えた一般人（アスリートではない人）と類似している。

　第4章で述べたように，スポーツ心理士はアスリートがPIであるかどうかを見極めるために，全般的な心理社会的機能を入念にアセスメントするべきである。もし心理学的治療を行う資格を持っていない実践家がPIに気づいたときは，そうした複雑な事例を扱うトレーニングを受けた専門家に紹介しなければならない。PIの事例は，人が経験するあらゆる心理的問題を網羅する。不安障害，気分障害，摂食障害，注意欠如

障害，怒りと衝動制御障害，アルコール使用障害，薬物使用障害，パーソナリティ障害は，臨床スポーツ心理士が最もよく出会う PI の例である。

ここで答えておくべき重要な問いに，次のものがある。もしこれらの問題が従来からの臨床心理学や精神医学，および類似したメンタルヘルス領域の範囲にある場合，臨床スポーツ心理士が提供できて，スポーツ心理学のトレーニングを受けていないメンタルヘルスの実践家には提供できないものとはなんだろうか？この問いに答えるためには，スポーツ経験や競技アスレチック経験を文化という観点で考える必要がある。心理社会的治療の変数が文化の影響を受けることは一般的に認められているものの，心理学では概して文化的影響として，人種，性別，社会経済的地位，性的指向，民族などに注目する。これらの要因はもちろん全て重要であるが，個人の運動スキルが心理的強さや弱さと融合してアスレチック・パフォーマンスが生み出される全文脈を考慮すると，この文脈では，構成要素として全般的なスポーツ文化と特異的なスポーツ文化の双方が重要である。

スポーツ文化とは，競技スポーツに特有の態度や経験のことである。常に個人やチームの成功に焦点を合わせていること，勝利に対する継続的なプレッシャー，肉体的に要求の多い生活スタイル，アスリート間の身体に関わる比較や競争といったもの全てが文脈に寄与するのであり，具体的なパフォーマンスに関する懸念や個人の心理的機能は，その文脈の中で理解しなければならない。スポーツ文化に特異的な側面とは，特定のスポーツ，チームや組織の現実のことで，例として，アメリカンフットボールに特有の男性優位性，レスリングや体操における体重制限，特定のコーチによってつくられるチームの雰囲気，ある組織に存在する特有の期待や風潮などがあげられる。

アスリートの問題やニーズを包括的に理解し，治療アプローチを決めるには，スポーツに特異的な文化的要因を検討し，それらをうまく統合しなければならない。これは臨床スポーツ心理士が出会う，パフォーマンスの問題と臨床的問題の双方に当てはまる。スポーツ文化の影響は，人種，民族，その他の伝統的な文化的要因と同程度に考慮する必要がある。

これ以降，本章では MCS-SP で PI-Ⅰ に分類される特定の障害について考察する。これらは，臨床スポーツ心理士が頻繁に出会う障害でもある。次章は，MCS-SP で PI-Ⅱ に分類される生涯について解説している。個々の障害についてより包括的に知りたい読者は，*A Guide to Treatments That Work, Second Edition* (Nathan & Gorman, 2002) を参照するとよい。そこには，DSM-Ⅳ の障害の実証的に支持された介入法につ

アスリートやチームと作業するときは，性別，民族，社会経済的状態，人種，スポーツに特異的な文化といった問題を考慮することが大切である。

いて詳しく書いてある。各問題について私たちが考察することは，以下の通りである。

- 診断に関する検討事項や主症状の概観。
- 関連問題，スポーツの文化的要因がどのように治療に影響を与えうるのか，アスレチック・パフォーマンスがどのように障害から影響を受けうるのか（そしておそらくは障害を隠してしまうのか）。
- 臨床的障害をアセスメントする簡潔な指針。
- 現時点で使用できる実証的に指示された治療法の説明（使用できる場合のみ）。

不安障害

全ての不安障害の主要な特徴は強い不快感である。不快感は，一般的には具体的な恐怖，または全般的な恐怖の形で表れ，障害を抱えた人はこうした不快感を減らすか完全に回避しようと持続的に努力する (Barlow, 2002)。不快感はしばしば，心配，恐れ，気が狂うことに対する懸念，あるいは強い恐怖と言い表され，動悸や窒息感，筋肉の震えなどの身体症状と関連している。心配，人々・場所・物事の身体的回避，反復的な儀式的行為，同様の内的または外的行動といった心理的または身体的な回避は，一時的にクライエントのネガティブ感情（個人的な苦悩）を減らし，回避のさらなる負の強化が起こる。このように，不安障害を象徴する行動の回避は傾向として，時間とともにクライエントの全般的な機能を崩壊させ，不安自体をより強くする。全ての不安障害に共通する行動の回避は，生活を崩壊する主要な根源だと考えられている (Hayes et al., 1996)。

次節では，臨床スポーツ心理士が最もよく出会う不安障害のいくつかの種類について考察する。これらの障害の正確な診断基準を知りたい場合は，DSM-Ⅳ-

TRを参照するとよいだろう（APA, 2000）。

パニック障害

疫学データによれば，人口の2〜6%（アスリートも含む）が，ある時点においてパニック障害の症状を経験していることを示唆している。たいていの場合，症状が出るのは青年期と30代半ばの間で，72%は直接的な原因となる出来事として，ケガ，病気，人間関係の崩壊，失業，重要な家族の死といった大きなライフストレッサーを報告している（APA, 2000；Craske & Barlow, 2001）。

特徴

パニック障害の特徴は，動悸，窒息感，吐き気，めまい，立ちくらみ，気が狂うことへの恐怖，うずき，しびれといった症状を伴う，強い恐怖や不快感を感じる期間があることである（Craske & Barlow, 2001）。この障害を持つ人は，再発性で一見したところ予期されない不安やパニックと，それに関連する身体症状を報告する。加えて，さらなる発作の兆しや予想される結果について絶えず心配している。この障害は心臓病と似ていることが多いため，心臓の緊急事態を疑って（誤って解釈して），救急外来の受診にいたる。クライエントは，こうしたパニック発作に注目するあまり，パニック発作の恐怖（不安に対する不安）が症状の主な特徴となってしまうことがある。通常は無視される身体的兆候を含めた身体感覚のスキャンが，意識的な気づきにおいて支配的となる。パニック障害の人はさらなる発作が起きないように回避行動をとる。しかし，このような回避は，広範で様々な外的または内的刺激に反応して生じる傾向にあり，実質的に行動の柔軟性を減らし，生活機能を障害し，活動の場を自ら家庭環境に制限してしまうまでになる（広場恐怖症）。

パニック障害を経験しているアスリートにとってとりわけやっかいなのは，アスリートが身体活動に伴う自然な身体の変化(心拍数の増加や呼吸数の増加など)を差し迫った危険のシグナル（例：新しい発作）と解釈してしまうため，そうした変化がしばしば発作を誘発してしまうことである。この正常な生理的プロセスに対する誤った警告反応が，パニック障害の主要な臨床的要素として知られている（Barlow, 2002）。パニック障害を経験しているアスリートは，気力，集中力，動機づけを失い，スタッフやチームメイトから（息切れ，心拍数が多い，めまいなどに基づき）状態が良くないと思われるかもしれない。さらに悪い場合，他者はアスリートがチームの活動に熱心でないことを誤って解釈し，努力を払っていないとみなすかもしれない。パニック障害を経験している競技アスリートにとって，自分の症状に明確な医学的説明や原因がないということを受け入れるのは難しいことだろう。また彼らは，他者から気が狂っていると思われる（彼ら自身が実際に抱いているかもしれない懸念）ことを恐れて，これらの症状について話したがらないかもしれない。パニック障害の症状クラスターや，外的なスポーツへの集中を犠牲にして内的なプロセスに注目する認知のあり方は，他の主要な生活領域と同じように，特にアスレチック・パフォーマンスに影響を及ぼしそうである。

アセスメント

パニック障害のアセスメントは，入念な行動の機能分析（第4章で示した）をして，状況のきっかけ，感情反応と生理的反応，アスリートに特異的な回避行動の負の強化の特性について包括的に理解するべきである。加えて，医学的な評価を行って，他の医学的説明（例えば，甲状腺の疾患，カフェインまたはアンフェタミンの乱用，薬物の離脱症状，副腎がん）と潜在的な心臓病を除外するとよい（Craske & Barlow, 2001）。僧帽弁逸脱症，気管支喘息，アレルギー，低血糖といった内的疾患は，クライエントが差し迫った発作の証拠と誤って解釈する身体症状を引き起こしてパニック障害の症状を悪化させることがあるが，パニック障害の症状の原因とはならない。

さらに，パニック発作が起きる特定の文脈を評価することも大切である。パニック発作は，DSM-IV-TRに基づくし，パニック障害の診断に対する特定の基準にすぎないが，パニック発作は社交不安障害や全般性不安障害のような他の不安障害の文脈の中でも起こり，心理的障害の診断に当てはまらない人にさえ生じうる（Beidel & Nay, 2003）。パニック発作が社会的状況または評価される状況でのみ生じている場合は，決してパニック障害と診断するべきではない。このような文脈からは，社交不安障害の診断のほうが正確だと考えられるからである。臨床スポーツ心理士は，パニック発作が存在するなら自動的にパニック障害の診断が当てはまると考えるべきではない。状況のきっかけや，診断に先立って発症したパニック発作の文脈をアセスメントした上で診断すべきである。

パニック状態のアセスメントにはいくつかの自己評価式尺度が使える。オールバニーパニック恐怖質問紙（Albany Panic and Phobia Questionnaire：APPQ）（Rapee, Craske, Barlow, 1995）は，32項目の標準化された質問紙で，身体感覚を高める恐怖や活動の回避を包括的にアセスメントする。パニック障害のその他の標準化された自己評価式ツールには，恐れている認知

を測定する Agoraphobic Cognitions Questionnaire (ACQ) (Chambless, Caputo, Bright, & Gallagher, 1984), 恐怖の強さ, 覚醒, 関連する身体症状を測定する身体感覚質問紙 (Body Sensations Questionnaire: BSQ) (Chambless et al., 1984), 怒り制御質問紙 (Anxiety Control Questionnaire) (Rapee, Craske, Brown, & Barlow, 1996) などが存在する。

治療法

パニック障害に対する確立され実証的に支持された治療法は, Craske & Barlow (2001) がパニック制御治療プロトコルとして非常に端的に述べている。これは, 構造化された, 15セッションからなる認知-行動的介入法で, 以下のことを主眼に置いている。

- 不安やパニックについてクライエントを教育する。
- 不安に関する思い違いや脅威や危険を過剰に見積もる自動思考を正すための認知再構成法。
- 内部感覚エクスポージャーにより, クライエントが普段使っている回避パターンを使うことなく, 徐々に強まっていく生理的感覚を体系的に経験するのを手助けする。
- 場面エクスポージャーにより, これまで回避してきた生活場面にクライエントが体系的にアプローチして経験できるようにする。
- コーピングスキル (呼吸法など) を身につける。

治療データについての最近のレビューによると, パニック障害に対して認知行動療法 (cognitive behavioral therapy: CBT) を実施すると, 参加者の80%近くでパニック障害が改善し, 最長で2年間, その状態が維持されることがわかった (Craske & Barlow, 2001)。パニック障害のCBT, 薬物療法, これらの2つを組み合わせた無作為化比較試験のレビューによると, パニック障害に対するCBTの効果サイズは0.88, ドロップアウト率はおよそ5.6%であった。薬物療法単独の効果サイズは0.47, ドロップアウト率は9.8%, 薬物療法とCBTを組み合わせた効果サイズは0.56, ドロップアウト率は22%であった (Gould, Otto, & Pollack, 1995)。これまでの研究では, パニック障害に対する抗精神薬の投与が, アスレチック・パフォーマンスにどのように影響を及ぼすかについては明らかになっていないことを考慮すると, 臨床スポーツ心理士はアスリートとスポーツの薬物療法の実践家と慎重に協力し, アスリートに治療選択の機会を提供し, 薬物療法とCBTを組み合わせた場合の潜在的なコストや利点について話し合っていかなくてはならない。

全般性不安障害

全般性不安障害 (generalized anxiety disorder: GAD) の生涯有病率は, 人口の2～5% (アスリートも含む) がこの障害によって苦しんでいることを示している (APA, 2000)。症状はたいてい児童期または青年期から始まり, GADを持つ人の多くはいつも何かしらの不安を感じていることを報告する。治療をしないでおくと一般的に, 不安を絶えず慢性的に感じ, ストレスの多い時期にはそれが悪化する。

特徴

GADは, 制御することが難しい過度な心配 (しばしば不安に満ちた予測と称される) によって特徴づけられ, その結果, 集中力の困難, 疲労, 睡眠障害, 落ち着きのなさ, 筋肉の緊張, 怒りっぽさといった症状が現れる (APA, 2000)。このような不安やそれに結びつく回避行動は, 社会, 職業, 家庭における機能における苦痛と障害をもたらす (Beidel & Nay, 2003)。心配の本質や機能 (第2章参照) は唯一にして最もわかりやすいGADの特徴と考えるべきである。GADはしばしば他の不安障害 (うつ病とも) と併存するとはいえ (Brown, O'Leary, & Barlow, 2001), 他の不安障害と著しく異なる。GADに苦しんでいる人は一般的に, 生涯にわたり慢性的な心配を経験しているという点で, 他の不安障害よりも性格の関係が強いように思われる (Barlow, Raffa, & Cohen, 2002)。

GADの症状クラスターは, しばしば競技パフォーマンスの成功を妨げる。パニック障害と同様, GADの症状はアスリートやチームのスタッフには容易には理解されず, 医学的状態, 物質乱用の症例, 個人的な動機づけの欠如と誤って解釈されやすい。パニック障害と同様, GADのアスリートも周囲の助けを求めようとしないだろう。さらに, GADの中心にある病的な心配は, 正常で適応的な心配と定量的に違うものであるのに, アスリートは病的な心配を競技での成功に必要なもの, あるいは負うべきものとさえ思っているかもしれない。このような例として挙げられるのが, 健康, 成績の評価, 家族, 人間関係, スポーツ経験について過度に心配し, 不運の可能性がないか世の中を事細かに調べるアスリートである。このようなアスリートは, 過度に心配し, 環境について絶え間なく調べることで不運が起こる可能性は低くなり, この心配こそが成功の鍵だと信じている。

すでに述べたように, 準臨床的な心配も, GADの診断基準に当てはまらなくても, アスレチック・パフォーマンスを妨害するおそれがあり, そのため, MCS-SPではPdy-Ⅱとして分類される。臨床スポー

ツ心理士は，GADの基準に一致するクライエントの症状を慎重にアセスメントし，準臨床的なレベルの心配と臨床的なレベルの心配を区別しなければならない。特に，アスレチック・パフォーマンスがアスリートの中心的な心配である場合はなおさらである。心配はアスレチック・パフォーマンスを妨害するとはいえ，準臨床的な心配はGADと比較すると広範になることや深刻になることは少なく，機能的な障害にいたることもあまりない。こういうわけで，介入のニーズを決めるにあたっては，準臨床的な症状と臨床的な症状を区別するべきである。

アセスメント

GADのアセスメントは，入念な面接から始める。これは，Anxiety Disorders Interview Schedule for DSM-IV（ADIS-IV-L）（Brown, DiNardo, & Barlow, 1994；DiNardo, Brown, & Barlow, 1994）のような面接フォーマットを通して行う。ADIS-IVは，不安障害の全領域に対して特異的な診断を提供するDSM-IVの不安障害の診断基準に基づいた半構造化面接である。GADと診断する際には，心配は過度であるか，あらゆる対象に広がっているか，自分で制御できないと認識しているかについて評価することが重要である。ペン状態心配質問紙（Penn State Worry Questionnaire：PSWQ）（Meyer et al., 1990）も，しばしばGADの診断に利用される。これは，正常な心配から病的なレベルの心配までを測定する自己評価式の質問紙である。迅速に実施することができ（3分），クライエントの心配の強度と頻度の両方をアセスメントする。翻訳版と，児童および青年版もある。

治療法

現在までのところ，GADの最も実証的に支持された治療法は，GADに特異的な認知行動療法（CBT）である（Brown et al., 2001）。この治療法は，一般的に15セッションからなり，以下のことを含む。

- 心配の仕組みや機能，GADへの発展，治療プロトコル，治療で期待できるものについての心理教育。
- 介入に対するクライエントの反応を理解し，包括的な機能分析を行い，治療手順のコンプライアンスを追跡するためのセルフモニタリング。
- 自動思考の同定と，（ネガティブな出来事に対処できないと考えて）必要以上に大騒ぎして，「起こりそうな出来事を過大評価」する（生じているネガティブな出来事の可能性を過大評価する）クライエントの傾向に焦点をあて，認知の歪みに向き合う努力に重きを置いた認知再構成法。
- 生理的感覚を適切に解釈することによってGADの生理的側面に対応する漸進性筋弛緩法。
- 心配の主な階層的領域へのエクスポージャー（心配エクスポージャー），イメージトレーニング，心配行動の妨害（いずれもGADの行動的要素に対処する）。
- 問題解決トレーニング（特に対人関係領域において），タイムマネジメント（これらもGADの行動的要素に対処する）。

GADは他の不安障害よりも慢性的で，性格的な障害である。そのため，効果的な治療を行うことはいっそう難しい。無作為化比較試験ではCBTが，リラクセーションの応用や非支持的カウンセリング（Borkovec & Costello, 1993），行動療法（Butler, Fennell, Robson, & Gelder, 1991），精神力動的志向性の心理療法（Durham et al., 1994）よりも優れていることを示している。多数の臨床試験でCBTの有効性が示されているものの，良好な機能にまで改善した（それゆえ，もはや診断基準を満たさなくなった）クライエントはわずか55～60％である。これよりはるかに多くの人が機能を大きく改善させたものの，いまだに診断基準を満たしている。実証的な支持が十分に集まっていない最新の介入では，今後期待できる初期の結果を残した。これらの新しい治療法は，心理教育やセルフモニタリングといったCBTの効果的な構成要素を，第6章で述べたものに似たアクセプタンスに基づくアプローチと統合する。これらのアプローチは，病的な心配に伴う習慣的な不活動や回避に代わるものとして，価値を置いた目標を追求するマインドフルな行動を促進する（Orsillo, Roemer, & Barlow, 2003）。

社交不安障害

社交不安障害（social anxiety disorder：SAD）の生涯有病率は，全ての成人（アスリートも含む）の13％であるとされ（Kessler et al., 1994），有病率は事実上増加しつつある（Magee, Eaton, Wittchen, McGonagle, & Kessler, 1996）。症状は，非常にストレスの多い出来事の後に，徐々に，または急速に発展する。一般的にSADは，児童期または青年期に発症し，状況や要求の変化によって，症状は時間とともに変動するだろう。

特徴

しばしば社交恐怖と呼ばれるSADは，しばしば日常生活に支障をきたす障害で，社会的状況でじろじろ見られることに対する恐怖を特徴とする。この不安の形態は，恥をかくことや不十分なパフォーマンス，外見上明らかな不安の兆候を示すことに関する懸念を中

心に展開する。SADを持つアスリートの多くは、じろじろ見られることやネガティブな評価に対する恐怖は競技パフォーマンスに関連する状況を含むと報告する。そのため、このカテゴリーには、スポーツ心理学の文献で論じられる競技不安の問題も含まれる。SADに苦しむ人は、社会的相互作用や公共の場で話すこと、あるいは筋振戦や集中力の欠如によって妨げられるかもしれない複雑な運動タスクのパフォーマンス（例：アスレチックまたはミュージカルパフォーマンス）につきもののネガティブな評価を恐れている可能性がある。そして、このような恐怖は一般的に特定のまたは全般的な社会的パフォーマンスの回避につながるので、SADは、日々の習慣、社会的または職業的機能を著しく障害することになりかねない（Beidel & Nay, 2003；Turk et al., 2001）。さらに、SADに特有の回避、機能障害、生活の質の低下により、社会的強化が少なくなり、自己や他者、将来に関するネガティブな信念が増加するため、うつ病を合併することが多い（Turk et al., 2001）。

　SADを理解することは、臨床スポーツ心理士にとって特に重要である。この障害は、社会的評価とパフォーマンス評価双方に対する不安と関連するからである。当然、アスリートは（競技前と競技中に）一般的にいくらかの不安を経験する。しかし、SADの診断が必要になるのは、それらが過度で、機能面で混乱を生じさせる不安が生じている場合のみである。病的でない競技不安を持つアスリートは一般的に自己に注意を向ける期間を示し、その間、パフォーマンスに関連した要求に対しては注意散漫となり、不注意であるかもしれない。しかし、このようなアスリートは再び焦点を取り戻し、引き続きパフォーマンス要求に応えることができる。一方で、SADのアスリートは、進行中の社会的評価やパフォーマンス評価に基づいたより重度な不安を経験するだろうし、再び課題に焦点をあて直すことが難しくなるだろう。また、（現実のまたは知覚された）パフォーマンスの失敗に対してほとんど反応せず、心理的苦痛を最小化するために、パフォーマンス状況を回避し始めるかもしれない。当然ながら、臨床的なレベルの不安を抱えていないアスリートの多くは、競技前や競技中に不安を感じることで、士気を高め、集中し、競技を行う準備ができると報告する。そうした自己報告に基づいて、臨床スポーツ心理士は、このような不安を文脈的にふさわしいものとみなし、臨床的な障害の存在を最小限に評価してしまう可能性がある。それゆえ、パフォーマンスに関連する心配、不安、恐れは入念に評価し、アスリートが過度に聴衆効果を取り入れていないかどうか確認しなければならない。聴衆効果とは、不安が、恥をかくことへの恐怖と一瞬一瞬のパフォーマンスに関する外的な評価に基づいている程度のことである。競技アスリートがいかにパフォーマンスに関する不安は正常で、競技人生には必要なものだと正当化してしまいうるかを想像するのは難しいことではない。しかし、臨床スポーツ心理士は、非臨床的・準臨床的・臨床的レベルを見分けられなければならない。それゆえ、臨床スポーツ心理士が（特に少なくとも中等度の競技不安を報告しているアスリートに関しては）入念にSADをアセスメントすることは必用不可欠である。SADは存在しないと機械的にみなし、自己制御によるアスレチック・パフォーマンスへの直接的な介入を行うことは、この障害と実際に戦っているアスリートにとって有害となるかもしれない。未治療のSADは、急速に状況回避または競技回避を引き起こし、最終的には競技からの引退につながるかもしれないからである。聴衆効果に加えて、他のいくつかの要因がSADの診断に役立つ。一般的に言えば、SADを伴うアスリートには以下の特徴が見られる（Turk et al., 2001）。

- 他者からのネガティブなパフォーマンス評価に多くの注意を向ける。
- 聴衆が明らかに見て取れる内的手がかり（つまり、不安の生理的兆候）の知覚。
- 他者に見られる者としての自己の支配的な心的表象を示し、それを想定される聴衆の基準と比較する。

これらの特徴は、一般的に病的なレベルではない競技不安においてはそれほど強くない。しかし、病的な不安と病的でない不安は、たいてい質的に異なるというよりも量的に異なる。そのため、病的ではない（準臨床的な）レベルのSADは、多くのパフォーマンスの問題に見られる。

アセスメント

　SADのアセスメントは、入念な面接が必要である。鑑別診断には、ADIS-IV（Brown et al., 1994；DiNardo et al., 1994）を使ってもいいだろう。付加的に役立つ方法に、自己報告式の尺度がある。例えば、習慣的な活動に基づいてネガティブな評価に対する恐怖を測定するSocial Phobia Scale（SPS）（Mattick & Clarke, 1998）や、全般的状況や社会的出来事に関する恐怖をアセスメントするSocial Interaction Anxiety Scale（SIAS）などがある。Social Phobia and Anxiety Inventory（SPAI）は、社交不安の重症度をアセスメントする（Turner, Beidel, Dancu, & Stanley, 1989）。Fear of Negative Evaluation Scale（FNE）（Watson & Friend, 1969）は、ネガティブな評価やパフォーマンス評価へ

の懸念に関連する中核的な構成概念を標的とする。スポーツに特化した尺度としては，Sport Anxiety Scale（SAS）（Smith et al., 1990）や Sport Competition Anxiety Test（SCAT）（Martens, 1977）などがある。これらは役に立つかもしれないが，社交不安障害を識別することを目的に標準化されているわけではないので，慎重に使用しなければならない。

治療法

現時点で，SAD と CBT についての心理教育，認知再構成法，段階的に社会的場面に曝露する段階的エクスポージャーを組み込んだ認知行動治療は，実証的支持の確立された基準に当てはまり，疑いもなく心理社会的治療の選択肢となっている（Barlow et al., 2002）。特に，十分に研究された SAD の治療プロトコルは，集団認知行動療法（cognitive-behavioral group therapy：CBGT）である（Turk et al., 2001）。CBGT は，集団としてのクライエントに対する治療法ではあるが，個人用プロトコルも利用できる。社会的評価に対する恐怖を最小化するために行動を制約している人は，しばしば社会的な関わりを制限するため，CBGT は合理的な治療フォーマットを提供する。症状のひどくないアスリートに対しては，個人フォーマットが役立つだろう。SAD の有効な治療法は症状の重症度に応じてたいてい 12〜14 セッションで構成される。最近の研究によれば，CBT の治療を受けた SAD のクライエントの 70〜75％は，治療終了時点で良好な機能にまで改善することを示している（もはや SAD の診断基準を満たさない）。治療後 6 ヵ月以内に再発するクライエントは極めて少ない（Barlow et al., 2002）。

SAD に対する薬物療法（フェネルジン）と CBT を比較した治療研究では，結果が一貫しなかった（Heimberg et al., 1998）。現在のところ，エビデンスが示唆するのは，競技アスリートは SAD に対する薬物療法がパフォーマンスにどのような効果をもたらすのかを確認するためにスポーツ医学の実践家に相談するべきではあるが，どちらの治療アプローチも SAD に有効な介入法である，ということである。

強迫性障害

強迫性障害（obsessive-compulsive disorder：OCD）は，人口の約 2.5％が発症し（APA, 2000），治療をしないままにしておくと，一生を通して重症度が変化する傾向にある。児童期に症状が出始めることもあるが，典型的には青年期または成人期初期に増加していく（Foa & Franklin, 2001）。SAD と同様，OCD の症状はたまに寛解するが，著しい苦痛を感じている間はたいてい増大する。

特徴

OCD は，実質的に生活機能を妨害し，著しい苦痛をもたらす反復的な強迫観念または強迫行為を特徴とする。OCD の人は発症中のどこかの時点で，症状が非合理的で馬鹿げていることを認識している（APA, 2000）。特徴的な強迫は，「煩わしく，不適切なものとして経験され，著しい不安や苦痛の原因となる，持続性のアイディア，思考，刺激，イメージ」として表すのが最も適している（APA, 2000, p.457）。クライエントは，顕在的または潜在的で反復的な強迫行為を行うことで反応し，それにより不安や関連する心理的苦痛を低減させる（Beidel & Nay, 2003）。不安や苦痛を低減させることによって，これらの強迫行為は反復的に負の強化を受け，過剰学習をする。全ての不安障害と同じように，OCD に特有の不安の回避は行動の制限をもたらし，徐々に社会的領域と職業領域を障害していく（Foa & Franklin, 2001）。

競技アスリートの OCD の発症のしやすさは，アスリートでない人と同等であるが，OCD を発症しやすい 2 つの特定の状況がある。1 つめは，競技前のルーティンと関連する状況である。たいていのアスリートは，個人的な競技前のルーティンをつくりあげており，学術文献は，それがポジティブなアスレチック・パフォーマンスと強く相関することを示唆しているが（Hardy et al., 1996），これらのルーティンがときに迷信的な儀式になってしまうことがある。迷信的な儀式自体に問題があるわけではなく，OCD と本質的に関連するものでもない。しかし，不安障害にかかりやすい傾向を持つアスリート（過度な道徳的規準や罪悪感を持つ人）（Foa & Franklin, 2001）は，こうした迷信的な儀式をポジティブな競技結果の主要な根拠とみなして，競技不安を低減する目的でも使用するかもしれない。迷信的な儀式を過度に用いたり，（苦痛からの）回避の形態の 1 つとして使用したり，パフォーマンスの成功をルーティンの使用にのみ帰属させると，これらがアスレチック機能と社会的機能の両方に悪影響を及ぼし，OCD の診断を満たすことになりうる。競技の儀式を通して OCD が高まることは，もちろんよくあることではないが，不安に陥りやすいアスリートがあらかじめ調整した状態が良くないときにパフォーマンスを拒む場合に，評価とおそらくは介入を行うために，臨床スポーツ心理士が求められるかもしれない。

2 つめの状況として，身体醜形障害がある（APA, 2000）。この障害では，容姿に欠陥があるという先入観が著しくアスリートを苦しめ，生活機能が損なわれる。しばしば OCD の一種とみなされるこの特定の障

害を持つアスリートは，自分で思う身体的欠落に執着したり，あるいは1つ以上の身体的不調について過度に心配するようになる。ボディビルやフィギュアスケートといった身体的な属性を評価するスポーツに従事するアスリートは，文脈的にOCDに陥りやすいのかもしれない。

アセスメント

入念で包括的な面接に加えて，いくつかの尺度はOCDのアセスメントに役立つ。ADIS-IVに加えて，OCDの診断で最も一般的な尺度は，Yale-Brown Obsessive Compulsive Scale（Y-BOCS）(Goodman, Price, Rasmussen, Mazure, Fleischmann, et al., 1989；Goodman, Price, Rasmussen, Mazure, Delgado, et al., 1989) である。標準化され，半構造化された10項目の質問からなるこの尺度は，症状の有無や重症度を測定する。この質問紙は，子どもに適したもの（Scahill et al., 1997）と，身体醜形障害のために開発されたもの（Phillips et al., 1997）もあって便利である。また，Compulsive Activity Checklist (CAC) (Freund, Steketee, & Foa, 1987；Philpott, 1975) は，日常生活の活動を妨害する強迫行為の程度を測定する自己評価式のツールであり，5分で実施できる。

治療法

実証的支持の確立されたOCDの治療は，個人または集団形式で行われる15セッションの行動的介入である。介入は，障害についての心理教育から始まり，その後，エクスポージャー反応妨害法（exposure and ritual prevention：EX/RP）と呼ばれる構造化された介入が行われる（Foa & Franklin, 2001；Meyer, 1966）。OCDの性質上，また強固に過剰学習された強迫的思考や強迫的儀式を中断するために強力な治療が明らかに必要であることから，15セッションはしばしば週に5日，2時間のセッションが3週間となる（Foa & Franklin, 2001）。EX/RPには，「強迫的な手がかりへの持続的なエクスポージャー，儀式行為の阻止を目指した手続き」の両方が含まれる（Foa & Franklin, 2001, p.217）。エクスポージャーは，不安を生み出す外的，内的の幅広い刺激に焦点をあてながら，イメージエクスポージャー（恐れている刺激に関連した思考やイメージ）エクササイズから現実エクスポージャー（実生活の中で恐れている刺激に曝す）エクササイズに展開していく。この方略は「恐れている思考や状況に繰り返し持続的に曝すことで，クライエントの誤った連想や評価の不当性を証明する情報がもたらされ，馴化が促される」という支持された理論に基づいている（Foa & Franklin, 2001, p.217）。

行動療法のその他の重要な構成要素は儀式（例：自己検査をやめる）をやめさせることで，これにはしばしば家族の支援を活用する。15セッションの集中的な介入後，最大12回までの付加的な維持セッションを行うことで，再発は大幅に低減するようである（Foa & Franklin, 2001）。多くの実践家は，この治療パッケージに認知再構成法（認知の変容）を追加するものの，手に入る研究結果は，その価値に関してはエビデンスが一致していないことを示唆している（Hiss, Foa, & Kozak, 1994）。身体醜形障害は，不安を生み出す状況へのエクスポージャー，儀式の阻止，歪んだ身体知覚を同定しそれに立ち向かうことを主眼に置いた認知再構成，そして自己批判的思考プロセスの遮断を組み合わせることで，クライエントの50〜75％が改善することが臨床試験により示されているので（Franklin & Foa, 2002），この知見とは一致しない。

OCDに対するEX/RPの臨床試験では，治療を受けた人のうち75％までが治療終了時に良好な機能に改善することを示している（特に付加的な維持セッションを受けた場合）。そして，ほとんどの人が，6ヵ月後のフォローアップ時点でも症状がないままである（Hiss et al., 1994）。しかし，治療を受けた一部の人々では効果が認められず，このような人には精神薬理学による治療が望ましい（Kozak, Liebowitz, & Foa, 2000）。

心的外傷後ストレス障害

疫学研究によると，少なくとも女性の20.4％，男性の8.2％は心的外傷を経験した後に心的外傷後ストレス障害（posttraumatic stress disorder：PTSD）を発症し（Resick & Calhoun, 2001），そうした人々のうち，約40％は衝撃的な出来事から3ヵ月以内にPTSDを患う（Rothbaum & Foa, 1993）。この障害は，（児童期も含め）年齢層にかかわりなく発症する。しかし，衝撃的な出来事を受けて症状が出てくるまでの期間は，個人によって実に様々である。衝撃的な出来事の後すぐに症状が現れることもあれば，完全な臨床障害になるまでに数ヵ月または数年かかることもある（APA, 2000）。衝撃的な出来事としては，戦闘，テロリズム，自動車事故，性的暴行，自然災害，犯罪被害，身体的損傷などが考えられる（Kessler, Sonnega, Bromet, Hughes, & Nelson, 1995；Resick & Calhoun, 2001）。

特徴

DSM-IV-TRでは，PTSDは，（実際のまたは起こりうる）死や傷害に関わる出来事を目撃する，経験する，またはそれに直面することに対する反応と説明されて

いる（APA, 2000）。加えて，PTSD の診断をするためには，出来事に対する激しい感情的な反応が必要である。PTSD の症状は，3 つのカテゴリーに分類される（APA, 2000）。

- 再体験（フラッシュバックや衝撃的な出来事と関連する手がかりに対する激しい心理的反応）。
- 回避や無感覚（心的外傷と関連するありとあらゆる手がかりについて何も考えられない，またはそれを回避する，感情の麻痺）。
- 生理的過覚醒（極度の驚愕反応，易刺激性，注意や集中力の低下）。

これらの症状は，しばしば行動制限を増やし，人間関係を悪化させる。心的外傷は，心的外傷時の激しい感情（恐怖のような）の不完全なプロセスを通してPTSD へと発展する。信頼，安全性，親密さ，個人の能力，責任などに関連する認知スキーマの変容も同時に起こる（Resick & Calhoun, 2001）。

PTSD の疫学率は男女ともに高く（アスリートを含む），臨床スポーツ心理士は必ずこのような臨床症状を示すアスリートに出会うだろう。PTSD は発症を予測できず，その結果は極端になるため，特に臨床スポーツ心理士にとって重要である。心的外傷被害者の個人的経験に加えて，衝撃的な出来事はチームメイトを含めたアスリートの周りにいる人にも影響を及ぼすかもしれない。さらに，目撃による間接的な心的外傷，または何らかの形で本質的に出来事を再体験することは，以前に個人的な悲劇を体験した人に PTSD を発症させる。例えば，性的な心的外傷を経験したことのあるアスリートは，チームメイトから性的暴行を受けた後に PTSD 症状を経験するかもしれない。こういうわけで，チームとともに働く臨床スポーツ心理士は，こうした残留している影響の微妙な兆候に備え，かつそれらを受け入れるべきである。

競技に関わる文脈として熟慮に値するのは，結束の強いチームの 1 人のメンバーの心的外傷に対する反応や，しばしばアメリカンフットボールのような高度にフィジカルで男性優位なスポーツに見られる「まったく感情を示さない」文化などである。このような（そして，他の多くのものも）現状は，介入努力を複雑にする。結束の強いチームでは，影響を受けていないアスリート集団に対する介入も推奨される。「まったく感情を示さない」情況では，体験の回避が極端に高くなりがちであり，（言語表現を含め）不完全な感情プロセスが生じ，それは，PTSD 発症における主要な媒介要因と考えられている（Hayes et al., 1996）。

衝撃的な出来事には，いくぶん競技アスリートに特有の特別なサブクラスが存在する。PTSD の症状学やその他の著しい苦痛は，重度で，キャリアを危うくするケガに続いて起こりうる。実際，ケガの後に PTSD を発症する有病率は，一般人口の少なくとも 9% と報告されている(Resnick, Kilpatrick, Dansky, Saunders, & Best, 1993)。この特別なテーマについては第 10 章で述べる。

アセスメント

DSM-Ⅳの一軸疾患をアセスメントする構造化面接（Structured Clinical Interview for DSM-IV Axis I Disorder：SCID-I）(First et al., 1997) は，PTSD を診断するために最もよく使われているツールである。同じく，診断用面接基準（Diagnostic Interview Schedule：DIS）(Robins, Cottler, Bucholz, & Compton, 1995)，ADIS-Ⅳ (Brown et al., 1994；DiNardo et al., 1994)，PTSD 症状尺度（PTSD Symptom Scale）(Foa, Riggs, Dancu, & Rothbaum, 1993) も利用できる。PTSD 診断尺度は短時間で実施できる，面接や 17 項目の自己評価を含む半構造化された尺度で，診断の分類や症状の重症度のアセスメントができる。Purdue PTSD Scale-Revised(PPTS-R) (Lauterbach & Vrana, 1996) や PTSD チェックリスト（PTSD Checklist：PCL）(Blanchard, Jones-Alexander, Buckley, & Forneris, 1996；Weathers, Litz, Herman, Huska, & Keane, 1993, October)は，10〜15 分で使用できる自己評価式の尺度であり，診断の分類や症状の重症度を明らかにする。これらの補助的な尺度は，臨床面接とともに，PTSD の正確な診断に役に立つ。

治療法

現在のところ，PTSD に対する最も実証的に支持された介入法は認知処理療法（cognitive processing therapy：CPT）である。CPT は，伝統的な認知療法の認知的構成要素とエクスポージャーに基づく介入法を統合したものである。治療は衝撃的な記憶の処理，衝撃的な手がかりへの体系的なイメージエクスポージャー，そして衝撃的な出来事により変容した信用，能力，安全性と最もよく関連する認知（信念システム）の再構成で構成される（Resick & Calhoun, 2001）。Foa らは (Foa, Steketee, & Rothbaum, 1989)，「安全な環境の中での衝撃的な記憶に対する体系的なエクスポージャーは，恐怖の記憶を変容させることに役立ち，脅威の手がかりは再評価され，馴化する」と主張している(p.172)。CPT エクスポージャーはクライエントに，衝撃的な出来事の異なる要素を文章で説明させる，セッションの間はセラピストに，そして毎日自分にその説明を読む，古い信念体系と葛藤を引き起こしてい

る新しい情報との間の矛盾を確認する，といったことをさせる。このようにして，治療の間にエクスポージャーと認知再構成的要素を統合させるのである。

　エクスポージャー・エクササイズの目標は，恐怖の手がかりをなくすことである。しかし，一度，治療期間中にこれらの手がかりがなくなったとしても，その人は衝撃的な体験に基づいた自己や世界に対する変容した信念を持っている。クライエントは，その環境の中では脅威の手がかりに対して過剰に反応しなくなるだろうが，変容した認知は著しい苦痛の原因であり続けるだろう。したがって，CPTでは，認知再構成法が治療の中心的要素となる。認知再構成法は，過去の信念システム，衝撃的な出来事，変容した新しい信念システム（この信念システムが今や，脆弱性，安全性の欠如，親密になることへの恐れ，個人の能力に対する脅威，そして，自己・他者・環境への信頼の欠如をもたらしている）との間の結びつきを引き出すことで，PTSDの変容した認知を改善する。古い信念システムと新しい情報の間に生じる矛盾は，様々な症状（例：身体覚醒の増大，認知の歪み，行動回避）の原因となる。このように，CPTの認知再構成的要素は，過去の信念システムと心的外傷によって形成された新しい信念体験の間の矛盾に対峙しようとする。例えば，性的外傷を負う前は，リセットはアスリート，学生，友人としてうまくいっていると自信を持っていた。つまり，身近にいる人を信頼し，世界は概して安全な場所であるという基本的信条を持っていた。彼女が大学2年生のとき，社会との関わりの中で，ある友人が彼女を性的に暴行した。その出来事の後，彼女はPTSDの症状を発症し，以前持っていた自己，他者，世界についての信念を疑うようになった。彼女は，自尊心をなくし，競技に対する動機づけを失い，これまで大切にしていた友達から離れた。さらに，男性との関係を築くことを恐れ，人をほとんど信頼しなくなり，世界は本質的に危険な場所だとみなすようになっていった。リセットの変容した信念システムを克服することは，まさにCPTの認知再構成要素の目的である。

　CPTは，一般的に9〜12セッションの個別の形式で行われ（Resick & Schnicke, 1993；Rothbaum & Foa, 1992），エクスポージャー・エクササイズと，PTSD症状経験をしている人の非機能的な中核的信念を直接的に変容させようとする介入を組み合わせる。セッション間に，しばしば，衝撃的な出来事を様々な観点から物語風に表現することがホームワークとして課され，これが主要な治療の構成要素となる。実証的データによると，CPTによる治療を行った場合，PTSDの診断を満たしていた患者の90％までが，治療後やフォローアップの時点ではPTSDの診断から外れることを示唆している（Resick & Calhoun, 2001）。このデータはCPTの著しい有効性を示唆しているが，この治療アプローチに興味を持つ読者は，使用前にこのプロトコルの特定の構成要素について熟知しておく方がよいだろう。これらの手続きをPTSD被害者に不適切に使用すると，再び心的外傷を蘇らせ，クライエントの全体的なウェルビーイングを悪化させることになりうる。

気分障害

　心理療法を紹介された人の多くが気分障害であり，アスリートの懸念の大部分も気分障害である。実際，臨床スポーツ心理学の中で気分障害が多い理由の1つは，気分障害が著しい感情困難を引き起こし，気分と機能をよくするには支援が必要だと自分で認識するほどにまで日常機能に影響するためである。当然ながら，かつては楽しめた活動に対する興味の減少，不快な気分，疲労，睡眠困難，集中力の変化といった症状は，パフォーマンスと生活機能の両方に確実に影響を及ぼすため，アスリートにとっては重要である。たとえアスリートが個人的に支援を遅らせたとしても，アスリートと親しい人（家族，コーチ，友人）が，アスリートに明らかに悪影響しているものに対して治療を勧めることが通常である。DSM-IV-TR (APA, 2000)に分類されている気分障害の中でスポーツ心理士が最もよく出会う気分障害は，大うつ病性障害，双極性障害，気分変調性障害である。これらは全て正常な気分状態からの実質的な逸脱を伴い，付加的に認知・行動・身体症状を持っている（Truax & Selthon, 2003）。以下，各障害について考察していく。

大うつ病性障害

　大うつ病性障害（major depressive diorder：MDD）は青年や成人の間で最も一般的な心理学的障害で，生涯有病率は，女性で20〜25％，男性で10〜12％である（Kessler et al., 1994）。MDDは年齢に関係なく発症するが，発症のピークは15歳から29歳の間である（Burke, Burke, Regier, & Rae, 1990）。高校から大学院のアスレチック環境で働く臨床スポーツ心理士は，必ずMDDに出会うだろう。アメリカにおいては，うつ病は身体障害の主要な原因でもあり，心臓発作，脳卒中，糖尿病，がんのリスクを増加させる（National Institute of Mental Health [NIMH], 1999）。もちろん，誰がうつ病を経験するのかを予測するのは簡単なことではない。しかし，1つのうつ病エピソードを経験する人の2/3以上は，効果的な治療を受けない限り，さらなるうつ病エピソードを経験する（Teasdale et al.,

うつ病はスポーツ以外の領域の機能を妨害する一方で、アスリートの些細なパフォーマンスの失敗に対処する能力、役割変化に適応する能力、人間関係を修復する能力をも低減させる。

2000）。MDD は早期に見つけることが重要であり、MDD を治療しなければ、主要な生活領域に全てに悪影響を及ぼすことになる（Truax & Selthon, 2003）。

特徴

MDD の主な特徴は、ほとんどの活動に対する（特に以前は満足していたことに対する）喜びの減退、あるいは興味の喪失と関連する、ほぼ毎日の不快な気分（少なくとも検査時の 2 週間前から続いている）である（APA, 2000）。他に、精神運動性の興奮、精神遅滞、意図しない体重の著しい変動、疲労またはエネルギーの喪失、睡眠障害、集中力の低下、罪悪感、無気力、自殺念慮の再発、死についての反復的思考などの症状も見られる。重度の MDD の 15％は、自殺によって亡くなる（APA, 2000）。

MDD はたいてい、いくつかの生活領域にまたがって生活機能を低下させる。アスリートは、チームメイトやスタッフに対して怒りやすくなり、興味を失い、無気力な行動、練習中や試合中の集中力低下を示すかもしれない。こうした症状は、スポーツ環境においては容易に、動機づけの喪失、薬物またはアルコール使用、セルフケアやトレーニングなどに対する注意力の欠如と誤って解釈されるため、臨床スポーツ心理士は、特にこれらの症状パターンを意識しておくべきである（Cogan, 2000）。チームメイトやスタッフによるそのような誤解は、アスリートの抑うつ症状を悪化させうる。うつ病に気づかない人は、そのアスリートが**間違っていることをしているかのように**対応するかもしれないからである。

MDD に関連する最も実証的に支持された病理プロセスは、素因ストレスモデルである。このモデルでは、生物学的・心理学的脆弱性（早期の不適応スキーマ）は重大な出来事や一連の出来事によって引き起こされる。誘発されたスキーマ、つまり世界に対する評価や解釈によって学習された認知構造は、自己、他者、将来に対するネガティブな解釈を促し、これまで満足感を得ていた人間関係やその他の活動から体系的に引き下がらせる（Young, Weinberger, & Beck, 2001）。その結果、アスリートは、生活の中でポジティブな（特に社会的な）強化を受ける機会が少なくなり、抑うつ症状をさらに悪化させる。

アセスメント

他の障害と同様、様々な気分障害の正確な診断には、入念で包括的な面接とクライエントの生育歴が必要である。SCID-I（First et al., 1997）と診断学的面接基準（Diagnostic Interview Schedule：DIS）（Robins et al., 1995）は、DSM の多様な気分障害の兆候や症状を入念に調べるための 2 つの面接フォーマットである。Diagnostic Interview for Children and Adolescents（DICA）（Herjanic & Campbell, 1977）は、特に 6〜17 歳のクライエントに役立ち、友達との人間関係の機能、学校での行動、家での行動をアセスメントする。

面接フォーマットに加えて、気分障害（特に MDD）の診断に最もよく使用される自己評価式尺度は、ベックうつ病質問表Ⅱ（Beck Depression InventoryⅡ：BDI-Ⅱ）（Beck et al., 1996）と Center for Epidemiological Studies Depression Scale（CES-D）（Radloff, 1977）である。BDI-Ⅱは、13 歳以上を対象とし、うつ病性障害で見られるあらゆる症状とその重症度をアセスメントする（Beck et al., 1996）。さらに、最小、軽度、中等度、重度のうつ病に対応する重症度のカットオフを提供する。CES-D は、うつ病の感情要素に焦点をあてており、臨床的なうつ病の有無を示すカットオフ得点を設けている。

治療法

現在、MDD の実証的に支持された治療法として確立されているものには、行動療法（Jacobson et al., 1996）、認知行動療法（Beck et al., 1979）、対人関係療法（Gillies, 2001；Klerman & Weissman, 1993）の 3 つがある。これらの治療法を個別に紹介する。

うつ病に対する行動療法

うつ病に対する行動療法（behavior therapy：BT）には、2 つの明確に異なる治療法がある。1 つめは、能動的・直接的に行動を扱う技法で、例えば、活動の記録をつける、行動を増やすために段階的な行動計画を立てる（以前は楽しんでいた活動の頻度を増加させるために）、より効果的な問題解決スキルや社会的スキルを向上させるためのスキルトレーニングを行うなどが挙げられる（Jacobson et al., 1996）。

2つめは，MDDと夫婦関係の問題に同時に苦しんでいる人に対して行う，行動に基づいた夫婦療法を活用している（Beach, Sandeen, & O'Leary, 1990 ; Jacobson, Dobson, Fruzetti, Schmaling, & Salusky, 1991）。この治療法では，クライエントはコミュニケーションスキルを高め，より着実に適切な関係行動を強化し，お互いが最も望む特定の行動を養い，変わりそうにないお互いの側面を受け入れる。

うつ病に対する認知行動療法

認知行動療法（CBT）は，非機能的態度や信念（例えば，自己，他者，将来に対する個人のネガティブな見方）を修正する指示的な形式の心理療法である（Beck et al., 1979）。治療の前半は，活動的かつ客観的に思考パターンを分析し，直接的に日常的な行動に関する活動を増やし，うつ病に関連するその瞬間その瞬間の考え（自動思考）の正確性について，論理的に疑う。これらの自動思考は，しばしば悲観的な傾向や抑うつ症状を悪化させる認知の歪みを含む。最も一般的な認知の歪み（Beck, 1995）を以下に示す。

- **破局的思考**：実際に生じているネガティブな出来事の兆候や他に起こりそうな結果をよく考えずに，将来についてネガティブな予測をする。
- **感情的な理由づけ**：相矛盾する情報があるにもかかわらず，感情は現実に基づいており，真実に違いないと信じる。
- **ネガティブ思考**：ポジティブな出来事にはほとんど意味がないと思う一方で，ネガティブな出来事を拡大視する。
- **読心術**：反対の証拠に関係なく，他人が考えていること（一般的にはネガティブな考え）を予測できると信じている。
- **個人化**：他の可能性のある原因を考えずに，他の人々のネガティブな行動や感情は自分のせいだと考える。
- **トンネル視**：状況のネガティブな要素のみに焦点をあて，ポジティブまたは現実的な側面を見ない。
- **全か無か思考**：状況を二分法や裏表で見る。白黒思考としても知られている。
- **ラベリング**：自己，他者，または出来事の見方（一般的にはネガティブ）が強固で，他の，おそらくはより現実的な仮説を考慮しない。
- **心のフィルター**：状況を幅広く見ることなく，もっぱら1つのネガティブな側面に焦点をあてる。
- **過度の一般化**：ある状況の一側面に基づいて，全てを（一般的にはネガティブに）結論づける。
- **すべき思考**：自己や他者は〜すべきという厳格な考えを持ち，自己や他者の期待から逸脱することがどれほど不快に感じるかを拡大視する。

CBTの後半では，患者がMDDの影響を受けやすい中核的信念（早期の不適応スキーマ）を認識し変容させていく。アスリートに影響を及ぼしている一般的なスキーマについては，第2章を参照のこと。

うつ病に対する対人関係療法

対人関係療法（interpersonal psychotherapy：IPT）は，実証的に支持されたMDDの治療法として3番目に挙げた治療法である。IPTはうつ病の原因を仮定していない（Klerman & Weissman, 1993）。この療法はマニュアルに基づく介入であり，MDDと関連するクライエントの対人関係機能を同定し，変容させる。介入は，解消されない悲しみ，対人関係上の不和，対人関係（スキル）の欠如，関係性の問題，役割変化に焦点をあてる。それは，「症状の除去，再発や再燃の予防，続発症状をなくすために心理的問題の原因を改善する，うつ病によって二次的に生じる結果を改善する」ことを対象にしている（Gillies, 2001, p.311）。IPTの目標は，現在の対人関係の状態を解決することである。その中で，生産力を高め，ネガティブ感情を減らす。

臨床スポーツ心理士は13〜22歳のアスリートを頻繁に扱うため，IPTが特に抑うつ症状を伴う青年期の若者に役立つと考えられることを知っておくことは重要である。対人関係の機能，役割移行や不和，うつ病に焦点をあてるIPTの本質は，青年の変化するニーズに論理的に合っているように思われる。IPTには，現在に焦点をあてていること，柔軟なセッション頻度，電話でのコンサルテーション，能動的で支持的な実践家の関与，学校や両親の問題に対する実践家のアドボカシーなど10代になじみやすい特徴がある。対人関係療法は青年アスリートの，特に，厳密な計画のトレーニングを受けている人や家から離れている人の要望に合わせることができる。

これらの3つの心理的介入（BT, CBT, IPT）は，治療後のフォローアップ時点において，うつ病の評価とMDDの診断基準を満たすクライエントの数の両者を臨床的に有意に減少させることを示した。しかし，臨床スポーツ心理士はどのようにしてうつ病のアスリートに対する治療法を決定するのだろうか。おそらく，この質問に対する明確な答えはないだろうが，最近のエビデンスはいくつかの一般的な結論を示唆する（Craighead, Hart, Craighead, & Ilardi, 2002）。

- パーソナリティ障害を併存するクライエントは，CBTの治療反応が良いように思われる。
- より実存的なうつ病のクライエントは，BTよりもCBTの方が良いように思われる。
- 顕著な非機能的信念（認知の歪み）を持つクライエントは，CBTよりもIPTの方が治療反応は良い。
- 重度の対人関係上の問題を示すクライエントは，IPTよりもCBTの方が治療反応は良い（Sotsky et al., 1991）。
- CBTは，治療前のうつ病が軽く，処理能力が高く，適切な対人関係を築くことができ，安定した親密な関係性を築くことのできるクライエントに最適である。

　後半の3つの結果から，うつ病に対する実証に基づいた治療法は，最も深刻な弱みを補ったり取り除いたりすることに焦点をあてるのではなく，それよりも，既存の強さを立て直すことや，あまり深刻ではない弱みを改善することに焦点をあてると最も効果があることがうかがわれる。

　中等度から重度のうつ病患者に対する精神薬理学的な治療法は，心理社会的治療法と同等の結果をもたらす（Craighead et al., 2002）。現在のところ，実証的に支持された治療法と精神薬理学的な治療法の組み合わせが，個人精神療法よりも効果があるかどうかを判定するのに十分なデータは存在しない。

大うつ病性障害に対する治療法

行動療法

能動的-直接的な方法
- 行動活性化，問題解決スキルトレーニング

夫婦の行動療法（BT）
- コミュニケーションスキルの向上，一貫した強化，受容

認知行動療法（CBT）
- 非機能的思考パターンの変容
- 行動活性化
- 中核的信念の変容

対人関係療法（IPT）
- 役割の不和，情動不安，役割移行，未解決の悲哀に焦点をあて，スキルの欠如を変容することにより，対人関係パターンの機能を変容させる

双極性障害

　生涯有病率は，アメリカの人口の2.5％が双極性障害にかかる可能性があることを示している（Kessler et al., 1994）。双極性障害の経過は長期にわたり，再発率や遺伝率が高く，一卵性双生児における一致率は約70％である。一般的にクライエントは，うつ，躁，軽躁のエピソードの間の期間はうまく機能しているが（APA, 2000），エピソード中の症状は極度に苦痛に満ちており，危険な結果を導くことがある。双極性障害は，世界的に見て身体障害で6番目に多い主要原因であり（Murray & Lopez, 1996），双極性障害の25％のクライエントは自殺を試みる（Hopkins & Gelenberg, 1994）。

特徴

　双極性障害は気分，認知，行動の機能不全を特徴とする，重度で循環的で反復的な障害である（APA, 2000；Miklowitz, 2001）。双極性障害の中核要素は極度の感情制御困難であり，しばしば低い気分状態（うつ）と高い気分状態（軽躁または躁）が交互に現れる。こうした変化は1日の中で現れることもあれば，数ヵ月かけて現れることもある。

　双極性障害の診断には，他の全ての心理学的診断と同じように，症状が1つまたはそれ以上の重要な生活領域（仕事，学校，社会，結婚生活など）を障害していることが必要である（APA, 2000）。双極性障害は，双極Ⅰ型障害（躁状態が含まれる）または双極Ⅱ型障害（軽躁状態が含まれる）として診断される（APA, 2000；Truax & Selthon, 2003）。躁症状を伴うクライエントは，非常に高揚し，動揺し，誇大で，妄想症状を伴うこともあるので，2つのサブタイプのうち双極Ⅰ型障害の方が重症である。躁病エピソードを経験しているクライエントは多幸気分を示す。多幸気分は極端に高まるか，もしくは興奮性になり，睡眠の必要性が減り，高リスクの行動または自己破壊的な行動（物質乱用，性的行為，浪費）を伴う目的志向型の行動が増え，多弁になり，認知的内容が混乱する（誇大妄想，観念奔逸，注意力散漫）（Miklowitz, 2001）。躁病エピソードと診断するには，これらの症状が1週間以上続いていなければならない。双極Ⅱ型障害（軽躁）のエピソードを経験しているクライエントも同じような症状を示すが，多くの場合，症状はより短期間で軽度なうえ，機能障害のレベルも低い。

　双極Ⅰ型障害患者の40％もが，少なくとも1週間，毎日，大うつ病エピソードと躁病エピソードの**両方**の診断を満たす混合性エピソードを経験する（Calabrese, Fatemi, Kujawa, & Woyshville, 1996）。急速交代型の双

極性障害（双極Ⅱ型障害のクライエントによく見られる）は，1年以内に少なくとも4つの控えめなうつ，躁，軽躁，混合性エピソードを経験する。双極性障害は，一般的に不安障害，パーソナリティ障害，物質使用障害と併存する（Miklowitz, 2001）。これらの障害は，全て感情制御不全と関連する。物質使用やパーソナリティ障害と診断された患者の多くは，実際には診断や治療がなされない双極性障害にも苦しんでいると指摘する人もいる（Akiskal, 1996）。

双極性障害は，様々な形でアスリートに現れるかもしれない。それは以前に十分に機能していたアスリートにおける突然で極端または異常な行動として，あるいは過度に自己破壊的な行動，暴力的な行動，物質に関連した行動として現れるかもしれない。さらに，双極性の症状は，普段は反応が遅く，集中していないアスリートにおいては，活動過多と誤って認識されるかもしれない。躁エピソードは（より重度なので）たいてい明確に識別できるが，軽躁エピソードは不当に診断され，薬物，アルコール，注意欠如障害の結果と誤って解釈されることが多い。全体的には，双極性障害に関連する極端な行動は，最終的には一貫性のない行動の乱れ（練習に来ないなど），短期的・長期的な出場停止，さらには早期の引退に至る。

アセスメント

MDDの事例と同様に，双極性障害のアセスメントは入念な面接と，可能であれば補助的な精神測定的手段の活用が必要である。双極性の症状を持つ人は，しばしばパーソナリティ障害，物質使用障害，注意障害と誤って診断されるため，SCID-Iの気分障害の項（First et al., 1997）は明確な診断分類を提供する可能性がある。さらに，Altman Self-Rating Mania Scale（ASRM）（Altman, Hedeker, Peterson, & Davis, 1997）は，躁エピソードのスクリーニング用に開発された。しかし，これだけでは双極性障害の診断はできないし，また，これらの障害を過剰に認識してしまう可能性がある（Altman, Hedeker, Peterson, & Davis, 2001）。

治療法

残念ながら，はっきりと実証的に支持された双極性障害の心理社会的治療法は存在しない。しかし，ライフイベントや家族のストレッサーが気分障害の症状を悪化させると考えられているため（Miklowitz, 2001），これらのストレッサーに焦点をあてた心理的介入法は，関連する症状の軽減に役立つかもしれない。さらに，実証的なエビデンスはこれまでのところ，精神薬理学的介入法と家族焦点型治療法の組み合わせが精神薬理学的介入法を単独で行うよりも効果的であること

を示唆している（Craighead, Miklowitz, Frank, & Vajk, 2002）。

利用可能な治療法の選択肢の中では，家族焦点型治療法（Miklowitz & Goldstein, 1997）が実証的な支持を最も集めた双極性障害の治療法である。この治療法は，一般的に20セッション行い，以下のものからなっている。

- 双極性障害の特性や経過についての家族心理教育。
- 家族間で高レベルの感情表現を減らすことに焦点をあてた家族コミュニケーション向上トレーニング。
- 家族問題解決スキルトレーニング。
- 服薬コンプライアンスについての家族の十分な協力。

これらの個々の構成要素において，家族焦点型治療法ではクライエントと家族の双方と協力して，6つの治療目的を定義する（Miklowitz, 2001）。6つの治療目的とは，個人と家族の双極性障害の経験を統合すること，将来的に双極性エピソードが起こりうると認識すること，症状の低減と効果的な機能の増加における向精神薬の重要性について理解すること，クライエントの気分障害とパーソナリティを区別すること，ストレスの多い出来事が生じたときに活用できるコーピング方略を学ぶこと，双極性エピソードの間に試されるかもしれない対人関係を修復し維持すること，である。

家族焦点型治療法は新しい介入法であるので，現時点では十分な実証的支持を集めておらず，主に家族との関係が親密な成人に対して実施されている。青年に対する家族焦点型治療法プロトコルは，現在作成が進められている。コミュニケーションの向上や問題解決スキルトレーニングのような構成要素は，若いクライエントに対して役立つかもしれないが，児童や青年に対する家族焦点型治療法の有効性についてはまだ明らかになっていない（Miklowitz, 2001）。

気分変調性障害

気分変調性障害（dysthymic disorder：DD）の生涯有病率は，アメリカの人口のおよそ6%である（APA, 2000；Kessler at al., 1994）。児童期の男女の発症率は同程度だが，成人期においては，女性の方が発症率が高い（APA, 2000）。DDは，早期（児童，青年，成人早期）に発症する傾向があり，他の気分障害よりも慢性的な経過をたどる。

特徴

DDの極めて重要な特徴は，緩やかで適度な抑うつ気分が少なくとも2年間続くことである（APA, 2000）。

この障害を持つ子どもは，特に落ちこんでいるようには見えないかもしれないが，イライラしている様子が見受けられたり，不十分な社会的スキルを示したりする。DDの人は多くの場合，慢性的な感情状態に慣れていて，軽度から中等度の落ちこみを正常な気分状態だと感じているため，自ら落ちこんでいるとは言わない。このため，一般的に気分変調性のクライエントは，抑うつ症状を心理士に説明しない。その代わりに，明らかに抑うつの特性があるにもかかわらず，「これが私なのです」と主張するだろう。このようなクライエントが抑うつ症状を述べるときは，多くの場合，一般的な気分変調状態からさらに気分が悪化したときである。この期間には，活力の低下，睡眠障害，食欲の変化，活動に対する興味の低下を示すかもしれない。また，絶望感の増加と自尊心の低下もこの期間に見られることが多い。

DDを示す人は，意思決定の困難，集中力の低下，自己批判の増大について述べ，基本的に自分は他者よりも能力や興味が少ないとみなしている（APA, 2000）。DDと大うつ病性障害（MDD）は似ているかもしれないが，両者は診断的にも機能的にもまったく異なる。DDでの抑うつ症状は相対的に慢性で緩やかであり，数年にわたって現れる。一方MDDでの抑うつエピソードは，より急性で重度である。機能的な観点から見ると，MDDの個別エピソードの期間中は，クライエントは日常生活でより大きな障害を経験するだろうし，主観的な個人内の苦痛のレベルが高いことを報告し，社会的，職業的混乱を経験している。一方で，DDのクライエントは，より慢性的な関連行動を示し，長期的な対人関係の困難を経験し，症状を機能的な障害が示唆するほどには問題として述べない。

若者（大学生まで）で構成されるスポーツ環境で働く臨床スポーツ心理士は，しばしばDDに出会う。この障害がゆっくりと発症し，知らぬ間に進行するのがこの時期だからである。DDの小児や青年はしばしば，一貫した喜びを経験できないし，イライラしていて慢性的に不幸に見えることを覚えておいてほしい。これらの子どもが苦しんでいるときは，落ち着かせるのが難しい。症状の実態に基づくと，特に低エネルギー，低い自尊心，無力感，集中力の低下を示すアスリートは，より感情を制御できる若いアスリートと比べると，エリート競技選手になる可能性は低いかもしれない。

すでに述べたように，DDを示す成人のアスリートは，最初に自分がうつ状態にあるとは言わないだろう。なぜなら，彼らの基本的な感情状態は穏やかなうつ状態であり，彼らはそれを慢性的な倦怠感，イライラ，最小限の生活の楽しみ，慢性的な悲観主義などと表現しているからである。彼らは，自身の感情状態を正常だとみなしているため，最初は自身が事実上うつ状態にあるとは信じないかもしれない。それゆえ，こうしたアスリートは，慢性的なうつ病のレベルが急性の外的な出来事によって強くなったときにしか，治療を求めないかもしれない（そのため，二重うつ病へと発展する）。アスレチック領域では，DDのアスリートはくよくよ思い悩み，楽しませるのが難しいように見えるかもしれない。また，アスレチックの追求を楽しんでいるようには見えず，なだめるのに多くの時間や配慮を必要とするかもしれない（たいていコーチングスタッフによって気づかれる）。頻繁に不幸を感じ，不満を訴えることや悲観主義は全て，DDを示しているかもしれない。

MDDにDDが併発しうること（「二重うつ病」と呼ばれるに）については気をつけなければならない（McCullough, 2000；Truax & Selthon, 2003）。すでに述べたように，多くのDDのアスリートは，自身の軽いうつ状態を抑うつとは見なしていない。その代わりに，自分自身のことを，悲観的でひねくれていて，ポジティブな気分状態を感じないと表現するだろう。DDは一般的に徐々に発症し，慢性的な経過をたどるため，アスリートはDDの症状を悪化させる状況変数に基づいた大うつ病エピソードを経験することもある。DDとMDDは，まったく別のものとして概念化されているため，アセスメントと治療法の検討が重要になる。McCullough（2000）は，DDは発症が早く慢性的な経過をたどるため，DDのクライエントは慢性的なネガティブ感情を低減させるために必要なスキルを身につけていないことを示唆している。一方，MDDは，より状況的で一時的な障害であるため，クライエントは事前に必要なスキルを身につける機会があり，それぞれのうつ病エピソードの間にスキルを使用することにのみ困難を感じる。このように，二重うつ病エピソードがあると，アスリートはこれらの障害の壊滅的な影響を受けやすくなるだろう。適切な治療を行わない限り，これらはアスリートのウェルビーイングに破壊的な影響を与えうるため，臨床スポーツ心理士は，MDDとDDの組み合わせを正確にアセスメントすべきである。

アセスメント

一般的に，DDのアセスメントには，MDDと同様の面接（SCID-I）と心理評価（BDI-II, CES-D）が必要である。しかし，DDには慢性的な特徴があるため，臨床家は入念にアスリートの抑うつの経過を見直すことが求められる。特に，アスリートが心から楽しみ，満足できていた状況を確認する必要がある。一般的

に，SCID-Iの結果ではDDに当てはまり，BDI-ⅡまたはCES-Dの得点では軽度から中等度の抑うつ状態に当てはまる。経過の所見では，DDの人はほとんど（仮にあったとしても）人生を楽しんでおらず，満足していないことを示すだろう。

治療法

現在，DDに対する実証的に支持された治療法は確立されていない。しかし，認知，行動，対人関係の方略を統合した構造化された介入法は，かなり期待できる。この新しい介入法は，心理療法の認知行動分析システム（cognitive behavioral analysis system of psychotherapy：CBASP）(McCullough, 2000)として紹介され，優れた結果を示しており，現時点でDDに対するおそらく有効な介入法と考えられている。この介入法がDDの確立された介入法に分類されるためには，異なる研究チームによって効果を示されることが待ち望まれる。

CBASPの治療法では，社会的問題解決や他者に対する共感的な反応を高め，望ましい対人関係を生み出すために求められる特定の行動スキル（アサーティブネス，ペアレンティング，葛藤解決スキルなど）の向上に焦点をあてる。CBASPは気づきの機能を高め，対人関係を良くすることで，慢性うつ病を低減する。これは注目すべきアプローチではあるが，伝統的なCBTとIPT（MDDの節で述べた）の要素を統合したものである。

CBASPモデルによると，慢性うつ病はコーピングの失敗によって発展する（McCullough, 2000）。コーピングの失敗は，抑うつ状態の人の他者との関係性や世界に対する認識に影響し，クライエントを環境から切り離す。慢性うつ病の人は，知覚された関係性の問題，効果的ではないコーピング反応，そして環境との断絶に，他者や世界との関わりをさらに制限することで反応する。その結果，限定的な社会的フィードバックや強化しか受け取ることができなくなり，さらなる絶望感や無力感を引き起こす。これが不快，離脱，ひきこもりの循環的なパターンをつくりだす。

CBASPの治療法は，自分の行動から生じた特定の結果を認識することを手助けすることで，慢性うつ病のクライエントと環境との結びつきを強くする。社会的問題解決を高めること，共感的な応答を促進すること，動機づけのツールとして負の強化の原則を用いること，これらは全てCBASPアプローチにとって不可欠な構成要素である（McCullough, 2000）。

摂食障害

最も一般的な2つの摂食障害は，神経性大食症（bulimia nervosa：BN）と神経性無食欲症（anorexia nervosa：AN）である。摂食障害とアスリートに関する文献レビューの中でSwoap & Murphy（1995）は，アスリートが摂食障害を発症する頻度は，一般の人々と比較するとかなり高いことを報告している。著者らによると，かなりの割合のアスリート（男女ともに）が，病的な摂食や体重減少の行動をとっている。こうした行動はスポーツに特異的で，例えばレスリングや体操などでは，アーチェリーやサッカーよりも有病率が高い。Swoap & Murphy（1995）は，一般人口の乱れた摂食と関連する同じような社会学的または心理学的問題は別として，スポーツに特異的な体重制限，評価基準，仲間やコーチからのプレッシャー，仲間との比較，アスレッチック・パフォーマンスの要求といった問題が，アスリートの摂食障害や体重に関わる行動を生じさせることに関連した付加的要因であると論理的に示唆している。臨床スポーツ心理士にとってさらに腹立たしいことに，スポーツ文化の特徴が，アスリートを摂食障害が生じやすい状態におき，自分の行動を問題とみなさないようにさせ(Sherman & Thompson, 2001)，そうしたアスリートが助けを求める（あるいは助けを受け入れる）可能性を低くしてしまうことがある（Petrie & Sherman, 2000）。多くの一般の摂食障害のクライエントは，自ら助けを求めるのではなく，身近な人に勧められて治療を受けに来るのだから（Stein, Goodrick, Poston, & Foreyt, 2003），スポーツに関する要求やプレッシャー，絶えることのない他者との比較がある摂食障害のアスリートが，自ら治療を求める可能性は，さらに低くなるものと思われる。

神経性大食症

若年女性の神経性大食症（BN）の有病率はおよそ2～3％であり，一般的には青年期後期または成人早期に発症する（APA, 2000；Fairburn et al., 1995；Hsu, 1990）。摂食障害はしばしば，気分障害，不安障害，物質使用障害，パーソナリティ障害といった他の精神病理と併存する。残念なことに，一般的にBNは，慢性で軽減しない経過をたどる（Fairburn et al., 1995）。可能性はあるものの，BNは一般人口においては男性にはめったに見られない（Hsu, 1990）。体重制限が課される男性アスリートにおいてBNの有病率が高まる可能性はあるものの，男性アスリートの摂食障害の有病率は，現時点では明らかになっていない。

スポーツの文化や期待は、細い体形を維持するようアスリートにさらなるプレッシャーをかけ、悪影響を与える摂食パターンは見過ごされるか、最小限に評価されるかもしれない。

特徴

　DSM-IV-TR において BN は、大量の食事の無制御な消費（過食）、嘔吐や下剤による浄化、徹底的な食事制限、強迫的で厳しい運動といった体重や体形に影響する方法の定期的な使用、体重や体形に関する過度な自己評価など、いくつかの臨床的な特徴によって特色づけられている（APA, 2000；Wilson & Pike, 2001）。一般的に BN の人は、ネガティブな気分があるために過食を行い、過食や排出行動は即座にネガティブ感情を緩和させるのに役立つ。しかし、すぐに自己批判を行い、恥や低い自尊心を感じ、自分の行いに対して罪悪感を抱くため、短期的なネガティブ気分の低減はまさに限定的である（APA, 2000）。

　メディアは、BN を過食と排出行動の**両方**を含むものとして表現しているが、実際には排出行動の存在の有無によって、BN には 2 つのはっきりと区別できるサブタイプが存在する（APA, 2000；Stein et al., 2003）。排出行動（嘔吐、下剤、利尿薬の使用）を行わない人は、過度の運動や激しいダイエットの期間を代替方略とする。過食に排出行動が伴わない場合は、しばしば過食症と呼ばれ、軽度から重度までの様々な重症度で発症しうる。サブタイプにかかわらず、BN に苦しむクライエントの大多数は、体重が正常な範囲内にある（Wilson & Pike, 2001）。

アセスメント

　摂食障害（BN と AN の両方）をアセスメントするための標準的な尺度が存在する。摂食障害が疑われた場合、これらの尺度は特定の障害を同定し、クライエントに当てはまらない他の障害を除外する。

　アセスメントは、臨床的な半構造化面接または構造化面接から始まる。最もよく知られていて、広く使用されている面接は、Eating Disorder Examination（EDE）（Fairburn & Cooper, 1993）である。役立つ自己評価式の質問紙としては、Eating Disorders Inventory-2（EDI-2）（Garner, 1991）、Binge Eating Scale（BES）（Gormally, Black, Daston, & Rardin, 1982）、EDE の自己評価式版である Eating Disorder Examination Questionnaire（EDE-Q）（Fairburn & Beglin, 1994）がある。これらは全て、クライエントの行動パターンや心理的特徴を理解し、BN と AN の診断を見分けるのに役立つ。

　臨床スポーツ心理士は、正式な摂食障害のアセスメントに加えて、摂食障害の診断は満たさないがアスリートの全体的なウェルビーイングに悪影響を与えている摂食障害のパターンに気づき、アセスメントするべきである（Sherman & Thompson, 2001）。あらゆる摂食障害のパターンと、それがアスリートへ与える影響を包括的に理解するために、念入りなアセスメントをする際は、アスリートの感情、認知、行動のプロセス、関係する社会文化的要因および家族要因などを含めるべきである。さらに、ストレングス、パワー、持久力の変化など、摂食障害がパフォーマンスに与える影響もアセスメントするべきである（Sherman & Thompson, 2001）。このようなパフォーマンスの低下（摂食障害から生じるもの）は、コンサルテーションを必要とする最初の理由かもしれない。それゆえ、アスリートがこうした変化を報告するときには、実践家は摂食障害が原因であるかどうかをアセスメントするべきである。

治療法

　今日までの実証的なエビデンスによれば、BN の治療の第一選択肢は、多数の無作為化比較試験で有効性が示されているマニュアル化された認知行動療法（CBT）である（Wilson & Fairburn, 2002）。CBT は、直接的な行動への介入（セルフモニタリング、摂食スケジュール）と行動を維持する非機能的な態度や信念の変容によって、抑制された摂食行動を弱める。BN に対する CBT はドロップアウト率が極めて低く、BN と関連する食事制限行動や摂食障害行動を減らし、低い自尊心や抑うつといった併存する心理的問題を改善するのに最も有効な方法だと思われる。BN に対する CBT の成功を最もよく予測する要因は早期の治療反応であり、症状の改善は最初の 4 セッションで現れることが最も多い（Wilson & Fairburn, 2002）。さらに、問題のある対人関係行動と状況の両方に焦点をあてた精神薬理学的な介入法と対人関係療法も、BN の治療にある程度有効であることが示されている。しかし、CBT プロトコルは、対人関係療法よりも症状の改善が著しく早い。また、CBT プロトコルは精神薬理学的な

治療法よりも再発率がはるかに低く，はっきりとした治療効果が予測できる（早期の反応）唯一の介入法であることから，現時点では一般的に好まれるBNの治療法となっている。そうはいっても，CBTでうまくいかない患者にとっては，他の介入法が実行可能な選択肢となる。

神経性無食欲症

　一般人口における女性の神経性無食欲症（AN）の有病率は0.5〜1％であり，男性においてはめったに報告されない（Wilson & Pike, 2001）。これらのデータは，女性の体重や体形に関する社会的プレッシャーの強さを示唆している。ANはめったに男性には発症しないが，体重が関連するスポーツを行う男性アスリートは，ANの症状を示す可能性がある。しかし，男性アスリートの有病率は，現時点では明らかになっていない。ANは概して10代で高まり，17歳頃に発症することが多い。ANは1つの急性エピソードとして生じるが，変動する生涯のパターンを伴った，より慢性的な障害になると考えられる（APA, 2000）。ANの人のうち10％もが，この障害の合併症が原因で亡くなる。そのため，臨床スポーツ心理士がANのアセスメントを十分にすることは不可欠であり，もし個人的にANを治療できないのであれば，すぐに治療を受けることができるようにアスリートを他の専門家へ紹介すべきである。

特徴

　ANは，いくつかの臨床的特性によって特徴づけられる（APA, 2000）。クライエントは，故意に異常なほどの低体重（期待される体重の少なくとも15％を下回る）を維持する。女性では，3ヵ月続けて月経が止まる人もいる（無月経）。ANはまた，体形や体重の認識における著しい障害と，体重増加に対する強い恐怖を特徴とする。一般的には，ANの人は低体重の深刻さを完全に否定し，体形や体重について非合理的な説明と知覚を示し，体重や体形を過度に重要視する。頻繁に体重を測定したり，鏡を見たり，体を測ったりといった強迫行動（強迫性障害の症状とは考えられていない）もよく見られる（APA, 2000）。当然ながらANと診断されたクライエントはかなり低体重で，治療に対して強い抵抗を示す傾向があり，この障害に起因する深刻な死の危険を抱えている。

アセスメント

　すでにBNで述べたように，摂食障害をアセスメントするための一連の標準的な評価基準が存在する。包括的なアセスメントは，摂食障害によって起こるパフォーマンス低下についてもアセスメントし，アスリートの感情，認知，行動のプロセス，社会文化的要因および家族要因について考慮するべきである。前項で述べたアセスメントの方法論を参照してほしい。

治療法

　ANの治療法に対する実証的エビデンスは，BNの治療法のエビデンスよりも複雑で不明確である。入院患者の治療では，ANのほとんどの事例で，食事に関するカウンセリング，行動の再教育とともに，体重の回復が必要である。さらに，これまでANの青年において慎重に研究されてきたのは，クライエントの親に向けた再教育，親の支援，自主性を高めるために行うクライエントへの支援，といった家族を基本にした介入のみであった（Eisler & Dare, 2000）。研究結果は有望ではあるが，他の治療法との比較はまだ行われていない。BNの治療法が成功していることを考えると，CBTは家族療法が望ましくないANの成人に対して実施できるかもしれないが（Russell, Szmukler, Dare, & Eisler, 1987），この実証的な疑問の解決には，さらなる研究の積み重ねが必要である。しかし，スポーツ環境においては，身体運動，体重に関するプレッシャー，自他の評価があるため，競技アスリートに対しては介入を少し変える必要があるのかもしれない。例えばSherman & Thompson（2001）は，ANのアスリートは，障害の診断基準を完全に満たさなくなるまで，全てのスポーツ活動をやめるべきだと示唆している。これは，アスリートが健康は競技への参加より重要であることを学ぶために，運動，トレーニング，練習，試合を完全に自制することを含む。AN以外の摂食障害の診断基準を満たす場合，Sherman & Thompsonは，アスリートが治療を受け，個人の選択で競技に参加し，内科的な合併症がなく，過度な運動をせず，アスリートの摂食障害がスポーツの参加だけに関連していない場合にのみ，スポーツをしてもよいことを示唆している。

　摂食障害のタイプにかかわらず，摂食障害はとても危険であり，細心の注意と治療が必要である。臨床スポーツ心理士は，体形や外見が全体的な成功のために重要な（または重要であると認識している）アスリートと頻繁に出会う。実践家は，これらの複雑な障害についての豊富な知識を持っていなければならないし，アスリートが摂食障害を発症するリスクとなる身体の兆候，感情のシグナル，親やコーチからのプレッシャー，競技のための体重制限，体の大きさや体形についての認識，環境をコントロールする認識，自尊心，多くの付加的な環境要因を知っておかなければならな

い。低体重や限定的な摂食パターンをスポーツ文脈に適切な行動として受け流す臨床医は，摂食障害のアスリートを重大な身体的・感情的に非常に危険な状態に置いていることになる。

　摂食障害の治療はかなり専門的なプロセスであるため，適切な知識，トレーニング，経験がないスポーツ心理士が行うべきではない。この場合，実践家はアスリートの援助のために，利用可能な外部の治療リソースのリストを集めるべきである。そして，すぐにアスリートを適切なトレーニングを積んだ専門家のもとへ紹介する。この領域のトレーニングを受けた臨床スポーツ心理士は，多くの摂食障害のアスリートの治療を外来中心に毎週行うことができる。しかし，重度のAN のアスリートは，アスリートの生活を守るために入院が必要となるだろう。臨床医はすぐに入院できるように手配し，この期間はアスリートの家族と頻繁に話し合い，支援することが推奨される。

注意欠如・多動性障害

　注意欠如・多動性障害（attention-deficit hyperactive disorder：ADHD）の有病率は学齢期で3〜7％である。多くの場合，児童期もしくは青年期前期に診断を受ける。ADHDの診断を受ける人の多くは男性であるが（Hinshaw, Klein, & Abikoff, 2002），この障害に悩む女性もいる。ADHD の人のほとんどは，成人になっていく過程で症状が軽減するが（APA, 2000），症状がピークのときは，学校での適応，スポーツへの参加，対人関係など日常生活のあらゆる面で多くの困難を抱える可能性がある。

特徴

　ADHD は児童期，青年期において複数の場面にわたって慢性的に困難を抱える障害で，障害が成人に達しても続くことがある（Greenhill & Ford, 2002；Hinshaw et al., 2002）。基本症状は2つのはっきりと異なったクラスターに分類される。不注意および秩序のなさ，多動性および衝動性である。ADHDを診断するためには，不注意と多動性の双方の症状が6〜9つ顕著に見られ，いくつかの障害が7歳以前に生じていなければならない。これらの症状が引き起こす障害が，学校・職場・家庭環境といった状況において2つ以上生じていなければならない（APA, 2000）。ADHD が行為障害や反抗挑戦性障害（しばしば児童期に見られる成人期のパーソナリティ障害の前駆症状），気分障害，不安障害，物質使用障害と併発するのは，珍しいことではない。

アセスメント

　ADHD のアセスメントは，受診歴，学業成績，社会歴，行動歴を含む徹底的な面接から始める。認知能力，学業成績，神経心理学的機能，注意，行動を測定する心理学的テストバッテリーは，ADHD の鑑別診断に役立つことが多い（Barkley, 1998）。

　ADHD の原因には，遺伝的素質と幼少期（新生児期や幼児期）の生物学的誘発因子があり，家族内でのネガティブな体験と養育パターンが症状を増大させる要因となりうる。児童期の ADHD を示唆する特徴としては，頑固さ，集中困難，じっと座っていることができない，しゃべりすぎ，衝動的な行動，落ち着きがない，頻繁に周りの人の邪魔をする，などがある。これらの特徴の多くは障害のない子どもの行動でも見られるため，実践家は ADHD と診断しすぎないように極めて慎重でいなければならない。学齢期の ADHD の有病率は低いが（APA, 2000），正常な範囲で ADHD を示唆する行動をとる子ども，難易度の高い学問環境にいる知能指数が低い子ども，難易度の低い学問環境にいる知能指数が高い子どもが，過剰に ADHD と診断されることが多い。こうした要因は全て慎重に検討されなければならない。

　成人の ADHD の診断はさらにいっそう難しい。注意集中困難，衝動的行動，怒りの制御困難，仕事が続かない，対人関係の困難が見られる成人の多くが，成人になって現れた ADHD が原因であると信じている問題の解決をしばしば求める。しかし，成人の多くは子どもの頃の ADHD の症状を正確に覚えていないため，成人期の ADHD の診断は難しい。さらに，DSM-IV-TR における第1軸障害（うつ病と不安障害が多い）や第2軸障害（反社会的パーソナリティ障害が多い）との併発が高い確率で生じるため，ADHD による症状と併発によると考えられる症状を区別するのは非常に難しい。

　競技アスリートには，プレーに集中する注意力と自己鍛錬が高レベルで要求されるため，不注意や衝動的な行動を引き起こすあらゆる障害がスポーツ環境では問題となる。臨床スポーツ心理士は，ADHD を示唆する兆候や症状を見逃さないようにしなければならない。同時に，ADHD の診断を考慮する場合には注意が必要であり，最終的な診断を下す前に，全ての生活歴や心理社会的要因を慎重に検討しなければならない。不注意と衝動性のみでは ADHD の診断を下す十分な根拠にはならない。学業もしくは職業上の特別な配慮を望む人の諸症状が，たとえ深刻でも，他の第1軸障害や第2軸障害と診断されるべき場合があるので，ADHD の診断は正確に行わなければならない。

スポーツ文脈におけるADHDの特徴を描写することで，実態がさらに明確になるだろう。ADHDのあるアスリートは不注意であるかもしれず，実際に気のそれやすさや集中力の欠如を理由に臨床スポーツ心理士に紹介されることもある。注意が持続しないことでやる気がないように見えるため，不注意を真剣さや動機づけの欠如と解釈する人もいる。ADHDのアスリートは，不注意や状況的（スポーツの）要求に衝動的に対応する傾向があるため，（たとえ繰り返し練習をした後でも）ミスをすることが予想される。ひどく神経過敏で不安を抱えているように見え，気分を良くしようと自己判断で薬物やアルコールに頼ってしまうことも多い。練習や試合中に集中しているときは，プレーの中断，スキルの修正やコーチのコメントに耐えるのが難しいかもしれない。このようなときは，非常にイライラして不満がたまっているように見えるだろう。この例からも容易にわかるように，ADHDのアスリートはスポーツのパフォーマンス，スタッフとの対人関係，日常場面など様々な生活領域で大きな困難を抱えているかもしれない。以上のことは，臨床スポーツ心理士が接するADHDと考えられる多くの特徴のうちごく少数を説明したにすぎない。

治療法

　ADHDの治療は伝統的に，精神刺激薬による薬物療法を中心になされている。多くの比較試験データが薬物療法の効果を支持しているが，事例報告においてADHDの児童と青年は薬物療法をやめると再発し，薬物療法を再開すると再び効果が現れることが示されている（Hinshaw et al., 2002）。親が不安に思うのは当然だが，特に薬による急速で劇的な改善を考慮に入れると，精神刺激剤の長期的な副作用は非常に小さい。集中的な行動的介入と薬物療法の組み合わせは，薬物療法単独よりも若干効果が高く，特にドロップアウトがより少なかった（MTA Cooperative Group, 1999a；MTA Cooperative Group, 1999b）。

　ADHDと診断された成人における比較試験は，精神刺激薬や抗うつ剤による薬物療法により症状が有意に低減することを示している（Hinshaw et al., 2002）。しかし，現時点では，ADHDの成人に対して薬物療法が効果的であることを実証する十分なエビデンスはない。さらに，成人のADHDによく見られることだが，物質乱用を併発している場合は投薬に慎重にならなければならない。ADHDの成人を対象とした心理社会的治療を評価した系統的研究はまだないため，臨床スポーツ心理士がADHDの成人アスリートを治療するのは難しい。スポーツ心理学の実践家が特定の症状を治療対象とする場合は，その症状を含む大まかな分類に適した介入を選択するといいだろう。これらの介入の例として，ADHDの社会面や対人関係に取り組むスキルトレーニング，CBT，マインドフルネス介入などがあげられる。若いアスリートを対象とする臨床スポーツ心理士は，間違いなくADHDに遭遇する。ADHDの子どもに介入する場合は，いくつかの研究が介入の参考になるだろう。

- 教室で実施される随伴性マネージメントは子どもの問題行動を低減し，学業成績を高める。薬物療法ではさらに大きな効果が示されている。
- 行動療法的アプローチは親や教師による子どもの行動の評価において効果的であることが示されてきた。しかし，これらのアプローチは直接観察において明確な効果が明らかにされていない。
- 認知的アプローチは，ADHDの治療に効果的であることが示されていない。
- 薬物療法と行動的治療が終了しても，その効果が維持されるかどうかは明らかになっていない。
- 薬物療法は攻撃行動を示す子どもに対して効果が高く，行動的随伴性もある程度成果をあげている。

PI-Iでよく見られる問題のまとめ

一般的なPI-Iの問題

- 臨床の対象となるレベルの精神的苦痛で，多くの場合DSM-IV-TRの第1軸の基準を満たす。
- 全般的な機能（社会生活，学校，チーム，家族，スポーツ）が損なわれる。

まとめ

　本章では，MCS-SPの分類でPI-Iを構成する臨床的障害について紹介した。臨床スポーツ心理士はおそらく，対象とするアスリート集団の種類や働いている環境にかかわりなく，不安障害，気分障害，摂食障害，そして注意欠如・多動性障害を含むこれらの障害に出会うことだろう。PIが競技におけるアスリートのパフォーマンスに影響することは避けられないが，PIは（IとIIのどちらも）パフォーマンス強化とはまったく別の，PIのためにアレンジした介入が必要となる。幸い，これらの障害の多くは実証的に支持されている介入や実証的な情報に基づいた介入を利用することができ，臨床スポーツ心理士にとっては明確なガイドライ

ンとなる。次章では2つ目のPIの分類であるPI-Ⅱについて述べる。PI-Ⅱの障害には，怒りと衝動制御困難，アルコール・薬物使用障害，パーソナリティ障害が含まれる。これらの障害はアスリートにおいても一定の割合で生じる可能性が高い。

第9章

パフォーマンス障害Ⅱ（PI-Ⅱ）

　本章では，スポーツ心理学的多元分類システム（Multilevel Classification System for Sport Psychology：MCS-SP）におけるパフォーマンス障害Ⅱ（performance impairment-Ⅱ：PI-Ⅱ）を構成している臨床的な症状および疾患について述べる。これらの臨床的問題を抱えているアスリートに見られるのは，極度の感情的苦痛や，生活の様々な領域（競技を含む）に機能障害をもたらす行動制御困難である。PI-Ⅱのあるアスリートは，強烈な怒りを示したり，結果が明らかであっても極端な衝動的行為をとったり，ネガティブな感情を爆発的に表出したりする。さらに，薬物乱用やアルコール乱用，パーソナリティ障害が見られることもあり，これらは，対人的葛藤や低い社会的スキル，効果的でない意思決定につながる。これらの要素が組み合わさると，明白な個人的苦痛と内的症状が現れ，行動制御困難による様々な外的結果が，愛情に満ちた人間関係をつくったり，物質使用の誘惑に抵抗したり，怒りを制御したり，先のことを考えて行動したり，バランス良く落ち着いて競技に取り組んだりするアスリートの能力に，悪影響を与える。

　そのようなアスリートが臨床スポーツ心理士のオフィスでどのような結末を迎えるかは，想像に難くない。しかし，こうした問題を抱えているアスリートは，自身の内的症状を最小限に評価し，周囲の人々に及ぼしている影響を否認することがある。事実，長期にわたるパーソナリティ障害や物質使用歴，および怒りの問題を示す人に対しては，心理治療はほとんど役に立っていない（Young, 1999）。これには，いくつかの明確な理由がある。一般的に，PI-Ⅱのある人には，以下のような特徴がある。

- 行動面での非柔軟性や，認知的・感情的な硬さなど，行動面で長続きする特徴を示す。
- 怒り，悲しみ，欲求不満，罪悪感，不安，抑うつといった感情を過小評価したり報告するのが難しかったりする。
- 自動思考の内容を明らかにすることが難しく，合理的な思考パターンや積極的な対処スキルの学習に困難が伴う。
- 治療への動機づけが低い。
- あまりにも長期にわたって困難が継続した結果，困難を解消することなどできないと考えていることが多い。
- 対人関係に対する不安やスキル欠如のため，支援者と治療関係を築くことが困難であるかもしれない。
- 自身に都合の良い見方・考え方を持っていることが多く，彼らが抱えている問題はまったくもって問題ではないと信じている。
- 感情調節困難が著しいことから，痛みやストレスを伴う経験を最小限に抑えるために，回避方略を多用する。

　もちろん，これらはあくまで一般論であり，PI-Ⅱに分類される人が必ず上記の特徴を示すというわけではない。とはいえ，上記の特徴に対処していくことは非常に難しく，そのため，エビデンスに基づく治療アプローチの数も少ない。ただ，こうしたアスリートが明確な問題行動を示した後に，自ら臨床スポーツ心理士の援助を求めることはあるし，コーチやトレーナー，家族から専門家に紹介されることはそれよりもはるかに多い。しかし，本格的で実証的な指導や効果が十分に検証された介入プロトコルがないとなると，臨床スポーツ心理士はどうすればこうしたアスリートを支援できるのであろうか。PI-Ⅱの人が示す困難の多くについては，役に立つヒントがいくつかある。本章でも，前章までと同様に，各障害の特徴，アセスメント，そして治療法をつぶさに紹介する。

怒りと衝動制御障害

　怒りと衝動制御は一般的な臨床的問題であるという点について，逸話的なエビデンスはあるものの，怒り

に関する大規模な疫学調査は専門研究分野においてもまだ発表されていない。500名の経験豊富な心理士と精神科医を対象とした調査研究では、彼らは不安の問題への対処と同じくらいの頻度で怒り関連の問題に対処していると回答している（Lachmund & DiGiuseppe, 1997, August）。しかし、現在までのところ、DSMの疾病分類において怒りの問題が考慮されるのは、心的外傷後ストレス障害、気分障害、衝動制御障害、不安障害、境界性パーソナリティ障害といった他の精神疾患が併存する場合のみである。つまり、専門研究分野において、怒りはほとんど注目されてこなかったということである。

この項では主に、怒りに関連する困難、特定不能の衝動制御障害、間欠性爆発性障害（intermittent explosive disorder：IED）（APA, 2000）に焦点をあてる。DSM-IV-TRに掲載されている窃盗癖、放火癖、病的賭博、抜毛癖といった他の衝動制御障害は、本書では扱わない。

特徴

DSM-IV-TRは、IEDを「攻撃的衝動に抵抗しきれずひどい暴力行為または所有物の破壊にいたる、目立たないエピソード」と記載している（APA, 2000, p.663）。エピソードで示された攻撃性が、その出来事の実際の性質と不釣合いである必要性がある。また、典型的には、攻撃したことで気分が落ち着くものの、その後には、後悔の念、罪悪感、恥といった感情がやってくる。さらに、IEDを持つ患者は、攻撃行動の後に抑うつ状態になることもある。IEDは通常、小児期から20代前半にかけて発症する。心理学においてもほとんど研究が進められていないため、IEDについてわかっていることはほとんどない。しかし、IEDは慢性また突発性のどちらかになりうることと、恋人を失う、仕事を失う、人間関係の崩壊、退学や休学、競技の中断や引退、経済的な困難、法的処分や刑務所への入所、交通事故、身体障害による入院といった結果につながる可能性が高いことは、確実にわかっている。DSMの同じ分類に掲載されている別の診断カテゴリーは、特定不能の衝動制御障害である。この診断は、ある人物が、特定の衝動制御障害の全ての診断基準を満たさないにもかかわらず、衝動制御に顕著な困難を示している場合につけられる（APA, 2000）。

怒りの制御困難は、歴史的には、衝動制御障害（特にIEDおよび特定不能の衝動制御障害）の部分集合とみなされており、気分障害、不安障害、パーソナリティ障害に共通して見られる症状である。現在のところ、DSMには怒り障害という独自の診断カテゴリーはないものの、次版のDSMにはこれらの障害を含めるべきであると主張する研究者もいる（Kassinove & Sukhodolsky, 1995；Lachmund & DiGiuseppe, 1997, August）［訳注：原書出版後にDSM-5が出版され、かんしゃく発作と慢性的な怒りを主症状とする重篤気分調節症という診断カテゴリーが抑うつ障害群の1つとして登場した］。DSMに正式な診断カテゴリーは存在しないものの、怒りの制御困難に関するさらなる研究が必要なことは明らかである。その理由は、怒りの制御困難は一般的に攻撃行動や家庭内暴力、物質乱用、身体的健康の問題と関連しており（DiGiuseppe & Tafrate, 2003）、それらはいずれも臨床家が頻繁に出会う問題だからだ。

競技スポーツの世界では、あらゆるレベルの選手が、怒りや行動の制御困難に陥る可能性がある。これらの困難は、家庭内での虐待や、権威のある人（コーチ、スタッフ、両親など）との関係困難、物質乱用、（扱いにくいファンや法執行当局などに対する）粗暴な対応として現れることもある。当然ながらスポーツ文化においては、**コントロールされた**攻撃性を示すアスリートが報われるが、チームの成功につながるのであれば、ときにはコントロールされていない攻撃性ですら報われることがある。こうした強化は、心理的に怒りや衝動性、または対人暴力等を示しやすいアスリートの怒りの制御困難や衝動性の問題を悪化させる可能性がある。そのようなアスリートは、日常生活での葛藤や家族、友人、場合によっては権威者との言い争いで過度に攻撃的な態度をとることがあり、結果的に、競技から離れてしまったり、民事訴訟や刑事訴訟へといたる可能性もある。

アセスメント

怒り障害を独自の行動問題として記載していないDSM疾病分類により課された制限のせいで、怒りと衝動制御障害のアセスメントは複雑なものとなってしまっている。その結果、衝動的で激しい暴力行為に対しては概して、IEDや特定不能の衝動制御障害などの診断が適用されている。しかし、これらの診断は、とりわけ怒りを行動で示すことは少ないものの慢性的に怒りを経験している人に対しては、常に適用可能であるとは限らない。

怒りと衝動制御障害（本章で論じているもの）のアセスメントには、半構造化面接が使える。このアセスメントでは、精神科診断面接マニュアル（Structured Clinical Interview for DSM-IV-TR Axis I Disorders：SCID-I）（First et al, 1997）を用いてIEDの形態的側面を評価し、感情反応としての怒りと衝動性の機能的アセスメントを行う。機能的アセスメントでは、反応

攻撃的・敵意的な気質のアスリートは，衝動的な行動に走ってしまったり，欲求不満耐性の極端な低さが表に出たり，対人関係がこじれたりすることが頻繁に生じる。

を誘発する刺激，感情反応の強さ，行動反応の幅，および行動反応の結果を注意深く評価しなければならない。さらに，Kassinove & Tafrate（2002）は，以下の5つの一次的な方法でクライアントに関する情報を入手することを提案している（アスリート向けに著者らが一部修正している）。

- **言語報告**を通して，アスリートが自身の怒りをどの程度認識しているかを明らかにする。本人の報告内容は信じられるか？ アスリートは自分自身の怒りを正当化しているか（攻撃的であることは競技に必要なことだと主張するかもしれない）？ アスリートは感情の有無にかかわらず怒りについて気軽に話すか？
- **情報提供者の報告**を通して，アスリートの報告内容を確認するのもよいだろう。情報提供者の報告の目的を報告内容の確認だけに限定する必要性はない。アスリートの身近な人々（家族，コーチ，チームメイト，友人）からの情報は，診断をしたり，行動特徴を把握したりする際に役立つこともある。臨床スポーツ心理士から出されたホームワークを遂行する際には，身近な人の存在が助けになることもあるだろう。
- **観察**もまた，重要なアセスメントツールの1つである。注意深い実践家であれば，セッション中に生じる怒りのエピソード，または怒りのエピソードに関する議論に付随する怒りの表情，非言語的行動，生理学的変化に気づくはずである。もし，練習場所で，または試合中に怒りのエピソードが発生しやすいようであれば，それらの場で直接観察するのも良い手である。
- **セルフモニタリング**を通して，アスリートの怒りに関する困難がどのように表れているかを正確に把握したり，怒りのエピソードに関する特有の随伴性を明らかにしたりすることもできる。セルフモニタリングから得られる情報によって，介入の進展具合をチェックしたり，まだ適切に対処されていない困難を見つけたりすることもできる。
- **正式な心理測定**を行うことで，アスリートが抱えている怒りの問題について，信頼性と妥当性のある情報が得られる。現時点で紹介できる測度の1つは，状態特性怒り表出目録第2版（State-Trait Anger Expression Inventory-2：STAXI-2）（Spielberger, 1999）である。

半構造化面接または上記の方法によって診断項目の該当有無が一通り評価できれば，診断を確定することができる。怒りや衝動性がアルコール使用や物質使用の間にのみ観察される場合は，怒りと衝動性に関する診断は適切ではない。反社会的パーソナリティ障害，境界性パーソナリティ障害，反抗挑戦性障害，躁病エピソード，および行為障害が行動問題と密接に関連している場合，または疾病利得を得ようとしている場合も，同様である（APA, 2000）。

さらなる心理アセスメントが必要な場合，有用なツールが3つある。STAXI-2（Spielberger, 1999）は，青年と成人のいずれに対しても臨床的有用性の高い測度である。STAXI-2は，状態怒り（状況特有の怒り），特性怒り（特定の状況に限らない全般的な怒りやすさ），気質的怒り（一方的な怒り），反応的怒り（批判または知覚された不公平に対する怒り），怒り制御（怒りを抑える），怒り表出（攻撃的に怒りを他人に向ける），怒り制御（怒りの表出を観察して制御する）などを測定する，自己評価式質問紙尺度である。STAXI-2は十分な心理測定的特性を有することが示されており，実践家がアスリートの言語報告や怒りのエピソードの観察報告（主観的で信頼できないことがわかっている）しか利用できない場合には，STAXI-2から有用な補助的情報が得られる。重要な情報が得られる2つ目の心理検査は，怒り障害尺度（Anger Disorder Scale：ADS）（DiGiuseppe & Tafrate, 2004）である。この検査は，臨床群において機能不全や障害につながりうる怒りの各側面をアセスメントし同定する，74項目の自己評価式質問紙尺度である。これらに加えて，敵意的反すう，敵意の予期，そして臨床的な怒りに関連する重要なプロセスを測定できるように作成されたGardner-Moore敵意尺度（Gardner-Moore Hostility Scale：GMHS）（Gardner & Moore, 2005b）もある。この尺度は現在，心理測定的評価が行われており，初期の結果として強力な内的整合性およびSTAXI-2との収束的妥当性が確認されている。

治療法

怒りに伴う困難に対する明確な診断基準がないことから，怒りに関連する治療の実証的研究は，他の臨床的問題に関する研究よりも遅れている。確かなデータがないにもかかわらず，怒りのマネジメントは着実に広まってきており，学校や地域のメンタルヘルスセンター，矯正施設などでも頻繁に見られるようになった（DiGiuseppe & Tafrate, 2003）。また，スポーツ団体も，非機能的な行動を示す選手のための怒りマネジメントを提案するようになっている。

近年になって発表された怒り関連障害の治療に関する専門文献の体系的レビューからは，以下の結論が得られている（DiGiuseppe & Tafrate, 2003）。

- 現時点では，文献に登場しているのは認知行動療法（cognitive behavioral therapy：CBT）のみである。家族介入や精神力動的・経験的理論モデルについては，評価されていない。評価されていないということが，これらのアプローチが有効でないことを意味するわけではない。ただし，現時点では，確立された治療よりも優先してそれらの治療を行うことを支持するエビデンスはないため，使用するのであれば十分に慎重にならなければならない。
- 一般的に，CBTは中程度の改善をもたらし，その改善はフォローアップ期まで持続する。
- CBTモデルを用いた怒り治療には，認知的要素，生理的要素，そして行動的要素が含まれる。具体的には，認知再構成法，応用リラクセーショントレーニング，主張性トレーニングおよび社会的スキルトレーニング，怒りの手がかりへのエクスポージャー等が含まれる。
- 認知行動的な怒り治療は，怒りの主観的経験を減らすというよりも攻撃行動を減らし，向社会的な行動を増加させるようである。
- 研究された介入のほとんどは，短い期間（12セッション）で肯定的な結果にいたった。

しかし，こうしたメタ解析の結果とは裏腹に，怒りマネジメント研究について近年発表された質的レビュー（Santanello, Gardner, & Moore, 2005；Santanello, Gardner, Moore, & Turk, 2004, November）は，アメリカ心理学会第12部会による「心理学的手続きの推進と普及に関するタスクフォース」によって確立された厳格な基準（Chambless et al., 1998）を用いて検討した結果，方法論的懸念，対象としている臨床母集団の一貫性のなさ，マニュアル化された介入の利用程度の不均等さ，そして非常に限られた研究チームのみが研究しているといった重要な問題を指摘し，これまで利用されてきた様々な介入の有効性については確固とした結論を出すことはできないと指摘している。現時点では私たちには実質的かつ実証的なデータに裏づけられた方向性はほとんどないものの，最近の研究では治療の選択肢が増えており，怒り制御療法（Anger Regulation Therapy：ART）（Gardner & Moore, 2005b）として知られる新しい行動介入プロトコルに関する実証的データが蓄積されている。

ARTは怒りマネジメントではない。ARTは，怒りそのものを減らすことに焦点をあてるのではなく，より機能的かつ適応的な行動を身につけ（増やし），個人的な感情を体験するウィリングネスとアクセプタンスを高めることを狙いとしている。そういう事情で，怒りそのものは問題とはみなされない。むしろ，臨床的な怒りの問題点は，怒りの体験を回避し，抑制し，または最小限に抑えようとすることにあり，これらの行動は，ひいては，行動レパートリーを固く狭いものにしてしまう。ARTの治療プロトコル（Gardner & Moore, 2005b）に含まれる一般的な技法は，以下のとおりである。

- 感情全般の適応的機能と，特に怒りの適応的機能について，教育する。
- 固執的かつ敵意のある予期を減少させ，問題となる怒りを維持する注意バイアスや記憶検索バイアスのパターンを減少させるを狙って，セルフモニタリングの練習を行う（思考のモニタリングやマインドフルネス瞑想など）。
- 感情を体験して処理するウィリングネスの向上，特に怒りを十分に体験して処理すること，そして，結果として生じる過学習された回避行動（敵意的反すうや外顕的攻撃行動等の形で現れる）の修正を可能にするような，体験的エクササイズまたはエクスポージャーを基にしたエクササイズを行う。
- より幅広い適応行動や今までとは異なる行動をとれるようになるために，対人スキルや社会的スキルを構築する。

これらの基本的な技法を念頭に置いた上で，治療プロトコルの具体的なセッションには，心理教育，自己認識と感情処理，社会的問題解決トレーニング，対人スキルトレーニング（および治療効果の維持と解雇への備えも含む）等が含まれる。

どの介入を選択しても，競技環境に簡潔かつ費用対効果の高い介入を容易に組み込むことができる。しかし，多くの場合，介入の必要性を提示する際には，スポーツ心理士は十分に注意を払うべきである。アス

リートが競技に必要な攻撃性と，競技とは無関係な環境で示される不適切で怒りに関連した行動を混同していることがしばしばあるからである。そのため，実践家は，競技に必要な攻撃性と不適応的怒りおよびその行動的側面を，根気よくかつはっきりと区別しなければならない。

アルコールおよび薬物使用障害

アスリートにとって，アルコールや薬物の使用は，良いパフォーマンスの障害となるだけでなく，全体的な身体的・心理社会的ウェルビーイングを阻害する原因となる。アルコール使用と薬物使用のパターンおよびそれがもたらす結果は似ているものの，ここでは，個別に論じることとする。

アルコール使用障害

アルコール使用障害は，人口区分や人種，民族，職業にかかわらず様々な人に影響を及ぼすことが知られており，有病率は男性や若年成人でより高いことが示唆されている（McCrady, 2001）。アルコール依存症は20代から30代の間に発症するのが典型であり，飲酒，禁酒，再び飲酒の期間と乱用期間を伴う長い経過をたどる（APA, 2000）。

特徴

アルコール使用障害には，飲みすぎて授業や実習を欠席する大学生から，多量に飲酒する習慣を長く続けることで重大な医学的・社会的問題を抱えてしまう中年の大人まで，様々な問題が含まれる。こうしたアルコール使用・乱用は珍しいことではないため，行動健康分野で働く実践家には，これらの問題を特定・アセスメントする能力が求められる。

競技スポーツの世界が薬物やアルコール乱用の問題を免れているわけではないことは確かである。スポーツ界での薬物やアルコールの使用と関連した特有のプレッシャーや問題を詳述している著者もいる（Carr & Murphy, 1995）。スポーツ選手のアルコール使用に関する多くの研究知見をまとめた Carr & Murphy (1995) によると，スポーツ選手の中でも高校生の 92.3％，大学生の 88％，エリート選手の 90.4％が，調査の前年にアルコールを摂取していた。家族歴，仲間からの圧力，刺激の追求，適応的感情調節の困難，メディアからの圧力は，薬物やアルコールの使用につながる可能性がある。女性アスリートよりも男性アスリートの方がアルコール中毒に陥ることが多いとの報告もある（Carr, Kennedy, & Dimick, 1990）。さらに，大きなスポーツ

多くのアスリートは節度を保って飲酒している。とはいえ，スポーツ心理士は，問題のある飲酒パターンや過度の飲酒兆候に常に注意を払う必要がある。

イベントのテレビ放映でビールのコマーシャルが圧倒的に多いことからもわかるように，スポーツとアルコールとの文化的つながりは社会の中で強められている。ただ，何が原因であろうと，スポーツの世界において，臨床スポーツ心理士は専門家として，潜在的なアルコール乱用を油断せずに見張っておく必要がある。この問題をさらに複雑にするのは，問題のある飲酒行動を示している選手が，友人やチーム全体が自身と同様にアルコールを，おそらく同程度に飲んでいると主張することである。

DSM-IV-TR（APA, 2000）に掲載されている2つの主要なアルコール使用障害は，アルコール依存症とアルコール乱用である。**アルコール依存症**の診断では，アルコールを減らす，あるいはやめようとする持続的な努力，長期間かつ多量の飲酒，アルコール耐性の上昇，離脱症状，他の必要な社会的活動をないがしろにする，アルコール使用に長時間費やす，そしてアルコールによって医学的・心理的問題が生じているとわかっていても続くアルコール使用，という7つの基準のうち，3つを満たす必要性がある。**アルコール乱用**は，アルコールが問題を生じさせているという点をベースに診断される。例えば，大事な義務を果たせなくなる（例：家族，仕事，チーム，学校），常に危険と隣り合わせの飲酒パターン（例：飲酒運転），法的または組織的な処分（例：逮捕，出場停止），著しい対人関係の問題（破綻した人間関係）などである（APA, 2000；Hodgins & Diskin, 2003）。診断においては正式なDSM-IV-TR診断システム（APA, 2000）が広く利用されているものの，臨床家の中には，アルコール問題を連続体とみなす方がよいかもしれないと示唆して

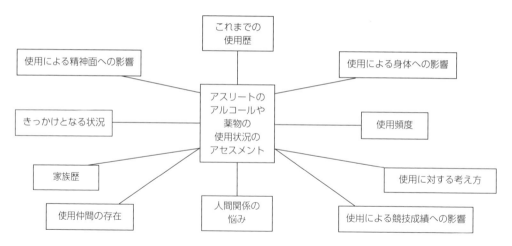

図 9.1 アルコールや薬物の使用状況の適切なアセスメントが明確な診断と介入の成功につながる

いる者もいる。連続体としてのアルコール問題は、一端に禁酒や問題のない飲酒が、もう一端には急性または慢性の不適応的飲酒パターンがあり、それらの両極の間には様々な程度の飲酒が存在する（McCrady, 2001）。

アルコール使用障害と家庭内暴力、対人暴力、法的問題、自殺念慮、そして個人的責任に関する日々の困難との合併率の高さを考慮すると、アルコール障害は臨床現場にいる臨床スポーツ心理士の注目を集めやすいことだろう。特に、大学生などのアルコール使用障害のリスクが高いグループについては、実践家は、アスリートの気分の変動、原因不明の行動変化、暴力行為を伴う怒り制御困難、個人的責任を果たすことが少なくなること等に注意を払うべきである。アルコールや薬物の使用は、家庭内暴力やその他の法的問題で非難されているアスリートのメディアでの紹介では頻繁に登場する。そのため、将来的には、プロスポーツや大学スポーツがこれらの重大な問題を理解し、評価し、そして解決するために、臨床スポーツ心理士の力を借りることになるだろう。

アセスメント

アルコール使用障害の治療は、徹底的なアセスメントから始める。アセスメントがカバーする範囲は、問題の深刻さ、同時に存在している生活困難、心理的問題、クライエントの治療への期待、クライエントの治療意欲、飲酒行動の維持要因、家族歴、飲酒量、合併症、および社会的支援などである（Hodgins & Diskin, 2003）。さらに、飲酒行動の社会的、職業的、医学的、法的、家族的、財政的、精神的な影響についても、十分に検討を重ねる。

包括的なアセスメントを行うのであれば、SCID-I（First et al., 1997）や嗜癖重症度指標（Addiction Severity Index：ASI）（McLellan, Luborsky, O'Brien, & Woody, 1980）といった構造化もしくは半構造化面接法、アルコール依存尺度（Alcohol Dependence Scale）（Skinner & Allen, 1982）や飲酒の結末尺度（Drinker Inventory of Consequences：DrInC）（Miller, Tonigan, & Longabaugh, 1995）といった自己報告式質問紙尺度が利用可能である。また、10項目の多肢選択式の質問で構成され、全般的な飲酒量や依存度、および関連する問題を測定するアルコール使用障害発見テスト（Alcohol Use Disorders Identification Test：AUDIT）（Babor, de la Fuente, Saunders, & Grant, 1992）も有用である。さらに、アルコールの過剰使用者については自殺が特に懸念されるため、実践家は、自殺念慮、自殺計画、自殺意図をこまめに評価することが奨励される。重要なことは、面接の初期段階では、自身の飲酒状況を非常に少なく報告するアスリートがいるということである。これには、飲酒は問題ではないというアスリートの信念や、チームを解雇されたり、競技活動が停止になったり、運動奨学金を失ったりするのではないかという恐怖など、様々な影響因が考えられる。臨床スポーツ心理士は、こうした心配があることを理解した上で、非指示的アプローチを通して、飲酒という話題を粘り強く続けていく必要性がある。その際には、非指示的カウンセリングを通して飲酒使用に伴う意思決定について話し合う動機づけ面接法（Miller & Rollnick, 1991）が役に立つかもしれない。アセスメントの全体像については、図9.1を参照のこと。

治療法

これまでに得られた実証的エビデンスによると、アルコール使用障害に対する有効な治療法は複数ある（Project MATCH Research Group, 1998）。これは、上述した他の様々な障害では1つの治療が明らかな優位

性を示すことがよくあることと対照的である。アルコール使用障害に対する知見が最も多い治療法には，夫婦関係の問題に焦点をあてた行動的夫婦療法（O'Farrell, Choquette, & Cutter, 1998），地域環境における随伴性マネジメントを主とするコミュニティ強化アプローチ（Abbot, Weller, Delaney, & Moore, 1998），コーピングスキルの構築に焦点をあてた社会的スキルトレーニング（Smith & McCrady, 1991），フルパッケージの認知行動療法（CBT），12ステップの介入，そして，動機づけ促進療法である（Mack & Frances, 2003）。動機づけ促進療法は，個人的責任と変化の段階に焦点をあてている（Project MATCH Research Group, 1998）。これらのアプローチは，それぞれが著しく異なる理論的背景を持っているものの，どのアプローチにも社会的支援，個人的な障壁に対するフィードバック，個人的責任の促進，変化へのコミットメントの強化，より幅広い生活的文脈の一部として飲酒行動を理解すること，治療的共感，そして対処スキルと自己効力感の促進が共通して含まれている（Finney & Moos, 2002）。多くの実践者やクライエントは，治療法を検討する際にアルコホーリクス・アノニマス（Alcoholics Anonymous：AA）の利用を即座に考える。しかし，AAが，「他の方法より効果的である」（Finney & Moos, 2002, p.160）という考えを支持する知見は示されていない。

治療アプローチとクライエントの特性を一致させる努力は全般的に満足のいく結果にはいたっていないものの，いくつかの発見はあった。精神症状の重症度の低いクライエントには12ステップの介入が，怒りの大きいクライエントには動機づけ促進療法が，怒りの小さいクライエントにはCBTや12ステップの介入が，効果的であった（Finney & Moos, 2002）。また，アルコール依存度が高いクライアントには12ステップの介入が，アルコール依存度が低いクライエントにはCBTが，より有効であった。

薬物使用障害

薬物使用障害は，通常，青年期または成人初期に始まり，長年にわたって持続する（APA, 2000）。過剰使用期と節制期の両方があることが一般的であり，多くの場合，主要な生活領域での行動に様々な影響が出てくる。臨床スポーツ心理士にとって，薬物使用障害は大学生においてより一般的であるように思えるかもしれないが，プロ選手やエリート選手の間でも，薬物使用障害は確実に見られる。残念なことに，管理部門やスタッフ，コーチ，チームメイトの反応を恐れて，スポーツ選手から薬物使用が報告されることはあまりな

く，必要な治療がなされないことも少なくない。薬物使用により生じる出来事の頻度および重症度のタイムラインを作成すると症状がより明確になるかもしれない（アルコール使用についても同様である）。例えば，あるアスリートについて，過去2年間に2回のDUI（driving under the influence：薬物やアルコールの影響下での運転）があったこと，過去6カ月以内に重要な他者と大きな口論（薬物摂取の影響でさらに激化）になったこと，成績が落ちていること，実際の病気がないにもかかわらず疲労や病気を訴えて今シーズン中に練習を何度か欠席していること等の情報から全体像を知ることもできる。これらの独立変数はいずれも，それ自体が常に薬物依存と関係しているわけではないものの，いくつかが組み合わさったときには物質乱用やアルコール乱用のサインとなっている可能性がある。

特徴

薬物乱用は，アメリカでは深刻な法律上および公衆衛生上の問題であり，犯罪や投獄，新生児合併症，ホームレス，感染症と一貫して関連している（Antick & Goodale, 2003；Konkol & Olsen, 1996）。

薬物使用障害は，現在の使用パターンから生じる行動的特徴や生理学的特徴のクラスターによって定義される。アルコール使用障害と同様に，薬物使用障害はアスリートにおいてしばしば見られ，娯楽のための薬物使用とパフォーマンス強化のための薬物使用の両方を含む（Carr & Murphy, 1995）。DSM-IV-TRによる物質乱用の診断では，重大な苦痛または機能障害につながる物質使用パターンが観察され，過去12カ月以内に以下の基準の少なくとも1つを満たす必要性がある（APA, 2000）。

- 物質使用の影響で，様々な生活領域での義務を果たせていない（例：欠席，仕事や競技でのパフォーマンス低下，出場停止により）。
- 自分自身や他人に身体的悪影響が出るようなやり方で物質を使用する。
- 物質使用による法的問題を抱えている。
- 対人関係，社会活動，身体的ウェルビーイングに悪影響が出ているにもかかわらず，物質使用を続ける。

薬物乱用とアルコール乱用の基準は似ており，薬物依存とアルコール依存の基準はほぼ同じである。アスリートにおける薬物乱用の指標としては，1人で使用する，その人らしくない暴力等の怒り制御困難，使用に対する罪悪感（あっても使用は止まらない），自殺念慮，使用について周囲から追求されたときに嘘をつく，耐性の上昇，失神，意識状態の変化等がある（Carr

& Murphy, 1995)。

競技スポーツの世界では，刺激の探求や感情緩和，パンプアップ，クールダウン，身体の痛みの緩和，パフォーマンス向上等，使用の目的が何であれ，薬物乱用の影響を決して免れることはできない。これらの使用目的それぞれに，薬物使用のプロセスと結果に関するリスト，認知的・情緒的・行動的結果，薬物使用についての信念，そして中毒に陥る可能性が伴う。娯楽のための薬物を使用の度合が増すことは，競技スポーツに典型的な「どんなことをしてでも勝つ」という考え方によってパフォーマンス向上のための薬物使用が強化されるという現実を表している。娯楽やパフォーマンス向上のために薬物を使用する選手や，重い依存状態に陥った選手に介入するために，臨床スポーツ心理士は今後ますます求められるようになるだろう。

アセスメント

もしアスリートが薬物乱用を認めているならば，実践家は，以下の重要な要素を十分にアセスメントすべきである。

- アスリートが薬物使用をやめたり減らしたりするために過去に何を試みたか（もしあれば）。
- 過去のアプローチで特に困難だったこと。
- 何が効果的で，どのくらい続いたか。
- 物質使用の中止-開始サイクルの回数。
- 物質使用の変化または選択した物質の変化。
- 問題を悪化させる可能性がある，または治療を妨げる可能性のある新しいストレッサー。
- 変化に対するアスリートの準備性と動機づけ。

薬物使用のパターンとそれに関連する随伴性を理解することに加えて，スクリーニングツールやその他の評価尺度も，薬物使用・乱用のアセスメントに大いに役立つ。例えば，SCID-Ⅰ（First et al., 1997），ASI（McLellan et al., 1980），改訂薬物使用スクリーニング尺度（Drug Use Screening Inventory-Revised：DUSI-R）（Tarter & Hegedus, 1991）などがある。

薬物使用パターンは急激に変化したり激化したりする。そのため，薬物使用障害の単一診断例であっても併存疾患がある事例であっても，薬物の使用パターンをこまめに再評価することが重要である。また，初回面接から治療全体にわたって，自殺念慮，自殺計画，そして自殺意図については慎重にアセスメントし，フォローアップ評価も定期的に行うべきである。アルコール使用障害と同様に，外来ではまかなえないほど多くのケアを必要とする薬物使用の問題（アルコール使用障害や薬物使用障害では一般的）については，入院プログラムまたはデイケア治療プログラムを紹介するのが望ましい。

治療法

薬物使用障害に対する入院治療と外来治療の有効性を比較した対照試験は，現時点では発表されていない。しかし，再発予防（Maude-Griffin et al., 1998）やコミュニティ強化アプローチ（Budney & Higgins, 1998）などの治療法は実証的支持が得られてきており，現在では，実証的に支持された治療法の基準（第5章を参照）において，薬物乱用障害に対しておそらく効果的な治療法として分類されている。

国立薬物乱用研究所（1999）は，不正薬物乱用に対する効果的な治療の原則として，以下の点を挙げている。

- 薬物使用障害のクライエント全員に適したただ1つの治療法は存在しない。
- クライエントのニーズは移り変わる可能性があるため，治療計画は定期的に評価・更新するべきである。
- 効果的な治療は，薬物使用だけに焦点をあてるのではなく，精神機能や生活機能をターゲットとしている。
- 治療の成功のためには，少なくとも3カ月間は治療を続けることが重要である。
- 治療効果を得るためには，個別行動療法や集団行動療法が必要不可欠である。
- 多くのクライエントには，医師による投薬治療をカウンセリングや行動療法と併用する必要性がある。
- 薬物乱用と精神疾患が合併している場合は，成功した治療は，いずれの障害にも焦点があたるような工夫がなされている。
- 生理学的な解毒処理は，多くのクライエントにとって治療の第一歩となるものの，長期的な薬物使用パターンを変容させるには不十分である。
- クライエントは治療を効果的にするために自発的に治療を始める必要はない。治療中の薬物使用は注意深く定期的にチェックしなければならない。
- 包括的な治療を行うのであれば，B型肝炎やC型肝炎，HIVやAIDSといった感染症の検査と，リスクを負うような行動の修正を狙ったカウンセリングを含めるとよい。
- 薬物乱用からの回復は，通常，長い時間をかけて続けていく営みである。また，いくつものやり方を試していくことになるだろう。

臨床スポーツ心理士は，薬物治療に関する最新の文献を知っていることが望ましい。近年では，動機づけ

促進療法（Miller & Rollnick, 1991）やマインドフルネス＆アクセプタンス技法（Hayes et al., 1999；Segal et al., 2002）を利用した新しい治療法が登場し，薬物使用の分野におけるより効果的な治療法が提案され始めている。また，実践家に対しては，薬物使用障害を治療する地域資源のリストを作成することが奨励されている。薬物関連障害の治療は複雑で時間がかかるため，アスリートの治療ニーズを最大限に満たすためには，地域の治療施設にアスリートを紹介するのもよいかもしれない。

パーソナリティ障害

DSM-Ⅳ-TR では，パーソナリティ障害をある種のパーソナリティ特性(持続的な行動特徴)のクラスターであると定義している。その特徴は，柔軟性がなく，不適応的で，その文化圏で期待されるものから大きく逸脱し，学校や職場や家庭といった主な生活領域において重大な主観的苦痛や観察可能な機能障害を引き起こす，というものである（APA, 2000）。全人口の 10～13％がこうした慢性的な障害を経験しているとされている（Crits-Christoph & Barber, 2002）。パーソナリティ障害は他の疾患との併存率も高く，気分障害とは 36～65％，神経性大食症とは 39％，不安障害とは 36～76％，薬物またはアルコール使用障害とは 47～75％の併存率である（Crits-Christoph & Barber, 2002）。パーソナリティ障害は性別に固有の障害ではないものの，反社会性パーソナリティ障害は男性の方が多く，境界性パーソナリティ障害，依存性パーソナリティ障害，および演技性パーソナリティ障害は一般的に女性の方が多い（APA, 2000）。様々なパーソナリティ障害の特徴は，典型的には青年期または成人期初期に明らかになり，この世界での持続的な「生き方」として現れる。パーソナリティ障害は，柔軟性がなく，不適応的で，**持続する**生き方であるため，通常，18 歳までは，パーソナリティ障害と明確に診断されることはない。

特徴

DSM-Ⅳ-TR には，A 群，B 群，C 群の 3 群にグループ分けされた 10 の特定のパーソナリティ障害（Ⅱ軸疾患と呼ばれる）が記載されている。クラスターのグループ分けは，各障害の類似性に基づいている（APA, 2000）。

- **A 群**（奇異群）に含まれるのは，シゾイドパーソナリティ障害，妄想性パーソナリティ障害，そして統合失調型パーソナリティ障害である。対人行動，他者との関係性の持ち方，および世界の認識の仕方が，奇妙で明らかに独特であるという点が特徴である。
- **B 群**（劇的群）に含まれるのは，演技性パーソナリティ障害，境界性パーソナリティ障害，自己愛性パーソナリティ障害，そして反社会性パーソナリティ障害である。これらの障害は，感情や行動の制御困難を特徴としており，自傷行為，攻撃行動や暴力行為，不安定な対人関係，反省の欠如，感情むきだしで自己の権力を強化するような行動，衝動制御困難，感情調節困難などが見られる。
- **C 群**（不安群）に含まれるのは，回避性パーソナリティ障害，強迫性パーソナリティ障害，そして依存性パーソナリティ障害である。不快，責任，および自立に対する不安と回避を特徴とする。

さらに，こうした行動パターンが特定のパーソナリティ障害の基準の全てではなく一部を満たすクライエントは，特定不能のパーソナリティ障害に分類される。

こうした深刻かつ今後も軽減しない障害をアスリートが抱えることはないと盲信する理由はどこにもない。これらの障害は，チームメイトおよびスタッフとの間で繰り返される対人関係の困難，身分が上の人たちや構造，規則を受け入れることの難しさ，頻繁な規律的な問題，攻撃的な暴力，感情調節困難，個人的責任からの定期的な回避や無視といった様子から，容易に指摘される。これらの症状を見ると，パーソナリティ障害が薬物乱用やアルコール乱用，怒りと暴力，うつ病等との併存率が高いことが容易に説明できるだろう。

アセスメント

パーソナリティ障害の評価には，通常，精神科診断面接マニュアル（Structured Clinical Interview for DSM-Ⅳ-Personality Disorders：SCID-Ⅱ）（First et al., 1995）のような半構造化面接や構造化面接が用いられる。ヤング・スキーマ質問紙（Young Schema Questionnaire：YSQ）（Young, 1999）や，ミロン臨床多軸目録（Millon Clinical Multiaxial Inventory Ⅲ：MCMI-Ⅲ）（Millon et al., 1994）などの心理尺度も有用である。パーソナリティ障害の評価のために心理測定的なアセスメントが数多く開発されているものの，全般的な臨床的有用性については疑問視する声もある（Koenigsberg, Woo-Ming, & Siever, 2002）。併存症状の存在もまた，パーソナリティ障害の指標として有用である。例えば，物質使用・乱用のあるアスリートについては，

パーソナリティ障害の種類	基礎信念と態度	対処方略（外顕的行動）
依存性	「私は無力だ」	愛着行動
回避性	「傷つくかもしれない」	回避
受動攻撃性	「他人は私を思い通りに動かそうとする」	抵抗
妄想性	「他人は危険だ」	用心深さ
自己愛性	「私は特別だ」	自己権力の拡大
演技性	「自分を印象づけなくては」	大げさな振る舞い
強迫性	「絶対は私のために存在する」	完全主義
反社会性	「他人は私のために存在する」	攻撃
シゾイド	「近寄らずに放っておいてほしい」	孤立

表9.1 伝統的なパーソナリティ障害における基礎信念と対処方略
Reprinted, by permission, from A. T. Beck, A. Freeman, and D. D. Davis, 2004, Cognitive therapy of personalit disorders, 2nd ed. (New York：Guiculford Press).

複数のパーソナリティ障害の存在を注意深くアセスメントすることが推奨される。

治療法

　パーソナリティ障害のあるクライエントの信念システムと行動方略を丁寧にアセスメント・理解することで、実践家は具体的な治療ニーズをターゲットにできる。表9.1（Beck, Freeman, & Davis, 2004）には、各パーソナリティ障害を有する人々の間で共通する信念と、それに関連する行動がまとめられている。心理社会的治療に関する対照試験に基づく実証的エビデンスの数は限られているものの、暫定的な知見をいくつか伝えることはできる。
　A群パーソナリティ障害（シゾイド、妄想性、統合失調型）については、抗精神薬が統合失調型パーソナリティ障害のいくつかの側面の改善に役立つことが予備的研究の結果から示唆されているものの（Koenigsberg et al., 2002）、心理社会的治療の対照試験は行われていない。研究領域のこうした現状から、残念ながら、現時点では明確に推奨できる治療法がない（Crits-Christoph & Barber, 2002；Piper & Joyce, 2001）。
　B群パーソナリティ障害についても、治療効果に関する対照試験の数が不十分であり、反社会性パーソナリティ障害、自己愛性パーソナリティ障害、および演技性パーソナリティ障害に対する実証に基づく治療法の推奨は困難である。しかしながら、構造化された認知行動療法が反社会性パーソナリティ障害に対するおそらく最も有用な治療法であるという点については、いくらかのエビデンスがある（Piper & Joyce, 2001）。
　境界性パーソナリティ障害（B群）については、弁証法的行動療法（dialectical behavior therapy：DBT）（Linehan et al., 2001）の有効性が複数の対照試験で実証されており、現時点では、実証的に支持された治療法の基準（第5章参照）に照らし合わせると「おそらく効果がある治療法」に分類される（Crits-Christoph & Barber, 2002）。DBTは、境界性パーソナリティ障害のために特別に開発された認知行動療法である。Linehanは、境界性パーソナリティ障害の特徴を、人生の様々な領域に影響を及ぼす「感情調節システムの機能不全」としている（p.480）。DBTによる治療には、心理教育、共感的検証、アクセプタンス、そして苦痛耐性や感情調節スキルの構築に焦点をあてた、1年間の構造化された集団セッションおよび個別セッションが必要となる。DBTには、主に4つの治療段階がある（Linehan et al., 2001）。

1. 安定的かつ機能的な生活パターンを獲得・維持する。これは、自殺念慮の低下、感情調節や対人コミュニケーション、セルフマネジメントの向上、治療や全体的な生活満足感の妨げとなる行動の減少から確認できる。
2. 心的外傷後ストレスと関連する症状および生活パターンを減少させる。
3. より良い自己イメージ、機能的な水準の幸福と楽しみ、そして、自律性の増大を獲得する。
4. 自己認識、幸福と楽しみの維持をさらに促進する。

　DBTに加えて、最近の研究では、18カ月間の部分入院と精神力動的精神療法の一形態（Bateman & Fonagy, 1999）を用いて、境界例の治療に成功したという報告もある。ただし、この治療法については、今後の追試が待たれている。
　C群パーソナリティ障害については、依存性パーソナリティ障害に関する対照試験の研究論文はまだ発表されていない。しかし、段階的エクスポージャーと標準的な社会的スキルトレーニング、および親密性に焦点をあてた社会的スキルトレーニングから構成される集団行動療法が依存性パーソナリティ障害に関連する行動を減少させる可能性があることを示す限定的なエビデンスはある（Alden, 1989）。さらに、対人葛藤のコアパターン（反復パターン）を変化させる支持的表現的力動的精神療法に短期の力動的技法を組み合わせることで、回避性パーソナリティ障害のあるクライエントの治療後生活機能が高まることを示唆する予備的研究もある（Barber, Morse, Krakauer, Chittams, &

Crits-Christoph, 1997)。対人行動の核となる反復パターンに焦点をあてる治療法は、強迫性パーソナリティ障害の改善にも役立つかもしれない（Barber et al, 1997)。同様に、長期精神力動療法は、B群とC群の混合型パーソナリティ障害にもいくらか有効かもしれない（Crits-Christoph & Barber, 2002)。

パーソナリティ障害の治療効果については、十分にまとまった対照試験データがほとんど存在しない。スキーマ焦点型認知療法（Young et al., 2003）などの治療法も有望ではあるものの、無作為化比較試験ではまだ十分に検証されておらず、慎重に使用する必要性がある。あいにく、これらの慢性疾患に関連する行動制御困難および感情調節困難を示す人々は、非常に強い主観的苦痛を和らげるため、そして様々な生活領域（例：スポーツ、仕事、学校、家族）での適応的機能を向上させるために、専門家の助けを今すぐ必要としていることが多い。

加えて、伝統的な認知療法は当初は感情障害の治療のために開発されたものの、近年ではパーソナリティ障害への適用について書かれたものも数多くある。しかし、現時点では、パーソナリティ障害に伝統的な認知療法を適用することの有効性については、対照試験による検証を待っている段階である。一般的に、パーソナリティ障害に対する認知療法（Beck et al., 2004）では、クライエントと協力して具体的な治療目標を策定することから始まる。それに続いて、クライエントの不適応プロセス、不合理な信念、および関連するスキーマのアセスメントを行い、治療テーマとなるパターンをさらに明らかにするために実践家に対するクライエントの反応（転移）をアセスメントの対象とする。クライエント個人にさらに特化した治療方略は病理のあり方によって決まるので、介入のタイミングを慎重に見定めて、認知的技法、行動的技法、そして体験的技法を十分に統合することが求められる。認知的技法には、自動思考と不合理な信念を特定・修正する認知再構成法、出来事と行動に関する新たな仮説の探求と検証、行動に対する自己責任感の強化、およびスキーマの変容が含まれる。行動的技法および体験的技法には、セルフモニタリング、達成活動と快活動、エクスポージャー、アサーション・トレーニングによるスキル構築、セラピストのモデリング、リラクセーション、ロールプレイ、行動リハーサルが含まれる（Beck et al., 2004)。

著者らはこれまでに、スポーツ心理学のサービスを求めて自ら来談するアスリートの多くが個人的悩みや対人関係の困難を初めから訴えるわけではないことをふまえて、実践家はこれらの困難が存在する可能性を見落としてはならないと示唆してきた。こうした事例において準臨床的または臨床的問題の指標を得るためには、包括的なアセスメントを行うのが最も良い。一方、パーソナリティ障害のあるアスリートの多くは、感情調節困難または行動制御困難を示すエピソードやパターンが経験された後に、コーチやチームからの紹介でやってくる。こうした事例では、パーソナリティ障害の有無をより迅速に判断できる。実践家が認識すべき重要なポイントは、一般の人々と同様にアスリートもパーソナリティ障害を有することがあるということだ。実際、著者らは、各群のパーソナリティ障害のある数多くの大学生選手やプロスポーツ選手の支援を行ってきた。どのような治療を行っていても、アスリートにとって、もちろん周囲のコミュニティメンバーにとっても、パーソナリティ障害によりかなり消耗させられることがある。パーソナリティ障害のあるアスリートの一部には、たまに問題が生じる程度で非

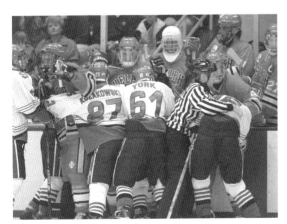

多くの競技において一定のレベルの攻撃的行動は許容されているものの、何らかのパーソナリティ障害のあるアスリートは、かなり強いレベルの攻撃的行動まで許容されると考えていたり、他のプレイヤーに対する共感性に欠けていたりする。

パフォーマンスⅡ（PI-Ⅱ）のまとめ

パフォーマンス障害Ⅱによる一般的な困難

極度の対人的苦痛
・感情の硬直化、感情の起伏が激しい。
・感情表現がむき出し、あるいは抑制されている。
・自分に都合のいいように自分自身を見ようとする。

結果として生じる行動制御困難
・対人関係の困難。
・薬物やアルコールの使用。
・感情調整困難と回避的対処方略の多用。
・他者との頻繁な言い争いと、その明確な末路。

常に高いレベルの成功を収めている人もいる（機能的パーソナリティ障害と呼ばれる）。しかし、その一部を除くと、パーソナリティ障害のある人々は様々な困難を示している。ほとんどの場合、競技環境や家庭、社会的環境における人間関係は混沌としていて破壊的な状態にある。スポーツ組織は、アスリートを助けるためにかなりの時間と労力を費やす可能性が高い。しかし、当のアスリートは、支援に感謝することもなければ、支援の必要性を認めることさえないように見えるかもしれない。また、些細な侮辱に対して過度に大きく反応するため、コーチ、チームメイト、レフリーとの言い争いやいざこざが繰り返されることが予想される。パーソナリティ障害のあるアスリートは、自己の重要性を過度に高く認識したり、他者に対する共感性がないように見えるかもしれない。これらの特徴は、高水準の競技成績に伴う社会的地位や、アスリートのあらゆる行動（それが良いか／悪いか、正しいか／間違っているか等とは関係なく）を強化・承認することでアスリートに近づこうとする人々が原因で悪化する可能性がある。

まとめ

アスリートが臨床的困難を経験する確率は限定的であると指摘する者はいるが、本章で紹介した障害をアスリートが経験する確率は一般の人々と同様である。これらの障害は、準臨床的なレベルまたは軽度のレベルでは、完全に見逃されることもある。このことは、介入前に慎重にアセスメントを行うことの重要性を改めて気づかせてくれる。他にも様々な障害の可能性はあるものの（統合失調症、身体表現性障害、抜毛癖、性機能不全など）、これらについての議論は、本章がカバーする範囲をはるかに超えている。しかしながら、本章では、アスリートが経験する診断カテゴリーの中でも最も一般的なものについて展望し、利用可能な実証的エビデンスと最善の治療ガイドラインを用いて各障害のアセスメントと治療について紹介した。特に、面接中に行う質問を非臨床的な面に限定してしまうと、アスリートの視野を狭めてしまい、より臨床的な介入を必要とするアスリートに深刻な影響を及ぼす可能性がある。実践家の中には、心理社会的見立てを十分に行うために必要とはいえ、そのような質問をしてしまうとアスリートが離れていってしまうのではないかと恐れる人もいるだろう。しかし、包括的な心理的ケアを提供するためには、少なくとも介入プロセスの初期段階でそのような面に注目することが必要なのである。だからといって、「あなたは、自分自身の利益のために他人を操作したり傷つけたりすることがよくありますか？」といった柔軟性に欠ける質問をする必要性はまったく**ない**。こうした質問は明らかに不適切である。臨床患者に対してでさえ、このような質問がされることはないだろう。本書全体を通して述べられているように、実践家は重要な話題から柔軟に出たり入ったりする協同的会話をアスリートと一緒に進めていくことで、必要な情報は得られるのである。ここでの目標は、構造化された質問を行うことではなく、今ある問題と直接介入のあり方を明らかにしうるクライエントの情報を、セッション中に幅広く、そして深く収集することである。前述したように、アスリートに対して競技上の出来事よりも大きな影響を与えうる様々な困難について話し合う機会を設けることで、アスリートが安心することはよくある。アスリートにとって最良のケアを提供するために、アスリートが経験しているのが気分変動なのか、競技不安なのか、ちょっとした対人関係の問題なのか、はたまた、より臨床的な問題なのか、臨床スポーツ心理士はこれら全ての要因を考慮するべきである。

この点については、パフォーマンス目標と成長目標を達成するための介入（第6章）、競技パフォーマンスやその他の生活領域に影響を与える心理的障害を軽減するための介入（第7章）、より臨床的な問題を扱うための介入（第8章〜第9章）等について、各章で述べられている。第10章では、スポーツ界からの引退を迎えようとしているアスリートや、心理的苦痛につながる予期せぬ引退にいたった選手のための支援方法について述べる。

第10章

パフォーマンス終結（PT）

　第3章では，スポーツ心理学的多元分類システム（multilevel classification system for sports psychology：MCS-SP）の最終ステージとして，パフォーマンス終結（performance termination：PT）を簡潔に紹介した。パフォーマンス終結の事例は，時宜を得た，または早すぎる競技生活の終結，あるいは，思いもよらない競技生活の終結に関する諸問題に焦点をあてる。全てのアスリートが，最終的に競技者としてのキャリアを終えなければならないことは，スポーツ界の悲しい現実である。アスリートとしてのキャリアサイクルは，多くの点でアスリートではない人々のキャリアサイクルと似ているが，アスリートは，より短く，限定的な期間しかキャリアに従事できない。プロアスリートのなかには，30代後半から40代前半までキャリアを続ける者もいるが，大半のアスリートはもっと早い段階で終結を迎える。実際，大学生アスリートの公式な競技生活の終結は，ほとんどが20代前半であるし，フィギュアスケートや体操などのスポーツではもっと早い。アスリートは，アイデンティティや生活様式の大きな変化にあわせて最善の心理的ウェルビーイングを得るために，新たな分野での生産性が必要となる将来に対しても面と向き合ってうまく対応しなければならない。スポーツにおいては，キャリアの終結は最も重要な経験と捉えられており（Murphy, 1995），そのため，臨床スポーツ心理士がこの移行期間を熟慮することは，不可欠である。実際，終結に関する問題は，アスリートの発達レベルや，（時宜を得た終結，あるいは思いもよらない終結というように）直面する終結の種類に応じて，多くの形態をとる。

　先に触れたように，MCS-SP分類によるPT-Ⅰは，競技からの終結が比較的予測可能であり，ことによると自ら終結を望んだ選手に当てはまる。このタイプの終結は，一般的に自然老齢化に起因しており，多くの場合，予測できる身体スキルの低下，高校や大学からの卒業と関連している。一方で，PT-Ⅱは，ケガ，あるいは戦力外通告（解雇）につながる低パフォーマンスのために，突然に，そして典型的には不本意に（しかも急に），キャリア終結に直面する選手に当てはまる。PT-ⅠとPT-Ⅱの双方において，アスリートは極度の心理的反応を経験することが多く，たちまち実生活上の問題に直面する。しかし，それぞれの分類は非常に異なる問題や反応と関連しているので，それらに対応しうる治療上の視点と介入が求められる。

　PT-ⅠやPT-Ⅱを経験するアスリートへの専門的な介入の必要性とその後の介入方略を検討する前に，まずは競技参加に関する基本的側面，およびアスリートのキャリア移行に関する理論と研究を概観したい。

　スポーツからの引退は，キャリア終結の1つの形態であり，人生の節目と考えられる。そのため移行モデルでは，競技スポーツからの終結を「プロセス」ととらえる（Schlossberg, 1981）。Schlossberg（1981）は，移行を「自分自身や世界についての考え方の変化をもたらし，それに対応した変化が自分自身の行動や周囲との関係性にも求められる出来事」（p.5）と定義した。またSchlossbergらは，3つの変数が相互作用する移行適応モデルを提案している（Charner & Schlossberg, 1986, June；Schlossberg, 1981）。3つの変数とは，個人的特徴（パーソナリティ・コーピング資源），移行についての認識（公平か不当か，制御可能か不能かなど），移行前後の環境の特徴（社会的支援，家族による支援，資金状況など）である。多くの著者がこの移行モデルをスポーツに関わる諸問題に適合させ（Gordon, 1995；Pearson & Petitpas, 1990），スポーツのキャリア終結に対する実証的な支持を生み出してきた（Baillie & Danish, 1992；Parker, 1994；Sinclair & Orlick, 1994；Swain, 1991）。しかし，この移行モデルは，適応プロセスに関連する特定の特徴についての詳細が不十分だ，と主張する者もいる（Taylor & Ogilvie, 1994；Taylor & Ogilvie, 1998）。移行プロセスをより詳細に説明し，理解するために，Taylor Ogilvie（1998）は，以下の4要素が継時的に発生するモデルを提案した。

1．キャリア終結の原因（年齢，卒業，ケガ，解雇，自由選択）
2．発達変数と個人内変数（アイデンティティ，制御感覚，パーソナリティ変数）
3．個人的資源（社会的支援，資金面での考慮事項，コーピングスキル）
4．キャリア移行のタイプ（苦悩か健全か）

しかし，アスリートは，実際にはこれらの問題をどのように処理し，経験するのだろうか？　多くの研究が，キャリア終結に対して，アスリートがどの程度感情的にも社会的にも十分に適応できているかを調査している。Lavalleeらは，1982年から1998年までに実施された，アマチュア，大学生，オリンピック，およびプロスポーツのアスリートのキャリア終結への心理的適応を評価した14の研究（n = 2653）結果をまとめた（Lavallee, Nesti, Borkoles, Cockerill, & Edge, 2000）。この集計データから，アスリートの20.1%（n = 535）は，競技の終結に伴って心理的障害を呈したことが示された。この割合を鑑みると，予防的介入および支援的介入の必要性は極めて高いと考えられる。

キャリア終結の問題を抱えるアスリートへの専門的なカウンセリングでは，キャリア終結に対する反応を媒介する様々な要因を考慮していくべきである。例えば，引退，（アイデンティティや認知的スキーマといった）適応過程，コーピング行動である（Gordon, 1995；Taylor & Ogilvie, 1998）。以下，これら3つの要因について検討していきたい。

引退は，非自発的変数と自発的変数が様々に絡み合った結果である。自然老齢化，高校や大学からの卒業，ケガの繰り返しによる段階的なスキル低下といった変数は，予測可能である。したがってアスリートは，社会的，経済的，心理的な準備を整えることができる。これら予測可能な理由によるキャリア終結は，MCS-SPのPT-Iに分類される。キャリアを終結させるほどのケガや解雇（PT-II）は，一般的に心的外傷を伴ううえに，キャリア中断という現実への準備時間をほとんど与えない場合が多い。これらの原因による競技終結や，これに関連する介入については，本章の後半で触れる。

大多数の競技アスリートにとって，スポーツへの関与は，アイデンティティの発達や維持において中心的役割を担っている。アスリートとみなされることは，社会的に多くの肯定的な結果をもたらす一方で，競技生活の終結を考えている者が，もはやアスリートとして見なされなくなることを考えて思い悩むことはよくある。大学スポーツやプロスポーツでは，女性，アフリカ系アメリカ人，およびヒスパニック系へのコーチングの機会やスポーツ管理を受ける機会がほとんどないことを踏まえると（Murphy, 1995），ジェンダーや人種問題もまた終結に影響を及ぼす。

先行研究によると，アスリートは，スポーツに参加することで，個人的な有能感や達成感，社会的な認識，個人的な娯楽，そして多くの満足感を得られる社会的関係を長く享受してきているので，スポーツから離れることは困難であると指摘されている（Scanlan, Stein, & Ravizza, 1989；Taylor & Ogilvie, 2001）。さらに，Pearson & Petitpas（1990）は，スポーツからの移行を難しくする予測因子として，アスレチック・パフォーマンス，競技能力と競技生活への期待との著しい差異，行動障害や情緒障害，および制約された協力的社会関係に依拠する，強固で排他的なアイデンティティの存在を指摘した。またアスリートとしての役割認識が過度なアスリートは，キャリア終結に対して，社会的にも感情的にも貧弱な対応をとる，という主張を支持する実証的エビデンスはかなりの数にのぼる（Grove, Lavallee, & Gordon, 1997；Schmid & Schilling, 1997）。一方で，アイデンティティが過度でないアスリートや，アスリートという役割以外に関心を持つアスリートは，より適応的な移行プロセスをたどり，社会的にも感情的にも良好に順応することが示唆されている（Lavallee, Gordon, & Grove, 1997；Schmid & Schilling, 1997；Sinclair & Orlick, 1993；Werthner & Orlick, 1986）。

大学やプロスポーツ環境における私たちの経験から，チームメイトとの仲間意識の喪失，（しばしば，アスリートという有名人の地位を通して形成される）社会認識および社会的関係の喪失は，特に問題となることがわかっている。これら起こりうる3つの喪失全てが，アスリートの個人的な，そしてプロとしてのアイデンティティと関連している。この点で，競技者としてのアイデンティティに固執し，変化した実生活に適応できないアスリートは，キャリア移行で大きな問題に直面する可能性がある。**状況的フォークロジャー**とは，ある個人が，特定の役割に過度に自分を重ね合わせているわけではないが，情報や経験不足により生活環境の変化に抵抗する状況のことである（Petitpas & Danish, 1995）。情報の付加と時間経過によって，状況的フォークロジャーは一般的に弱まり，十分な適応が自然に進展する。一方で，**心理的フォークロジャー**とは，ある個人のアイデンティティが，高度に（かつ排他的に）その人の役割（すなわちアスリート）に結びつく過程である（Petitpas & Danish, 1995）。この強固な連結は，主に中核信念システム（スキーマ）に起因する可能性がある。例えば，社会からの承認や個人としての妥当性がアイデンティティのみから生み出され

多くのアスリートが成功を夢見るが，身体的なケガによって，競技生活は即座に終わりを迎える。

ていると確信しているアスリートは，心理的フォークロジャーになりやすい。第2章で触れた認知的スキーマを踏まえると，こういった人たちは，変化する現実を考えたがらない，あるいは考えられない可能性があり，また，新たな情報を簡単には統合できず，新たな機会を得たと認識できない（Henry & Renaud, 1972；Perna et al., 1995）。

もちろん全てのアスリートが，競技環境から離れてアイデンティティと役割を切り替える際に，著しい苦痛を経験するわけではない。たいていのアスリートは，キャリア終結という人生の節目を通じて発展し，自然発達の経過をたどりながら，人生を前進させることができる。しかし，多くのアスリート，特に心理的フォークロジャーに陥るスキーマを有するアスリートには，専門的支援が必要である。

これ以降，本章では，PT-ⅠとPT-Ⅱを注意深く考察し，それぞれの心理的プロセスを検討していく。そして，競技者という特有な人たちと協働するための介入の選択肢を提案したい。

パフォーマンス終結Ⅰ（PT-Ⅰ）

PT-Ⅰは，アスリートが予測通りに競技生活を終えることである。このタイプの終結は，自由意思による選択，加齢やケガの蓄積による身体スキルの自然低下，あるいは（高校や大学の卒業などのように）予定通りの競技機会の終了によることが多い。前述のように，アスリートのライフサイクルは，他のキャリアよりもかなり短い。多くの人は，人生の後半にキャリア終結を迎える。この終結のほとんどが，個人的な選択によって決断されるか，平均寿命によって予測できる。そのため大半の人は，キャリア終結という事態に備えるための時間も，健全な適応を促進するために，社会的関係を構築したり，活動性を高めたり，あるいは生活にアレンジを加えたりするための時間も，十分にある。

キャリア終結は，常にスムーズで予測可能であるわけでははない。競技的キャリアはその性質上，いつキャリアを終わらせるかについての選択肢は減る可能性がある。ケガ，（おそらくより良いパフォーマンスを有する）新規アスリートの加入，高校や大学アスリートが従事できる期間は限定されているという特質，そして（かすかではあるが明らかなパフォーマンス低下を徐々に招く）通常の老齢化は，一般的に避けられない。競技生活を長期に渡って成功裏に進められる一握りのアスリートでさえ，非アスリートが生産性のピークを迎え，キャリアを発展させ，活力あふれる年代に，終結を経験する。一般的にアスリートは，競技以外の生活面と比較して，アスリートである自分自身を，より幸福であり，有能であると捉える傾向にある（Griffin, Chassin, & Young, 1981）。そのため，アスリートという役割からの移行が，アスリートを著しく傷つけ，悲観的にさせるのは当然のことだろう。

先述のとおり，予測可能なキャリア終結を生じさせる変数は，通常の老齢化，（即座にキャリアを終わらせるようなケガではないが，かなりのケガによる）段階的な技術低下，そして，長年にわたる様々なケガの積み重ねによる影響である。当然，スポーツによって，老齢化のプロセスや，ケガのゆっくりではあるが着実な影響は，異なる年齢で表れる。パフォーマンスが低下する年齢や理由は異なるだろうが，アスリートは，人生の次なるステージで最適なウェルビーイングや個人的満足を得るために，差し迫ったキャリア移行に事実上向き合わなければならない。アスリートが引退前に心理的準備を整えたり，利用可能な（社会的，経済的，教育的）資源を持っておくことは，後のポジティブな適応と密接に関連している。

アスリートが好ましい状態で適応できるように，臨床スポーツ心理士は，キャリア移行の基本的な問題やその表れ方の多様性を理解しなければならないし，アスリートの視点から移行を捉える能力を維持するべきである。キャリア移行に対する介入効果を検証する研究はいまだ実施されておらず，特定のアプローチの実証的エビデンスが明らかに欠落しているため，以降のセクションでは，適応を成功させるために推奨される介入の概要を説明する。

共感的ジョイニングと情緒的支援

PT-Ⅰのアスリートに対する介入の第1ステージは，臨床スポーツ心理士が，アスリートの懸念内容を真に理解していると伝えるだけではない。最も重要な

最終的には全てのアスリートが競技生活の終わりを迎えるが，アスリートは，それぞれが異なる懸念，恐れ，そして期待を示す．

は，アスリートが体験したことに対する感情状態を真に理解していると伝えることである．この理解は，アスリートへの聞き返しによる機械的なやり方を通してではなく，アスリートが言葉には表現できないが，**はっきりと示している**感情を熟考することによりうまく伝えられる．絶望感と不足感，欲求不満，怒り，悲しみ，そして不安は，幾度となく経験されるが，必ずしも言明されるものではない．実践家は，（学業を全うすることや将来の雇用を探すといった）実用的な問題にばかり焦点をあてるのではなく，セッションでの感情状態に敏感でいなければならない．確かに実際的な問題は重要ではある．しかしそれは，アスリートが，より適応的な心理状態にあり，変化しつつある状況を受け容れ始め，習得と制御の感覚を得るための長いプロセスを開始し始めたときにはじめて扱うことができる．このステージにおいて，具体的な変化は重要ではない．むしろ大事なことは，アスリートが，話を聴いてもらえ，理解してもらえ，サポートしてもらえる場所を提供することである．理解と共同を基盤としてアスリートと実践家の間に構築された信頼関係は，両者の間に安心と希望の感覚をもたらしていく．このような，理解と共同による基盤は，しばしば共感的ジョイニングと呼ばれる（Rogers, 1959）．最終的にこれらの要素から，新しい情報を聞いたり取り込んだり，新たな行動（コーピング）方略を獲得したりするアスリートの準備性が生じる．

行動活性化療法

スポーツからの移行に呼応して，アスリートは日常の（そして楽しい）活動を制限し，利用可能な社会的支援から遠のき，一般的に生活への関わり方を変えていく．通常このような変化からは，新しい目標や，価値ある人生の方向は見出されない．加えて，社会的強化の頻度と強度は低下する．このような変化や，社会的，個人的な強化子の減少によって，「人生は変化を伴うものであり，したがってほとんど満足を得られるものではない」という信念が助長される．結果的に，行動の不活性化（または阻害）は不快感および絶望感の増長をもたらす．（楽しい活動の頻度を増加させるために）行動計画やセルフモニタリングを通してアスリートを支援する基本的な介入方略は，行動活性化療法である（Jacobson et al., 1996）．行動活性化療法は，以前は楽しんで取り組めた社会的・個人的な活動にクライエントが従事できないことが悲しみと絶望を招いている場合に導入される．この方略は，抑うつを軽減し，希望感を亢進させるために，これまで効果的に用いられてきている（Jacobson et al., 1996）．加えてこの方略は，統制感や期待感を高める活動にアスリートが積極的に関われるよう準備させ，「人生は満足のいくものではない」というアスリートの信念に対して一石を投じる．

認知再構成法

何回か記してきたように，自己や他者に関する体系的な中核的信念は，私たちが世界を見たり解釈したりするためのレンズである（Young et al., 2003）．この中核的信念システムは認知的スキーマとして知られている．不十分で脆弱な認知的スキーマを持つ人は，アスリートとしてのアイデンティティ（と自然な自我の向上）を喪失することに対して否定的に反応し，自分自身を制御不能と捉えがちである．こうしたアスリートは，キャリア移行中に心理的フォークロジャーに陥りやすく，かなりの感情反応を表出するだろう．彼らの中核的信念システムは，極端で感情的にさせる結論へと必然的に誘うルールと連合している．不十分で脆弱なスキーマと連合するいくつかの典型的なルールを図10.1に示した．さらに，このルールシステムと連合して増幅した感情は，否定的な感情を調整することを意図した補償行動を生じさせる．このルールシステムを，認知療法に関する文献では**媒介信念**と呼んでいる（Beck, 1976）．そうした補償（逃避）行動の例としては，キャリア終結の拒否，薬物使用や乱用，あるいはギャンブル，不倫，乱交といった機能不全の活動など

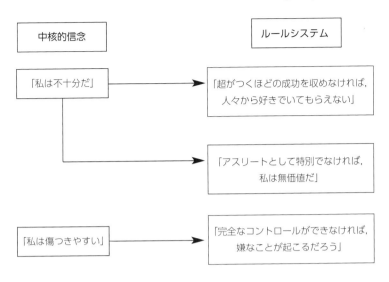

図10.1 不十分で脆弱なスキーマと連合する一般的なルールシステム

が挙げられるだろう。体験の回避としてのこの行動形態は，ネガティブな感情を減らすことを意図したものであるが，かえって，ネガティブな内的状態への注意を増幅し，生活領域の大部分でいっそうの苦痛へと誘う。

うつ病やその他の心理的障害の治療（第8章参照）と同様に，予測可能なキャリア移行への介入は，まず引き金となる出来事（ここでは差し迫ったキャリア終結）によって活性化される思考プロセスを特定することである。さらなる介入目標は，現実に即応するために，そうした思考内容を再構成すること，そして可能であれば，中核的信念システムの修正を行うことである（Young et al., 2001）。

アクセプタンスとコミットメント

専門家による支援提供の機会が限られていたり，認知的スキーマがあまりにも強固なために，完全な修正が非現実的である状況に遭遇することもある。この場合，アクセプタンス＆コミットメント・セラピー（acceptance and commitment therapy：ACT）（第6章参照）として知られるアプローチが役立つ（Hayes et al., 1999）。終結前後にいるアスリートにACTを適用する際，キャリア終結に対する感情反応は，体系的な中核的信念と同様に銘記され表出される。しかし感情を低減させたり，認知内容を変容させたりするよりも，ACTは，クライエントが感情や思考プロセスを受け入れる（体験する）手助けをする。こうした内的体験は，良い悪いと解釈されることはなく，生活していく上で当然起こりうる予測可能なものであり，回避や低減の必要もないと考えられている。特に強調される

点は，内的体験への気づきを維持すること，および内的体験は修正されるべき絶対的な現実ではなく，過ぎ去っていく出来事にすぎないと認識することである。要するに，アスリートは，不快な思考や感情を追い出したいという欲求を道しるべとするのではなく，行動を要する価値ある目標や人生の方向性を道しるべとするようになるのである。強烈にネガティブな感情を経験している人と同じように，キャリア終結を経験しているアスリートは，一時的な満足感（短期的な感情低減）を得るために，回避やその他の行動に躍起になる。ACTによるアプローチでは，全ての回避は，クライエントの目標に関する明確な理解とその目標を達成するために必要な行動に置き換えられる必要がある，と考えられている。ACTは，クライエントが残された人生を嘆くよりも，前途へ感謝を抱けるよう支援することに最大の努力を置いている。

キャリア計画

アスリートと実践家が協力関係を確立し，アスリートが再び活動的になり，伝統的な変化の方法か新しいアクセプタンスによるアプローチのいずれかによって認知と感情の相互反応が解決されると，PT-Ⅰの介入は最終ステージを迎える。このステージでは，キャリア計画の実際的な部分も扱う。キャリア計画は，特別なノウハウを持つ専門家に依頼するか，あるいはキャリアカウンセリングの教育とトレーニングを受けた臨床スポーツ心理士が担当する。

キャリア計画には，主要な支援体制，個人の強みと弱み，個に応じたキャリアニーズを把握し，職能を高め，求人案内を確認し，具体的で現実的なキャリア目

標を策定していくプロセスが含まれる（Murphy, 1995）。キャリア計画は，自己分析から始まり，職業調査，そして最終的に職業取得にいたる線形の発達と言われている（Petitpas, Champagne, Chartrand, Danish, & Murphy, 1997）。言うまでもなく，最適な職業調査は，アスリートの競技生活**中**に実施されている。実際，アメリカオリンピック委員会などの組織では，全てのアスリートが避けて通れないキャリア移行のために，キャリア計画を促進する構造化されたプログラムを開発している。しかし大半ではなくとも多くのアスリートにとって，職業調査はキャリア移行の真っただ中に実施されることの方が多く，キャリア計画を開始する予備段階として，しばしば前述した治療的介入が必要である。

この介入プロトコルを用いることによって，PT-Iのアスリートは，差し迫った状況と後の人生のための努力に対する統制感を獲得する。つまりアスリートは，人生最良の瞬間（競技参加）はもう終わってしまったという悲観主義的な過去志向から，過去の記憶とともにありながらも新しいチャレンジや意味ある人生の選択を続けていく楽観主義的な未来志向へと移行していくのである。

PT-Iのための一般的な治療プロトコルの概要

・共感的ジョイニングと情緒的支援
・行動活性化療法
・認知再構成法
・アクセプタンスと人生目標へのコミットメント
・キャリア計画

パフォーマンス終結Ⅱ（PT-Ⅱ）

PT-Ⅱは，通常，アスリートに将来の選択肢を与えないような重大なケガや解雇によって，予測できずに（おそらく心的外傷を伴って），かつ非自発的に，競技生活を終えることである。

PT-Iにおけるキャリア終結は，自発的または非自発的であったが，ある程度**予測**できた。一方PT-Ⅱは，**予期不能**の重傷や解雇によって即刻に競技生活が終わってしまう，急激な，そして多くの場合，心的外傷を伴う移行である。ケガによる終結への適応はかなり困難であり，これに直面したアスリートは，キャリアが急には終わらなかった人と比べて生活満足度を低く評価する，と指摘する研究結果がある（Kleiber, Greendorfer, Blinde, & Samdahl, 1987；Werthner & Orlick, 1986）。同様のことは，突然で予測不能の解雇によっ

てキャリアを終えるアスリートにも当てはまる。こうしたアスリートの多くが，根本的な生活変化に伴って心理的苦悩や感情的苦痛を吐露し表出していることを踏まえ，Kleiberらは，臨床スポーツ心理士がこれらのアスリートを支援するために，関連文献を把握し知識や技能を高めていく必要があると強調している（Kleiber et al., 1987）。

重傷を負った選手の移行を理解するためには，キャリア終結につながるケガの心理的影響を注意深く調べる必要がある。Suinn（1967）は，ケガに起因する終結へのアスリートの反応は，喪失に対する他の人の反応と同じであることを示唆している。Suinnは，ケガに起因するキャリア喪失を，キューブラー=ロスが提案した著明な悲哀の段階モデル（Kubler-Ross, 1969）を援用して，逸話的に検討した。キューブラー=ロスのこの悲哀反応モデルは，否認，怒り，取り引き，抑うつ，受容という経過をたどる。ケガに起因するキャリア終結に苦悩するアスリートの悲哀が，このモデルに従うと主張するのは逸話的なエビデンスだけであり（Murphy, 1995），受傷前のパーソナリティ変数が，ケガやケガによって生じる結果への心理的反応として，重要な役割を担う可能性がある。例えば，Gallagher & Gardner（2005）の最近の研究では，認知的脆弱性（初期の非適応的なスキーマ），コーピング方略，ケガへの感情反応，という変数間の関連性を調査した。その結果，自暴自棄と不信に関する認知的スキーマを有し，また回避型のコーピングスタイルをとるアスリートは，ケガの直後に大きなケガに対しても小さなケガに対しても高レベルの否定的な感情を経験しやすいことが示唆された。さらに，ケガに対する脆弱性や不十分なスキーマを有し，また回避型のコーピングスタイルをとるアスリートは，リハビリテーションの完全導入後や競技復帰直前に，強い否定的感情を経験する可能性があることが示唆された。基本的に，受容と社会的関与に関心のあるアスリートは，初めてケガを負った際（おそらく社会的孤立を恐れて）相当の苦悩を経験する。また，再受傷と能力を懸念するアスリートは，リハビリテーションの成功後に，あるいは復帰前に，（おそらく失敗恐怖という形態をとって）困難を抱える可能性が高い。この研究は，特にケガを負ったアスリートを対象に行われた。ケガの全てがキャリア終結につながるわけではない。しかし私たちは，これらのデータから，初期の非適応的スキーマを有する人は，ケガに起因する心的外傷性のキャリア終結に対して，本質的に様々な感情に苦しみ，回避的で，あまり適応的ではない方法で対応する，という仮説を立てることができる。さらなる研究として，重症のケガによるキャリア移行に，受傷前の認知的スキーマが与える影響を検

第10章　パフォーマンス終結（PT）　147

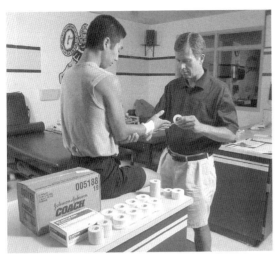

アスリートのなかには，ケガの重症度を最小化したり，技術低下の進行を隠すためにケガと偽ったりして，終結を遅らせようとする者もいる。

討することが期待される。Gallagher & Gardner (2005) の研究に記述されたスキーマを評価し調査することで，臨床スポーツ心理士は，症例の詳細な理解をいっそう深められるだけでなく，アスリートの感情反応を低減し，円滑な移行を支援する実践家としての能力を高められるだろう。

　アスレチック・アスリートとしてのアイデンティティを誇張して捉えるアスリートは，ケガに起因する心的外傷性のキャリア終結に対して，十分に適応できない傾向にあり，大うつ病性障害およびアルコール乱用または薬物乱用になりうると指摘する研究も散見される（Chartrand & Lent, 1987；Elkin, 1981；Hill & Lowe, 1974；Ogilvie & Howe, 1986）。さらなる調査を必要とする未解決の実証的問題はあるものの，アスレチック・アスリートとしてのアイデンティティを誇張してとらえるアスリートは，予測不能の解雇に起因する心的外傷性の離脱に対しても，同様に反応するだろう。

　私たちは，ケガで重症を負ったアスリートや，スポーツ環境から移行中のアスリートが，多くの場合，支援を必要とするような著しい精神的苦痛を頻繁に経験していることを理解している。アスリートを概念化する際，大半のスポーツ実践家は，DSMによる診断基準を考慮していない。そのため，準臨床的あるいは臨床的な症状のあるアスリートの大部分は，彼らが必要とする重点的な治療を享受できていない。私たちが具体的に言っているのは，ケガに起因する心的外傷性のキャリア終結によって，急性ストレス障害（ASD）（第7章参照）や心的外傷後ストレス障害（PTSD）（第8章参照）という準臨床的あるいは臨床的な病態を呈

するアスリートのことである。DSM-IV-TR（APA, 2000）によれば，急性ストレス障害は，重傷を負う出来事，実際にまたは危うく死にそうになった出来事，あるいは自分または他人の身体の保全に迫る危険な出来事といった心的外傷性の出来事へのエクスポージャーを要する。心的外傷性のケガや，予測不能のキャリア終結につながる解雇は，これらの基準特性を満たしている。さらにASDの診断には，以下3つまたはそれ以上の症状が必要である。

a) 孤立した感覚，麻痺した感覚，または感情の欠如
b) 放心していて周囲に対する認識度が不完全
c) 現実感消失
d) 離人感
e) 心的外傷の主要な内容の不十分な想起

さらにその人は，再発する思考，イメージ，夢，フラッシュバックなどで，心的外傷的な出来事を再体験し続ける。また，（競技についての会話など）出来事を想起させる刺激を明らかに回避し，強い苛立ちや不安を経験する。こういった症状は，少なくとも2日は続くが，4週間以上続くことはない。さらに症状は，心的外傷性の出来事の4週間以内に起こる。明らかに，この症状は，主要な領域における機能を著しく圧迫したり減じたりする。これは心的外傷的な終結を経験する多くのアスリートに見受けられる。

　ケガの深刻さを考慮し，予想外の競技生活の終結を象徴的な死と捉えると，重大なケガを負ったアスリートは，ASDまたはPTSDのいずれかのうち，最初の最も基本的な基準を満たす。さらに，PTSDの症状と同様に，アスレチック・キャリアの突然の終結に対する反応にも，チームメイトや競技でのキャリアを想起させる事柄など，競技に関連する刺激に触れた際，再発思考や侵入思考あるいはイメージや苦悩で，ケガを再体験（あるいは解雇を再体験）するといった症状が含まれるとの報告がなされている。またアスリートは，持続的な回避と麻痺した感覚，孤立感，将来への期待低下と悲観，以前は楽しんでいた活動への興味の減少と最低限の参加という症状を呈し，苛立ちや怒りの増大，睡眠困難，注意の変容による覚醒の亢進を経験する（Alfermann, 2000；Petitpas & Danish, 1995）。臨床関係者と定期的には働かない実践家は，一般的にASDやPTSDを，典型的には性的虐待，戦闘経験，自動車事故に由来する心的外傷性の障害ととらえるかもしれない。しかし，実践家に覚えておいてほしいのは，この短期的，長期的障害が，そのような従来の心的外傷性の出来事とだけ密接に結びついているのではない，ということである。思い出してほしいのだが，DSM-

IV-TR（APA, 2000）の診断基準によると，症状はその人が心的外傷性の出来事を目撃するだけでも出てくるのであり，必ずしもその出来事を**個人的**に経験する必要はない。このことが臨床群において真実であるのならば，実際に心的外傷性の出来事を経験しているアスリートは，明らかに ASD または PTSD を発症しやすい。

事実，（アメリカの）国家的な確率標本によると，**ケガに伴う PTSD の有病率**は，一般人口の少なくとも 9％であった（Resnick et al., 1993）。個人的，社会的，および職業的アイデンティティが競技生活の中心にあるアスリートにとっては，ケガに伴う PTSD 有病率は，さらに高い割合である可能性がある。仮に，有病率が 9％（高い数値ではある）で安定しているとしても，臨床スポーツ心理士は，PTSD に出くわす可能性が低くないことを理解し，その症例に対応するための知識と技能を身に付けていなければならない。

現存の資料を用いて，アスリートの症状がいかに PTSD 基準を明確に満たしているかを見ていこう。

- **出来事**。アスリートは，氷上での衝突により，すでに弱っていた膝にキャリアを終結させるほどの重傷を負った。このアスリートは，スケートで滑ることや，氷の外に歩いて出ることができなかったため，ファンやチームメイトが見守る中，医療関係者によって運び出された。
- **直後の感情体験**。アスリートは後に，この出来事の間，自分のキャリアが終わることへの強烈な恐怖を感じたことと，歩くことができずに，すぐさまパニックに陥ったことを回顧した。
- **この出来事に続いたこと**。アスリートは，何カ月もの間，絶えず，ケガが発生したその瞬間に思いを巡らせ，まるでそのことをいまだに再体験しているかのようであったと報告した。彼は，氷上にいるイメージや，その場から移動させられるイメージ，観衆のざわめきやチームメイトの反応の想起，ケガを防ぐためにできたことがあったのではないかという確信，ケガにはいたらない別のシナリオで出来事を想起することなどを考えた。
- 彼は頻繁に，そして鮮明にその体験の夢を見ており，夢の最中にたびたび，恐怖，悲しみ，不安，絶望感で目覚めたと報告した。以降，睡眠パターンの乱れが続いた。
- 薬物使用や飲酒の有無を尋ねた際，彼は，以前より少し多めのアルコールを飲むようになったが，わずかな酔いでもその出来事に関連する認知や感情が高まるので，やめなければならないと述べた。
- 彼はその出来事とケガの記憶を想起させる全ての事柄に，極度に敏感になっていると述べた。そのため，他者や様々な事柄に対してすぐに苛立つようになり，またホッケーの試合観戦の誘いを拒み，テレビでホッケーを視聴することすら拒絶した。
- 彼は，今は将来楽しい職業には就けないという信念からくる，迫りくる悲しみを感じていた。
- 彼は，膝がわずかにうずくときでさえも，極度のネガティブな感情を経験していた。

自己報告による情報から判断して，この事例のアスリートは，PTSD の診断基準を完全に満たしている（APA, 2000）。しかし，アスリートが当初経験したことや，その後に続く経験が，状況や新しい外的現実に対して特段奇妙であるとか，その人らしくないというわけではない。彼の経験は起こりうることだと思われるようであれば，読者には，心的外傷性の競技終結を経験するアスリートと協働する際，ASD あるいは PTSD のいずれかに出くわす可能性があることに心を開き続けておいてほしい。この事例が示すように，そのようなアスリートが PTSD あるいは（定義上では，PTSD よりも様々な点で緊張状態が少ない）ASD と診断される可能性はとても高い。

どういった人が，PTSD あるいは ASD と一致する一連の症状を経験するかを予測することは難しい。しかし Marx & Sloan（2002）の最近の研究によると，体験の回避（思考，感情，あるいは身体感覚といった否定的な内的体験を回避する過度な努力）は，心的外傷性の出来事に伴う心因性障害の強力な予測因子であることが指摘されている。この研究データは，受傷前の行動特性――この事例では主要なコーピング方略として回避を用いること――は，非常にストレスフルで心的外傷的な環境下における心理的障害の進展と関連があることを示唆している。PT-Ⅱ を理解し治療するうえでこれらの知見が示唆することは明確である。予期せぬ心的外傷性のキャリア終結に対する心理的・行動的**反応**への介入では，受傷前の行動特性を考慮し（アセスメントし）なければならないこと，また，その症状が，非アスリートの心的外傷の臨床疾患の典型症状（つまり ASD と PTSD）と酷似するかを十分に調査しなければならないこと，である。アスリートのこういった問題と向き合う実践家は，アスリートにただ感情的苦痛を発散させるだけにならないよう，十分な注意を払わなければならない。第 7 章で指摘したように，緊急事態ストレスデブリーフィングや類似の方法論は禁忌であり，潜在的に有害である。また実践家は，キャリア計画，資金計画，そして役割移行だけを重視することも控えなければならない。そのような排他的で時期尚早なことに焦点を当てることには，極めて否定的な影

響がある。

実証的に支持された PT-Ⅱ へのプロトコルは、いまだ利用できないが、PT-Ⅱ の特定の要素あるいはサブタイプに対しては実証的な情報に基づいた介入が存在する。私たちが次に示す治療プロトコルモデルは、実証性を有し、解雇やケガに起因する終結を経験するアスリートへのバリエーションも含まれている。

心的外傷症状の評価

ケガあるいは解雇のいずれかに起因する予期せぬキャリア終結に伴う心的外傷の質を考えると、ASDあるいは PTSD と一致する症状分類は、慎重に検討されなければならない。この目的を効果的に達成するために、第8章で述べた、PTSD 症状尺度 (Foa et al., 1993) といった自己報告尺度や、SCID-I (First et al., 1997) における ASD や PTSD のモジュールが用いられる。このアセスメントは、初期面接の中ですぐに行うことができる。また実践家は、過度に臨床姿勢をとる必要もない。

情緒的支援と安全

PT-Ⅰ と同様に、まずは情緒的に支えとなる治療関係や、思いやりのある治療関係を構築することが最優先であり、面接後の初回あるいは第2セッションで最も重視すべき点である。キャリア終結に伴う辛い感情からの回避は、セッションへの遅刻や欠席、セッション前の飲酒や物質使用、移行に伴い抱えている問題について語らないこと、それを話したがらないこと、あまりにすぐにカウンセリングをやめようとすること、など多様な現れ方があるため注意が必要である。これらの行動は、肯定的で安全な治療環境を促進するために、無理からぬことだと認めるだけでなく、治療の初期に率直に話し合われることが期待され、また求められている。繰り返しになるが、PT-Ⅰ の治療と同様に、臨床スポーツ心理士は、アスリートが言葉で伝える明白なメッセージだけでなく、アスリートが置かれている状況を伝える際に見せる暗示的な感情にも注意を払う必要がある。感情状態をよく考えることは、共感、理解、安全を伝えるために重要である。

脆弱性と安全性のスキーマを有するクライエントは、実践家を受容的で中立的な存在として認識する必要がある。しかし、このスキーマを持つ人は、しばしば即座に、自分自身が評価されている、あるいは否定的に見られていると捉えてしまう。実践家は、特に求人案内やキャリア方略といった、新たな行動に関する提案を急いでしないようにするべきである。アスリートは、これらの提案が、自分自身、現在の生活状況、そして知識や技能ついての否定的な評価から発せられたと誤って思い込む可能性がある。おそらくこの方法では間違いなく、意図しないうちに、アスリートの個人的な経験、心情、自分自身への信念、強い感情を矮小化させてしまいかねない。

自己認識の促進

次なる介入は、アスリートのキャリア終結（直接的に終結に結びつく心的外傷性の出来事もおそらく含む）の意味を明らかにするステージである。この介入は、アスリートが、現在の感情や思考過程にラベルづけをして、認識することに役立つだけでなく、その思考と感情のつながりを発見し、思考と感情に応じて生じた様々な行動への気づきを高める支援をする。自己認識の促進は、治療の修正すべき要素として第一段階であり、その後、認知再構成法、持続的エクスポージャー・エクササイズ、（後にキャリア計画を含む）行動変容へと続く。このステージで実践家は、アスリー

自己認識記録表

氏名＿＿＿＿＿＿＿＿＿＿＿＿＿＿＿＿＿＿＿＿＿＿＿＿＿　　週＿＿＿＿＿＿＿＿＿＿＿＿＿＿＿＿＿＿

状況または 引き金となる出来事	自動思考	感情反応	行動	行動の結果

トが，自分自身の感情を表現するのを支援し，認知の歪みと中核的信念（スキーマ）への気づきを高めていけるようにする。またここでは，セッション内での話し合いが行われ，クライエントにはホームワークが用意される。ホームワークは，解雇やケガに起因する終結に関連する思考や感情を呼び起こす状況を記録する課題であり，前頁のような自己認識記録表を用いて記録されることが多い。

引き金となる出来事，思考，感情，行動のそれぞれの関係性を調べて理解するために，完成したホームワークは，各セッションの冒頭で検討される。さらに実践家は，特定の思考過程を積み上げていくことで，当該アスリートの顕著なスキーマに関するフィードバックを得られる。例えば，記録された思考内容が基本的に全て自分自身に対するネガティブな陳述であったり，あるいは（キャリアや人間関係の点で）将来への悲観であったりするのならば，この思考は，適切性と脆弱性の中核信念であると暗に理解できる。当然最終的には，このような仮説に基づいて，介入の選択肢を導いていく。

持続エクスポージャーと認知再構成法

心的外傷性の出来事に直面した人は，その出来事への解釈（「今までで最悪の事態だ」）や，その後に起きる喪失への解釈（「私の人生は終わりだ」）を頻繁に行う。こういった思考には，一般的に，自分自身についての解釈（「私は失敗者であり，二度と幸せになることはない」）や世界についての解釈（「身近な人は私から離れたがるだろう」）を伴う。この思考プロセスが，困難な生活環境に続いて生じる心理的障害と直接的に関連があることを示唆する重要なエビデンスが存在する（Resick & Schnicke, 1993）。またFoa, Steketee, & Rothbaum (1989) は，著しくネガティブなライフイベントへの反応としての心理的障害は，回避（逃避）行動を引き起こす記憶の恐怖ネットワークの発達により生じる，と指摘した。この恐怖構造は，引き金となる刺激，行動反応や感情反応，その出来事が原因で形成された個人の意味といった，困難なライフイベントと連合した外的要因および内的要因の両方を併せ持つ。その出来事と連合する外的刺激，思考，そして感情は後に，恐怖構造を誘発し回避行動を引き起こす。またこの恐怖構造や，恐怖構造に連合する回避は，新たな情報を取り入れることを妨げる。このことは，キャリア終結後に心理的フォークロジャーを経験するアスリートが，なぜ新たな情報を統合し，新たな生活環境に適応することが困難であるかをある程度説明する。

著しくネガティブな出来事への心理的な反応の概念化は，心的外傷性の状況に，反復的，持続的，系統的にエクスポージャーする介入が必要であることを示唆している。エクスポージャーが適正に行われると，アスリートは感情反応に馴化し，その後，恐怖ネットワークは修正される。またエクスポージャーは，その出来事と連合する意味要素（信念システム）を修正（再構成）する。心的外傷性の出来事で生じた心理的障害を軽減するために，実証的に支持された持続エクスポージャー（prolonged exposure：PE）および認知療法（cognitive therapy：CT）による介入は，別々に，あるいは組み合わせて適用することで効果を得られる。さらにPEおよびCTは，無治療あるいは基本的なカウンセリングよりも効果的であることがわかっている（Resick & Schnicke, 1993）。

このようにPT-Ⅱへの治療としての第4ステージは，PEと認知再構成法である。アスリートが心的外傷性ストレスの兆候や症状を示していなければ，PEは不要であり，自己への気づきを促進するステージで使用したセルフモニタリングのホームワークを用いて，キャリア終結の意味に対する認知再構成を開始できるだろう。しかし，ASDあるいはPTSDに関するエビデンスは，PEや認知再構成法の必要性を指摘している。

本書では，PEの詳細な説明は扱わないが（Foa & Rothbaum, 1998を参照），PEが実効するには，基本的な条件がいくつか必要である。まずPEは，残酷で再外傷を確実に与える出来事を再体験することだけでは**ない**。この反対が正しい。PEにおいて，クライエントは，心的外傷性の状況下に置かれている自分自身を想像することによって，あるいは長時間それを詳細に思い出すことによって，（重傷といった）心的外傷性の状況と向き合う。この間PEは，今までの（負の強化としての）回避パターンを絶ちながら，クライエントが，恐怖ネットワークと連合した思考や感情を，より完全に体験し処理できるようにさせる。PEの介入プロトコルは，心的外傷性の記憶の多角的な要素が詳述された書籍を参考にしてもよいだろう（Resick & Calhoun, 2001）。PEのセッションは90分程度を要し，しばらくの間は隔週で実施される。PEの課題を円滑に遂行するために，リラクゼーション・トレーニング（Foa & Rothbaum, 1998）を取り入れることが多い。PEに興味のある実践家には，介入手続きを適正に遂行するために，このテキストに書かれている以上のことを学ぶことをすすめる。PEを適切に用いれば驚くほどの効果をもたらすが，不十分で不正確な手続きの使用は，極めて有害になりうる。

認知再構成法もまた，効果的な治療にとって不可欠である。認知再構成法は，キャリア終結**以前**に保持していた解釈，仮定，そして信念の詳細な調査を行う。

以前の信念システムは，わずかに悲観的だったかもしれないが，日々の活動を妨げるほどのものではなかったというクライエントもいる。しかし，(キャリア終結といった) 重要なライフイベントは，クライエントの自分や世界に対する否定的なとらえ方を助長する。また一方で，出来事以前の信念システムは適応的で機能的だったのに，心的外傷性の状況によって著しく変わってしまったクライエントもいる。以前の信念システムが変化するのは，心的外傷が以前の適応的な信念システムに異議を唱えるときである。例えば，以前は世界を安全な場所ととらえていた人が，著しく否定的なライフイベントを経験して，突然脆弱性を感じ，世界を脅威的，敵対的に捉えるのがその例である。行動の引き金となった信念システム，あるいは変化した信念システムは，Beckの基本的な認知療法モデルに基づく系統的な介入によって治療される（Beck, 1976；Beck et al. 1979；Beck, 1995）。予想外の終結の後，信念システムが穏やかに誘発されたり変えられたりしているのに完全には心的外傷性の反応を伴わない場合，キャリア計画前に導入されるこのアプローチがアスリートにとって有益となりうる。

この介入ステージは，PT-Ⅱへの治療的介入の大部分を占め，通常10から16セッション必要である。それでも，アスリートが，自身の信念システムを修正できない，あるいは修正する気がないようであれば，現在よく知られているアクセプタンス＆コミットメント・セラピーを代替アプローチとして利用できる。

アクセプタンス＆コミットメント・セラピー

PT-Ⅰで述べたように，信念システムが強固すぎて，修正が現実的ではなくなり，修正の代わりとなる方法が必要になる状況がある。アクセプタンス＆コミットメント・セラピー（ACT）モデルにおいては，（PEで行われているように）キャリア終結への感情反応が奨励され，体験される。ただしPT-ⅡにACTを適用する際，臨床スポーツ心理士は，感情を低減させるためではなく，嫌な気分を感じていながらも，今は遠くにある目標に向かって行動することができるとアスリートに伝えるために，内的状態を体験するよう勧める。記憶に対する認知反応や感情反応を完全に体験するために心的外傷性の出来事を再想起することは，PEに似ている。しかしACTの目標は，認知の変容ではなく，むしろ目標と欲求に沿って行動するためにはより良く感じる必要がある，という考えを変えることにある。したがって内的体験は，非難されるのではなく，移行過程ではよくあることであり，予想される側面であると捉えられる。うまくいけばアスリートは，不快な思考や感情を取り除きたいという欲求を道しるべとするのではなく，価値ある人生の方向性を道しるべとして能力を伸長していく。アスリートは，このアプローチを通じて，どのように感じるかと，どのように行動するかとを分けて考えることを学ぶ。そして，時折感じる苦痛（人間である以上避けられないもの）とつきあいながらも，人生を向上させるために行動できるようになる。このプロセスを経ることで，アスリートは，内的状態を受容し，将来の生活を満足させるために行動できるようになっていく。キャリア終結の文脈においては，アスリートは，意義ある社会的支援と関わり合い，競技離脱前に喜びを感じていた活動を追い求め，そして将来のキャリアを計画し始めるようになるだろう。

キャリア計画

PT-Ⅰへの治療と同様に，PT-Ⅱへの治療の最終段階は，キャリア計画である。この時点で，アスリートは，もはや著しい心理的障壁や行動的障壁を呈することはなく，新たな個人的アイデンティティあるいは職業的アイデンティティを獲得して前進する準備ができている。キャリア計画段階では，アスリートは，社会的支援を特定し，自分の強みと弱みについて話し合い，キャリアニーズや目標を定め，新たな職能を高め，現実的な求人案内を確認する。このプロセスに携わるためのトレーニングを受けていない実践家は，アスリートを別の専門家に紹介すべきである。

ここでPT-Ⅱへの治療プロトコルの全体像を概観すると，まずは健全で安全な治療関係を構築することが求められる。続いて，新たな満足いく生活環境の実現を妨害する行動の低減を目指す。心的外傷性がいっそう強いPT-Ⅱ事例の場合は，円滑なキャリア移行を妨害する回避行動，そしてアスリートの生活の質を低下させる心理的症状を生み出す回避行動を低減させるために，恐怖構造の変容と心的外傷の誘因となる認知的スキーマの変容が必要である。心的外傷性の症状が存在しない場合の介入は，キャリア計画や生活設計の推進を妨害する信念システムの修正に焦点をあわせる。どんな状況であれ，主要目標は機能の改善である。つまり，適応を促進する行動と，（キャリア計画，社会的調和など）将来のウェルビーイングを促進する行動を増やしていくことであり，感情の調整不全を維持する行動や，価値あるキャリアと人生目標の達成を邪魔する行動を減じていくことである。

PT-Ⅱのための一般的な治療プロトコルの概要

- 心的外傷性の症状の評価
- 情緒的支援と安全
- 自己認識の促進
- 持続エクスポージャーと認知再構成法
- アクセプタンスと人生目標へのコミットメント
- キャリア計画

介入への見解の整理

　PTへの介入に関する理解をいっそう深めるために，第3章で示したPT事例に対する介入経過に触れたい。ご記憶のように，キムは段階的で自発的な競技生活の終結に直面した，30歳の競技スキーヤーだった。それゆえ，彼女はPT-Ⅰに分類された。キムは，競技生活を完全に終えることで，スキーを通じて構築してきた人間関係が崩れてしまうのではないかという喪失感を覚え，また恐怖を抱いていた。キムがコンサルテーションを求めたとき，臨床スポーツ心理士は，まず懸念や恐怖をオープンに話し合える，共感的で支持的な環境を構築するように努めた。実践家が，Kimに関心を寄せる人たちと積極的に社会活動するよう勧めるなかで，話し合いは，認知再構成法や行動活性化療法の導入へと進展した。この介入で彼女は，以前は楽しいと思えた活動に関わり続けることが推奨され，またスキーで築いた人間関係の喪失に関する恐怖を調べるよう促された。行動活性化療法と認知再構成法は，効果的に遂行され維持されたので，キムは，積極的に職業調査やキャリア計画を始めることができた。最終的に彼女は，アスリート後のキャリアとして，希望通りのやりがいあるフィットネス業界に就職することができた。

　2番目のPT事例に触れたい。カルロスは，26歳のマイナーリーグ所属の野球選手だった。突然のケガにより心的外傷を伴い，最終的にキャリア終結は不可避であった。カルロスは，ケガに関する再発思考やイメージを経験していた。また，野球やプレーしていた頃のことを思い出させる人物や活動から身を遠ざけていた。加えて，以前にも増して落胆し，怒りを露わにするようになった。臨床スポーツ心理士が彼の家族から紹介を受けたとき，カルロスは，明らかに心的外傷性ストレス障害の兆候や症状を示していた。

　カルロスへの治療は，まず彼が安全であると感じ，考えや気持ちを進んで共有できるように，支持的で共感的な関係を構築することから始めた。何度も約束を破ったり，遅刻したりした後，カルロスは徐々に実践家を信頼しはじめ，アスレチック・キャリアの終結にどう対応しているかを話し始めた。この信頼が必要レベル（6セッションで10週に渡った）に達したので，実践家は治療プロセスを概観し，カルロスに症状や様々な介入ステージを説明した。また実践家は，回避の一般的な役割について話し合い，介入を回避したいという衝動は，時々強くなると説明した。次の6週間（週2セッション）に渡って，実践家は，（心的外傷性の記憶や感情の十分かつ完全な処理を目的とする）持続エクスポージャーと（中核的信念や不合理な思考様式の修正を目的とする）認知再構成法を組み合わせて介入した。同様の技法を用いたセッションは，週1回6週間に渡って実施された。この時点で，カルロスの心的外傷性のストレス症状はほとんど見られなくなり，診断基準を満たさなくなった。症状が緩和し，カルロスが心的外傷以前の生活と変わらない行動をとれるようになると，実践家はさらに4カ月間12セッションに渡って，キャリア計画や技能開発を行った。この介入ステージを経て，カルロスは，教育を完結することを決心し，興味を持てて実入りのいい医薬品販売員の仕事を引き受けるにいたった。

まとめ

　全てのアスリートが，競技を追求していくある時点で，キャリア終結に直面する。この起こりうる出来事を受け入れられる人，そして検討を重ねるべき事柄に従事し将来設計に取り組む人は，一般的に，非常に大きいあるいは長期間に渡る感情障害を最小限に抑え，この苦しい人生の節目に対応する。これ以外の人，特に，予想外の移行を経験する人や，競技生活の終結を考えさせない個人的スキーマを有する人は，難しい経過をたどり，時として苦しい精神的苦痛を経験する。疑いなく，臨床スポーツ心理士は全ての競技アスリートのために，このような問題の改善に向けて支援し，進行中のキャリア計画の促進を手助けできる。

第11章

臨床スポーツ心理学における事例定式化

スポーツ心理学の専門的実践では，アスリートに高度なケアを提供するために計画された，概念的に妥当でエビデンスに基づいたアセスメントと介入を統合することが不可欠である。本章では，臨床スポーツ心理学における事例定式化のための体系的なアプローチについて説明する。事例定式化は，アスリート個人やアスリートが相談室で提示する問題を理解するための作業的枠組みを提供する。妥当な理論モデル（例えばアスレチック・パフォーマンスの統合モデル〔Integrative Model of Athletic Performance：IMAP〕）と分類システム（例えばスポーツ心理学的多元分類システム〔Multi-level Classification System for Sports Psychology：MCS-SP〕）に基づくこの方法は，信用のおけるあらゆる専門家のエビデンスに基づく実践において中核を成す作業プロセスである，法則定立的なデータから導き出された個別の介入が可能になる。事例定式化に関する一般的な議論については，臨床心理学分野では長い歴史があるものの（Persons, 1989），スポーツ心理学分野ではどちらかといえば話題として取り上げられてこなかった。私たちは，この重要なトピックについての関心を促したいと考えている。

アスリートの概念的理解

本章で述べる事例定式化のアプローチにおいて，実践家にとっての第一の目標は，アスリートが抱える問題を，アセスメントの間に系統的に収集された情報に基づいて概念化することである。概念化では，以下の内容を含まなければならない。

- アスリートの世界における環境面の引き金，背景要因，問題となる感情反応と行動反応，維持要因，などの慎重な検討を可能にする，現在の問題に関する包括的評価（これによって適切な分類がなされる）。
- 来談するに至った問題から生じたり，その問題に直接記述したりする心理プロセスと行動プロセスの描写。分類や結末としての行動をターゲットにするわけでは**ない**ことを覚えておくこと。むしろ，私たちの介入は，問題行動を生じさせたり，維持させたりするプロセスをターゲットにしている。専門書では，これらのプロセスを「行動のメカニズム」と呼ぶことが多い（Barlow, Allen, & Choate, 2004）。
- 関連する心理プロセスや行動プロセスと論理的に関連し，アスリートと実践家双方により設定された介入目標を達成できそうな実証的な情報に基づく介入方略（図11.1 参照）。

アスリートのアセスメント

実践家は，主にIMAPの理論モデル（第2章）とMCS-SP分類システム（第3章）に基づいた包括的アセスメント（第4章参照）により事例定式化を開始する。以下の質問への答えは，事例概念化のプロセスを正しい方向へと導くことに加えて，第6章から第10章にかけて説明したとおり，その後の適切な介入を選択する際の助けとなる。

図11.1　事例定式化の目標

- 主訴となっている問題は何か。これらの問題はどのように形成されるのか。これらの問題のきっかけとなる要因や維持要因は何か。
- アスリートにとっての状況的要求と競技的要求は何か。
- アスリートが取り組むスポーツに必要なスキルは何か。そのスポーツ分野におけるアスリートにとっての進展とは何か。
- アスリートの現在のスキルはどの程度か。どのようにスキルを伸ばしてきたのか，どのような方法で競技上のスキルを向上させてきたのか（プライベートレッスン，自己練習，組織の中の指導）。
- アスリートのパフォーマンスに関するスキーマはどのようなものか（競技上のパフォーマンスに関する態度や期待と，努力，成功，ミス，衰えなどに関する個人的ルールを含む）。
- どのような思考，感情，行動反応が，競技への取り組みに関する様々な側面を特徴づけているか。
- パフォーマンスの手がかりや随伴する結果にアスリートがどの程度注目しているか。実際の競技中に自分自身やパフォーマンスについての予想もしなかったような結果についてどの程度注目しているか。
- アスリートは，パフォーマンスの低下に対してどのように反応しているか。
- アスリートはどの程度（そして，いつ），心配や先延ばしをしていたり，その他の体験の回避を用いたりしているか。
- どんな競技やプライベートでのパフォーマンスの学習経験が現在の問題の一因となっているか。
- 現在の問題の一因となっているストレッサーと物理的環境は何か。
- これらの問題に対するアスリートの認知的対処方略と行動的対処方略は何か。また，現在の問題はアスリート自身，他者，将来の見通しにどのような影響を及ぼすか。

臨床スポーツ心理学における事例定式化に必要な質問項目の大半は，臨床を基盤とした行動の機能分析に必要な質問項目と類似している。これら全ての質問項目は，第4章で説明したアスリートへの半構造化面接によるアセスメントの中で聞くことができるかもしれない。場合によっては，家族やコーチが（クライエントの同意を得たうえで）追加の情報を提供することがある。

本書で紹介する事例定式化の方法は，体系的，包括的，総合的なものである。アスリートの訴えをより広い視点で理解したり，適切なMCS-SP分類を導き出したり，正しい介入の選択を可能にしたりするために，収集した情報をアセスメント中とアセスメント後の両方でまとめる必要がある。図11.2に掲載したMCS-SP事例定式化のための記録様式は，実践家が記録をまとめたり，仮説を立てたり，以降の介入を決定したりするのに役立つ。

以下において，臨床スポーツ心理学における包括的な事例定式化の8つの具体的な要素について考察するとともに，それぞれ異なるMCS-SP分類で説明できる事例定式化の事例を4つ紹介する。

事例定式化のための変数

一般的に，主訴となっている問題や紹介理由を情報として聞き出した後，役立つ事例定式化を展開するには，文脈的なパフォーマンス要求，現在のアスレチック・スキルの向上，関連する状況的要求（スポーツ，あるいはスポーツとは関係のない出来事を含む），の最も重要な3つの要素を慎重に考慮する必要がある。これら3つの別々ではあるが明らかに相互に関連しうる要素は，クライエントが個人競技者であろうとチーム全体であろうと，注意深く検討しなければならない。**文脈的なパフォーマンス要求**は，アスリートの競技活動のレベルとその競技活動に固有のパフォーマンス要求に着目する。プロスポーツで求められるものとディビジョン3の大学プログラムで求められるものとは大きく異なるし，その大学プログラムで求められるものとエリートユース遠征チームなどで求められるものとも大きく異なるため，アスリートが経験した関連するパフォーマンス要求のアセスメントは極めて重要である。さらに，それぞれのアスリートは，同じ環境で同じパフォーマンスを求められるチームメイトとは異なる個人的経験を報告することが多い。アスリートが経験しそうなことをこれまでの知識に基づいて即座に憶測する実践家は，必然的にアスリートの経験を誤解するだろう。

文脈的なパフォーマンス要求は，アスリートの**スキルレベル**と相互に作用して，極めて個別化された形でパフォーマンスに影響を及ぼす。通常，アスリートのスキルは，生じた文脈的なパフォーマンス要求に自分で対応できるところまで向上する。例えば，ディビジョン2の新入生であるポイントガード（ディビジョン2の新入生に典型的なスキルは持っている）が期待されるレベルのパフォーマンスを発揮できるのであれば，文脈的なパフォーマンス要求と競技スキルのレベルが適切に交差する経験をする。**関連する状況的要求**が加わると，交わりはさらに個別化され，固有の形をとる。先ほどの例を挙げると，関連する状況的要求は，チームメイトのケガによって，新入生のポイントガー

第 11 章　臨床スポーツ心理学における事例定式化　155

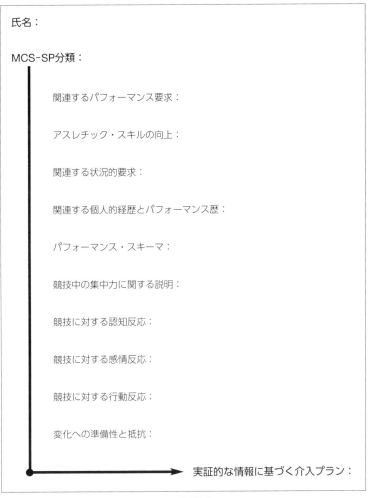

図 11.2　MCS-SP 事例定式化のための記録様式

ドに新たな役割を押しつけることかもしれない。ポイントガードは，通常の状況で直面するものとは大きく異なる一連のパフォーマンス要求に直面している。付加的な関連する状況的要求には，シーズン前からパフォーマンスに関する高い期待を背負ってチームのためにプレイすること，自身やチームメイトのケガによって役割が変わること，組織の中での新しいコーチなどとの人間関係への適応にチャレンジすることがあるだろう。

　考慮する必要のある 4 つ目の要素は，これら 3 つの変数との交差にも影響するアスリート特有の心理的特徴である。個人の心理的要因には，関連するパフォーマンスに関するスキーマの問題（例えば，他者を喜ばせる必要がある），現在の心理社会的ストレッサー（例えば，恋愛関係に問題を抱えている，家族間の不和が長い間続いている，大きな個人的喪失），特有のコーピングスタイル（例えば，体験の回避のパターン）が含まれる。

　この点で，検討しなければならない 5 つ目の要素は，競技に対するアスリートの行動反応である。なぜならこれが最終的に多くのアスリートをコンサルテーションへと向かわせることになる，実際の明白な行動だからである。目標が，アスレチック・パフォーマンスのさらなる向上であるのか，競技への取り組みを妨げる状況要因への反応を減らすことであるのか，心配事や課題の回避を減らすことであるのか，スポーツ心理学の範疇で紹介された問題を注意深く検討することは，明確な結論を導くことにつながる。クライエントには，最終的には，効率的に，あるいは効果的に**機能（行動）**したいという希望がある。例えば，機能を高めることは，アスレチック・パフォーマンスの向上や良好な対人関係となって現れる可能性がある。しかし，全ての事例において，何らかの形で行動機能を高めることが，アスリートの援助要請の中心にある。**気分の良い状態**は，機能を高めるために必要であると考えられることが多いが，実際には，機能の改善は気分が悪

い状態であるにもかかわらず生じることが多い（それが二次的に感情状態を改善している可能性がある）。コーチやチームメイトに対して怒っているアスリート，大切な関係が破綻して悲しい気分に浸っているアスリートでも，競技大会に必要な手がかりや随伴性に焦点をあて続けることによって機能する可能性がある。もちろん，このような取り組みを成功させるためには，内的状態からの脱中心化（距離を置いて自己観察する）とアクセプタンス，良い気分でいることの必要性（即座の感情軽減）に左右されないでいることが求められる。変容が必要な行動を明確にすることは，アスリートの現在の競技的（あるいは個人的）機能を理解したり，その機能を直接ターゲットとする介入方略を立案したりするために最も合理的な方法である。

臨床スポーツ心理士は，練習，競技会，スポーツとは関係のない生活分野での具体的な行動的反応について注意深くアセスメントし，それらの行動のうちどれを変える必要があるかどうか決めるべきである。競技に関連する行動，特に，的中率，スピードやタイム，ゴルフのスコアなどについては，介入前にスキルレベルの文脈において考慮すべきである。身体的スキルと行動反応の相対的な影響について考慮することは，アスリートのニーズをより深く理解することにつながる。実践家がパフォーマンスの目標とスキルレベル（潜在的なスキルも含む）との調和を注意深く考慮してはじめて，パフォーマンスの問題に影響を及ぼす心理学的要因を正確に理解することができるのである。スキルレベルの正確なアセスメントには，コーチ，トレーナー，そして場合によっては両親（常にクライエントの同意を得て）との話し合いが必要になることが多い。

第2章や上で説明したとおり，アスリートのパフォーマンス歴と心理学的特徴（特に，パフォーマンス・スキーマ）は，状況的要求と実際のスキルレベルと相交わって機能的あるいは非機能的な競技活動の下地をつくる。例えば，中核的なパフォーマンス・スキーマが個人の能力に影響を及ぼし，それにより時に非機能的なレベルの完全主義に陥ってしまうアスリートを例に考えてみよう。もし，このアスリートが，要求が多くしばしば厳しくなる新しいコーチのもとでプレーする必要があれば，肯定的でサポートの多いコーチのもとでプレーする場合とは，パフォーマンス要求への応じ方はまったく異なる可能性がある。パフォーマンス要求は，アスリートに内在する心理学的特徴（容赦のない完全主義）と状況の変化（懲罰的で厳しい新たなコーチ）といった文脈とは切り離すことができない。紹介された全てのクライエントは，外的要求と個人的特徴とが独自に相互作用しているため，臨床ス

スポーツ心理士は，アスリートの個別のニーズを満たすために，アスリートの背景となる特性，パフォーマンス歴，スキルレベル，競技外での困難といった多くの要因を考慮する。

ポーツ心理士は，介入を行う前にこうした相互作用を注意深く観察しなければならない。上述の事例の場合，アスリートが抱えるパフォーマンスの問題に非機能的な完全主義が根本的原因として存在することに実践家が気づいていないのであれば，実践家はすぐに，セルフトークの方略を用いればアスリートの集中力を維持したり，新たな環境に適応したりする助けになると想像するかもしれない。しかし，パフォーマンス・スキーマを認識していて，専門的な文献も知っている実践家は，こうした状況での認知的方略は問題を深刻化させるだけであることを理解しているだろう。

いったん，実践家がアスリートの外的要求と，それと共存している内的（心理学的）変数と行動的変数を見極めると，次には，事例定式化アプローチにおける6番目の変数を確認する。そのアスリートに関連した自己調整プロファイル（第2章で紹介）である。最も重要なのは，実践家が，競技活動の様々な部分で注意を向ける方向（自分自身なのか課題なのか）を確認することである。さらに，パフォーマンス中に生じる問題となる（あるいは，おそらく最も多い）認知反応と情動反応を理解する必要がある。実践家は以下の質問に答えることができなければならない。

- アスリートの考えは自身についての言及であるか，あるいはタスクに適切なものか。
- アスリートは現時点の競技に集中しているか，あるいは失敗の可能性を心配しているか。
- アスリートは起こりそうな結果について心配しているか，あるいは目の前の課題に全力を注いでいるか。
- アスリートは不安，怒り，不快感，あるいは他の感情を感じているか。また，それらの感情を克服すべき問題として捉えているか。

パフォーマンスに関連した様々な刺激によって誘発される認知と感情のつながり，これらの内的感覚に対する行動反応，そして，結果として起こる行動を理解することは，自己制御プロフィールの中核的要素であり，正確で包括的な事例定式化には必要不可欠である。

この時点で，実践家は，変化に対する準備性と抵抗の度合という，事例定式化における7つ目と8つ目の要素を考慮することによっても利益を得るだろう。臨床心理学の文献において，これら2つの構成要素は介入効果と関連することが指摘されている（Blatt, Shahal, & Zurhoff, 2002）。変化に対する準備性は，Prochaska, Diclemente, & Norcross（1992）によって提唱された，人間行動の変容に関する多理論統合モデル（transtheoretical model：TTM）における中心的な概念である。当初，TTMは，健康に関わる行動の理解と変化の予測を目的として提唱されたものであった（Prochaska et al., 1992）。このモデルの核となる要素は，変化に対する態度と行動に基づいて5つの下位分類あるいは段階に個人を分ける。最初の段階は**無関心期**で，変化の必要性を否定する人や，行動変容に従事しない人が含まれる。第二段階は**関心期**で，変わろうとする意欲はあるものの，まだ変化のプロセスには関与していない人が含まれる。第三段階は**準備期**で，自身の行動変容を準備している人によって特徴づけられる。準備期の人たちは，実際には変化していないものの，自身を変化の方向に向かわせている（例えば，変化について考えている，新たな行動を行うための積極的な試みを始めている）。第四段階は**実行期**で，変化のための試みに真剣に取り組む人が含まれる。最終段階である第五段階の**維持期**の人は，すでに成し遂げた変化の維持に主な関心がある。実行期から維持期へと進むためには，行動変容が6ヵ月以上続いていることが必要である。TTMによると，計画的な行動変容は，必ずしも線形的に進む必要はないものの，それぞれの段階を連続的に進むことで成し遂げられるものを仮定している（Prochaska et al., 1992）。

TTMの発想では，介入と結果は特定の変化の段階において質的あるいは量的に異なる個人によって様々に異なる。それぞれの変化の段階あるいは変化の準備性は，動機づけ，期待，効力感，支援を受ける用意があるといった多くの相互作用する変数の影響を受ける（Burke et al., 2003）。実践家にとって，アスリートがどの段階であるかを考慮することは，より積極的あるいは構造的な介入を始める前に変化の準備性を高める必要があるかどうか決定するために役立つかもしれない。変化への準備性質問紙（Readiness for Change Questionnaire：RCQ）のような尺度は，アスリートの変化の段階を決定するために役立つ可能性がある

（Forsberg, Halldin, & Wennberg, 2003）。

抵抗は，様々な精神療法介入に対するクライエントの反応を選択的に予測できる可能性を持った調整変数として，研究上の注目を集めている。抵抗は，他者によって失ったり脅かされたりしていると感じるときに能力や自由を取り戻したり回復したりしようとする傾向で特徴づけられる動機づけの状態である（Beutler, Consoli, & Williams, 1995）。抵抗の強い人たちは，「支配的」，「自分勝手」，「反抗的」と表現され（Dowd, Milne, & Wise, 1991；Dowd, Wallbrown, Sanders, & Yesenosky, 1994），外部からの影響に直面した際に反応する傾向がある（Beutler & Consoli, 1993）。この定義で言及されている特徴は，成功を収める競技アスリートによく見られるものであり，それゆえ事例定式化において考慮すべきである。こうした情報は，半構造化面接やパーソナリティアセスメントによって得ることができる（第4章参照）。

Beutler, Consoli, & Williams（1995）や他の研究者（Dowd et al., 1994）は，介入の取り組みに対するクライエントの抵抗を予測できるので，抵抗が介入を計画する際に重要な変数であることを指摘している。抵抗の強いクライエントには，時期尚早の終結を防ぐために初期段階での介入の試みとして指示的側面は**少なく**すべきである（Bentler et al., 1995）というエビデンスが提唱されているので，臨床スポーツ心理士は，こうした変数をアセスメントすべきである。

これまでに言及した8つの要素全てを十分に理解すれば，事例定式化は完成するものと考えられる。今や事例定式化の具体的詳細に関する実証的知見の知識を得たのだから，実践家がアスリートのために最も適切な介入を選択する準備は整った。次節では，事例定式化のプロセス，ならびに，異なるMCS-SP分類において異なる問題を特定するためのプロセスを明示する。MCS-SP分類の事例について，第3章を参照することから始めよう。

事例定式化の例：パフォーマンス向上（PD）

32歳のプロゴルファーのボブは，現在のパフォーマンスレベルを改善し，ゴルフ選手としての全潜在能力を発揮するために，スポーツ心理士に相談した。彼は，PGAツアーの成功には精神的要因が重要な役割を担うことを認識し，集中力の維持および，トーナメント試合中に生じる不運やミスから迅速に立ち直るには助けが必要だと考えていた。彼のパフォーマンス歴は，プレーレベルが数年間同じで，数年前，彼に期待され，予測されていたパフォーマンスレベルにはまだ達して

いないことを物語っていた。臨床症状や重大な個人内の問題または対人関係の問題はなかった。彼の全般的な生活状況は安定していて，家族，社会，そしてレクリエーションの領域でうまく機能していた。

この例では，事例定式化は，現在の問題と関連する行動結果を注意深く分析することから始める。私たちは，いくつかの問題となる結果が定式化の中に含まれると推測した。ボブは一定レベルのパフォーマンスであると言及したが，彼のスキルから示されるパフォーマンスレベルには到達しておらず，ミスに伴う集中力の低下を報告していた。ボブはレッスンプロとしては十分な役割を果たしていたが，競技（ゴルフトーナメント）でのパフォーマンスは，パフォーマンスの最頻値と同等のこともあれば，練習よりも数ストローク劣る場合もあったりと様々であることを面接記録は示していた。彼はトーナメントを勝ち進むことができず，キャリアは停滞したままであった。彼は明らかに満足してはいなかった。面接記録には，ボブは，練習に十分な時間を費やし，必要に応じて外部コーチを有効活用していたことが記されている。

こうした個々の関連する情報は，徹底的な面接，実際のパフォーマンスに関する注意深い分析，競技でのパフォーマンスと練習でのパフォーマンスの比較，スポーツに関する活動のアセスメントによりもたらされることに留意してほしい。ボブは，競技中に下手なショットをしたことや間違ったクラブを選んだことにイライラするとも述べている。彼は，「再び軌道に乗る」ために，スイングに関する考えごとで「頭がいっぱい」になっていると述べている。また，競技に関するプレッシャーに直面した際にミススイングがあることを高く意識するようにもなっていた。ボブは，集中力を保つために刺激統制技法（競技前やショット前のルーティン）を利用しているものの，下手なショット後に認知反応や感情反応が出現するのをいまだに経験している。それに反応して，彼は気がそれて，その日の夕方に計画した活動について考えたりさえしたり，あるいはリラックスしろと自身に繰り返し言い聞かせながら完璧なスイングをイメージすることで集中しようと凄まじい努力をしたりする。心理測定的情報は，ヤング・スキーマ質問紙（Young Schema Questionnaire：YSQ）（Young et al., 2003），ペン状態心配質問紙（Penn State Worry Questionnaire：PSWQ）（Meyer et al., 1990），変化への準備性質問紙（RCQ）（Forsberg et al., 2003），改訂アクセプタンス＆アクション質問紙（Acceptance and Action Questionnaire–Revised：AAQ-R）（Hayes et al., 1999）によって入手した。これらの尺度は，全ての項目に回答するのにおよそ20分（合計）しかかからない。データが示唆したのは，ボブは，臨床的苦痛を経験しているわけではなく，病理的ではないが過度の心配をしていて，否定的感情を必死に避けようとしていて（体験の回避），パフォーマンスに関する特定の不適応的なスキーマを持っておらず，相対的にうまく機能しているということである。私たちは，これらのデータによって事例定式化の様式の全項目を記載することができる。

- **関連するパフォーマンス要求**：トーナメント競技。
- **アスレチック・スキルの向上**：求められる活動に十分である，適切にコーチを利用している。
- **関連する状況的要求**：深刻なものはなし。
- **関連する個人的経歴とパフォーマンス歴**：トーナメント試合で目標やスキルレベルに到達しない，かなり一定していて不十分な状態が長期にわたって続いている。
- **パフォーマンス・スキーマ**：YSQ の結果から，臨床的に深刻ではない。
- **競技中の注意の向け方**：過度で自己判断的で，内面的な注意の向け方をする傾向があり，また，今この瞬間についてのメタ認知的焦点が少なく，過去と未来についての認知的活動が多い傾向がある。
- **競技に対する認知反応**：ポジティブイメージ，思考抑制やセルフトーク（「リラックスしろ」）を用いて，下手なプレーについて自身に言及する否定的な認知反応をコントロールしたり抑制したりすることにしばしば努力を使う。
- **競技に対する感情反応**：下手なプレーに伴う感情（すなわち，怒り，不満，自信喪失）が強まっている。
- **競技に対する行動反応**：課題を行わないこと（競技後の活動について考えることにより回避する）と過度な認知的セルフコントロールを働かせることによって再び課題に取り組もうと努力すること。これらの振る舞いは最適なパフォーマンスにつながるわけではないが，当面の間，ボブの気分を良くしておくことには役立つ。
- **変化への抵抗と準備性**：抵抗は見られない。変化への準備性質問紙（RCQ）に基づくと関心期である。

初期段階の事例定式化については，介入計画につながったり，最初の仮説が支持されるか不支持となるかを確かめたり，必要に応じて介入の修正を導いたりするための，一連のよく練られた仮説であるということを覚えておかなければならない。事例定式化は，きっかけとなる変数，媒介変数（変化のメカニズム），行動的結果を明確に記述するので，介入結果のアセスメント方法を方向づけもする。

ボブの面接情報，事例定式化，彼のパフォーマンス

分類質問紙（Performance Classification Questionnaire：PCQ）(Wolanin, 2005) での8点という得点に基づくと，ボブはパフォーマンス向上に関するMCS-SP分類に該当する（具体的には，PD-Ⅱ）。これまでに説明したとおり，アスリートがパフォーマンスに関する心配を抱えていても，それが深刻な環境的，状況的，個人的，対人的要因を主な原因としない場合はPDに分類される。ボブは，特に準臨床的・臨床的な懸念は有しておらず，すでに高いアスレチック・スキルを備えていたものの，これらのスキルを最大限に引き出すためのより着実なパフォーマンスを求めているため，PD-Ⅱに当てはまる。

第2章で説明したとおり，PDについての妥当な事例定式化は，アスリートの自己制御に関する側面を完全に理解することが必要である。ボブの関連する行動反応を，その結果（ポジティブなものもネガティブなものも）も含めてアセスメントした後，臨床スポーツ心理士はまず，ボブのあらゆるパフォーマンスについての要求と状況における注意の向け方を記述しなければならない。第2章では，機能的パフォーマンスと非機能的パフォーマンスの原因追求において，課題焦点型注意と自己焦点型注意の重要性について説明した。アスリートの注意の向け方について明確に理解することは，PDへの適切な介入を決めるために重要である。実践家は，注意の向け方について，どのような**状況**がどのような**方向**と関連するのか理解すべきである。このことによって，認知・感情・行動反応に伴う結果を合理的に理解できる。

特にこの事例では，パフォーマンスを向上するための努力は，様々なレベルでなされるべきである。現在のところ，アスレチック・パフォーマンスの向上に対して実証的に明白に支持された介入は確立されていないので，実践家は，パフォーマンスの向上を増進するために必要な実証的に関連する情報に基づいた**プロセス**を決定すべきである。事例の情報によると，ボブには，人の最適なパフォーマンスと理論的かつ実証的に関連のある，今・この瞬間の判断しない注意の向け方を発達させるのに支援が必要なように思われる。これは，第6章で説明したマインドフルネスエクササイズを通して達成できる可能性がある。さらに，ボブには，普段からミスの直後に生じるネガティブな思考や感情に気づき（過ぎ去っていく出来事として）受け入れる能力が役立つだろうと考えられるため，マインドフルネス・アクセプタンス・コミットメント（MAC）のプロトコルが良いのではないかと思われた。MACの介入は，ボブがゴルフのトーナメント試合で必要な機能，すなわち，トーナメントで生じる外的な手がかりや要求にあるがままに注意を向けることにも役立つ可能性がある。そのような注意の向け方によって，ボブは目の前の1打に集中してゴルフをすることができた。実践を導く科学の理念に従い，私たちは，本著や他の著書（Gardner & Moore, 2004a；Gardner et al., 2005；Wolanin, 2005）で紹介されているMACについてのデータから，MACが心理的問題の**ない**アスリートに最も適していることを強く示唆していることを再度，伝えておかなければならない。ボブが（Pdyではなく）PDとして紹介されたことを考慮すると，法則定立的なデータは，MACによる介入が妥当であることを示唆している。

事例定式化の例：パフォーマンス不調（Pdy）

NCAA（全米大学体育協会）のディビジョン1プログラムに参加している18歳の女性水泳選手のジョーンは，競技タイムが自己ベストタイムをはるかに下回り，たびたび練習に来なかったり遅れてきたりするようになったため，臨床スポーツ心理士に紹介された。彼女のパフォーマンス歴は，高校時代は州のチャンピオンで，NCAAチャンピオンになる将来性があることを物語っていた。彼女は，大学に入学するまでは，心理的問題を抱えたことはなかった。彼女はどんどん無気力になり，楽しく過ごせなくなっていることを報告した。社会，学業，レクリエーションの領域ではまだ十分機能していたが，次第に孤立し，友人関係や学業，水泳に興味をなくしていった。最近の身体検査は，よくなかった。ジョーンは，ホームシックであることと，彼女の人生で初めて長期間自宅から離れて過ごしていることを述べた。また，彼女は四人きょうだいの末っ子で，家族の中でも子どものように扱われていたと述べた。

この例では，ジョーンの取り組み（練習）や競技（レースでのタイム）といったアスレチック・パフォーマンスは，学業への意欲や社会的交流とあわせて悪化し始めていた。面接を通して，ジョーンは，初めて一人暮らしをしている大学の新入生によく見られる，家族と離れて生活することに対して強い心理的反応を経験していたことが明らかとなった。コーチとの関係には「問題ない」と言っていたものの，ジョーンは，20代後半の男性コーチを「私のことを全然わかってくれない若者」と言っていた。対照的に，彼女は高校時代の40代の男性コーチのことは，自分のことを理解するために多くの時間を使ってくれたと言った。彼女の心理測定（15分以内で回答できる）の結果，ひどい精神病理は見られないものの，ベック抑うつ質問紙（Beck Depression Inventory）(Beck, 1976) の得点が中

等度のうつであることを示していた。ヤング・スキーマ質問紙（Young, 1999）によるパフォーマンスおよび非パフォーマンスについての深刻なスキーマは見られなかったものの，実家から離れているので軽度の愛着の問題を抱えていた。彼女は水泳への取り組みが最低限度になっていたことに気づいており，「そのことを気づかったり克服するための努力をする気がしない」と訴えた。学校を選んだのはジョーン自身であったものの，彼女はチームを辞めることと学校を退学して実家の近くにある学校へ移ることを考えていた。これらの情報から，私たちは以下のように事例定式化についてのデータ様式を完成させた。

- **関連するパフォーマンス要求**：ディビジョン I の大学競技。
- **アスレチック・スキルの向上**：望まれる活動を行うために十分である。
- **関連する状況的要求**：初めて実家から離れた大学新入生。
- **関連する個人的経歴とパフォーマンス歴**：末っ子であり，自身のことを「家族に子どものように扱われている」と捉えている。
- **パフォーマンス・スキーマ**：直接的なスキーマは見られないものの，家族への明らかな愛着が見受けられる。
- **競技中の注意の向け方**：競技的要求への集中が見られない。競技中と競技前の両方で内的体験（思考と感情）に注意を向けているように思われる。
- **競技に対する認知反応**：関わっているものに疑問を感じ，自身にとっての競技の重要性がどんどん低下し，転校と実家の近くへの引越しを考えている。
- **競技に対する感情反応**：やる気がなく，悲しみや落胆が強まっている。
- **競技に対する行動反応**：離脱や回避。
- **変化への抵抗と準備性**：抵抗は見られず，変化の準備性質問紙（RCQ）によると関心期である。

ジョーンは，初めての一人暮らしによって，これまであたりまえだった家族からの心身への支援が得られなくなったことから，強い心理的反応を経験していた。さらに，新しいコーチとの関係は，彼女が高校時代に慣れ親しんでいた親のような支援は提供していない。こうした外的世界の変化（大学への入学と実家から離れること）は，実家から遠く離れると何もできないという無力感の問題を彼女にもたらした。彼女は競技活動に取り組むことへの興味と意欲の低下を経験している。また，競技への取り組みに関する外的な要求（手がかりや随伴性）よりも，思考や感情（内的経験）に対する注意の向け方を示している。そのかわりに，彼女は価値を置いている目標の実現を追い求めるための活動を最小限にしている。彼女が現在抱えている問題の主なきっかけは，初めて家族と離れているという外的な要因である。このように，PCQ 得点が 23 点であることを根拠に，本事例における MCS-SP 分類は Pdy-I となる。Pdy-I に分類されるアスリートは，現在のパフォーマンスに関する懸念の大部分が，環境的，状況的，移行的，対人関係に関わる要因であることを思い出してほしい。ジョーンの場合，外的な生活の変化（実家から離れる）が，心理的反応を引き起こしている。

パフォーマンス不調についての事例定式化では，現在の生活環境に加えて，関連のある対人関係，個人の特徴，自己制御プロファイルを含めたアスリートの心理学的機能を理解する必要がある。競技環境に対するアスリートの行動反応をアセスメントした後の主な課題は，現在の生活環境と心理学的強みや弱みとの相互作用を記述することである。実践家は以下の点を理解するために，行動の機能分析を行うべきである。

- どのような機能の障害や不調がアスリートの生活に影響を及ぼしているか。
- アスリートの世界において，アスレチック・パフォーマンス不調が，どのように生活上の特定の出

パフォーマンス不全が未治療のままだと，スポーツに対する自信の低下，人間関係の破綻や衝突，自滅的な思考や行動，準臨床的な心理的反応が生じうる。

来事と直接関連しているか。
● どのような心理学的特徴が，アスリートが直面している外的な出来事に対する脆弱さを強めているか。

ジョーンの近密な家族関係と家族からの支援（彼女は，家族に子どものように扱われていることを報告した）を考慮すると，彼女は，感情の高まりや破壊的行動を伴いながら，実家から離れて生活したりすることに対して，こうした経歴を持たないアスリートよりも強く反応している可能性が高い。ジョーンに最も適切な実証に基づく介入は認知療法（cognitive therapy：CT）(Beck, 1976）か対人関係療法（interpersonal psychotherapy：IPT）(Klerman & Weissman, 1993）であり，いずれも実証的に支持された治療の基準に沿った効果のある介入法である。いずれの治療法も彼女の現在の心理的反応に内在する，役割変化と葛藤，非機能的認知プロセスと行動抑制に焦点をあてる。徐々に，マインドフルネスとアクセプタンスの心理学的スキルの両者を統合させつつ，特に，価値ある目標の明確化に関心を向けることで，問題の再出現を予防できるだろう（Teasdale et al., 2000）。しかし，理論的または実証的根拠の両者において，メンタルスキルトレーニングは**初期段階**の介入での焦点としては明らかに適切ではない。この事例では，初期段階で従来の心理的スキルトレーニングを適用すれば，おそらくパフォーマンスの改善につながらないだけでなく，ジョーンの気分の落ち込みを悪化させ，結果として，（チームと学校を辞めるなどの）長期にわたるネガティブな決断をさせていた可能性がある。

ボブとジョーン（PD-IIとPdy-I）の2つの事例は，臨床スポーツ心理学における事例定式化とアセスメント，分類，事例定式化，介入計画の間の相互に関係するつながりを示している。次に紹介する2つの事例（PIとPT）は標準的な臨床症状を呈している。PIの事例には明らかに診断可能な臨床的問題が含まれるものだし，キャリア終結への適応（PT）により臨床症状が生じることもあるからである（もちろん常に生じるわけではない）。そのため以下の事例定式化は少し異なる視点で行われ，臨床心理学においてよく見られる事例定式化との共通点が多い。

事例定式化の例：パフォーマンス障害（PI）

23歳のプロバスケットボール選手のキャロラインは，彼女の三軍のチームの練習を2週間休んだ後に，臨床スポーツ心理士へ紹介された。シーズン初期，キャロラインは遠征中に気まぐれにふるまい，門限に間に合わず，高価なプレゼントを大量に買った。彼女は，時に「ひどい悲しみと気力のなさ」を感じ，またある時は「興奮」していてリラックスできず，まるで思考が空回りしているようだと述べた。彼女はこうした気分の移り変わりを制御できないと感じ，「気が狂って」しまうのではないかと恐れていた。

本事例では，キャロラインは，チームのためにプレーする彼女の能力を妨げていた行動が原因で紹介された。キャロラインは，気分の落ち込みとイライラした気分を特徴とする気分の浮き沈みを感じていたことが面接で明らかとなった。さらに，キャロラインは，活力が低下する期間と激しく高まる期間の両方で，思考が空回りしている，集中できない，普段していた活動に興味がなくなる，衝動的かつ自己破壊的行動（衝動買い），といったものを経験していた。バスケットボールでの競技能力（機能）への影響が最も顕著であったが，臨床像と心理検査による情報では双極性障害I型・混合性エピソードとみなされるため，キャロラインの事例はMCS-SP分類のパフォーマンス障害に該当すると考えられる。臨床的な気分障害が生活機能全般を妨げているため，キャロラインは明らかにPI-Iであると理解できる。こうした場合の事例定式化は，臨床心理学の伝統的な実践に見られるものと類似している。包括的なアセスメントに，SCID-I（First et al., 1997）のような面接様式，それにミネソタ多面人格目録（Minnesota Multiphasic Personality Inventory-II：MMPI-II）(Butcher et al., 1989）や，ミロン臨床多軸目録（Millon Clinical Multiaxial Inventory-III：MCMI-III）(Millon et al., 1994）のような尺度も使えば，診断や現実の問題と関連のあるパーソナリティの変数を明らかにするのに役立つ可能性がある。適切なトレーニングを受けて資格を有する実践家は，全体的な臨床像に基づいて臨床的な事例定式化を展開し，おそらくは精神科医による治療を模索するであろう。このような事例の治療についてトレーニングを受けていない実践家や，資格を有していない実践家は，アスリートを他へ紹介する必要があるだろう。

PIの事例では，臨床的ニーズがたやすく概念化できることと，妥当な臨床モデルに沿って治療されることから，事例定式化のための記録様式を全て記載する必要はないものの，下に例を1つ紹介する。アスリートが抱える困りごとの臨床的性質のため，記録様式はPDやPdyの事例と同じように意図した通りの詳細な理解が容易にできるわけではない。それでも，事例定式化の記録様式は，以下のように完成させることができる。

● **関連するパフォーマンス要求**：プロの試合。

- **アスレチック・スキルの向上**：トップレベルのスキル。
- **関連する状況的要求**：高いレベルのパフォーマンスを期待され、プロスポーツ選手としての生活スタイルを求められている。
- **関連する個人的経歴とパフォーマンス歴**：精神医学的問題の家族歴は未確認であり、これまでは深刻なパフォーマンスの問題は見られない。
- **パフォーマンス・スキーマ**：直接の問題となるスキーマは見られない。
- **競技中の注意の向け方**：注意力はコート内外で機能を果たさず不安定である。
- **競技に対する認知反応**：明らかにパフォーマンスと関連する認知面の内容は見られない。およその認知面の内容は脱線し、次から次へとたやすく移り変わることが多い。
- **競技に対する感情反応**：パフォーマンスへの特段の影響は見られない。概して、全体的な影響としてうつ状態と躁状態の変動が見られる。
- **競技に対する行動反応**：行動の調整不全。チームからの離脱。
- **変化への抵抗と準備性**：抵抗なし。変化への準備性質問紙（RCQ）による関心期。

臨床的事例定式化の次には、実践家は存在する実証的エビデンスを用いて、いくつかの実証的支持から集められた適切な介入を決定するだろう。その介入は、（第8章で説明したように）精神薬理学と家族に焦点をあてた介入（Craighead et al., 2002）の組み合わせである可能性が高い。これら本式の不可欠な介入がなされた**次に**、臨床スポーツ心理士はキャロラインの心理社会的状態を再評価して、パフォーマンス低下の改善に役立つ可能性のある他の介入（おそらくセルフマネジメントスキルトレーニング）を決定すべきである。その時点で、介入についての非臨床的観点を明確にするために事例定式化の様式を再び完成させることが妥当である。例えば、キャロラインはこうしたエピソードに次いで、自己不信や自信喪失、課題に関する集中の欠如に直面するかもしれない。事例定式化は、これらの問題をパフォーマンスに関係のある介入の視点に最も関連深いものと特定し、認知行動的介入は彼女が抱く理想のパフォーマンスの状態を取り戻すために役立つ可能性がある。

事例定式化の例：パフォーマンス終結（PT）

26歳のマイナーリーグの野球選手カルロスは、ドラフト1巡で指名され、かつてはプロ野球全体の中でメジャーリーグの人気投手になることに疑いの余地がないとみなされていた。2年前のオフシーズン中、カルロスはバーでのケンカによって深刻な回旋筋腱板断裂などの多発損傷を負った。手術と長期間にわたるリハビリの末、カルロスのパフォーマンスレベルは手術前と同等にまで回復したものの、投球中に肩に痛みを感じて初回で降板した。メディカルチェックの後、彼は、再び回旋筋腱板を断裂し、プロの投手として投球ができるようになる可能性が極めて低いことを伝えられた。カルロスはすぐにイライラし、落胆し、社会的ひきこもりの状態になった。彼は、断裂の原因となった投球が頻繁にフラッシュバックするようになり、役立たずで人生が終わってしまったと考えていた。彼は大学を卒業していなかったため、将来の幸せについて現実的に考えることができなかった。カルロスの気分の落ち込みとイライラが強くなってきたので、家族は彼を臨床スポーツ心理士に紹介した。

この事例では、カルロスは、一瞬の間に有望なキャリアの終結を迎え、多くの心理的反応を伴ってアスリートとしての経歴が終結した。このことから、カルロスはMCS-SPのPT-Ⅱに分類される。具体的には、彼は、突然の不本意なケガによってキャリアの終結を迎えて、当面の選択肢がほとんどないような状態であったため、PT-Ⅱに分類される。再発の瞬間に彼の自己感覚を決めていたキャリアは消滅したのであり、肩の痛みとそれに伴うキャリアの終結は、カルロスにとっては死ぬような経験と同じようなものであった。彼のフラッシュバックと強い感情反応は、心的外傷後ストレス障害（posttraumatic stress disorder：PTSD）に見られるものと一致する。

カルロスは面接の折に、元凶となったバーでのケンカを自身で激しく非難し、医療的事実を受け入れることと、プロ野球に戻ると自信をもって予言してその事実を否認することの間で揺れ動いていた。心理アセスメント（全ての項目に20分以内に回答）では、ベック抑うつ質問紙（BDI）（Beck, 1976）で得点が上昇していたことから中等度の抑うつ症状があること、改訂アクセプタンス＆アクション質問紙（AAQ-R）（Hayes et al., 1999）得点から内的体験の回避と必要な活動を積極的に行う傾向がないこと、PTSD症状尺度（PTSD Symptom Scale）（Foa et al., 1993）の得点からPTSDの症状と社会的および職業的機能の低下が示された。面接と心理検査から、カルロスは抵抗が強いことに加えて、変化への準備性質問紙（RCQ）（Forsberg et al., 2003）により変化の無関心期であることが示された。さらに、ヤング・スキーマ質問紙（YSQ）（Young et al., 2003）では、個人の欠陥に関するスキーマ（自分

には欠陥がある，あるいは劣っているという信念），社会的疎外に関するスキーマ（自分は他者から孤立している，あるいは他者とは異なるという信念），賛同や承認を求めることに関するスキーマ（他者から承認を得ること，注目されること，受け入れられることに過度に重点を置く），自罰に関するスキーマ（ミスをした人は激しく責められるべきであるという信念），といった4つの早期の不適応なスキーマが見受けられた。これらの注目すべき個人内変数により，カルロスは外部からの心理的支援なしで突然高い功績を収めたキャリアを終えることに適応調整できる可能性が非常に低いことは明らかであった。

PIの事例と同じく，明確な臨床的特徴を伴うPTの事例でも，事例定式化の記録様式は必ずしも必要ではない。しかしながら，記録様式は一般的な事例の概念化には良いツールである。カルロスの記録様式は，以下のように完成できる。

- 関連するパフォーマンス要求：重傷のために競技することができない。
- アスレチック・スキルの向上：ケガの前はトップレベルのスキル。
- 関連する状況的要求：大学を卒業していない。関係の険悪さ。
- 関連する個人的経歴とパフォーマンス歴：最初のケガの原因となったバーでのケンカ。かつてのドラフト第1巡での指名。
- パフォーマンス・スキーマ：自身の欠陥，社会的孤立，承認を求めること，自罰に関する関連のある早期の不適応なスキーマ。
- 競技中の注意の向け方：スポーツには適切でない。ケガのフラッシュバック体験。
- 現状に対する認知反応：「二度と幸せになれない」，「オファーはない」。
- 現状に対する感情反応：うつ，不安，イライラ。
- 競技に対する行動反応：契約解消，社会的孤立，回避。
- 変化への抵抗と準備性：抵抗している。変化への準備性質問紙（RCQ）での無関心期。

本事例の介入目標は，トラウマによるストレス症状を改善することと，カルロスが生活状況を適切に受け入れることができるようにすること，彼にとって最も良い活動に意欲を持てるようになること，それなりに価値のあるキャリアプランを立案できることである。PTSDに対する実証的な支持があり確立している介入には，エクスポージャーと認知変容がある（このような事例への介入は，第8章で提示した）。カルロスは変

準臨床的あるいは臨床的問題，人間関係の問題，中等度から重度のパフォーマンス不全を見落とすことは，アスリートの多くの生活領域で支障をきたすリスクを上昇させる。

化の段階で無関心期であるうえ多少の抵抗があったため，臨床スポーツ心理士は，治療へのアドヒアランスを可能な限り高めると同時に，治療からの時期尚早な離脱の可能性を最小限にするため，指示的治療を開始する前に十分な協同的関係の構築を入念に行う必要があった。

PIや深刻なPTは，PDやPdyよりも明らかに通常の臨床的な事例に類似している。通常の臨床的事例定式化（PIやPTの事例に役立つ可能性のある）は本書の範囲では収まりきらないが，他の著書で容易に見つけることができる（Eells, 1997）。より臨床的な事例定式化が必要な場合，実践家は，文化的要因としてのスポーツの背景（要求，期待，経歴を含む）と同様に，社会文化的要因を組み込むことになる。

まとめ

どのようなMCS-SP分類であっても，実践家は，アスリートが提示する心理社会的文脈での問題を理解するために必要な全ての情報を集める。現在の問題と多岐にわたるクライエント個々の変数の両方を完全に理解することが目標である。即座にアスレチック・パフォーマンスに対して過度な焦点をあてるのではなく，ここで紹介した事例定式化は，アスリートの全体的な理解を可能とし，介入の選択と実行を正しい方向に導くものである。このアプローチには，アスリートを理解するために，注意深く情報を収集し，収集した情報を妥当な仕組みのモデルへと系統立てることに専

念する必要がある。臨床スポーツ心理士には，クライエントの心理社会的検討事項全体をなおざりにして即座にパフォーマンスに関する困りごとに焦点をあててしまわないようにすることが強く推奨されている。そうすることでアスリートの詳細な理解と，より効果的な介入プランの立案が可能になると同時に，最も重要な点は，主要な生活領域における全体的な向上が可能になる。

第3部の結論として，私たちは読者が，アスリートの異なるニーズを理解し，それらを正確にアセスメントすることの真価を認め，そのようなニーズに適用できる実証に基づいた介入について初歩的な理解をしてくれることを期待している。次章からは，実践家や学生にとってスポーツ心理学に関心のある，あるいは現在訓練中の学生のための，その他の検討事項へと話題を変える。

第4部

その他の検討事項

　ここまで，多岐にわたるアスリートのニーズをどのように理解し，アセスメントし，介入するかについて論じてきた。そして教室を飛び出して，アセスメント，分類，事例定式化，介入計画の立案と実行にあたり手引きを必要としている，最前線にいる実践家たちに向き合おうとしてきた。第4部では視点を切り替えて，スポーツ心理学の分野ではしばしば見過ごされている話題について考えてみたい。第12章では，スポーツ心理学の実践を複雑にしている主要な倫理上の問題に焦点をあて，倫理への気づきを高めるためのチェックリストを紹介する。第13章ではスポーツ心理士の養成におけるスーパーヴィジョンの役割と，トレーニングを受ける人たちの専門的なスキルを向上させて自信を深めるのに役立つスーパーヴィジョンの方略について述べる。第14章では，この分野の未来について考え，さらに注目を集めるべき多様な専門領域に焦点をあてる。本書を読み終えた後に，スポーツ心理士の様々な潜在的役割について読者が新しい視点を持ち，**臨床スポーツ心理学**に熱い関心を抱いてくれれば幸いである。

第12章 臨床スポーツ心理学における倫理

　臨床スポーツ心理士としての最終目標は，アスリートのウェルビーイングを高めることである。私たちが一般的に思い浮かべるスポーツ心理士の役割には，アスリートとのラポールの形成，個人のデータの収集と適切な事例定式化，それぞれのアスリートのニーズに対応した最善かつ実現可能な介入の提供がある。しかし，私たちの目標はただ単に自分の仕事をすることではなく，適切にかつ倫理的に仕事をすることである。どういった人たちなのか，どういった場面なのかにかかわりなく，プロスポーツの世界におけるレベルの高い要求に対して，倫理的にも法的にも十分に応えるために私たちが考慮し，話し合い，サービスを修正しなければならないかもしれない倫理的な問題は必ず生じる（Moore, 2003a）。一般的な倫理的問題であっても，相手や場面によってその問題は大きく異なってくる。臨床スポーツ心理士にとっての倫理的問題には，これまで一般的な臨床心理学やカウンセリング心理学を専門とする心理士が直面してきた問題だけではなく，独自の事情を抱えたクライエントとの実践に付随する，サービスに対する特定の要求から生じるジレンマも含まれる。

　臨床心理学やカウンセリング心理学を専門とする心理士は，アメリカ心理学会の『サイコロジストのための倫理綱領および行動規範』（Ethical Principles of Psychologists and Code of Conduct of the APA, 2002）［訳注：以下APA倫理コードとする］に則って倫理的問題に対応する。これらのガイドラインと実践指針は実践家が「倫理的にどうふるまうべきか示唆してくれるため，心理士としての役割責任とクライエントの状況やニーズを適切に調和させる際に生じるジレンマを解決するのに役立つ」（Fisher & Younggren, 1997, p.584）。APA倫理コードは多くの専門的場面におけるクライエントのニーズを最も正確に反映しているが，スポーツ心理学におけるニーズはほとんど含まれていない。このことは，地方（Catalano, 1997；Faulkner & Faulkner, 1997；Schank & Skovholt, 1997）や軍隊（Hines, Ader, Chang & Rundell, 1998；Johnson, 1995），その他の従来とは異なる環境で活動をしている心理士にとっても問題となっている。こうした環境にいる心理士はすぐに，多くの倫理ガイドラインが，彼らの一般的なクライエント，場面独特の要望，彼らの仕事とサービスの提供には例外が必要であることを表していないと悟る。

　スポーツ心理学が発展してきたことにより，スポーツ心理士も従来とは異なる活動をする必要が出てきたため，こうした倫理的問題に直面している。例えば，地方ではコミュニティが小さく心理士とクライエントが接触する機会が増えるため，心理士は守秘義務や多重関係の問題に直面する。地方の心理士は店やレストラン，地域のイベントでクライエントに頻繁に出くわすかもしれない。同様に，チームやスポーツ組織は主として自己充足型の小さなコミュニティであり，必然的にアスリート，監督，臨床スポーツ心理士との間の接触が増える。遠征中でも練習施設にいても，臨床スポーツ心理士はホテルのロビーでアスリートとすれ違うかもしれないし，アスリートや監督と立て続けに個別のもしくはグループのミーティングがあるかもしれないし，試合の途中に簡単な話し合いをするかもしれない。これらの例はただちに倫理的問題となるわけではないが，場合によっては対応が難しくなり，倫理的判断が必要となるかもしれない。

　多くのスポーツ心理士は個人開業で臨床活動を行う従来のスタイルでアスリートと接しているが，ここで私たちが特に注目するのは，チームやスポーツ組織の一員として活動している実践家である。個人開業のスポーツ心理士でも確実にAPA倫理コードの問題に直面するものの，彼らがAPA倫理コードを順守することに困難を感じたり，コードの変更が必要になったりすることはない。倫理コードに関する特定の困難は，アスリートが幅広い組織体制に属していたり，第三者がアスリートや部員に心理学的サービスを提供するためにスポーツ心理士を雇っていたりする場合に生じることが多い。軍や産業/組織場面と同様，スポーツ組織

も生産的であることを望み，成功は主に全てのメンバーがそれぞれ独自の課題を達成する能力に基づいている。

　臨床スポーツ心理士の役割は，アスリートが個人と組織両方の目標を達成するために最適に機能するのを手助けすることである。実践家は基本的にはより大きな組織の目標に沿って臨床活動を行うため，アスリート個人のニーズが組織のニーズと対立するときは実践活動が複雑になる。例えば，家族の問題を抱えているアスリートは，大事な試合に出るよりも家族と過ごす必要があるかもしれない。一方，チームはこのアスリートにより大きな目標を達成するために選手としての役割を全うすることを求めるかもしれない。また，ケガをしたため特定のリハビリと，練習や試合を休む必要があるアスリートの例も考えられる。しかし，チームが勝つために，（十分に回復していなくても）次の週の大事な試合に出るようこのアスリートにプレッシャーがかけられるかもしれない。アスリートは明らかにより大きな組織体制の一員であり，組織の目標達成にも責任を負っている。臨床スポーツ心理士はこのような状況で効果的に仕事をすることを学ばなければならない。

　臨床スポーツ心理士に最もよく求められる仕事には，しばしば心理学的サービスの必要性を軽視しているクライエントと協力関係を築いていくことと，組織の様々なレベルの要求，様々な対人関係，守秘義務，サービスの時間と場所，適格性の範囲，適切なインフォームド・コンセント，治療とは直接関係しない組織の活動への参加といった実際的な問題に対処することなどがある。こうした倫理的な検討事項について何人かの著者がスポーツ心理学の文献で論じているが (Andersen, Van Raalte, & Brewer, 2001；Biddle, Bull, & Seheult, 1992；Gardner, 2001；Granito & Wenz, 1995；Linder, Pillow, & Reno, 1989；Lodato & Lodato, 1992；Meyers, 1995；Petrie & Diehl, 1995；Taylor, 1994；Whelan, Meyers, & Elkins, 2002；Zeigler, 1987)，これらの倫理的問題を心理士が順守するべきAPA倫理コード（2002）と関連づけて十分に議論され始めたのは最近のことである（Moore, 2003a）。それでも臨床スポーツ心理士がAPA倫理コードの内容に従わなければならないのは，クライエントの利益を最優先するためであることに変わりはない。また，スポーツ心理士は国際応用スポーツ心理学会 (Advancement of Applied Sport Psychology：AAASP) が規定した倫理原則を参照することもできる。AAASPの規定はAPA倫理コードをスポーツに特化したもので，役には立つが十分ではない。APAが定めたコード全般とAAASPの補足を完全に理解することで，臨床スポーツ心理士は倫理的問題により効果的に対応することができる。こういった倫理的指針が存在しているにもかかわらず，スポーツという特殊な分野でスポーツ心理士が活動の質を高め維持するのを支持する専門的な文献において，これらの指針が推奨されることは非常に少ない。本章ではスポーツ心理学における倫理について述べるだけではなく，章末に，実践家がすぐに解決すべき倫理的問題があるかどうかを判断するために利用できる簡単なアセスメントツールを掲載しておく。スポーツ心理士のための倫理自己認識チェックリスト（Ethical Self-Awareness Checklist for Sport Psychologists）(Moore, 2003a) というこのツールは，本章で取り扱う主要な倫理的領域を網羅している。以降，本章では，守秘義務，インフォームド・コンセント，適格性の範囲内での実践，実践家-クライエント関係の終結，そして複数の役割，多重関係，組織からの要望のバランスをとる方法についてである（図12.1）。

守秘義務

　「守秘義務とは治療関係を築く上での土台となる信頼関係のこと」であり，「クライエントは治療を開始するかどうか，治療の間に個人情報を開示するかどうかについて，説明を受けたうえで判断をする場合に，守秘義務の限界を理解しなければならない」(Glosoff, Herlihy, Herlihy, & Spence, 1997, p.573)。アスリート個人と仕事をする場合でも，もっと大きなスポーツの組織と仕事をする場合でも，守秘義務の限界を認識し，予想される問題を最小限にするために，守秘義務や機密保持の問題について，治療を**開始**する段階で，全ての関係者が合意しておかなければならない（倫理規準 4.01，4.02）(APA, 2002；Gardner, 2001；Moore, 2003a；Pope & Vasquez, 2001)。個人開業でのスポーツ心理学の実践においては，警告の義務といった問題が生じない限りは実践家は守秘義務を保てるので，それが大きな問題となることは少ない。しかし，スポーツ組織に雇用されている臨床スポーツ心理士は，組織の権限下で活動しているアスリートと仕事をする場合に通常の守秘義務の制限要因が適用されるとみなすことはできない。臨床スポーツ心理士は個人が望むサービスだけに集中するのではなく，組織のより大きな目的，意図，目標を第一に考慮しなければならない。APA倫理コード（2002）の倫理規準 3.07 および 3.11 は，第三者や組織に雇用されている（例えば，プロのスポーツ組織や大学の体育局に勤めているなど）心理士は，個々のメンバーと相談関係を開始する段階で，心理士としての役割や責任，何らかのデータやクライエントの個人情報を受け取る可能性がある人，守秘義

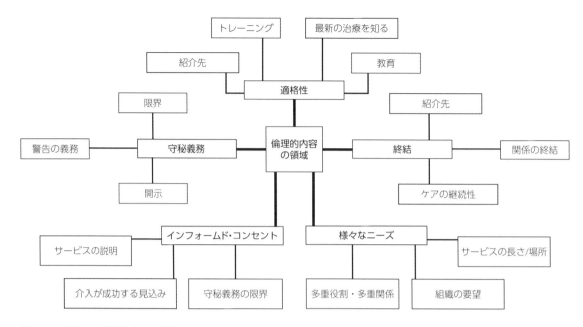

図12.1 関連する倫理的内容の領域

アスリートが心理士を信頼するようになる前に，心理士はアスリートと組織のスタッフと共に守秘義務の限界について話し合わなければならない。

務の限界について伝え，それらが心理士と組織との間の雇用契約の一部であることを説明しなければならない。

場合によっては，被雇用者（アスリート）への助言を依頼した第三者（スポーツ組織）が，被雇用者の許可なく被雇用者の情報を求めてくることがあるかもしれない。第三者がいつもこのような情報を求めてくるわけではないが，臨床スポーツ心理士と組織のスタッフはアスリートに前もって，個人情報を共有する場合があること，誰と情報を共有する可能性があるのか，共有した情報をどのように使用するのかについて，正確に知らせなければならない。クライエントと組織双方の福利が尊重されなければならず，また，臨床ス

ポーツ心理士が関わる最初の段階で治療の限界を明確に説明しなければならない。こうすることで，個々のアスリートの個人的なニーズを満たしつつ支援し，組織のニーズも継続的に満たすことができる。

クライエントの情報開示が必要である場合，臨床スポーツ心理士は開示の目的に関係する情報のみを提供することが推奨される（倫理規準4.04a）（APA, 2002）。情報の開示を求められたというだけで，アスリートから入手した全ての個人情報を開示する必要はない。実践家は自分自身に「組織が必要としているデータは何か？」「必要としていることに関連するデータはどれか？」「関連していないデータはどれか？」と問わなければならない。「サイコロジストが業務の中で入手した秘密情報について話し合う場合には，研究上または職務上の適切な目的のためにのみ，また，そうしたことがらに明らかに関係のある人とのみ話し合う」（倫理規準4.04b）（APA, 2002）［訳注：APA倫理コードは，トマス・F・ネイギー著，村本詔司監訳『APA倫理規準による心理学倫理問題事例集』より引用］ことを覚えておくこと。重要な個人情報を持っていても，目的に直接関係ないのであれば，情報を第三者に知らせることはない。第三者の要求に対し関係しない個人情報を漏らさないことで，クライエント個人と組織双方に対する職責を果たしつつ守秘義務を守ることができる（Canter, Bennett, Jones, & Nagy, 1994）。

先述の通り，臨床スポーツ心理士はサービスを受けているクライエント個人だけでなく雇用者である組織に対しても義務があるため，組織の使命と目標を慎重

に考慮しなければならない。組織の有効性というものは体制のより大きな利益に依拠しているのである。さらに，臨床スポーツ心理士の役割がアスリートのアセスメントである場合は，アスリートに（ポジティブな結果でもネガティブな結果でも）アセスメント結果を受け取る人について知らせなければ**ならない**。状況によっては，アスリートにカウンセリングや心理療法を提供するために第三者に雇用されている臨床スポーツ心理士は，クライエントの情報に関する守秘義務を経営陣やその他の人から守るために，雇用している組織と合意をしておく場合もある。これは最善の方法であるが，臨床スポーツ心理士はこれが当たり前で組織側から合意を求めてくるものと考えるべきではない。繰り返しになるが，アスリートと組織双方がサービスを開始する前に取り決めをはっきりさせておくことで，全ての関係者があらゆる限界を知ることができる (Canter et al., 1994)。一般的にスポーツ組織は守秘義務について実際的であり理解もしているが，それでもなお全ての関係者のニーズを効率よく満たすために，最初の段階で守秘義務について隠し立てすることなく率直に話し合う必要がある。

特に重要なのは，法律によって義務づけられている守秘義務の制限である。例えば，児童虐待や老人虐待，ネグレクト，警告義務に関する法律が例として挙げられる。心理士は体重，過度のトレーニング，試合の欠場，復帰の要望といったことに関する親のプレッシャーのように，通常とは異なる形の児童虐待のわずかな兆候にも気づかなければならない。これらは体操，フィギュアスケート，レスリングの選手からよく報告のある例だが，他の様々なスポーツでも生じる可能性がある。さらに，心理士は記録を安全に保管することが求められる（倫理規準 6.01）(APA, 2002)。これは，記録をロッカールームのキャビネットに保管したり，誰もが自由に記録を調べることができるコーチの部屋のファイルに保管したりするということではない。記録を大切に保管し，資料の機密性を守ることは，臨床スポーツ心理士の責任である。また，心理士はクライエントの最善の利益を維持するために記録がいつでも利用可能であるよう適正な措置を講じておかなければならない。

記録を入れるファイルには，クライエントの連絡先や介入の情報に加えて，適切なインフォームド・コンセントの書類を入れておかなければならない。本章において後述するが，スポーツ心理の専門家はサービスを開始する前に，文書および口頭でアスリートからインフォームド・コンセントを得る必要がある。

事例：守秘義務

ジェンは 18 歳の大学生ラクロス選手であり，大学から全額支給の奨学金を受けている。故郷を離れ，大学生活を始めたばかりである。最初の学期の初めからコーチがもともと彼女に予想し，期待する水準に達することがなかった。しかし，一見したところ，彼女はコーチやチームメイトと適切で充実した関係を保っていた。明らかにアスレチック・パフォーマンスが低下していたため，コーチは彼女にあると信じている潜在能力を最大限に引き出すために，臨床スポーツ心理士に紹介した。初回の面接で，ジェンは彼女の過去についても現在についても人生の多くを語りたがらなかった。しかし，パフォーマンスに対する心配については自由に話し合うことができた。面接で得た情報には足りない部分もあったが，練習やゲームに参加する中でも集中力を維持し，力を発揮できないときの落ち込みに対する耐性を高めやり過ごす力を伸ばす方法が有効であろうことは明らかであった。初回面接で，ジェンはスポーツ心理士がコーチと彼女の進展について話をするために，情報をコーチに開示することに同意するサインをした。コーチは全額支給の奨学金を決めてくれ，じきじきに支援を提案してくれたので，彼女は情報を知ることがコーチの権利であると考えていたからだ。

しかし最初の数回のセッションの後，ジェンは新たに，大学に引っ越したこと，学業のこと，軽いアンヘドニア（楽しみを感じることができない）にまつわる移行の問題について話すようになった。彼女の臨床スポーツ心理士はそういった問題に対応するためのトレーニングを適切に受けてきており，今ではジェンは様々な不満のために週に1回のセッションを続けていた。数週間経ってから，コーチが臨床スポーツ心理士とジェンの進展について話をするために電話をかけてきた。もちろん，ジェンはセッション開始時に情報開示に同意する署名をしているため，心理士はコーチと話をすることが許されている。コーチはジェンのパフォーマンスの進展に関する質問から始め，パフォーマンスと不本意なときや結果に耐える能力がわずかに改善したことに気づいていると話した。そしてコーチは，学校や親元から離れた状況への適応にどのように対処しているかを尋ねた。コーチはこの移行について常に心配しており，可能なら支援したいと考えていたからである。その後，コーチはジェンがときどき気分が落ち込んでいると感じ，彼女は大丈夫だといいのだが，と話した。そして，このことは問題であるかどうかを尋ねてきた。

今，このスポーツ心理士は興味深いかつ難しい状況

(様々な点で) に立たされており，適切にかつ倫理的に対応する必要がある。この状況を簡単かつ明確にするために1つ1つ検討してみよう。

心理士はコーチと治療に関する問題について話し合うために情報を開示**できる**。誰に対して守秘義務を適用せずに情報を開示するかを指定した書類にアスリートが署名していなければ，クライエント以外の人と**どんなことであれ**話をするのは完全に倫理違反であることを思い出してほしい（適切なケースコンサルテーションと警告の義務は除く）。この規準は，セッションに来ているアスリートを迎えに行くのが遅れると電話をしてくる人に対してさえも適用される。臨床スポーツ心理士は「わかりました。彼女に伝えておきます」と言うことさえできない。この事例では，ジェンは情報の開示について署名をしているが，コーチの質問に対して臨床スポーツ心理士が**全ての**情報を開示すべきかどうかは疑問が残る。

情報の開示について署名をした段階では，ジェンと臨床スポーツ心理士はジェンの重要な問題（移行の問題や気分の状態）について共有しておらず，パフォーマンスに関する懸念について話しただけだった。第3章で述べたように，初回面接においてアスリートは重要な対人関係や個人内，移行や発達に関する心配を過小評価することが多く，それらが治療の途中で顕在化することはよくある。ジェンのコーチはそういった問題について質問しているわけだが，前述したことを思い出してみよう。つまり，臨床スポーツ心理士は開示の目的に関係する情報のみを提示しなければならない（倫理規準4.04a）（APA, 2002）ということである。クライエントを守るために，関連しない情報については**いかなるものでも**，それが些細な情報であったとしても，開示してはならない。ジェンが情報の開示について署名をしたとき，開示するのは初回面接でテーマとなったパフォーマンスに対する不満に関しての情報であって，数週間後に話し合った問題に関わる情報とは考えなかったはずである。ジェンはコーチから競技のパフォーマンスについて紹介を受けて治療を開始したため，気分の状態（うつの可能性もある），移行の問題，学業に関する心配などについて情報を開示することは認められない。

次に，どんな情報を開示するのかという問題である。これが決まっていると，実践家はより明確に情報開示の決断をすることができる。臨床スポーツ心理士はジェンの問題について話をすることができると簡単に書いてある文書ではなく，次のような点について明確にした文書によって開示の条件を示すべきである。

- 実践家は**誰と**話をしてよいのか。具体的な人物を一覧にする。単に「コーチをしているスタッフ」「運動部」といった表現は，クライエントにより本当にそのように指示されていない限り避けること。

- どの情報を指定の人物と共有するのかをアスリートが明確に意思表示する。例えばジェンの場合，以下のような文書を作成することができるだろう。「情報は名前が記されている当事者に必要に応じて開示される。開示される情報には，敗戦や自分もしくは他者のパフォーマンスの低さに起因する不満について話し合った内容，運動パフォーマンスや試合内容に関する問題，パフォーマンス向上のための方法，それらの方法がうまくいっているか否か，グラウンド上でのチームメイトとの対人関係に関する懸念が含まれる」。このリストにはクライエントが共有してもよいと認めた具体的で明確な情報のみを載せる。ジェンはその他の心配事に直面しているかもしれないが，リストには含まれていない。なぜなら，ジェンはそれらに関する情報の開示に同意していないからである。開示すると明記されていない情報について第三者と会話をすることは**できない**。ジェンはコーチのいる大学でプレーするという決断をして満足しているといった一見無害に思える情報をコーチが求めたとしても，ジェンが開示してもよいと意思表示をしていないのであれば，話をすることは**できない**。しかし，ジェンは開示してもよい情報を増やすことができる。その場合には新しい同意のための文書を作り直さなければならない。

- **いつ**情報について話をするのか。実践家はいつでも情報を開示していいのか，特定の機会や状況でのみ開示できるのか。後者の場合はどのような機会や状況なのか，**どのようにして**それを決定するのかを明確に記載しなければならない。

ジェンの事例においても3番目の重要点に取り組む中で，アスリートと専門的な信頼関係を構築するときに守秘義務の限界や情報開示について話し合うことで，臨床スポーツ心理士はこのような状況に陥らずに済んだかもしれない（もしくはもっと簡単で負担の少ない解決方法があったかもしれない）。例えば，パフォーマンスの懸念に関連する情報のみを共有することによってアスリートを守る必要があることをコーチと話し合ったり，前もって，個人的な懸念についてはアスリートが書面で**明確に**同意を示さない限り話をすることができないとコーチに伝えておくといった方法があるだろう。他にも，実践家は今後クライエントになる可能性のある人にも（ない人にも），これらの制限事項を伝えておく必要がある。そうすることで，アスリートは自分の権利と守秘義務の限界を明確に理解す

ることができる。これは，クライアントを必要以上に傷つけないようにするだけではなく，実践家の過失を未然に防ぎ，アスリートがより自由にかつ率直に治療を受けることにもつながる。

インフォームド・コンセント

臨床スポーツ心理士は適切なインフォームド・コンセントを作成し，使用しなければならない。インフォームド・コンセントは倫理的な必須事項であるだけではなく，法的なリスクマネージメントのためにも重要である。インフォームド・コンセントは，見込まれる利益，介入を行うことによるリスクなど，アスリートもしくは組織が説明を受けたうえで決断をするために必要な情報と，セラピストもしくはコンサルタントとの関係を構築するのに必要な情報を全て含まなければならない（倫理規準9.03aと10.01）（APA, 2002；Beahrs & Gutheil, 2001；Pope & Vasquez, 2001）。例えば，サービスの内容，介入成功の見込みに関する詳細な情報（すなわち，実証的に支持された介入なのか実験的な介入なのか），費用，守秘義務の限界などが含まれる（Braaten & Handelsman, 1997；Canter et al., 1994）。

基本的に，インフォームド・コンセントの文書は，実践家とクライアント双方の役割と責任と，どのようなサービスを，なぜ，どうやって，いつ，どこで提供するのかを明記した契約書である。インフォームド・コンセントは，相手が個人であっても組織であっても必要である。組織の場合は，組織との契約ということになる。適切なインフォームド・コンセントを作成しないと，明らかな倫理原則違反となり（APA, 2002），のちに法的措置を取られる重大なリスクを抱えることになる。もちろん，誠実な治療関係を脅かすことにもなる。ここで留意すべきは，文書化されたインフォームド・コンセントだけではこの倫理的義務の精神と字義を満たしたことにはならないということである。倫理ガイドラインは，実践家が文書化されたインフォームド・コンセントについて，クライアントの年齢，教育，認知能力に適した言葉で詳細に説明することを求めている（Canter et al., 1994）。これはクライアントが同意をする年齢ではない場合であっても要される。クライアントが説明の意味を理解していなければ，インフォームド・コンセントの署名は価値がない。インフォームド・コンセントに書かれた項目について話し合うことは，アスリートがインフォームド・コンセントの内容を理解するのに役立つ。また，治療関係および治療そのものに関してクライアントがよく直面する問題のうち，理解できていないものについてわかりやすく説明することにもなる。

これまで，スポーツ心理学の文献において，インフォームド・コンセントの使用についての体系的な検討はほとんど行われてこなかったため，治療開始前に口頭もしくは文書でインフォームド・コンセントを提示していないスポーツ心理士は多いかもしれない。しかし先述の通り，研究のためであっても介入のためであっても，全ての臨床スポーツ心理士がインフォームド・コンセントを得ることが必須である。インフォームド・コンセントについての詳細や，個人もしくは組織を対象としたインフォームド・コンセントの形式を知りたい場合には，Zuckerman（1997）を参照のこと。

事例：インフォームド・コンセント

マークは29歳のプロボクサーで，ポジティブなパフォーマンスの低下，他の人との逸脱した行動が見受けられたため彼のエージェントが臨床スポーツ心理士に紹介した。マークはトレーナーや妻子だけでなく，不満を覚えるあらゆる相手と頻繁に言い争いをしていた。対人関係の破綻と同時に，最近のパフォーマンスの低下に耐えられなくなっていた。さらに，マークはバーやレストランなどでの他人との言い争いに過敏に反応するようになっていた。最近レストランで口論をして，他人に訴えるぞと脅された（実際に訴えられることはなかった）。トレーナーや妻だけでなく，マーク自身もこの出来事に当惑していた。マークは自分の行動に対する反応性をどんどん気にするようになっていった。

臨床スポーツ心理士は初回のアセスメントと面接でマークに会い，マークに対してある特定の介入が効果があるだろうと判断した。そこで実践家は，期間は未定だが週に1度面接をし，治療ではマークの主訴に「関連する問題に取り組む」ことを記した基本的なインフォームド・コンセントを提示した。マークは今後の治療に同意し，署名をした。

治療が始まったが，問題がないわけではなかった。マークは心理的治療のプロセスについて理解しておらず，急速に症状がなくなると期待していたため，すぐに自分の気分や行動が大幅に改善しないことに失望した。彼の周りの重要な他者も変化を感じられず，改善が見られないことについて心理士と話し合うべきだとマークに主張した。マークはそのことについて心理士と話をすることにした。心理士は治療が進展するにつれて改善するだろうと主張し，計画通りに治療を続けることを促した。問題は，マークは何が計画されているのかわかっていないことだった。

マークは治療プロセスの中で何を期待すべきかを理

解し魔法のように知っていただろうか？ もちろん答えはノーである。マークの理解は治療に関するインフォームド・コンセントで深まることはなかったし，インフォームド・コンセント自体も多くの点で不十分であった。この事例について論じる前に，インフォームド・コンセントにはどんな項目を含めなければならないのか再確認しておこう。アスリート向けの介入であるかどうかに関係なく，治療の目的がパフォーマンスの向上であっても，もっと臨床的な目的であっても，治療のインフォームド・コンセントには以下の4つの要素が含まれていなければならない（Braaten & Handelsman, 1997；Canter et al., 1994）。

- **サービスの説明**：サービスの完全な説明は，多くの質問に対する答えとなるだろう。説明しなかった場合，後になって疑問が生じ，治療プロセスや治療関係を損なうかもしれない。「パフォーマンスを向上する介入」「認知行動的介入」というように一行で説明するだけでは治療について十分に説明したことにはならない。これらは**実際には何を意味しているのか？** 臨床スポーツ心理士はクライエントが理解できる言葉でもっと明確に，具体的な介入内容，目標，基本的な方略を説明しなければならない。またこの事項では1回のセッションの長さ（45〜50分など）と，介入期間の見込み（16〜20セッションなど）も含める必要がある。介入期間を示すことで，正確でなかったとしても，クライエントが今後の計画を見通すことができる。例えば，パフォーマンスの向上をもたらす臨床スポーツ心理士であれば「12〜16週間後には，2週間に1回の頻度で45分のセッションを実施する」のような説明になるだろう。
- **介入成功の見込み**：実証的に支持された治療への流れにより，インフォームド・コンセントにおいてこの項目は次第に重要となってきている。ここで，臨床スポーツ心理士は，治療手続きに関する実証的研究の支持の概要を説明する。方略が相関データや逸話的な説明，複数の事例研究にのみ基づいているかどうかを示すべきであり，もしそうであるなら，その介入が現段階では実験的であることを告げなければならない。十分にデザインされていない実験的な研究による支持しかない手続きは，十分に裏付けられたものではないことを忘れないようにしよう。一方で，もし適切な方法を用いた研究でエビデンスが示されている介入の場合は（第5章参照），その研究に基づいた内容を説明しなければならない。繰り返すが，臨床スポーツ心理士はこれらの重要事項を知らせる倫理的義務がある。もしクライエントが治療で**何が起きるのか**，**なぜ**その治療を選択したのか，どのように手続きが実施されるのか，**いつ**，**どこで**治療を行うのか，を明確に理解していないと，治療に完全に同意できないためである。これらの事項を十分に説明できていないということは，クライエントが何に参加しようとするのか本当にわかっていないということになる。このように，クライエントのインフォームド・コンセントへの署名だけでは意味がない。署名だけではクライエントが本当に理解したかどうかを確かめることができないからである。

また，インフォームド・コンセントでは，実施する特定の介入によって生じうる利益とリスクについても説明する。クライエントはすでに治療によって何が期待されるかを知っているので，ここでは治療がどのように役立つか（もしくは役立たないか）を説明する。リスクは単に心理学的な悪影響だけではなく，間違った期待，浪費する時間，うまくいかなかったとしてもかかる費用も含まれる。リスクの可能性をこのような言葉で説明する心理士はいないかもしれないが，必ず良い結果になることを保証するものではないことを明確に伝える必要がある。

- **クライエントに期待されること**：どんな介入を用いるかにかかわらず，クライエントは治療の効果を上げるために，期待されることを行わなければならない。例えば，支払い，予約に来ない，遅刻，キャンセル，実践家の予約状況，セッションの間の宿題（宿題を実施するのが適切な場合）に関すること，いつ，どこで，どのように，どういった理由で臨床スポーツ心理士に連絡を取るのかなどである。
- **守秘義務のガイドラインと限界**：アスリートが守秘義務の限界について十分に理解し，守秘義務について心理士から求められていることは何かを知るために，守秘義務について説明をしなければならない。インフォームド・コンセントにおいて守秘義務を説明するときは，心理士がどのようにクライエントの情報を使用するか，情報はどうやって守られるか（経過記録や治療計画がどのように保管されるか）を話し合う。さらに，記録を見ることができるのは誰か，臨床スポーツ心理士が情報を開示できる，もしくは開示できない相手は誰か，開示の理由（どんな情報開示であってもクライエントに署名をしてもらう），どのような状況で守秘義務が守られないことがあるのか（警告の義務など）を説明する。

ここまで，インフォームド・コンセントについて解説してきた。次は，マークの事例とどのように関連するかを検討してみよう。マークはパフォーマンスが落

ちており，行動が対人関係に悪影響を及ぼしていた。治療を数週間受けた後，マークは改善が見られないことが気になり始めてそれを心理士に伝えたが，心理士の対応は適切ではなかった。臨床スポーツ心理士が提示したインフォームド・コンセントは不十分であり，セッションの頻度（予定表は提示していなかった）についての記述と，治療について「関連する問題に取り組む」という記述しかなされていなかった。この事例では，もっと明確で包括的なインフォームド・コンセントを提示することで，マークの不満を最小限にし，場合によっては予防することができただろう。

マークのインフォームド・コンセントでは，上記の4つの必須事項が十分に説明されていなかった。サービスの説明は非常に少なく，要領を得ず，あいまいであった。治療が成功する見込みと守秘義務の限界についての説明はまったくなかった。クライエントに期待されることとして述べられていたのは，週に1回セッションを実施することのみであった。

マークの主な不満は治療の進展が見られないことであった。インフォームド・コンセントの多くの要素が明らかに不十分であったが，十分なインフォームド・コンセントがマークの不満を解消するのに役立つだろうか？　インフォームド・コンセントでは，治療プロセスの中で何を見込めるかがマークに十分に説明されていなかった。そのため，特に治療開始直後に急速な変化が起きたり症状が急激によくなったりするわけではないことをマークが知る術はなかった。マークは治療でどういった効果があるのかを明確に理解していなかったし，いつその効果が現れるかもわかっていなかった。臨床スポーツ心理士は「関連する問題」という言葉でほのめかしていただけで，どんな介入法を実施するのか，介入のターゲットはマークのパフォーマンスに対する懸念なのか，もしくは行動問題なのかが示されていなかった。明らかにどちらのターゲットも重要であり，当然マークはパフォーマンスも対人関係も改善したいと考えている。適切なインフォームド・コンセントを提示していれば，実践家は倫理的責任を果たすことができ，APA倫理コード（2002）の違反を避け，マークの事例で生じた問題を避けるもしくは最小限にすることができていただろう。

適格性の範囲内での実践

スポーツ心理学の分野では，実践家は臨床心理学，カウンセリング心理学，スポーツ科学（運動生理学や体育）など，非常に様々な領域を学ぶ。これらの領域で交わる部分がスポーツ心理学に生かされているが，実践の適格性という新たな問題が生じている。スポーツ心理学は心理学の世界において小さな分野であるため，一般的な心理学の適格性の範囲外で実践することを特に気にかけておかなければならない（Taylor, 1994）。準臨床的（パフォーマンス不調〔performance dysfunction：Pdy〕）や臨床的な症状（パフォーマンス障害〔performance impairment：PI〕）をアセスメントもしくは治療することが心理やカウンセリングの法令で認められた範囲内での行為であることは明らかだが，精神保健の専門家やそれ以外の分野の専門家が意図的にせよ意図的ではないにせよ，自身の適格性の範囲を超えて実践することは多いだろう。倫理規準2.01では，実践家が「自分の適格性の範囲内に属する種類の人びとと領域に関してのみ，サービスの提供，教育，および研究を行う。その適格性は，教育，訓練，スーパーヴィジョンされた経験，コンサルテーション，研究，または職務上の経験に基づく」と規定されている（APA, 2002）（前掲書）。したがって，単に人々や介入について興味があるだけで臨床スポーツ心理学を実践するのは，不適切であるとともに倫理に反することになる（Canter et al., 1994）。この規準に従わない実践家は，（それが故意であっても知らなかったとしても）業務上の過失や違法行為を問われるリスクを負うし，クライエントや組織が損害を被るリスクも非常に高くなる。

アスリートのパフォーマンス向上のために仕事をしている実践家（パフォーマンス向上〔performance development：PD〕の事例）が，摂食障害の可能性に気づいている（PIの事例）場合，その心理士がそうした事例の治療について適切なトレーニングを受けていないのに，適格性のある臨床家にそのアスリートを紹介しないのであれば，適格性の範囲外で実践をすることになる。アセスメントについて十分なトレーニングを受けていない人は，心理アセスメント使用の決定に細心の注意が必要となる。トレーニングを受けていないアセスメントの使用は，適格性の範囲外での実践であり，臨床スポーツ心理士には業務上の過失，違法行為や訴訟となるリスクが生じる。もちろん，アスリートや組織のウェルビーイングを脅かす可能性も高い。臨床スポーツ心理士は，どのアセスメントが介入の目的，心理士が受けてきたトレーニングや教育に合致しているかを慎重に判断しなければならない（倫理規準9.02）（APA, 2002）。適格性の範囲外での実践についてあまり知られていない例として，臨床的注意を払わなければならないほど悪化しつつある親-アスリート，コーチ-アスリートの関係に対する適格性のない心理士の対応が挙げられる。心理士が「紹介なしで対応できます」と言うだけでは不十分である。

さらに，スポーツ心理学を含む仕事に就くことで，

この分野で教育やトレーニングをほとんど，あるいはまったく受けていないのに，適格性の範囲外での実践を行う可能性がある。たまたまクライエントがアスリートでパフォーマンスの向上を求めていない場合，臨床心理学やカウンセリングにおける心理士とクライエントの関係となることは許容されるが，スポーツ分野でのトレーニングを受けていない心理士が，パフォーマンスを向上させるサービス（臨床心理学やカウンセリングの範囲外）の提供を求められる場合，心理士とクライエントの関係になることは許容されない。前者と後者には明らかな違いがある。例えば，トレーニングを受けていない心理士が，若いスケート選手の特定の運動学習，発達上のニーズや期待を知らないのに，13歳のフィギュアスケート選手のパフォーマンスを向上させようとするのは明らかに不適切である。熟達したアスリートと仕事をするのは非常に興味深く，魅力的で，経済的に報われるが（Woody, 1997），スポーツ心理学において優れている心理士の方が，アスリートの特別なニーズにうまくこたえることができるだろう。他の専門家に紹介することを別とすれば，より経験のある臨床スポーツ心理士によるコンサルテーションを定期的に受けることが，適格性の範囲内で実践を行うための最も良い方法である。

事例：適格性の範囲内での実践

ウィルは31歳のプロバスケットボール選手で，練習中や試合中の集中力低下，無気力，動機づけの低さが見られた。そのため，コーチは彼に回復を目指すチームのスポーツ心理士に会うように勧めた。心理士と話す中で，ウィルは最近のパフォーマンスに関する困難について説明し，対人関係において満足が得られないことと夫婦間の不和を報告した。パフォーマンスを向上させるトレーニングを十分行ってきたが，ウィルはプロとしての目標に集中できておらず，おそらくは対人関係の苦悩も原因の一部となって，ますます自己批判的になっていると心理士は判断した。そこで，心理士は，ウィルのネガティブな思考内容を減らすには，目標設定，認知的自己調整（セルフトーク）が，補助的に夫婦関係に取り組むためのカウンセリングが役立つと判断した。

選択的不注意は多くの実践場面でよく見られる。選択的不注意は，ある分野でトレーニングを受けた人がその分野の観点からのみ問題をみてしまい，その人の適格性の分野とは一致しない要素を過小評価したり批判的に見たりしたときに生じる。これはウィルの例でも見られる。心理士は夫婦間の不和が存在することに気づいていた。しかし，そのことにさらに注意を払うことや，アセスメント，介入の必要はないという信念（この信念は心理士が何を提供できるかに基づいている）のせいで，夫婦間の不和（実際には一番重要な問題）はほとんど注目されなかった。ネガティブなセルフ・トークを減らし，集中力や動機づけを高めるために，パフォーマンスを向上させる介入にすぐに注目してしまったため，スポーツ心理士は夫婦に関する情報を収集する機会を制限してしまっている。その結果，心理士は，深刻な夫婦間の不和（夫婦関係が終わってしまう可能性も）の初期から，ウィルは週に3～4回パニック発作に悩まされており，広場恐怖を伴わないパニック障害（APA, 2002）［訳注：DSM-5ではパニック症］の診断基準を満たしていることを完全に見逃してしまっている。この重要な情報を見逃し，提案したパフォーマンス向上の介入を開始することで，心理士は適格性の範囲外で実践することにはならなかったかもしれないが（心理士は自分がトレーニングされてきたことを実施している），重要な情報を見逃し，ウィルを夫婦問題に介入するためのトレーニングを受けた他の専門家に紹介しなかったことで，倫理に反する実践を行ってしまっている。

一方，もし心理士がクライエントの訴える状況を完全に調べ，パニック障害に気づいていたら，なぜウィルがコートの上で集中力のなさ，無気力，動機づけの低さに悩んでいるのか，その理由が明確になったはずである。目標志向の活動を増やしてパフォーマンスに関連する自己批判的な認知を減らすために，目標設定やセルフトークを心理士が実施しても，ほとんど意味がないだろう。全体像を明らかにすることで，心理士は治療法の決定，アセスメントの追加，他の専門家への紹介が可能になる。もし心理士がパフォーマンスの向上に加えてウィルのパニック症を治療する場合には，適格性の範囲外での実践であり，アスリートを危険に曝すような倫理に反する実践を行うことになってしまう。

この事例において，適格性の範囲外で実践をすることやクライエントのニーズに沿わない実践をすることを避けるために，心理士は何をすべきであっただろうか。いくつかの提案をすることができる。例えば，心理士は以下のようなことができただろう。

- 半構造化面接，行動観察，心理測定評価を含めて徹底的にアセスメントを実施する（第4章参照）。
- 専門家のバイアスと選択的不注意を減らすために，病因に関する先入観をもたずに，もしくは自分の先入観を明確に自覚した上で，治療手続きを開始する。
- 徹底的なアセスメントを実施して重要な不安障害に気づき，アスリートを他の専門家に紹介する。

- 組織やアスリートが心理士の専門的な適格性について非現実的な期待を抱かないように，組織との最初の契約で，心理士が受けたトレーニングではできないことを全てを明記する。

これらの提案を通常の実践手続きに取り入れることで，臨床スポーツ心理士はどんな教育やトレーニングを受けてきたにせよ，どの場合に他の専門家に紹介すべきか，どの場合に自分が効果的かつ倫理的に，特定の悩みを抱えているアスリートを支えることができるかを判断することができるようになる。

心理士-クライエント関係の終結

　スポーツ組織，特にプロスポーツチームにおいて仕事をする場合，臨床スポーツ心理士の仕事はマネジメントの仕事と同じくらい契約期間が短い可能性がある。さらに，アスリートは毎年所属チームが変わりうるので，スポーツ心理士と治療関係を構築するための時間が十分に取れないことが多い。組織の構造や自身の雇用が突然変更になっても，心理士の基本的な職務は，アスリート（経営者の立場にあるクライエントも含まれる）に対して継続的な支援を提供することである。APA倫理コード（APA, 2002）の倫理規準3.12には「別途契約がないかぎり，サイコロジストは，自分の病気，死亡，サービス提供不能状態，転居，引退などを理由に，または，クライエント/患者の転居や金銭的制約を理由に心理サービスが中断される場合に備えて，サービスが滞りなく引き継がれるようにしかるべき努力を払って計画を立てておく」(前掲書)とある。さらに，倫理規準10.09には以下のように書かれている。

> 雇用関係または契約関係を結ぶ際に，サイコロジストは，その雇用関係または契約関係が終了した場合に備えて，患者またはクライエントのケアに対する責任の行方が明らかになるように，その患者またはクライエントの福祉を最優先に考えながら，しかるべき手段を講じて秩序だった適切な解決策を用意する（APA, 2002）(前掲書)。

　終結に関する問題については，突然終結となる場合に備えて，サービスを**開始する段階**で全ての関係者と話し合っておかなければならない。臨床スポーツ心理士がいつもなじみのあるアスリートや組織と仕事をしたり，雇用関係が終結した後もアスリートと接触したり，契約が切れたアスリートと面接できたりするというのは非現実的である。多くの場合，組織の要望によ

り，契約終了後にアスリートと面接をするのは難しい。特にそうしたサービスが本当に必要であると考えている人が少ない場合はなおさらである。そのため，終結の可能性について話し合いをしておくことと，スポーツ界に今なお残っている現実に対して準備をしておくことは，アスリートに対して継続した治療を倫理的に提供するために重要である。組織の要望と終結に関する倫理的な責務（倫理規準1.03）（APA, 2002）が対立する場合，臨床スポーツ心理士にはそのジレンマを十分アセスメントした上でAPA倫理コードを遵守する職業的責任があることを説明し，対立を解消するよう努める責任がある。とはいえ，対立を解消するためにAPA倫理コードを守らないことがあってはならない。

　もし臨床スポーツ心理士が突然契約を打ち切られたり，契約上の義務を果たし終えたとしても，アスリートのニーズをさらに満たす他の方法を確保するまで関係を終結させてはならない（Canter et al., 1994）。治療関係の終結に関して，心理士はアスリートと治療の進展，さらなる介入の必要性，治療を続けるための選択肢を話し合わなければならない。また，心理士は介入を確実に受けられるようにするために紹介をしなければならない。クライエントはさらにサービスを受ける必要はないと臨床スポーツ心理士が考えていたとしても，紹介は必要である。紹介と連絡先に関する情報は，どのような状況であっても提供しなければならない。心理士はアスリートに今後の治療のために連絡をするように求めることはできないが，治療が継続できるようにしかるべき努力をして，それを文書化しておく必要がある。

事例：心理士-クライエント関係の終結

　ミーガンは24歳のプロサッカー選手であり，週に1回チームのスポーツ心理士と面接をしている。治療は約1年前，チームにトレードされてきた直後に始まった。ミーガンはチームに貢献してきたメンバーで，スカウトやコーチの期待に応えるだけでなく，期待を上回ることもあったが，ずっと激しく落ち込んでいた。トレードの後，トレード以降も続くと思っていた恋愛関係が破局を迎え，新しい環境に適応するのが難しくなり，新しいチームメイトやコーチと人間関係を築けずにいた。さらに，新しいチームでの出場時間は，前のチームで慣れていた出場時間や，彼女がトレードされたときに期待していた出場時間よりもはるかに少なかった。

　シーズン途中に，チームのゼネラルマネジャーが契約を打ち切られた。新しいゼネラルマネジャーは多く

の変更をもたらし，臨床スポーツ心理士の今後に関しても組織と検討を始めた。心理士は次のシーズンは契約が更新されないだろうと考えていたが，ミーガンや他のチームメンバーとの仕事を途切れない形で続けた。シーズン終了後，臨床スポーツ心理士は次のシーズンの契約について言い渡されるのを待っていた。彼女の契約期間が正式に終了したとき，経営陣はシーズン終了後のミーティングをまだ実施しておらず，心理士が次のシーズンにチームで働くのかどうかを決めていなかった。その後，経営陣は実際に契約を更新せず，すでに契約期間は終了していたため，ミーガンや他のチームメンバーに対する心理士の業務は完了したとみなされた。心理士は契約上の義務がなくなったため，これ以上チームの中で役割を果たすことができなくなり，ミーガンの治療も終結した。翌週のチームミーティングでこのことを聞いたミーガンは驚いた。新しい臨床スポーツ心理士は雇用されなかったため，ミーガンが治療を継続する選択肢は失われてしまった。終結の後，臨床スポーツ心理士はミーガンに電話をしたが，応答はなかった。心理士は他のチームメンバーに電話し，伝言を依頼した。このことを選手から聞いた経営陣は心理士に電話し，チームとの契約は終了していてチームの一員として業務を行うことはできないので，アスリートに連絡を取るのはやめてほしいと伝えた。

　これは難しい状況ではあるが，臨床スポーツ心理士は現在生じている問題を小さくするためにもっと早い段階ですべきことがあった。上記の通り，治療関係を適切に終結するための倫理的義務についてクライアントおよびチームの経営陣と共に話し合っておくことは，臨床スポーツ心理士の倫理的責任である。もしミーガンの心理士がこのことについて話し合っておけば，ミーガンが治療を続ける選択肢がほとんどないまま置き去りにされ，不十分な形で治療と治療関係が終結することはなかっただろう。話し合いで適切に終結をする必要性を強調し，最善の形で治療を続けることができるように，全てのクライアント（ミーガンも含む）に必要な紹介の手続きを説明するべきだった。臨床スポーツ心理士が雇用された最初の段階でこれらの理解が得られていれば（そして署名した契約書に明記されていれば），経営陣は心理士が終結後にこの責任を果たすことを認めただろうし，雇用契約関係がない状態で心理士が業務を続けようとしているとみなすこともなかっただろう。さらに，アスリートの利益を最優先にすることもできただろう。心理士は終結の可能性について話し合い，ミーガンや他の人との治療の終結を進め，治療を続けるための資源と紹介先を提供することができたはずである。

終結の可能性に対応しておくのが最良のシナリオだが，ミーガンの事例では実施されていなかった。臨床スポーツ心理士は終結に対する十分な準備をしていなかったが，状況を改善するために心理士に何ができるだろうか？　アスリートとの治療終結について事前に何らかの合意をしていない状態で彼女の雇用は終了したので，彼女にできることはほとんどない。最も良い方法は組織に連絡を取り，心理士として全てのクライエントに紹介先とフォローアップのケアを行うことが倫理的に求められていることを説明し，必要があればAPAの倫理ガイドライン（APA, 2002）の関係する部分について知らせることだろう。しかし，どのアスリートが心理士と面接をしていたのか組織が知らなければ，心理士は組織に対する守秘義務を破ることはできないことを忘れてはならない。次にできることは，アスリートが治療を続けられるよう，紹介先に関する情報を伝える手紙を送ることくらいだろう。もちろんこの手続きをする場合，臨床スポーツ心理士は詳細な記録を残しておくことが絶対に必要である。

複数の役割，多重関係，組織からの要望のバランスをとる

　スポーツ心理学に関するサービスを提供する場合，組織の要望との対立，サービスの長さや場所といった実際的な問題，境界の問題といった多重関係に関する問題が生じることがある。これらの複雑な問題に直面したら，臨床スポーツ心理士は，アスリート個人やより大きな組織と効果的に仕事を続けつつ，どのような方針が生じうる倫理的なジレンマを少なくするか慎重に検討しなければならない。これらの問題を改善するためには，APA倫理コード（APA, 2002）遵守における柔軟性が求められる。ただし，心理士は倫理コードの精神を変えることがないように努めなければならない。

多重関係

　心理学的実践の中で様々な多重関係が生じ，関係者にとって倫理的ジレンマとなる可能性がある。私たちは通常，様々な人々と様々なやり方で接しているため，多重関係とは何かを正確に定義する必要がある。多重関係は，「心理士が2つ以上の職業的関係を結んでいる状況であり，心理士としての職業的役割だけでなく，他の重要で意図的な役割を有している」（Sonne, 1999, p.227）状況のことである。倫理規準3.05aにおいて，実践家はクライエントと「多重関係に入ること」を控えるように奨励されている（APA, 2002）。さら

に，多重関係によって関係者にもたらされうる損害を知っておかなければならない。例えば，実践家が客観性をもてなくなったり，信頼やサービスの効果が失われたり，クライエントの搾取になってしまう可能性がある（Canter et al., 1994；Ebert, 1997；Kagle & Giebelhausen, 1994；Pope, 1991；Pope & Vasquez, 2001）。APA 倫理コードは，心理士が多重関係に入ることを厳しく禁止はしていない。しかし，心理士のサービスに頼っている人と多重関係を結ぶことに注意を促している（Kagle & Giebelhausen, 1994；Pope, 1991）。なぜ倫理コードは多重関係を厳しく禁止していないのだろうか？　多重関係そのものが自動的に倫理的ジレンマを引き起こすわけではない。同様に，多重関係を結んだからといって心理士が悪意を持っていたりクライエントを操作しようとしていたりするということにはならない。実際，「サイコロジストとして効果的に機能できなくなったり，搾取を行ったり，危害を加えたりする恐れがない場合には，多重関係を結んでも，倫理に反することにはならない」［訳注：前掲を一部改変して引用］（倫理規準 3.05a）（APA, 2002）。複数の役割が対立したときに，問題が生じることが多い（Canter et al., 1994.）。

軍隊（Hines et al., 1998；Johnson, 1995），法廷（McGuire, 1997），地方（Catalano, 1997；Faulkner & Faulkner, 1997；Schank & Skovholt, 1997）といった環境や，その他の小さなコミュニティにおいては，多重関係を避けられないことが多い。例えば，小さなコミュニティで暮らしている実践家は，スーパーマーケットや郵便局，地元のレストランでクライエントに出くわすかもしれない。臨床スポーツ心理士は練習施設や遠征，その他の多くの場面でクライエントに偶然会うかもしれない。地方の心理士についても，このようなことは避けられないだろう。しかし，適切に対応すれば，問題に発展することはないはずである。多重関係については，慎重に，用意周到に対応することが求められる。

事例：多重関係

カッサンドラは 19 歳の陸上選手であり，大学のクリニックで数カ月，臨床スポーツ心理士と面接をしてきた。心理士はカッサンドラの集中力を高め，競技中にすべきこと以外に注意が向いてしまうのを最小限にして，またトレーニングに関するセルフケア（適切なトレーニング，栄養摂取，睡眠管理など）を改善しようとしていた。しかし，同時に心理士は，カッサンドラの母親と父親が務めている地元の銀行の顧客であった。両親は練習を見に来ていたので心理士は両親のことを知っていたし，カッサンドラも銀行で両親と心理

このスポーツ心理士は，自分の役割とアスリートに提供できるサービスについて説明している。

士がたまに顔を合わせることに気づいていた。心理士は銀行に行くたびに両親に会うと手を振って挨拶し，自分の用事を済ませていた。両親のうち 1 人が挨拶することもあったが，単に友好的であろうとしていただけで他に意図はなかった。心理士は銀行でカッサンドラに会うことはほとんどなかったが，彼女が両親に会いに彼らの仕事場に立ち寄っているのは 1 回か 2 回見かけたことがあった。心理士は銀行でカッサンドラに会ったときに違和感を覚えることはなく，仕事以外でクライエントに会う機会を減らすために銀行を変える必要性は感じていなかった。

この事例では，他のあらゆる多重関係の事例と同様に，もともとの治療関係を維持するために重要なのは，臨床スポーツ心理士がアスリートの存在（この事例ではクライエントの両親の存在も含む）を受け入れつつ，意図した行動指針を維持することである。もしアスリートが会話を求めてきたら，そこでの会話は簡単で個人的ではないことに留めておき，治療内容やチームの他のメンバーやスタッフに関わることを話すのは控えるべきである。ばったり出くわすと気まずいこともあるかもしれないが，無視や気づかないふりをすると人間関係や治療関係を損なう可能性がある。臨床スポーツ心理士とアスリート（さらに，知り合いの家族）は，治療開始時にこういった状況でどのようにふるまうかを確認しておいた方がいいだろう。そうすることで，ばったり会ったときの気まずさを軽減させ，心理士の反応に対する誤解や守秘義務の混乱を最小限にし，職業上の境界を守ることができる。

組織からの様々な要望

臨床スポーツ心理士の仕事に伴う困難は，心理士の実践が臨床心理なのか，カウンセリング心理なのか，研究なのか，体育教育なのかによって大きく異なるが，他の領域の心理士と共通する問題や難しさは確実

178　第4部　その他の検討事項

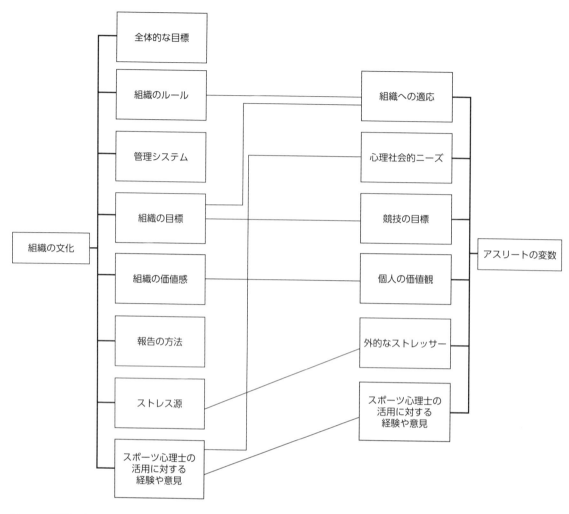

図12.2　組織の文化とアスリート個人の変数のバランスを理解する

にある。例えば，スポーツ組織と仕事をする場合，実践家は軍の心理士と同じような役割を担う（Johnson, 1995）。どちらも慎重により大きな組織のニーズと個人のニーズのバランスを取らなければならない。臨床スポーツ心理士は，アスリートやコーチ，組織の人々への特定の心理学的サービスと，コーチや経営陣に対するコンサルテーションとのバランスを取らなければならない。うまくバランスをとるために，臨床スポーツ心理士は膨大な数にのぼる組織の要素について批判的に評価し，それらの要素がアスリートの変数とどのように影響しあっているかを見極めなければならない。この客観性のバランスを図12.2に図示する。

アスリートのニーズとコーチ，組織の関係者，そしてより大きな組織のシステムのニーズとのバランスをとる場合，治療**開始時**に，自分の役割，限界などを明確化できていない実践家は，階層化されたニーズに直面するだろう。こういったニーズは，効果的な心理的ケアや組織の承諾に必要な信頼やラポールを損なう可能性がある。この可能性を最小にするために，臨床スポーツ心理士は報告の方法，アスリートの守秘義務，多重関係，専門家としての義務，スケジュールを立てる基準，利用する施設，料金体系，クライエントとの連絡，介入の限界などのあらゆる問題を関係者と詳細に話し合っておかなければならない。これらの点について早い段階で説明をしておくことで，実践家は多くの問題を避けることができる。もし問題が生じたら，臨床スポーツ心理士はジレンマを尊重し，関係者それぞれのニーズのバランスをとるために，（インフォームド・コンセントで説明した通り）守秘義務が守られることを保証し，それぞれの立場が対立したり，クライエントや組織のウェルビーイングを損なったり，実践家の客観性を失わせたりすることはないことを説明する（Canter et al., 1994）。

スポーツ組織と仕事をする場合，臨床スポーツ心理士は選手の選出を手伝ってほしいと頼まれることがあるかもしれない。このような支援は，それが心理士の

唯一の役割である，もしくは特別の役割である場合，あるいは選手がチームに入団していない（新しい選手の選出）場合は許容される。しかし，心理士と関係のある選手が含まれる場合は許容されない。この場合，臨床スポーツ心理士は，

> クライエントの個人的な，プロとしての長所や短所について洞察を得ているかもしれないが，客観的な決定をするためには，［アスリート］に対する心理士としての役割について妥協し，守秘義務のある関係の中で得た情報を，たとえ他の人とその情報を共有していなかったとしても，乱用せざるをえない (Canter et al., 1994, p.48)。

事例：組織からの様々な要望

　臨床スポーツ心理士は，2年間プロのバスケットボールチームでカウンセリングをしてきた。現在のチームに雇われる前に，同じリーグの違うチームで働いていた。前のチームで，彼は何人かの選手と密接に仕事をし，彼らの性格，長所，短所，生活全般について詳しく知っていた。今シーズンにチームはある選手のトレードを検討しており，それは臨床スポーツ心理士が前のチームで密接に仕事をしていた選手だった。当然，スカウトのスタッフとチームの経営陣は，臨床スポーツ心理士が過去に得ていた情報と選手を獲得することについての心理士の意見に非常に関心があった。そのため，彼らは心理士に示唆に富む助言を求めた。もちろん心理士の助言がトレードの決定打になるわけではないが，意思決定をする側にその選手に対する特定の見解もなければ選手と一緒に働いたことがある人もいなかったため，臨床スポーツ心理士の考えに特に興味をもっていた。

　実際，心理士はその選手の重大な行動問題，チームメイトとの対人関係の問題，アルコール消費量の増加を改善する仕事をしていたため，思うところがあった。臨床スポーツ心理士は，内心ではこれらの問題について懸念していた。情報を求めている経営陣に対し，どうすれば心理士は倫理的に対応することができるだろうか？

　心理士の第一の責任は，選手に関する守秘義務を遵守することである。心理士が前の職場で選手と一緒に働いていたときに得た情報は，心理士が適切とみなす方法であれば永遠に利用できると書かれた文書でインフォームド・コンセントを得ていなかった。文書化されたインフォームド・コンセントが非常に大切なのは，クライエントの情報をどのように利用できるのかを定義し，心理士による情報の使用を成文化された方法に制限することで，クライエントの権利を守ることになるためである。しかし，経営陣は臨床スポーツ心理士の倫理的義務を理解し，実際に存在し自分たちにとって非常に有利にもなる情報から引き下がってくれるだろうか？　実際には，そのときになって初めて心理士が倫理的義務を説明しても，経営陣はなかなか理解をしてくれないだろう。すでに経営陣は情報を得ることを期待しているため，情報が開示されなければ緊張が高まるだろう。これは特に，トレードをすることで選手に数億円もの投資をするプロスポーツチームの経営陣でいえることである。臨床スポーツ心理士が選手の問題や選手がチームの対人関係や試合での成功に与える影響について情報を開示しなかったら，心理士はただちに仕事を失っても不思議ではない。

　この事例では，心理士は根本的な過ちを犯している。クライエントの情報を開示しないことで倫理基準を完全に遵守してクライエントの権利を守ったことが間違いなのではない。心理士は倫理コードを破っていない。問題は，臨床スポーツ心理士がチームの経営陣と情報をやり取りする**方法**にある。経営陣は情報を開示しないことに満足しないかもしれないが，チームに**雇われた段階**で守秘義務について明確に説明をしていたなら，心理士としての義務を尊重していただろう。スポーツ心理学の実践では倫理的問題が生じるのは避けられないため，難しい状況でも倫理的にふるまうことができるようしっかりと説明しておくことが重要である。

　介入を開始する前に，自分の仕事の倫理的限界を話し合っておくことで，心理士の役割や職能，限界について関係者が現実的な期待を抱くことができる。これは，特に臨床スポーツ心理士がチームの**ために**，アスリートと**共に**仕事をすることが多いため，重要である。様々な組織の要望は，このようなプロスポーツの場面では頻繁に生じ，心理士の考えとは違う角度から要請が来る可能性がある。要望が対立した場合，臨床スポーツ心理士，経営陣，アスリート個人は，心理士の役割の限界に同意しないことがあるかもしれない。繰り返しになるが，効果的かつ明確なコミュニケーションを適切に実施することが必要であり，臨床スポーツ心理士とやり取りをする全てのチーム関係者が，スポーツ心理学において考慮すべき倫理について理解しなければならない。もし意見の相違が生じたら，そのような難しい状況でもAPAの倫理コードを尊重し，遵守するのは心理士の責任である。職域の範囲を守ることで，アスリートやスタッフからの信頼を得て，職業としての境界を守り，最も重要なこととしてクライエントが傷つく可能性を最小にすることができる。

介入の長さと場所

本章ではここまで，守秘義務，インフォームド・コンセント，多重関係という重要な問題について考察してきた。これらは，倫理的ジレンマについて考えたときに真っ先に頭に浮かぶ問題である。しかし，臨床スポーツ心理士は，介入の場所や，個人開業の心理士が通常行っているような伝統的な時間の枠組みを変えることについて考えておかなければならない。これらの問題は，アスリート，組織，職業上の関係に大きな悪影響を及ぼすと考えられることは少ないが，考えて早めに計画を立てておく必要がある。

臨床スポーツ心理士の中にはシーズン中チームに同行して，遠征中もチームやスタッフの相談に乗ったり，介入したりできるよう要請される者もいる。これは多くの場合，バスや飛行機の中，夕食や朝食のとき，ホテルで話をすることも含まれる。読者はこれらの問題に関心を持たないかもしれないが，効果的な介入を実施するのを妨げ，クライエントをリスクに曝す可能性がある。通常の臨床心理やカウンセリングといった個人開業における実践では，先述のような場所は治療関係を損ない，不適切で，APAの倫理コード違反になりかねないと考えられている（Moore, 2001, March）。

事例：介入の長さと場所

プレーオフの間，チームの臨床スポーツ心理士は試合後にフィリップと面接をするように依頼されていた。次の試合は翌日で，勝ち進むために重要な試合であり，フィリップが試合で調子よくプレーすることが最も重要なことであった。臨床スポーツ心理士はフィリップと面接したが，心理学の他の分野で一般的とされているセッションの長さ（45～50分）を守らなかった。その代わり，フィリップが次の大事な試合の準備をするのに心理士が必要と考えた時間だけセッションを実施した。また，チームが移動していたので，心理士の部屋で面接をすることができなかった。心理士はセッションの場所について，ロッカールーム，夕食時，ドアを開けたホテルの部屋の中，バスの中などいくつかの変則的な選択肢しかなかった。臨床スポーツ心理士はホテルの部屋のドアを開けて，1時間45分フィリップと話をした。

この事例は，守秘義務やインフォームド・コンセントの事例に比べると，改善すべき点を見つけるのが難しい。こういったやり方の実践は，臨床スポーツ心理士にとっては普通に見えるかもしれないが，ジレンマもつきものである。ホテルの部屋でフィリップに会うのは，必要なサービスの提供に不可欠かもしれない。事例の心理士は場所の選択肢が少しあったが，場合に

スポーツ心理士は，ロッカールームやクラブハウスといった一般的ではない場所でクライエントと面接することも多い。

よっては適切な場所が限られてしまうこともある。フィリップの場合，心理士はホテルの部屋をドアを開けたまま使用することを選んだ。しかし，そのような形で会うと，他の人には，性的な意図もしくは不適切な意図で会っているように見えるかもしれない。心理士はホテルのロビーでフィリップに会うことができただろうか？ おそらくできなかっただろう。ロビーや他の解放された場所で介入を行うと，守秘義務を破ることになりかねない。こういった職業上二律背反になってしまう難しい状況は，応用スポーツ心理学の実践において非常に多く見られる。そして，明快かつ実践的な答えは存在しない。

個人開業の臨床心理学やカウンセリング心理学を専門とする心理士であれば，事例のような時間や場所の変更は守秘義務の違反，境界の飛び越え，有害あるいは搾取的な多重関係に思われるかもしれない（Anderson & Kitchener, 1999；Pope & Vasquez, 2001）。しかし，自発的な妥協策は臨床スポーツ心理士に対する要望を反映したものであり，慎重に検討する必要がある（Petitpas, Brewer, Rivera, & Van Raalte, 1994）。これらの問題を改善するために，心理士はアスリートと組織のスタッフに，遠征や宿泊先など様々な状況下で必要な介入を行うために，ミーティングのスケジュールや場所の変更が必要な場合があることを明確に伝えておかなければならない。時に予定を変更する必要性が出てくる可能性のあることがフィリップ，チームメイトやチームのスタッフにいつも明らかであれば，そうしたサービスの必要性を尊重し，快く予定を変更してもらえるようになるだろう。

さらに最も適切なサービスを実施できるように，全ての関係者が柔軟に対応することが必要である。ホテルの騒音が大きくなりすぎたり，あまりに多くの人が部屋の前を通り過ぎたりする場合，その場で場所の移動を決断する必要があるかもしれない。場所の移動は最適な方法ではないが，柔軟性が必要であることを理

解しておけば，スムーズに移動できるだろう。これらの点を理解し合意しておくことで，将来起こりうる問題を小さくすることができる。

境界を守る

多重関係，様々な組織の要請，サービスの場所，スケジュールの柔軟性のような問題に対応するためには，明確で率直な職業上の境界を設定する必要がある。サービスを実施している間に様々な倫理的ジレンマが生じるが，臨床スポーツ心理士は雇用された段階で明確な境界を設定しておかなければならない。こうすることで，問題が生じる前に問題を軽減することができ，境界を維持し決断をする際の基準を作ることができる。

スポーツ心理学は，自発性や矛盾という特徴があるスポーツ文化の上に発展してきた，興味深い，また複雑な分野である。臨床スポーツ心理士は多くの役割を果たし，多くの人間関係を持ち，伝統的な実践では通常反映されてこなかった様々な活動に参加するため，その仕事において，複雑な倫理的問題に直面しないことはほとんどない。例えば，心理士はアスリートやスタッフとのラポールを維持し，受け入れられ，頼りになり，信頼されているメンバーとしての地位を確保するために，チームのイベントに参加するように頼まれたり，場合によっては義務づけられたりする。アスリートと組織のシステム両方に十分に受け入れられるためには非常に時間がかかり，そのような招待を断ると，治療上の信頼関係を十分に築いていたとしても関係が損なわれることがあるかもしれない。このように，臨床スポーツ心理士は，こういった活動にどの程度参加するのか，参加することでどの程度境界を越えたり多重関係の問題が生じたりするのか，参加を断ることでどの程度治療関係が損なわれるのかを頻繁に判断しなければならない（Buceta, 1993；Moore, 2001, March）。

これらの治療外の一見すると社会的な関係は，不適切にまたは不正な理由で行われた場合にAPA倫理コードの違反になる可能性がある。一方，臨床スポーツ心理士がチームの一員になり，信頼される専門家になりたいと望んでいるのであれば，チームの特別なイベントに参加するのが賢明だろう。特別なイベントに参加しない一方で，チームの様々な面に関与しようとすると，一貫性のない行動に見える。一貫性のない行動は，心理士の組織内での仕事と大いに必要とされている心理学的介入を効果的に提供する手腕に悪影響を及ぼす可能性がある。例えば，臨床スポーツ心理士が1年を通してチームの相談を受け，必要な練習や試合に参加し，関係づくりを促している場合，境界を守って実際のもしくは認識の上での多重関係を避けるために特別なチームのイベントへの招待を拒絶するのは，心理士を組織の一員として受け入れ心理士の仕事を歓迎しているチームのメンバーに対して，良い手本にならない。すでに特定のアスリートと構築してきた治療関係を損なう可能性があり，過去に心理学的介入に抵抗していたアスリートが今後援助を求めてこなくなるかもしれない。

境界を守ることに関しては，他の心理学の分野における意思決定をそのまま臨床スポーツ心理士に適用することができない。臨床心理学やカウンセリング心理学を専門とする心理士で個人開業をしている場合，治療的意図がなかったとしても，クライエントの集まりに参加することは多重関係を引き起こすかもしれない。しかし，臨床スポーツ心理士は，治療以外の場面における活動に治療的意図を第一に考えて参加する場合，自分の中で二文法的基準を守ることに難しさを感じるだろう。例えば，チームのイベント，チームの食事，夜分遅くのスタッフミーティング，トレーニングキャンプ中のミーティングに参加することがあるだろう。これらのミーティングの目標は人づきあいではない。心理士は自分の職務を遂行していることにはならないかもしれないが，プロとして振る舞い続けることで全ての関係者に心理士の役割が理解されるようになるだろう。臨床スポーツ心理士が優勝祝賀会といったイベントに参加する場合は，必ず特定のアスリートと深くつきあうことは避け，話をするときは軽い話題に留めておかなければならない（Canter et al., 1994）。この点で，心理士はチームのイベントに職務として参加しているが，実際に親交を深めることなく人づきあいをしているのである。スポーツの世界にはオフの時間があって悪ふざけが横行しているため，この考え方は非常に重要である。基本的に，臨床スポーツ心理士の役割は，組織に対して様々なサービスを提供するだけでなく，業務として関わるあらゆる場面において**専門家としてふるまい，チームやスタッフとのラポール**を形成し，より心理学的サービスを使ってもらうようにすることなのである。

事例：境界を守る

臨床スポーツ心理士は，地元のバスケットボールチームで2年間パフォーマンス向上のための介入を行い，選手と強いラポールを形成している。ある夜，心理士は何人かの友人とバーのあるレストランに出かけた。多くの人が席を待っていたので，待ち時間にバーに移動して，飲みながら話をしていた。そのとき，バスケットボールチームの選手の何人かが店に入ってき

て，混んでいるバーに近づいてきた。スポーツ心理士を見かけると，選手たちは喜んで挨拶をしにきて，話をし始めた。心理士は移動して，選手と仕事とは関係ない話題に努めながら軽い会話を交わした。しばらくすると，選手の1人がスポーツ心理士に1杯おごると言ってきたが，心理士は断った。その後心理士は，友達のところに戻らなければいけないと言って，選手たちに楽しんでくるように伝え，その場を離れた。

　この例において，臨床スポーツ心理士は，プロとして正しい判断をした。選手たちと偶然同じレストランで会ったため，友達と過ごす自由な時間が制限されることは予測できなった。しかし，心理士がこの場面でうまく立ち回ることが，適切な境界を保つのに重要である。この事例では，選手が臨床スポーツ心理士に挨拶して，話をしようと誘ってきた。選手たちは心理士と仕事をして同じ目標を共有しているので，これは驚くことではない。心理士は選手を無視して，気づかない振りをすることができただろうか？　もちろん，それは難しい。無視や気づかない振りをすると，選手たちとの関係を損なってしまっただろう。さらに，無視されたという噂がチームの他のメンバーにあっという間に広まってしまうだろう。分別のある人（心理士）であれば，選手に挨拶をして，簡単な会話をするだろう。しかし読者も気づいている通り，スポーツ心理士はおごるという申し出を断り，スポーツ以外の話題に終始した。さらに，心理士は頃合いを見計らって会話を終わらせ，選手を傷つけたり接触を避けたりすることなく友人のもとに戻った。

　もし選手が心理士に知らせる前に1杯分の飲み物の料金を支払ってしまっていたらどうするべきだろうか？　アスリートの思いつきに感謝を示し，「これはいつものセッションではないからね」と冗談を言って，飲み物を選手のグループに寄付するといいだろう。そうすることで傷つく人はおらず，心理士も職業としての境界を守ることができる。しかし，スポーツ以外の会話の中で選手の1人が「ねえ，先生，コイツの心を読んでよ！」と冗談めかして聞いてくるかもしれない。そのような場合，心理士は「おいおい，今日は楽しい時間を過ごしにきたのかい？　それとも私を働かせにきたのかい？」と返事をすることができるだろう。このように言うことで，心理士は重要な点をいくつか抑えている。心理士はチームのメンバーにクライエントの情報を開示したり，他のメンバーと話し合ったりする意志がないこと伝え，彼が面接をしている選手のウェルビーイングを保護している。また，職業上の境界を守り，同じような状況でも選手のプライバシーが守られることを暗に示すことで，選手からの信頼を強めている。多くの難しい例とその解決方法を挙げることができるが，1つの重要な点を明らかにしておかなければならない。臨床スポーツ心理士はどのような状況においても，職業上の境界を守らなければならない。境界を守るためにどうすればいいのか，瞬間的に考えなければならないこともあるだろう。先ほどの事例にもあったように，心理士はよそよそしく，冷たく強引に振る舞う必要はない。同僚間やチームメイトの間でユーモアが大事な能力だと考えられることが多いスポーツの世界では，意図的なユーモアが最も良いメッセージになることが多い。先述のように，実際に親交を深めることなく人づきあいをすることができる。このことを念頭に置き，APA倫理コードを明確に理解することで初めて，専門家としての成功とクライエントの幸福の実現に必要な倫理的な行動をとることができるのである。

まとめ

　これまでに，アスリートやスポーツ組織と仕事をする場合に慎重な対応が必要となる倫理的問題について多くの事例を提示してきた。専門家として考えなければならない点が多くあり，その多くが通常の心理学的実践の考え方を適用できない状態で意思決定を求められる。どうしたら臨床スポーツ心理士は倫理的問題に取り組み，職業として求められるニーズを満たし，最善の治療ガイドラインを知り，クライエントの利益を最優先することができるのだろうか？

　臨床スポーツ心理士の究極の役割は，クライエントのニーズを満たし（PD, Pdy, PI, PT，いずれのケースを担当するとしても），治療の有効性高め，ラポールを形成し，職業上の境界を守り，倫理的ジレンマを避けることである（Moore, 2003a）。心理士は（前もって）スポーツという分野における自分の職業の役割について明確な理解を与える責任がある。スポーツ分野は柔軟性，自発性，クライエントになる可能性がある組織全体のニーズの変化に対応する能力が求められるが，その中においてもチームとAPA倫理コードが求める対応をし続けなければならない（APA, 2002；Nideffer, 1981）。

　倫理的ジレンマによるトラブル，客観性の喪失，クライエントの搾取を避けるために，心理士は治療開始時にルールや規準，守秘義務に関する限界，インフォームド・コンセント，介入，アセスメント，心理士としての適格性，職業上の境界を明確にし，全ての関係者とこれらの点について話し合っておく必要がある（Gardner, 1995）。そのために，臨床スポーツ心理士はAPA倫理コード（2002）を熟知し，仕事に適用していかなければならない。倫理コードは，心理士が「仕

事相手となっている個人の権利や幸福を損なう可能性のある行動に敏感になることによって倫理違反を避け…（そして）倫理的問題が生じる前にこれらの落とし穴を避けるのに役立つ」(Fisher & Younggren, 1997, p.586)。コードの細かな点全てが直接臨床スポーツ心理士の仕事を映し出しているわけではないが，コードを理解することで，心理士は特定のガイドラインを適用して一般的ではない事例に役立てることができる。基本的にAPA倫理コードに書かれていることを遵守することで，スポーツ心理士はコードの目的や意図を実現することができる。心理士がこれらの倫理的責任を理解し受け入れたら，正当なサービスを提供し，必要に応じて専門家としての意思決定をし，対等な立場で話し合いをする努力をしなければならない(Gardener, 1995)。話し合いはあらゆる専門家にとって非常に重要である。したがって臨床スポーツ心理士は，倫理的問題が生じたときに同僚と話し合うこと(Ebert, 1997)，倫理規定が求める方法で問題を解決しようとすること，対象者，状況，場所にとって適切であること，そして最も重要なこととしてアスリートの幸福に関心をもつことが求められる(Buceta, 1993；Ellickson & Brown, 1990)。職業上の境界を確立し，それについて話し合い，維持すること，適格性の範囲内で実践を行うこと，生じる可能性がある固有の倫理的問題を認識して対応すること，適格性を保ってプロとしての知識を得ることによって，臨床スポーツ心理士はスポーツの分野に溶け込み，スポーツへの関わりを高めるのに必要な多面的サービスを提供することができるようになる。

スポーツ心理士のための倫理自己認識チェックリスト

Ⓒ2003 by Zella E. Moore

倫理的，法的実践のための指針	はい	いいえ	該当なし
● 十分に習熟した心理学の分野の中でサービスを提供するために適切な専門的教育およびトレーニングを受けたか？	___	___	___
● 自分が受けてきた教育やトレーニングに基づく適格性の範囲内で，クライエントや組織に対する自分の役割を明確に定義しているか？	___	___	___
● 自分自身と自分が提供するサービスについて，正直に，正確に説明しているか？	___	___	___
● APA倫理コードとそれが自分の仕事にどのように関係するかを完全に理解しているか？	___	___	___
● 自分の実践を最新にするために，自分の分野の新しい研究知見や実践面の発展を取り入れているか？	___	___	___
● クライエントに文書と口頭でインフォームド・コンセントを提示しているか？	___	___	___
● インフォームド・コンセントには以下の内容が正直に，正確に示されているか？			
・自分自身（実践家）	___	___	___
・自分が提供するサービス	___	___	___
・サービスによって期待されること	___	___	___
・サービスの限界	___	___	___
・サービスのエビデンス（もしくはエビデンスが欠如しているか）	___	___	___
・守秘義務について	___	___	___
・料金	___	___	___
・他の介入の選択肢	___	___	___
・介入がどの程度効果的か	___	___	___
● 治療の成功可能性を誇張したり，クライエントに現実的ではない結果を約束したりしたか？	___	___	___
● クライエント，両親，コーチ，組織の関係者に，守秘義務，守秘義務の限界，その限界がどのように設定されるかを明確に説明したか？	___	___	___
● 組織のスタッフからクライエントに対する守秘義務を破る，境界を守らない，不必要なもしくは不適切な介入をするように圧力をかけられているか？	___	___	___
● その場合，問題を解決するために組織内の適切なスタッフとこれらのジレンマについて話し合ったか？	___	___	___

	はい	いいえ	該当なし
●コンサルテーションの範囲外にいる人と，クライエントおよび関係する事例内容について話し合うか？			
●他の人にクライエントについて話す場合，クライエントから口頭および文書で強制することなく同意を得たか？			
●事例を他の人に話すことについてクライエントから同意を得る前に，クライエントが情報に基づく意思決定をすることができるように，情報を他の人と共有することで生じる結果についてクライエントに知らせたか？			
●クライエントの記録に，クライエントの基本的な情報，評価に関する情報，介入の進展などに関する情報を記録しているか？			
●記録やクライエントのデータを州で定められた期間保管しているか？			
●これらの記録を安全で機密性の高い場所に保管しているか？			
●通告義務がある事項について明確に提示し，理解しているか（例えば，児童虐待，自傷他害の可能性）？			
●相談や治療以外でクライエントと接触があるか？			
●その場合，クライエントと相談や治療以外で会うことについて，それが必要もしくは避けることができない点を明確に主張できるか？			
●チームのイベントに参加する場合，客観性の損失や不必要な多重関係を避けるために，クライエントとは表面的なつきあいに留め，過度な人づきあいを避けているか？			
●突然契約が終了する可能性があることをクライエントと話し合い，治療を継続するために適切な紹介を行ったか？			
●クライエントに対する介入が完了し，治療の成功が確認された後も，必要に応じて治療を行い，治療関係を維持しているか？			
●適格性の範囲外だった場合に適切に対応し治療を続けることができるように，適切な紹介のためのネットワークを作っているか？			
●クライエントの役に立てない，客観性が失われる，治療関係が損なわれる，クライエントが自分の介入によって得るものがない場合，クライエントを他の専門家に紹介する用意があるか？			
●より深刻な心理学的問題が存在することを過小評価し，クライエントに対する介入を続けるために紹介の必要性を否定していないか？			
●自分が提供しているサービスによって，自分の生活環境や自分の問題が悪化していないか？			
●クライエントにネガティブな感情で接したり，怒りやイライラをぶつけたり，有害な感情，性的な感情を持ったり，空想をしていないか？			
●心理学的アセスメントツールを使用する場合，使用するのに必要な教育やトレーニングを受けたか？			
●大きな金額を分割払いにすることを了承したか？			
●その場合，その借金についてクライエントと話し合い，支払い方法を調整し，支払いに関する自分とクライエントとのやり取りを適切に記録しているか？			
●専門家向けの損害賠償保険に加入しているか？			

問題やジレンマが生じたら

	はい	いいえ	該当なし
●その状況やジレンマに関連するAPAの倫理コードを完全に理解しているか？			
●その問題に直接的に関連する倫理基準を読んだか？			
●目下の問題がクライエントにどのように影響するか熟考したか？			
●クライエントのニーズや興味より，自分のニーズや興味に基づいて仕事をしているか？			

	はい	いいえ	該当なし
●同じ分野の同僚や他の専門家に相談したか？	───	───	───
●APA 倫理委員会に連絡を取り，提案やアドバイスを受けたか？	───	───	───
●同じような問題や懸念が記述されている関連書籍を読んだか？	───	───	───
●必要があれば，倫理委員会や法廷で自分の意思決定や介入について自信をもって主張をすることができるか？	───	───	───
●該当する場合，専門家向けの損害賠償保険を提供している保険会社に連絡したか。	───	───	───
●該当する場合，その問題について弁護士に連絡したか？	───	───	───

第13章

臨床スポーツ心理学における専門性の向上とスーパーヴィジョン

スポーツ心理士の教育，トレーニング，認定については，長年にわたって多くが著述されてきた（Gardner, 1991；Silva, 1989）。そこには，研究者や実践家たちがこの絶えず変化する複雑な分野で能力を習得すれば，スポーツ心理学が進歩するだろう，という期待が込められている。けれども，専門性や教育上の複数の重大な問題が十分に注目されないままになっていて，学生，教員や実践家たちが多大な不利益を被っている。この動向を扱うため，この章では，専門的なアイデンティティを高めること，およびスーパーヴィジョン関係の大きな潜在性から利益を得ることに，新たな焦点をあてていく。これらの話題はうやむやに終わってしまうことが多いが，臨床スポーツ心理士の核心を表すものである。これらは，成長過程にある実践家にとっても，次世代のスポーツ心理士のスーパーヴィジョンをする者にとっても，計り知れないほど重要な問題である。

この章の最初の部分では，運動学習と自己制御に関する文献から知識を取り入れつつ，介入**スキル**向上の観点から専門性の向上について論じる。この考察に続いて，**個人特性**の発達，効果的な実践，臨床スポーツ心理士とアスリートの間の作業同盟に関する問題へ話題を移す。最後に，これらの要因についてまとめ，臨床スポーツ心理学のトレーニーの自己認識とスキルの習熟度を高める方法を提案して，スーパーヴィジョンについて論じる。

専門性の向上

成長を促進する要因を並べることで，専門的なスキルや能力の向上が促進される。一流のパフォーマンスはいかなる分野であっても，（スーパーヴィジョンのもとで）トレーニングによって習得されるスキルに関する知識（教育），個人的な能力（特性），そして数多くの良質な反復（実践）を組み合わせることにかかっている。専門的なパフォーマンスの向上は，近年，専門的な心理学の文献において顕著に注目されるようになってきた。そしてこの発展が，優れた実践家のスキル向上に直結するだろうと私たちは信じている。

臨床スポーツ心理学における専門的なパフォーマンスの向上

これまでの20年間で，認知科学の研究により，学習，特に専門家のパフォーマンス向上に関する理解は大幅に進歩した（Starkes & Ericsson, 2003；Stoltenberg, McNeill, & Delworth, 1998）。その間に，スキルの習得や向上のモデルが登場し，それによってハイレベルな一連のスキル（運動スキルや他の専門的なパフォーマンスのしくみを含む）の説明となるようなプロセスが記述されてきた（Ericsson, 2003；Fitts & Posner, 1967）。これらのモデルは，運動学習や自己制御の原則に基づいているが，私たちは臨床心理学やスポーツ心理学のトレーニーが優秀な実践家や学者として成長するのを手助けしていく中で，彼らをよりよく理解して助けるために，これを活用してきた。

スキル向上の主要な3つの段階は一般的に，人がいかにスキルや専門性を向上させるかを説明するために述べられてきた（Fischman & Oxendine, 1998）。3つの段階とは，認知段階，連合段階，そして自立段階である。これらの段階は元来，実践家のスキル獲得を説明するために考案されたものではないが，臨床スポーツ心理士の教育的なトレーニングやスキル向上と大いに関係しており，直接的な臨床スキルの向上にも同様に適用されてきた（Stoltenberg et al., 1998）。私たちはこれらの段階を，それぞれが臨床スポーツ心理学のトレーニーの自己制御プロセスにどのように影響するのかを慎重に検討しながら，スキル向上の理解に当てはめ

スーパーヴィジョンの1つの目的は，トレーニーがセッションのニュアンスに基づき，アスリートに対して流動的に反応できるようになるよう助けることである。

めていった。この理解が，スーパーヴァイザーのトレーニングの哲学や方略に対しても，トレーニーが初心者から熟練した実践家へと成長していく際の経験に対しても，大きく影響を及ぼすと信じている。

スキル向上の認知段階

　スキル向上における最初の段階は，**認知段階**である（Fischman & Oxendine, 1998；Stoltenberg et al., 1998）。認知（初心者）段階は，言語的なルールや心理的なイメージを教え，その人の活動を指導する時期である。この段階では，事例を概念化するスキルを向上させ，それを専門的な意思決定をするための指針として強固に身につけさせる。この段階にいる新米のトレーニーは，現在必要とされているスキルについてこれまでに（教科書を使って）学習した知識基盤を活用し，その知識を極めて構造化された形で適用する。したがって，これらの基礎的なスキルの活用に専念するには多大な集中力が必要であるため，一連の知識やスキルが過度にプログラム化されているように見えることがある。この観点から考えると，新米の臨床スポーツ心理士は，ルール支配行動をとっているのである。ルール支配行動をとるとき，駆け出しの専門家は，自分の仕事に基礎的なルールや方略をあてはめようとしたり，その人の活動の指針となるような，個人的な一連の教示を含むスキルの内的イメージをつくろうとしたりする。この**意識的な注意**（Fischman & Oxendine, 1998）が原因で，トレーニーは，環境における手がかりや随伴性（アスリートの言葉や行動など）に対してうまく反応することができなくなる。この期間，新米のトレーニーは，アスリートの外顕的なニーズをよくわかっていたり，敏感であったりするわけではなく，機械的に制御された鈍感な態度で，型にはまった行動をとる。

　認知段階は，技術に関する詳細や自己焦点型の注意を重視した認知活動が優位であることからそのように名づけられた。第2章から，自己焦点型の注意と関連した認知活動は，人間の最適なパフォーマンスにはつながらないことがわかっている。それに加えて，自己統制プロセスに関する先行研究から予測されるように，自己焦点型の注意は，ネガティブな感情を増大させ，行動の範囲を制限してしまう。しかし，この段階は，（おそらくはもうそれが過ぎ去ったことだという安堵のため息をつきながら）初期の専門性の向上を思い出している専門家にとっては，非常になじみ深いものに見えるかもしれない。教育者は微笑みながら，多くの場合には技術的な能力がほとんど発揮されない結果に終わってしまう，この不安を生じさせる状態にある最近の学生たちのことを思い起こしていることだろう。このスキル向上の段階間，専門家としての自主的な活動は最小限で，トレーニーはスーパーヴァイザーに大きく依存し，「〜のときにはどうしたらいいのですか？」と繰り返し尋ねる。つまり，トレーニーは，自己評価，前もって考えたことやルール，高い覚醒に影響され，アスリートのニーズや気持ちへの注目が最低限になっている。ルール支配行動と関連した覚醒や非柔軟性が自然に強まることと相まって，アスリートと実践家のつながりが断たれているのだから，トレーニーの行動によって有効な治療同盟が促進されないのは当然のことだろう。以下にある臨床スポーツ心理学のトレーニー（T）とスーパーヴァイザー（S）の会話の記録は，専門性の向上の認知段階を表している。

T：本当に助けが必要なんです。セッション中，私は完全に混乱してしまいました。いつもマリーが何か言い，私が言うことを考えます。そして彼女が何か他のことを言うと，私は自分の役割を見失ってしまうのです。

S：あなたが一番困ったのはどこですか？

T：マリーは「プレートに行き，スタンドを見回して父の姿が見えると混乱してボールに集中できなくなります」と言いました。私はなんと言ったらよいかわかりませんでした。つまりその，彼女に何が起きているのかはわかるのですが，それを言葉にすることができないのです。

S：そのセッションで起きたことをもとに考えると，彼女に何が起きていると思いますか？

T：彼女の注意の焦点は，父親や，彼女にとって父親が持つ意味に合わせられている。そして，最適なパフォーマンスをするために不可欠な課題焦点型の注意ではなく，自己焦点型の注意になってしまっている。

S：良いでしょう。あなたは1分前に，あなたとのセッ

ションの間に彼女が述べたことから，そのことの良い例を挙げてくれましたね。
T：そうですね。でも私は，どうすることもできませんでした。決定的な瞬間のようでいて，私はただそこに座っているだけで，私たち2人とも時が過ぎ去るのを待っていました。
S：わかりました。例えば，その発言が問題を真に表しているとします。もし，あなたが今そのセッションの最中だったら，そこからどこへ向かいますか？　そしてその瞬間を目標につなぐために，彼女とどんなことをしますか？
T：そうですね，彼女が，課題とのつながりが断たれていると感じさせるようなことを言うときには，不適切な思考プロセスを中断させて再び集中するために，呼吸エクササイズという短いマインドフルネスを使うようにすすめると思います。セッションの中で練習できますし，その後，彼女がフィールドでそれをすることもできます。

　認知段階の間のスーパーヴァイザーの目的は，トレーニーをルール支配行動から随伴性形成行動へと移行させ，セッションにおける随伴性に反応するために自分の知識を活用し，事例定式化に基づいてセッションで求められているものを満たすようになるのを助けることである。この段階におけるトレーニーの目標は，どのように言ったり振る舞ったりする**べき**か，ということに関する前から持っていたルールから離れ，アスリートの反応を治療行為の選択のための刺激にするよう学ぶことである。この段階はおおむね短く，トレーニーが基本的な形式において不可欠な治療スキルを実行できるようになったら完了である。

スキル向上の連合段階

　スキル向上の第2段階は，**連合**段階である（Fischman & Oxendine, 1998；Stoltenberg et al., 1998）。連合（中級）段階の間，学習者はフィードバックを理解して調整し，それに応じて間違いを正していく。それに加えてトレーニーは，もっぱらルール支配行動でというよりも，その瞬間のアスリートの行動を正確に概念化したものに反応し始める。そのようにして，トレーニーはアスリートへのより強いつながりを経験し，コンサルティング関係に本来備わっている手がかりや随伴性に対して，より適切に，極めて柔軟に反応するようになる。トレーニーは，問題をより抽象的に捉え，アスリートの行動パターンを認識するようになる。同様に，トレーニーの治療行為（言葉や動き）は，クライエントのその瞬間その瞬間の言葉や動きによりふさわしいものになる。これらの理由から，トレーニーはアスリートとより効果的な治療関係を築く。

　認知段階で顕著であった自己焦点型の注意は減り，代わりにタスク焦点型の注意が増加する。注意におけるこの変化は，覚醒の低下や，より効果的な全体のパフォーマンスに付随して生じる。専門家としての自主性も，自己効力感の向上に伴ってこの時期に増加する。伸び盛りの能力を反映するように，トレーニーは概して，もうスーパーヴァイザーに「私は今何をしたら良いのでしょうか？」と教えを請う必要がなくなったことを安堵する。スーパーヴァイザーは，自分の学生たちが有意味なクライエント情報を統合し，アスリートとの自然な対人的つながりに対していっそう自発的に応えられるようになったことを喜ぶ。当然，新しい専門的な状況に対応するときには，トレーニーは早期の認知段階のようなルール支配行動に逆戻りするかもしれない。このような連合段階と認知段階の間の行き来は予想されることである。トレーニーというものは，数も複雑性も増していく専門的な状況で多くの試行的実践を積み重ねていくものなので，こうした行き来は長期にわたり起こりうる。連合段階は，臨床スポーツ心理学のトレーニー（T）と彼女のスーパーヴァイザー（S）の下記の会話記録に現れている。

T：今日のスティーヴとのセッションは，とても奇妙だったんです。彼は私に対して，何らかの理由で非常に怒っていました。私は価値の同定段階を続けようとしていました。すると，彼は私に対して，とても皮肉っぽく敵対的に振る舞いはじめたのです。
S：それに対してあなたはどう対応したのですか？
T：ええ，その敵意に気づいて，それを追究することと，プロトコル上の価値の同定を終わらせなければならないとわかっていたのでそのこととの間で，悩んでしまいました。
S：どうすることに決めたのですか？
T：少しだけ時間をかけて，彼の怒りの原因を探りました。でも，すぐにそれを特定することはできなかったので，ただ進んで，価値の同定作業を続けることに決めました。
S：それに対して，彼はどう反応したのですか？
T：さらに苛立って怒っているように見えました。
S：彼がこれまでにあなたに対してそういう風になったことはありましたか？
T：いいえ。
S：あなたたちは先週何をしていましたか？
T：価値の概念について議論し始めて，価値の同定に関する質問紙に記入するというセッション内の課題を出しました。

S：彼は質問紙に回答し終えましたか？
T：いいえ。
S：彼のあなたに対する反応は，あなたが先週持ち出した話題や課題に直接関係していたという可能性については，どう思いますか？

　この短い場面において，トレーニーは，連合段階によく見られる要素に奮闘している。トレーニーは，自分自身とアスリートの間にある，その瞬間のプロセスにはだいたい気がついていて，アスリートの怒りに対応する必要があると理解している。しかし，いまだに手続き上のタスクを終える必要性に関連した，ルール支配行動で対応している。アスリートの感情状態に気づいているにもかかわらず，割り当てられたタスクがアスリートの敵意に関わる刺激である可能性を熟慮しなかったのである。明らかに，回避行動やタスクに関する感情を理解することが，うまくタスクを完成させることに役立っただろう。これはまた，タスクの重要性を浮き彫りにしている。このようにして，スーパーヴァイザーの役割は，トレーニーがセッション内の行動を扱う必要があり，指示的な治療方略に直接的に関係する重要なイシューとして見る能力を向上させ続けることである。一般的にこの段階では，スーパーヴァイザーは，トレーニーのセッション内の随伴性に基づいた行動を強化し，その瞬間に求められていることに対応する柔軟性を増進させる。認知段階とは異なり，連合段階は完了までに何年もかかることがある。そのため，専門家は一般的には，トレーニングを終えた後の何年かは，連合段階にとどまる。その段階が完了したとみなされるのは，トレーニーが一貫した治療的スキルを示し，技術や関係性に関する間違いをおかすことがほとんどなく，柔軟で首尾一貫したやり方でより多様な一連のスキルを利用するようになったときである。

スキル向上における自立段階

　スキル向上の第3段階は，自立段階である（Fischman & Oxendine, 1998；Stoltenberg et al., 1998）。自立的な（上級の）段階の人は，トレーニーからスーパーヴァイジーへ，つまりスーパーヴァイズを受けた専門家へと進んでいる（トレーニーよりも高い専門的地位を意味するために，ここではその人をスーパーヴァイジーと呼ぶ）。スーパーヴァイジーは，専門的スキルを使い，対応はすばやく自動的である。専門家としての自動化されたパフォーマンスは，スキル遂行への集中として展開されていたものから，その瞬間その瞬間のアスリートとのやりとりに対するマインドフルな注目へと徐々に変わる。この段階においては，スーパー

ヴァイジーはクライエントの言葉や動きにすぐに気づいて解釈し，ありうる反応に関する情報を記憶から楽に得ることができる（Ericsson, 2003）。すでに専門的なスキルレベルに達しているスーパーヴァイジーは，変わらずアスリートとつながった状態を維持し，専門家としての行動は，自動的で楽々となされているように思われる。スーパーヴァイジーが，よくわかっている状況と新奇な状況の双方に対応する能力が自分にはあると信じるときに自立性はピークに達する。スーパーヴァイジーが覚醒やネガティブな感情の高まりに圧倒されることはもうなく，それによってかなりアスリートのニーズに注意を向けることができるようになる。スーパーヴァイズを受けた臨床スポーツ心理士（P）とそのスーパーバイザー（S）の下記の会話記録は，自立段階を表している。

P：ジェーンのパフォーマンスの問題について話し合いを始めたのですが，彼女の態度や声のトーンから，何かもっと他のことが起きていることがうかがわれました。
S：その反応に対してあなたはどう感じて，どこへ向かったのですか？
P：彼女がその問題を話したがっていないように感じました。そこでパフォーマンスの問題から離れることにして，目が合わないことや声が低いのは，何か他の感情があるからではないかと伝えました。すると彼女は，どんどん悲しくなってきているということを私に教えてくれました。彼女は引き込もっていて，誰も気にかけてくれないと感じるのだと言っていました。
S：あなたの対応は？
P：私に打ち明けてくれたことを強化するように努めて，悲しくなっていることや誰も気づいてくれていないように感じていることに共感しました。それから私たちは，引き込もっていたり感情を表現していなかったりすると，誤解されうるのだということを話し合いました。そして，彼女の行動を他人がどのように解釈しうるかも話し合いました。
S：それで彼女はどうなったのですか？
P：一緒に行動的な活動スケジュールを立てました。そこには，悲しみを親しい友達と共有することが含まれています。パフォーマンスの問題は一時的に考えないでおくこと，そして当面は彼女の気分の状態や対人的な行動について焦点をあてることについても意見が一致しました。

　この段階では，スーパーヴァイズを受ける臨床スポーツ心理士は，治療的スキルやそれを効果的に利用

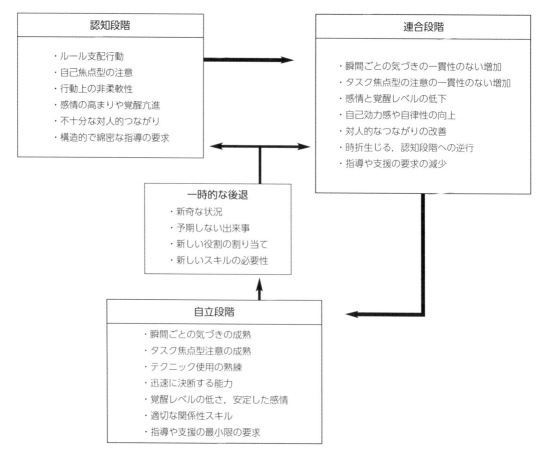

図 13.1 スキル向上における認知・連合・自立段階

する方法をしっかり理解している。この段階の専門家は、自分が使っているスキルの詳細について考えることに実際には時間を使わない。自立段階のスーパーヴァイジーは、もはや特定の手順に全力を注ぐことはなく、代わりに、状況（関係性の要因も含む）に現れる多くの変数に集中する。この段階のスーパーヴァイジーは熟練した臨床スポーツ心理士だが、この段階に到達することが、専門家として成長の余地がないことを意味するわけではない。したがって、この段階のスーパーヴァイザーの役割は、専門家がスキルレベルを維持し、さらなる上達を動機づけることである。

　自己制御理論や、スキル向上の認知・連合・自立段階を通した経験的な学習の概念化は、精密なスキルの洗練のために予想を明らかにし、経験を正常化し、進行中のフィードバックを提供する手段として、トレーニング中の専門家にとってもスーパーヴァイザーにとっても有用なものになりうる。図 13.1 は、スキル向上の 3 段階を要約したものである。

スキル向上に関するアセスメント

　効果的なスーパーヴィジョンのためにまず行うべきことは、トレーニーのスキル向上の段階を正確にアセスメントすることである。このアセスメントを助け、経時的な変化を測定するために、私たちは「スキル向上段階質問表」（次頁を参照）を開発した。これは、臨床心理学のトレーニーと臨床スポーツ心理学のトレーニーの双方が使えるものである。この尺度はリッカート法で、単純で短い質問でスキル向上段階の多様な構成要素をアセスメントする。総合得点が 21～27 点なら認知段階、11～20 点なら連合段階、そして 10 点以下なら自立段階であることが示される。これらの数値は 1 つの指針であり、絶対的ではない。しかしながら、その得点は、スキル向上段階の構成要素と理論的に一致している。また、成長段階が多様であるために、スーパーヴィジョンに関してそれぞれのニーズを持ち、異なった方略を求めているトレーニーたちを区別するために使用できる。スーパーヴァイザーは、このモデルを取り入れる場合、自分の目標がトレーニーを次の発達段階へ進ませることであるということを覚えておかなければならない。例えば、認知段階にあるトレーニーをスーパーヴァイズする場合の目標には、タスクへの集中やその瞬間のクライエントの行動に対す

第 13 章　臨床スポーツ心理学における専門性の向上とスーパーヴィジョン　191

スキル向上段階質問表

Copyright 2003 by Frank L. Gardner

次のスケールを用いて，各質問についてトレーニーを評定してください。

1（ほとんどない）………2（ときどきある）………3（よくある）………4（とてもよくある）

1. _____ 機械的な（あるいは柔軟でない）方法で介入を行っている。
2. _____ 自己焦点型の注意であり，クライエントの言葉や行動とつながっていないように見える。
3. _____ リハーサルしたような（あらかじめ決めておいたような）方略や手順でクライエントに反応し，クライエントの行動に応じた技法を提供していない。
4. _____ 綿密な指導やサポートを求める（「〜のときはどうしたらよいのか」を知りたがる）。
5. _____ セッション内のクライエントの行動をすぐに（事例を概念化して）理解し，それに沿って反応することが難しい。
6. _____ 臨床活動の間，高いレベルの不安を経験し，表出しているように見える。
7. _____ 全般的な治療の有効性がわずかしかない。

合計得点：_____
スキル向上段階の指針
認知段階 = 21〜27　　連合段階 = 11〜20　　自立段階 = 1〜10

スーパーヴィジョン進行目標

・実践家のタスク焦点型の注意を強化する。
・その瞬間のクライエントの行動に対する実践家の反応性を強化する。
・セッション中の実践家の感情を和らげる。
・実践家の自主性を強化し，臨床上の効果的な意思決定を促進する。

る反応性を高め，認知的・感情的な活動を減らし，自律性を高め，全般的な治療の有効性を高めることが含まれている。連合段階でのスーパーヴァイザーの目標にも，同じ側面を上達させることが含まれるが，自動的かつ効果的でアスリートに焦点をあてた介入が，より頻繁に一貫して生じるべきである。さらに，最後の自立段階でのスーパーヴィジョンの目標は，スキルを維持し，専門家としての継続的な成長を促進することである。

専門家としてのアイデンティティの発展

　専門家である心理士は皆，強固な知識基盤とよく訓練した臨床スキルは必要だが，それだけでは効果的な実践に十分ではないことを知っている。比類のない対人的な取り組みであるがゆえに，臨床スポーツ心理学を含む専門的な心理学分野は全て，心理士自身や，クライエントに関わってサービスを提供するその人の能力に影響を及ぼす個人的な要因と関係がある。これらの要因には，共感性，純粋性，個人的な動機，自己意識，人生経験，そして文化的な感受性が含まれる（Striker, 2003）。

　効果のある心理学的サービスを効果的に提供するためには，他者のウェルビーイングを向上させることに純粋な関心を持たなければならない。他者の感情，知覚，ストレッサーに対する真の関心や感受性を伝達する能力を共感性という（Walker, 2001）。この能力は，効果的な心理学的サービスの重要な寄与因子としてみなされることが多い。クライエントを共感的に励まし，知識を感受性と結びつけ，治療的なテクニックをクライエントのその瞬間のニーズへ統合する能力もまた，心理士としての最上のパフォーマンスに必要なものである。さらに，クライエントの行動を客観的に観察する能力も，対人援助の専門職には重要である。しかしながら，スポーツ心理学には，これらの肯定的な特徴や臨床スポーツ心理士の有効性の妨げとなりうる，とりわけ有害な要因がある（倫理上の考察については第 12 章を参照）。

　まず，スポーツ心理学のトレーニーにとって（そし

て経験豊かな専門家にとってさえも），スポーツに関わる興奮や名声の面に魅せられ，引き寄せられるのは当然のことである。彼らが生涯にわたってスポーツをしていたりスポーツの観戦者である場合には，なおさらである。しかし，もしその心理士がチームや選手と自分を重ね合わせすぎるために目的の焦点を見失うようならば，その魅惑された状態は問題となりうる。スポーツ領域で働くことは，多くの人が強く望むステータス（現実でも想像されたものでも）を勝ち取る機会をもたらす。心理士が自分の仕事や役割についてしっかりと地に足のついた感覚を維持することは，最も重要なことの1つである。

次に，臨床スポーツ心理士は，スポーツ心理学における自分の役割を，自分自身がスポーツにおいて満たせなかった目標を果たすために使わないよう，注意するべきである。これは，スポーツ心理士がオリンピックや大学の一部リーグ，あるいはプロのアスリートのようなエリートレベルで仕事をしていて，スポーツ心理士自身の若き日の競技の夢が実現しなかった場合には，特に懸念されることである。臨床スポーツ心理士は，客観的な第三者の視点を維持し，期待される専門家としての境界線を守るべきであるならば，スターに憧れるファンにならないよう警戒し，自分自身の競技の幻想に気づくべきである。

これらの2つの状況に共通するテーマは，臨床スポーツ心理士は，自分自身の個人的な思考，感情，願望が，判断，アセスメント，介入における決断に影響を及ぼしうることを認識しなければならないということである。専門的，倫理的，かつ効果的なサービスを提供するためには，臨床スポーツ心理士は，競技環境や有名人の地位を持つ者によって引き起こされる自分自身の反応（認知，感情，行動）を理解しなければならない。この自己認識は重要である。引き起こされうるファンのような反応自体は問題ではない。専門家のふりをしたファンと真の専門家を区別するのは，こうした反応を認めるのをしぶることや，専門家としての責任にしたがって対応する能力がないことである。要するに，私たちは，臨床スポーツ心理士が思慮深い自己認識を育み，それによって，健全な専門家としてのアイデンティティや，その人の倫理的な実践スタイルを伸ばすべきだと言っているのである。自己内省や正確な自己認識に基づいた健全な専門家としてのアイデンティティがあれば，臨床スポーツ心理士は，自分自身の傾向（役立つものもそうでないものも）を理解でき，その傾向が現れたときに認識するだけではなく，何がきっかけとなったのか，どう反応するかを適切に予測することもできるだろう。

これらの反応には，個々のアスリートに対する個人的な感情が含まれているかもしれない。身体的な魅力は人間の一部であり，アスリートを魅力的に感じたとしてもなんら不思議なことではない。ここでも，魅力それ自体が問題であるわけではない。問題は，倫理に関するガイドラインや価値をおいている専門家としての目標と一致した行動を取るのではなく，引きつけられるままに振る舞うことである。同様に，ネガティブで，怒りや攻撃的な反応が生じることもあるだろう。スーパーヴァイザーや同僚とオープンかつ正直にネガティブな感情について話し合うことで，受け入れることができる結果（アスリートと効果的に取り組むか，アスリートを他の専門家に紹介する）になるだろう。もしこうした話し合いや同僚のアドバイスがなければ，自然に生じる感情から，問題のある結果が起こりやすくなるだろう。当然のことながら，これらは多くのトレーニーにとって提起しやすい話題ではない。スーパーヴァイザーはトレーニーに，もしそのような問題が起きたら，ネガティブな評価を恐れて避けるのではなく，話題にすることを強く促すべきである。トレーニーが，これらの問題についてスーパーヴァイザーの指導を受けるのは自然である。もし，スーパーヴァイザーがこのような話し合いに対してオープンに見えなければ，トレーニーは思い切って話をすることがなかなかできず，結果としてトレーニーとアスリートの双方が苦しむことになる。

個人的な人生経験，文化的な多様性や個人差に対する感受性も，倫理的で効果的なサービスを提供する臨床スポーツ心理士の能力に，直接的に関連する。確かに，実践家の競技経験は関連するが，それは治療関係や介入の成功において，良い結果にも悪い結果にもなりうる。良い結果としては実践家に競技経験があることで，競技環境への理解や認識が増す。しかし，もしその競技やアスリート，サポートするために雇われているチームと自身を過度に同一化していたら，あるいはアスリートの反応や経験が以前の自分のものと似ていると思い込んでいたら，その人の経験は問題となりうる。このような思い込みは，一種の無神経さ——文化に関する無神経さではなく，実践家の視野の狭さ，乏しい自己認識，あるいは新しく異質な情報を組み入れたがらないことによって引き起こされた，経験的な無神経さである。

臨床スポーツ心理学におけるスーパーヴィジョン

スーパーヴィジョンは，効果的なサービスの提供に必要な専門的スキルと，専門家および個人としての特徴を統合した発達を促進するものであるため，心理学

の全ての下位分野におけるトレーニングに不可欠な要素である（Stoltenberg et al., 1998）。スポーツにおけるコーチングと同様，心理学におけるスーパーヴィジョンによって，新しいことを学べたり，スキルの向上が成功したりする。スーパーヴィジョンによって，自己観察や，個人的なスタイルが専門的な関係に及ぼす影響についての理解，アセスメントや事例の概念化，介入に関連した技術的スキルを発達させることができる。倫理的で有能な実践家を育てることに明らかな焦点が置かれているとはいえ，結局のところ，臨床スポーツ心理学におけるスーパーヴィジョンの目標は伝統的な心理学の分野と同じで，質の良いケアが一貫して提供されていることを監視し，確実にすることである。

スポーツ心理学におけるスーパーヴィジョンの専門的な文献に，複数の比較的新しい議論がある（Andersen, 1994；Andersen & Williams-Rice, 1996；Van Raalte & Andersen, 1993, 2000）。平均的な臨床心理学，あるいはカウンセリング心理学を専門とする心理士は，免許をとるまでにスーパーヴィジョンのもとでのエクスターンシップを1000～2000時間，博士課程でのインターンシップを1500～2000時間，そして博士課程修了後にスーパーヴィジョンを受ける経験を少なくとも1500時間（合計して4000～5500時間）は受ける。スポーツ心理学で実践家に対して要求されている時間は，それよりもはるかに少ない。Andersenらによる近年の論文では，専門家としてスポーツ心理学の仕事をするつもりでいる平均的な大学院生が受けるスーパーヴィジョンは400時間未満であることが述べられている（Andersen, Williams, Aldridge, & Taylor, 1997）。応用スポーツ心理学促進学会（The Association for the Advancement of Applied Sport Psychology：AAASP）では，公認コンサルタントの地位に適するスーパーヴィジョンの経験としてわずか400時間しか求めていない（Van Raalte & Andersen, 2000）。オーストラリアの基準はこれよりは良いが，それでも不足しており，求められているスーパーヴィジョン経験は，一般的な状況と特別な状況の双方で1000時間である（Van Raalte & Andersen, 2000）。

臨床心理学やカウンセリング心理学を専門とする心理士の資格に必要な4000～5500時間のスーパーヴィジョンと比べると，スポーツ心理学におけるスーパーヴィジョンのトレーニングの基準では，スポーツの実践家に十分な適格性や準備性があるのかという疑問がわき起こってくる（少なくとも新しい実践家の間では）。刺激的な進展として，アメリカ心理学会（The American Psychological Association：APA）は，スポーツ心理学におけるスーパーヴィジョンの経験として500時間を，心理士の免許取得に必要な4000～5500時間に**含めて**あるいは**追加する**ことを勧告した上で，APAの職能資格として（APA, 2003）最近認めたのである。これは，臨床スポーツ心理士としての十分な実践に不可欠なスーパーヴィジョン経験を促す重要なステップである。しかし，これは心理学の博士号を受けた人に適用されるにすぎないので，スポーツ科学におけるトレーニングプログラムを変えて，同様の方法でスポーツ科学の学生たちに適切に準備させていくことが重要である。その一方で，スーパーヴィジョンを受けた時間の蓄積は不可欠であり，トレーニングのきわめて重要な構成要素であるが，スーパーヴィジョンには時間を蓄積していくこと以上のものがある。実際には，多くの要因が効果的なスーパーヴィジョンに影響しているのである。

スーパーヴィジョンに影響する個人的変数

臨床スポーツ心理士のトレーニーのスーパーヴィジョンについて詳細に議論する前に，しばしばスーパーヴィジョンや全般的な専門性の向上の妨げとなる，個人的変数について考察しよう。

スーパーヴァイザーの個人的変数

スーパーヴァイザーの内的・対人的な特徴は，スーパーヴィジョンのプロセスに顕著に影響しうる。Cook & Helms（1988）の研究では，スーパーヴァイザーがトレーニーに好意や関心を持っていることが，トレーニーのスーパーヴィジョンに対する満足度の分散の69％を説明していた。この知見は，スーパーヴィジョンでの人間関係の影響力を明確に示している。状況特有の相違や，こうした対人的な活動では常に起こりうるトレーニーとスーパーヴァイザーの衝突とは別に，スーパーヴァイザーの唯一にして最も有害な性質とは，権力を求める動機である。スーパーヴィジョン関係の性質として，トレーニーはスーパーヴァイザーからの援助，アドバイス，支援，そして専門家としての技術を求める（治療的な関係によく似ている）。この関係性では，スーパーヴァイザーが優れた知識やスキルを持ち，究極的にはアスリートのケアにおいて専門的かつ合法的な責任を負っているので，自然に力の差が生じる。スーパーヴァイザーは，トレーニーの専門的な行動に様々な面で影響を及ぼし，その結果，スーパーヴァイザーによる統制は，有意な変数となる。

スーパーヴァイザーの行動に求められているのは，トレーニーのスキルを高め，最終的には独立して適切に機能する能力を強化することである。スーパーヴァ

イザーは，（専門家としての満足は別として）個人的な利益をあまり期待せずに，トレーニーの変化や成長を促す働きをするという点では，刺激を与える人物である。しかし，スーパーヴァイザーの行動が自分の力の感覚を強めるために，あるいは何らかの私欲のために使われると，スーパーヴィジョン関係はよくても無益なものにしかならず，最悪の場合には非倫理的で有害なものになる。これはたいていスーパーヴァイザーが，統制，特別な能力，あるいは優越性を見せつけるためにスーパーヴィジョン関係を利用してトレーニーとの非機能的な関係をつくりだしている場合に見られる。このような状況はおそらく，駆け出しで経験の浅いスーパーヴァイザーや，自信のないスーパーヴァイザー，あるいは専門性向上の自立段階にまだ達していないスーパーヴァイザーで生じるのかもしれない。経験を積んだスキルのあるスーパーヴァイザーであっても，トレーニーを適切にスーパーヴァイズする能力を損ねるような個人的特徴を持っている場合には，同じことが起こるだろう。

　権力闘争もスーパーヴィジョンには有害である。権力闘争は一般的に，トレーニーがスーパーヴァイザーの適切な取り組みに抵抗するとき，またはスーパーヴァイザーが自分の立場を利用して不必要にトレーニーをコントロールするときに起きる。これらの2つの状況は区別が難しいことが多い。スーパーヴァイザーは，特定のスーパーヴィジョン方略を用いる目的をよく考える必要があり，適切な自己認識を保ち，トレーニーの成長段階を理解してトレーニーの自立とスキル向上という最終目標に焦点を合わせなければならない。トレーニーが確立された目標に向かうことに抵抗したり，問題のある行動を見せたりするときに，トレーニーをコントロールするのは明らかに必要である。これらの場合において，**コントロール**という言葉は，ネガティブな意味を含むものではなく，スーパーヴァイザーがいかにして専門家としての制限を設け，構造を確立し，専門家としての尊敬を求め，自分自身やクライエントに対する失礼で有害な行動を制限しなければならないか，ということを反映するよう意図されたものである。しかし，スーパーヴィジョン方略が，トレーニーのニーズというよりも明らかにスーパーヴァイザーの心理的なニーズに基づいているような不運な状況もある。この場合，トレーニーとクライエントの双方が最終的に苦しむことになる。

　もちろん全ての心理士は，自分の現在の専門家としての役割（トレーニーのスーパーヴィジョンを含む）にかかわらず，関係性の面での長所と短所を持っている。これらの個人の長所と短所は，スーパーヴァイザーが自分の役割を，トレーニーの利益のために，あるいは自分自身の個人的な，または専門家としての利益のためにどれくらい使うのか，その程度に影響を及ぼす。これは，スーパーヴァイザーがスーパーヴィジョンのテクニックや理論のトレーニングをあまり受けていないときに特にあてはまる。スーパーヴァイザーになることは，トレーニングや専門技術ではなく，その仕事に対する学問的要求や限られた人に基づいていることが多いため，ほとんどのスーパーヴァイザーはこの領域においては十分にトレーニングされていない。十分にトレーニングを積んでいないスーパーヴァイザーには，この領域における理論的な概念や実証的な研究に精通すること，そして学会発表，ワークショップや講演に参加することを勧める。スーパーヴァイザーは彼ら**自身**のスーパーヴィジョンについて頻繁にスーパーヴァイズを受けることが必要なため，スーパーヴァイザーに対して最も推奨するのは，専門家である同僚に相談することである。

トレーニーの個人的変数

　トレーニーの個人内の特徴および対人的な特徴もまた，スーパーヴィジョンのプロセスに大いに影響しうる。多くのトレーニーが，教室での活動という講義による学習スタイルからスーパーヴィジョンに見られる，より経験的なスタイルへの移行において困難を経験するため，しばしばスキル向上の認知段階で行き詰まってしまう。これは主として，ルール，テクニック，方略の機械的な実行から，その瞬間その瞬間の治療状況に基づいてテクニックを対人関係にタイミング良く適用することに変えていくことが難しいために起こる。トレーニーなら誰でも，多少はこの難しさを経験するが，評価や失敗への恐れに関連した個人特性を持っているがゆえにこの移行を特に難しく感じるトレーニーもいる。私たちの経験では，この移行の難しさは不安（多くの場合，自分の短所の特定と，その結果スーパーヴァイザーに個人的な弱みをさらすことになることと関連している）が優位になっているときに最もよく起こる。前述のように，感情（特に不安）は，一般的には認知段階の間は高まるものである。アスレチック・パフォーマンスが機能不全による影響を受けるのと同様，不安によって自己制御プロセスが混乱してしまうトレーニーもいる。多くの場合，不安の高まりは，トレーニーが称賛し，尊敬し，恐れてさえいるスーパーヴァイザーに評価されている最中に新しいテクニックに挑戦する際，失敗を予期することと関係している。このようにして，トレーニーは極端な自己不一致の評価をすることになる（期待される一般的な水準と自分自身を比較したり，おそらくはスーパーヴァイザーとさえも比較して）。そして，人間のパフォーマ

ンスの自己制御プロセスから予想される通り，不安や回避の増大に伴って，自己に過度に注目してしまうのである。

スポーツ心理士になるためにトレーニングしている学生たちは，スーパーヴァイザーからの批判や評価（現実のものでも想像上のものでも）に対し，過度に敏感であることが多い。最もスキルのあるトレーニーでも，スーパーヴァイザーのコメントで，容易に自信がぐらついてしまう。自分のパフォーマンスについて非現実的な基準を立てて，スーパーヴィジョン関係での要求に対し，不適応的な反応をしがちなのもトレーニー（多くは動機づけが高く，勤勉で，成功することが習慣になっている人）に共通することである。そのため，トレーニーの成長段階にふさわしい，個人的な，あるいは専門家としての目標を，トレーニーとスーパーヴァイザーとで立てることが必須である。両者はこれらの目標についてオープンに話し合って，スーパーヴィジョンで期待されることが明確になるようにするべきである。時折，個人的な目標と，専門家としての目標を更新・修正することで，トレーニーの専門性の向上が順調に維持されるだろう。

トレーニーの対人的な特徴によって，フィードバックを聞き，適切に反応する能力が妨げられる場合もある。スーパーヴィジョン関係につきものである構造，フィードバック，自然な力の差を寛大に受け入れることを難しいと感じ，心理療法において見られるのとよく似た転移的な反応（ポジティブにもネガティブにも）を経験するトレーニーがいる。それに加えて，トレーニーの見せかけの自信過剰は，時期尚早な自立やスーパーヴィジョンを十分に信用しなくなること，あるいはスーパーヴァイザーからのフィードバックをはっきりと拒絶する可能性もある。もう一度言うが，こうした行動を最小限にするためには，直接的なフィードバックや明確な目標が不可決である。これらの状況においては，特有の対人的特徴が作用し，スーパーヴァイザーとトレーニーの関係がうまくいかなくなりやすい。スーパーヴァイザーの仕事は，トレーニーに対して過度に治療的になることなく，トレーニーに必要な自己認識と個人的な発達を促すことである。その区別はしばしば紙一重であるものの，スーパーヴァイザーはトレーニーと作業をするときは，スーパーヴィジョン契約を意識し，適切な専門家としての境界を維持しなければならない。もしスーパーヴァイザーが，トレーニーに心理的なカウンセリングが必要だと思ったら，慎重かつ適切にそれを勧めるべきだが，決してスーパーヴァイザー自身がカウンセリングを行うべきではない。全体的に見れば，スーパーヴィジョン関係が問題のあるものになる経緯は数多くある。スーパーヴァイザーは，トレーニーの実践家としてのスキルの向上と，（同僚，スーパーヴァイザー，そしてクライエントとの）健全な対人的スキルの向上とのバランスをとるべきである。また，専門家である同僚と一緒にコンサルテーションを行うことによって，スーパーヴァイザーは，客観性を保ち，専門家としての境界を維持し，トレーニーのスキル向上を促進することができるだろう。スーパーヴァイザー自身に（自分のスーパーヴィジョンに関する）スーパーヴィジョンが必要になるのはよくあることであり，スーパーヴィジョン関係において技術的・対人的な苦闘に直面したときには，専門家の仲間に相談することが当然である

スーパーヴィジョンのテクニック

スーパーヴィジョンには，数多くの潜在的な難題があるが，成長途中のスポーツ心理士にとってそれは，最も重要な手段であることは変わらない。この章の残りでは，スーパーヴィジョンの方略——心理学のトレーニングで広く用いられており，臨床心理学と臨床スポーツ心理学の双方で，トレーニーとの作業に効果的であるとわかっているものについて検討する。

標準的な事例検討に加えて，スーパーヴィジョンのセッションの間，特定のスーパーヴィジョンのテクニックが学習プロセスに多く加えられる。しかしこれらのテクニックの効果を最大限にするためには，選んだスーパーヴィジョンのテクニックがトレーニーのスキル向上の段階に最適であることを，スーパーヴァイザーが保証しなければならない。トレーニーの成長段階を知ることは，スーパーヴィジョンの成功に必要不可欠である。私たちの経験上，スーパーヴァイザーが最もよくおかす過ちは，トレーニーの自主性に非現実的な期待を持つことと，効果的に介入するトレーニーの能力を誇張することである。トレーニーのスキル向上に関する実際と認識のずれは，パフォーマンスの機能不全と関連する過度な自己焦点型の注意を生み出すことにつながる。トレーニーが数多くの特有のニーズを持っていて，これらのニーズが時間や注意量を奪い合うような専門性向上の認知段階では，現実的な期待が最も重要である。この早期段階におけるトレーニーとの作業で，スーパーヴァイザーは，どのテクニックがトレーニーのスキル向上にプラスの効果をもたらしそうなのかを知り，スーパーヴィジョンの場では対人面における極端に嫌なことを最小限にしなければならない。さらにスーパーヴァイザーは，綿密な（構造化された）手引きや支援を受けたいというトレーニーの発達上のニーズを理解しなければならない。そして，直接的に，あるいはビデオや音声テープを用いるかし

て，介入を行っている様子を観察する準備をしなければならない。スーパーヴァイザーの主な目標の1つは，望まれる最終的な結果に少しずつ近づくのを強化することによって，望ましい専門家としての行動を形成することである。発達の認知段階のトレーニーが正確な介入を観察する（お手本にするような）機会がないのでは，（前もって文献を読んでおくか講義を受けるかする以外に）その人自身の介入の努力を導くものはほとんどないということを，スーパーヴァイザーは認識するべきである。

スキル向上の連合段階でも，スーパーヴァイザーは今一度，自主性とスキル向上に対する非現実的な期待を抑えなければならない。この段階では，トレーニーは多くの日常的な状況に効果的に反応し，スキル向上が進歩した（そして安定した）という印象を与えることがよくある。しかし多くの場合，トレーニーの経験には，状況の多様性が不足している。このため新奇な状況では後退した行動に見えるものが生じ，予定していなかった面談，サポート，指導が必要になることがある。実際のところ，これらの表面上の後退は，予想するだけでなく，専門性向上のこの段階において自然に起こる（そして不可欠な）構成要素として，サポートするべきである。

スーパーヴィジョンの成功に同様に不可欠なのが，正確なスーパーヴィジョンの文脈を確立することである。スーパーヴィジョンの契約書を用いることは，この目標を達成するための効果的な方法の1つである。スーパーヴィジョンの契約書では，トレーニーとスーパーヴァイザーの役割と責任が明確に定義され，期待されることと目標もはっきりと説明されている。スーパーヴィジョン契約によって，スーパーヴァイザーとトレーニーの間の適切な作業同盟も促進される。この契約は，クライエントと作業するときに必要とされるインフォームドコンセント（第12章参照）とも似ている。前述のように，スーパーヴァイザーは，スーパーヴィジョン関係の多様な要素をしっかりと認識し，スーパーヴィジョンのプロセスに対する自分自身の動機や行動の影響力に敏感でなければならない。そのための最善の方法は率直な議論ができるような，オープンで誠実で安心できる関係性をつくりだすことである。有能なスーパーヴァイザーが最も高く評価するトレーニーの資質は，事例検討における誠実さであるからこそ（Farber, 2003），スーパーヴァイザーは安全で尊重される雰囲気においてのみそのような誠実さが生じることを認識しなければならない。

次に続く項では，様々な役立つテクニックと，複数の発達段階に渡るその活用について記述する。最初の3つのテクニックである講義中心の説明，ロールプレイ，そして録音・録画のセッションでは，適切な知識やスキルの遂行が直接的に促進される。その次の個人の反応パターンに関する実習と，マインドフルネスやアクセプタンスのトレーニングでは，（実践家の）個人的な反応パターンに対するマインドフルな気づきや注目を啓発し，その瞬間のアスリートに反応するトレーニーの能力を強化することに役立つ。

講義中心の説明

スーパーヴィジョンのプロセスにおいて，基礎知識を講義し，教訓的に説明するのに適切な機会がある。トレーニング中の実践家の全てが効果的な介入に必要となる基礎的な情報を習得しているわけではないため，講義や読書が有用な場合がある。講義中心の説明は，スキル向上の認知段階において最も効果が見込まれる。連合段階で講義中心の説明を用いることもあるが，慎重に行ってもこの段階で追加情報や非常に新しい情報が与えられることで，認知段階へ一時的に後退してしまう場合がある。それは，トレーニーがこの新しい情報を相対的に新しい実践スタイルに適用しなければならないためである。新しい学習による後退は特に連合段階の初期にあるトレーニーに起こりやすい。この後退は，予想可能で，比較的短いものでもあるが，スーパーヴァイザーはそれを受け入れて理解しなければならないし，適応プロセスの間は，サポートや励まし，そして指導を増やすべきである。そうしたことをしないでいると，トレーニーが極度に準備した調整を伴った反応を起こして，極端な自己焦点化，感情の増大，自己制御の混乱といった結果を再び引き起こすおそれがある。講義による説明は，スキル向上の自立段階にあるトレーニーには，後退をもたらしにくい。なぜなら，彼らは基礎的な知識を習得し終えており，新しい情報を吸収して，自分のより発展した実践スタイルへ適応させることが容易にできるからである。

ロールプレイ

ロールプレイは，臨床スポーツ心理士のスーパーヴィジョンの手段の中で，一般的に用いられているテクニックである。ロールプレイは，アスリートのシミュレーション・トレーニングに似ている（Hardy et al., 1996）。シミュレーション・トレーニングのように，想定された状況を用いて，（実践を通して）スキルを向上させるのだが，トレイニーはスーパーヴァイザーからの即時のフィードバックによって介入行動を形成していくことができるのである。この手続きによって，トレーニーは，自分の発展途上のスキルを，（正しく行われれば）実生活の状況（予想されることもそうでないことも含めて）に似た安全な環境で実践す

小集団でのスーパーヴィジョンでは，ロールプレイ・エクササイズ，ピアサポート，一般化された学習を行うことができる。

ることが可能になる。ロールプレイをすることで，スキル向上の強化に不可欠な，頻度の高い反復ができる（Ericsson, 2003）。このテクニックは，初期のトレーニーには概略的で比較的シンプルにすることができるし，自分の発展途上のスキルの状況特異性を拡大する必要のある後期のトレーニーに対しては，より複雑にすることができる。

自己制御の観点から，成長の認知段階にあるトレーニーは，しばしばロールプレイ・エクササイズの最中に不安で自己焦点的になり，スーパーヴァイザーの評価に過敏になる傾向がある。よってスーパーヴァイザーは，弁別学習の基本原理を思い出し，望まれるスキルが適切に現れるのを強化することで，望まれる行動を形成していくべきである。スーパーヴァイザーは，即時的なフィードバックを与え，スキル遂行の成功した面に対して（承認を通して）正の強化をし，十分に洗練されていないスキルの遂行に対しては正確なフィードバックを与えなければならない。ときには，実際の介入をよりきっちりと想定するために，ロールプレイ・エクササイズを録音・録画し，最後にだけフィードバックを与えるのが最適な場合がある。一方，特に成長の早期段階では，エクササイズを中断してその場でフィードバックを与え，それから再開するほうが役立つときもあるだろう。

技術的なスキルを高めるための優れた方略としてロールプレイを記述してきたが，このエクササイズにはさらなる利益がある。それは，シミュレーションのセッションに長い間繰り返しエクスポージャーすることで，トレーニーが自分の専門家としての役割に関する不安に慣れたり受け入れたりできるということである。この感情面の耐久性が高まることで，トレーニーの注意が外側へ（外部へ）向きやすくなる。それによって，トレーニーがアスリートに対してマインドフルな注意を向け，より優れたつながりを持つことができるようになる。

録音・録画のセッション

録音や録画には，心理学において長い歴史がある（Stoltenberg et al., 1998）にもかかわらず，スポーツ心理学のスーパーヴィジョンにおける活用に関しては，十分な議論がなされていない。スーパーヴァイザーにとって，録音・録画の第一の目的は，トレーニーとアスリートのセッション内の相互作用を直接的に観察することである。この手続きの中でも，特にビデオテープを見返すことで，スーパーヴァイザーは，アスリートとトレーニング中の実践家との間の実際の相互作用を見聞きでき，そのセッションにおける方略，テクニック，そして関連する要素に対して直接的なフィードバックを与えることができる。録音・録画は明らかに役立つものの，欠点がないわけではない。多くのトレーニー，とりわけ認知段階や早期の連合段階にあるトレーニーにとって，録音・録画は大きな脅威となりうるし，すでに高まっている不安レベルをさらに引き上げるおそれがある。加えて，スーパーヴィジョンのためでなければ存在しないはずの人工的な刺激が相談室の中にあるのを感じるトレーニーもいる。セッション中に録音や録画がされていると，明瞭に考えられず，クライエントに対して違ったふうに反応している，と報告するトレーニーもいる。したがって，このような人の場合には，録音・録画のセッションをしても，そうでないセッションの間に起きているのと同じ介入行動を引き出すことができないだろう。

私たちは，こうした状況下にいるトレーニーたちが述べる不安の増大や行動の変化を最小限にするのに役立つ要因を2つ見出した。第一に提案するのは，トレーニーがロールプレイ・エクササイズにすでに取り組み，スーパーヴァイザーの個人的なスタイルや期待をよく知るようになるまでは，テープのレビューを始めないということである。第二に，スーパーヴァイザーは，トレーニーがシミュレーション（ロールプレイ）エクササイズで十分なスキルを示すようになってから，録音・録画を取り入れるべきである。もしも録音・録画をあまりにも早く（十分なスキルの向上の前に）始めたら，トレーニーは極端な自己注目や自己評価に没頭してしまい，学習が妨げられるおそれがある。加えて，トレーニーはパフォーマンスのプロセスに重点を置くというよりも，パフォーマンスの結果を過度に重視してしまう可能性がある。しかし，もしここで提案した順序で録音やレビューが行われていたならば，録音もそれほど脅威ではなくなり，大いに役立つスーパーヴィジョンテクニックになりうるだろう。さらに，実際に特定のテープをレビューする前に，いくつものテープの録音をしておくことで，トレーニー

は録音のプロセスに慣れることができる。トレーニーたちは，録音されることに慣れ，さらには録音されているのを忘れられさえするので，レビュー前にいくつかのセッションで一貫して録音されるのが良いと報告している。これによって明らかにトレーニーの不安が軽減され，録音によって行動上の機能がひどく妨げられることは起こりにくくなる。そうなるとテープ上のやりとりにトレーニーのスキルレベルが満足できる程度に表れてくるだろう。セッションのテープに，トレーニーのレベルや機能が正確に反映されると，録音は非常に役立つものになる。では，スーパーヴァイザーは録画したセッションをトレーニーとともに見るとき，どんな点に注目し，どんなコメントをするのだろうか？　一般的に，スーパーヴァイザーは次のことができているかを判断したくなるだろう。

- トレーニーが実施したテクニックと手続きが，事例定式化にふさわしい。
- トレーニーが実施したテクニックと手続きが，実際にその人が行っていると述べている通りのものである。トレーニーはよく，使用した特定のテクニックや手続きを誤って報告する。
- 実施のタイミングが，セッションの文脈にふさわしい。トレーニーは，そのセッションで求められるものを考慮することなく機械的に反応するのではなく，その瞬間その瞬間の自分とクライエントの相互作用に反応している。
- トレーニーは，協力的で専門的な関係性でクライエントとつながり，かみ合っている。

スーパーヴァイザーには，トレーニーのセッション中の感情レベルに焦点をあてることは避けることを勧める。スキル向上の間，トレーニーがかなり大きな感情を経験するのは予期されることである。しかし，このような感情は，時間を経てトレーニーがスキルを獲得して自己効力感を高めるにつれて，減少していくだろう。したがって，トレーニーが感情の制御について特別なフィードバックを求めたり，トレーニーの感情がアスリートや治療関係にとって明らかに有害なものであったりしない限り，スーパーヴァイザーは録音のリスト化された側面だけに注目するべきである。トレーニーの感情を過度に重視することで，その表れ方もトレーニーにとっての意味も悪化し，スキルの向上が妨げられるおそれがある。

テープレビューは，スキル向上の連合段階にあるトレーニーをスーパーヴァイズする際に最も役立つ。この段階にあるトレーニーは，テクニックの実際の知識が発達しており，事例を効果的に概念化したり，アスリートと良い関係を築くことができ，適切な介入の実施においてはほどよく熟練している。こうした場合におけるテープレビューの第一の価値は，相談経験のその瞬間その瞬間の関係性の側面を向上させることである。スーパーヴィジョンでは，トレーニーのスタイルや，アスリートのニーズとトレーニーの反応の相互作用に注目する。基本的に，中級あるいは上級のトレーニーを録音をするときは，アスリートとトレーニーのやりとりに対する気づきや敏感性を向上させることに主眼を置く。スーパーヴィジョンでこの点に注目することによって，介入のタイミングが改善され，効果的な心理やカウンセリングサービスにおける相談関係の役割をトレーニーに認識させることになる。もちろん，トレーニーが適度に介入の基礎を習得し，自己焦点型で感情に駆り立てられるプロセスから脱出し，アスリートとのその瞬間のつながりに注目することができるときにのみ向上は起こりうる。

個人の反応パターンに関する実習

個人の反応パターンに関する実習は，トレーニーが自分の反応の傾向や，その傾向を引き出すクライエントの刺激機能に気づくのに役立つ（Gardner, 2003, August；Gardner & Moore, 2005c）。刺激機能とは，トレーニーのそれまでの経験や学習歴と密接に関わる，クライエントの側面である。個人の反応パターンに関する実習は，個人の自己意識を強め，臨床スポーツ心理学における関係性因子に対する理解を促進する。成功した心理学的なサービスに対する関係性因子の影響は受け入れられ，実証的に証明されてきたが（Norcross, 2002），スポーツ心理学の文献ではいくつかの例外を除いて，最低限度でしかこれらの変数について議論し，取り入れられていない（Andersen, 2000a, 2000b；Barney & Andersen, 2000）。これらの重要な変数は文献では軽視されているが，スーパーヴァイザーは，トレーニーのスキル向上の間，それらに対して慎重に注意を払うべきである。私たちはしばしば自分たちの学生に，介入テクニックは専門性の手段であるのに対し，関係性は供給システムであると教える。関係性に注意を払わなければ，最も効能のあるテクニックでさえも，実践家が使える手段は限られてしまう。対照的に，適切なエビデンスに基づいたテクニックを伴わない相談関係には中身がなく，肯定的な変化を生み出しづらく，思いやりのある友達と似ている。スポーツ心理士の役割は，友達になることではない。クライエントの一貫した変化にとって健全な治療関係は必要条件だが，十分条件ではない。他方で，温かく良好な治療関係が発展しなくても，妥当な介入の効果はもたらされうるが，健全な関係性が不十分なことで早期終

結にいたることはよくある。当然ながら，最上の実践家でさえも，クライエントがセッションに姿を現さなくなったら無力なのである。したがって実践家は，これらの2つの重要な変数を，クライエントに一貫した変化が起こるように取り入れなければならない。

適切で専門的な関係性を築き，維持するのに重要な要素は，実践家がアスリートに対する自分自身の反応（思考，感情，行動を含む）に気づいていることである。著者（FG）は，スキル向上のどの段階にいるトレーニーでも自己意識を高めることができるよう，個人の反応パターンに関する実習テクニックを考案した。しかし，このテクニックは連合段階から自立段階にかけて特に重要になることがわかった。その理由は，自分自身とアスリートの瞬間ごとのやりとりに実践家が注目するようになるほど，自分自身の対人パターンや社会的学習に対する気づきを保つ責任がより高まるためである。

個人の反応パターンに関する実習は，トレーニー（この方法はグループ形式でよく使われるため，複数の場合もある）に，自分の人生（過去でも現在でも）の中で，強く不快に思う（強く嫌う）人，あるいはそうであった人を6人挙げるよう求めることから始まる。次に，トレーニーは自分が強く惹かれる（とても好きな）人，あるいはそうであった人を6人挙げる。それからスーパーヴァイザーはトレーニーに対し，リストをよく見て，各リストの人たちに共通する**特徴**（身体，行動，知性などに関わるもの）をみつけるよう求める。この作業は，セッション中に，相談関係や介入の実施を悪くするおそれのあるトレーニーの反応を誘発する可能性が高いアスリートの特徴を特定する活動プロセスの始まりである。トレーニーは，各リストに共通する特徴をよく考え，自分が現在会っているアスリートとの類似性について検討する。そして，トレーニーは自分のリストに載っている人たちに対する典型的な**感情**反応（つまり内的な反応）をあげる。アスリートを守り，サポートしたいという望みだけでなく，魅力，怒り，フラストレーションといった反応も，アスリートの刺激機能によって誘発される可能性がある。

次にトレーニーは，これらの人たちとの関係性や自分の反応を特徴づけるような，特定の**行動**を記録する。これによって顕著に自己認識が促され，類似したアスリートとのセッション中に生じうる行動上の反応に対してトレーニーが気づけるようになり，サービスの効果を妨げるおそれのある逆転移が抑えられる。

個人の反応パターンに関する実習によって，トレーニーが簡単に気づけるもののエクササイズをするまでは考える必要のなかった情報が得られる。トレーニーは，リストの内容をスーパーヴァイザーに知らせることなく，このエクササイズを終えてよい。スーパーヴァイザーは，トレーニーとクライエントの境界線がこれまでに侵されたことがないのであれば，この情報を必要としない。このエクササイズによって，トレーニーに不都合な現実（明らかにその人の自己認識の範囲内にあるべきもの）が明らかになる可能性があるが，多くの場合には，その内密な性質のおかげで気楽に取り組めるものである。個人の反応パターンに関する実習の最大の目的は，自己認識を高めることを通して，個人そして専門家としてのトレーニーを成長させることである。最近のAPA倫理コード（2002）によると，スーパーヴァイザーは，スーパーヴィジョンを始める前に，そのプロセスの一部として必要になるかも知れない個人情報は，全て明確に述べなければならない。加えて，トレーニーとスーパーヴァイザーの双方が合意したスーパーヴィジョン契約にも，必要な個人情報を明確に記載する必要がある。したがって，このエクササイズの素材の内密な性質は，二次的な利益なのである。

マインドフルネスのエクササイズ

第6章で述べたように，マインドフルネスのトレーニングによって，今この瞬間への気づきが高まり，どんなときでも，自分を取り巻く手がかりや刺激に注意を向けやすくなる（Segal et al., 2002）。マインドフルネスのトレーニングの長所は，クライエントに限定されるものではない。私たちの経験では，スーパーヴィジョンのプロセスの一部としてマインドフルネスのテクニックを定期的に用いることで，臨床スポーツ心理士に必要な道具である基礎的スキルが獲得され，強化される。前述したように，これらのテクニックは臨床的あるいは準臨床的な症状のないアスリートに用いられると，競技のパフォーマンスを高めることができ

1人で練習できるマインドフルネスのエクササイズによって，不安な状態のトレーニーが，アスリートとともにその瞬間にとどまりやすくなる。

る。同じく，これらのテクニックは，数多くの面で臨床スポーツ心理学のトレーニーにとって有益である。第一に，これらのテクニックをトレーニーが定期的に用いることで，トレーニー自身のマインドフルネスの熟練度が向上し，マインドフルネスのエクササイズをクライエントと行うときに起こりうる困難や個人的な経験を理解しやすくなる。第二に，マインドフルネスにより，トレーニーがその瞬間にとどまって，アスリートのニーズや反応とつながる能力を高めることができる。第三に，アスリートと作業する際に，トレーニーが自分の個人的な思考や感情に気づきやすくなる。マインドフルネスは自己認識をより高め，トレーニーが，クライエントのニーズや望みよりも個人的な反応（逆転移）によって導かれた介入を行ってしまうことを防いでくれるのである。

　スーパーヴィジョンでマインドフルネスを用いる際は，呼吸のマインドフルネスやボディスキャンのマインドフルネスといったエクササイズから始める（Kabat-Zinn, 1994）。これらのエクササイズは，トレーニーをその瞬間に集中させるための方法の1つとして，スーパーヴィジョンのミーティングの初めに最も頻繁に行うべきである。スーパーヴィジョンのミーティングとミーティングの間に，トレーニーは一般的に宿題を行う。宿題とは，マインドフルネスのテクニックを定期的に練習すること，それらのテクニックを用いることで生じる個人的な（ポジティブ・ネガティブ・ニュートラルな）反応を記録することなどである。時間を経て，スキルがより自動化されてくると，トレーニーは自分のクライエントとマインドフルなやりとりをするようになる。それは，使用されている個々の介入の文脈の中で，自分自身の瞬間ごとの反応や知覚に気づき，それに応じることである（図13.2）。

臨床スポーツ心理学における作業同盟

　臨床科学の専門的な文献では，複数の研究から，治療同盟と心理療法の結果との間にはあまり強くはないが一貫した関係性があることが示されている（Horvath & Symonds, 1991）。68の研究をメタ解析したレビューで，Martin, Garske, & Davis（2000）は，治療同盟と介入結果の相関係数は.22で，心理療法の介入結果における分散の約5％を関係性の要因が説明していることを報告した。この効果は，多様な形式の心理療法，評定者（患者・セラピスト・観察者），作業同盟が査定された際の治療時期（初期・中期・後期・全セッションの平均），そして同盟を査定するのに用いた尺度に渡って，一貫していた。

　より具体的に見ると，3回目のセッションの終わりまでに生産的な治療同盟が構築されれば一般的には良い治療効果へつながるものの，クライエントが反抗癖，敵意，抵抗を示すときには，概してあまり治療効果が良くない，ということが複数の研究で示されている（Strupp, 1933）。心理療法における対人的プロセスを評定する研究では，最終的に不十分な結果に終わるケースでは葛藤的な対人プロセスがより頻繁に生じているということが示されている（Gomes-Schwartz, Hadley, & Strupp, 1978；Henry, Schacht, & Strupp, 1986；Strupp, 1980a, 1980b, 1980c, 1980d）。

　これらの重要な知見があるにもかかわらず，スポーツ心理学の文献では，スポーツ心理学の実践における作業同盟の役割が，今日まで十分には検証されていない。この役割は明らかに，慎重に検証する必要のある未解決の実証的な問題（逸話的な報告以上のもの）だが，現在までのエビデンスから，作業同盟は，競技パフォーマンスの向上と，強くはないが一貫した関係性を持っている可能性が高いことが示されている（伝統的な心理療法の場合と同じように）。確かに，スポーツ心理学の専門家にとって，適切な作業同盟を立て，維持することは義務である。したがって，効果的な作業同盟を確立することは，臨床スポーツ心理学のトレーニーの専門性や技術の向上の最中に行われるスーパーヴィジョンのプロセスにおいても，重要な焦点のはずである。

　臨床スポーツ心理学の専門家やトレーニーとアスリートの間の作業同盟は，どのようにチェックすることができるのだろうか？　作業同盟はよく，作業同盟尺度（Working Alliance Inventory：WAI）の患者報告式の短縮版（Tracey & Kokotovic, 1989）で操作可能な状態にして査定される。WAIは，最も一般的に用いら

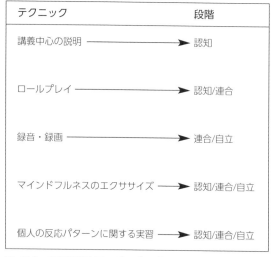

図13.2　成長段階とスーパーヴィジョンテクニックの関係

れ，うまくつくられた作業同盟の尺度の1つである。総理論的（複数の理論的モデルに広く及ぶもの）で，多くの研究において，治療結果を予測することが示されている（Horvath, 1994）。WAIでは，作業同盟を3つの構成要素から成るものとして概念化している。

1. 目標：介入目標に関するクライエントと実践家の合意を示したもの。
2. タスク：いかにして目標を達成するかについて，クライエントと実践家の合意を示したもの。
3. つながり：クライエント−実践家関係の感情的な質を示したもの。

臨床スポーツ心理士は，実証的に支持されたテクニックの実施効果を最大限にするために，アスリートとの作業の初期段階において，これらの3つの関連要素に注目する。

前述したように，実証的に支持された介入を実践家の手段として，そして作業同盟（治療関係）を手段の供給システムとして私たちは概念化している。一方の構成要素が欠けると，アスリートの目標を満たすことが実質的にできなくなる。このため臨床スポーツ心理学のトレーニングでは，個別にも同時にも，これらの変数を注意して見るべきである。心理療法の成功の最も有力な決定要素は，クライエントとセラピストの目標の一致度だということが長い間示唆されてきた（Beck et al., 2004）。したがって，トレーニーとスーパーヴァイザーの目標の一致度が，同様にスーパーヴィジョンを成功に近づけるのである。トレーニーが適切な作業同盟を築くことを援助する際のスーパーヴァイザーの役割は，セッション中のトレーニーとアスリートの間のやりとりを注意深く分析することである。明らかなことだが，この課題に着手するには録画のセッションを慎重にレビューする必要がある。なぜなら，トレーニーは一般的に，セッションの後に対人的なやりとりのニュアンスについて，十分かつ詳細な情報を伝えることができないためである。音声テープでは，アスリートとトレーニーの間の対人的な力動に重要な，非言語的な行動，癖，アイコンタクトや他の情報を示すことができないので，不十分である。したがって，この章の前の方で触れた録音・録画の利点に加えて，録画したセッションにおけるスーパーヴァイザーからのフィードバックは，トレーニーが良い作業同盟を築く上で不可欠なスキルを高めるのに最善の方法なのである。

まとめ

この章では，臨床スポーツ心理学のスーパーヴィジョンが，介入技法を示すことや，個々の事例の詳細について議論するだけのものではないことを述べた。むしろ，スーパーヴィジョンの目標は，臨床スポーツ心理学のトレーニーの専門的スキルや個人的な成長を体系的に高めることのみならず，アスリートのケアを注意深くチェックすることでもある。他分野におけるスキル向上（Fischman & Oxendine, 1998；Stoltenberg et al., 1998）に基づいて専門的スキル向上の段階モデルを提示し，トレーニーの自己制御プロセスにモデルが及ぼす影響について吟味した。それに加え，個々のスーパーヴィジョン方略の用い方についても議論した。これは，スーパーヴァイザーの好みや独自性ではなく，トレーニーのスキルレベルに基づいたものであるべきである。本章によってトレーニーが，スーパーヴィジョンに期待できるものや，臨床スポーツ心理士としての専門性を向上するプロセス全般について，より明確な考えを持てるようになることを願っている。さらに，専門性の向上にあたってのトレーニーのニーズや課題をより深く理解し，それを援助するための明確な提案をすることで，スーパーヴァイザーにとっても助けになることを望んでいる。最後に，この提案がきっかけとなって，臨床スポーツ心理学のスーパーヴィジョンプロセスに関するより慎重な実践や系統的な研究を行うことへの関心が強まることを願っている。

第14章

今後の方向性

　本書では，臨床心理学とスポーツ科学を総合的で包括的なモデルに統合させ，様々なアスリートに働きかけるスポーツ心理学のアプローチについて述べてきた。

　私たちは，競争競技を包括的に理解する際に，背景要因や個人内要因，自己制御，状況的要因と発達的要因，身体能力の相関関係を考慮することの重要性を強調する実践モデルを提示した。さらにこのモデルは，臨床スポーツ心理士が，エビデンスに基づいた，またはエビデンスの情報に基づいた心理学の実践を行い，思いつきや気まぐれ，好み，メディアでの人気ではなく，科学的なデータによって専門的決定をくだすことを必要とする。また，臨床スポーツ心理士がアスリートの複雑なニーズや願望を常に意識していること，そして臨床上の問題かあるいはパフォーマンス上の問題かというみせかけの二分類に陥らないようにすることも必要である。

　臨床スポーツ心理学の現場には，様々な理由，ニーズ，問題を抱えたアスリートが訪れてくる。ほとんどのアスリートは，競技パフォーマンスを向上させたいという願望をオープンに話すが，自己制御を高めると考えられている従来のテクニックを機械的に利用することは，専門書に書かれているほど有効ではないことがエビデンスによりはっきりと示されている（Moore, 2003b, Moore & Gardner, 2002, August；Moore & Gardner, 2005）。このことは，準臨床的，あるいは臨床的な心理学的問題によってパフォーマンスが妨げられているアスリートに特に当てはまる（Gardner et al., 2003, October；Gardner et al., 2005；Wolanin, 2005）。

　何度も述べてきたように，アスリートの多くは，準臨床レベルの個人内/対人間の心理的困難を抱えている。通常，これらの心理的問題には，スポーツ心理学で最もよく利用される，自己制御を目的とした従来の心理的スキルトレーニング以上のものが必要となる。私たちは，本書が刺激となって，臨床スポーツ心理士たちが臨床スポーツ科学における現代の理論的構成概念と綿密に検証された実証的な知見に基づいて新しい介入を開発してくれることを望んでいる。さらに，現場の臨床スポーツ心理士が，アスリートの特定のニーズに基づいて実証的に支持された介入を決める，より思慮に富んだ実践を行うことを願っている。

　応用スポーツ心理学にとって従来のアプローチでは限界があることが実証的に示されていることを私たちは述べ，アスリートの問題を分類したり概念化したりする別の方法を提示した。この別のアプローチは，どちらかといえばまだ未熟な専門家に成長と発達の機会をもたらす。この20年間にわたって，スポーツ心理学は大きく進歩したが，実証的エビデンスからうかがわれるのは，最近では研究も実践も停滞気味であり，主要な介入方法として1つの実践モデル（心理的スキルトレーニング〔psychological skills training：PST〕）が使われ続けている，ということである。しかし，PSTは30年前に開発されたものである。臨床心理学やカウンセリング心理学の分野では，とうの昔に自然科学の進化を通して別の介入方法に取って代わられたというのに，スポーツ心理学で研究・実践モデルの主体となっているのは，相も変わらずパフォーマンス強化の変化メカニズムに関するPSTの理論的，技術的な仮説である。スポーツ心理学においてもパラダイムシフトを起こし，従来のPSTモデルに取って代わる，新しく，理論的に妥当で，実証的データに基づいた別の方法を考えるべき時がきている。また，問題がパフォーマンスに関連しているものか，臨床的なものかのどちらかに人為的に二項分類することも考え直さなければならない。さらに，準臨床（亜症候群）的な問題を単純に命名し直し，DSMの分類に当てはめるほど重症ではない心理学的懸念であることを表すために，これらを「個人的な問題」と呼び始めることで，自分の能力が及ばないところでの実践を正当化するのでは駄目なことを認識しなければならない。

　アメリカ心理学会がスポーツ心理学を正式な職能分野として近年受け入れたことによって（APA, 2003），臨床スポーツ心理学は成長と発展のためのさらなる推

進力を得ることになるだろう。この受け入れにより，スポーツ心理学は職業的心理学の1つの分野とみなされることとなり，トレーニングの機会が増え，スポーツ心理学の研究と実践に関する論文が主要な心理学雑誌に掲載されやすくなるだろう。この職能認定は臨床スポーツ心理学の実践家に影響を与えるだろう。なぜなら，確立された心理学分野で重視され受け入れられている科学的かつ専門的な基準に，より慎重に従うことが要求されるからである。スポーツ心理学の学会やメーリングリストで長らく議論されてきた，適格性や職名に関する法律上の権利の問題は，州立の規制機関や心理学の倫理委員会によってしっかりと精査される可能性が高い。

時代は変わりつつある。スポーツ心理学が公式な実践を重視する分野として受け入れられたことで，実践家にとってのハードルが上がり，より大きな説明責任が求められるようになると同時に，研究と実践の機会が増える。アメリカ専門心理委員会（American Board of Professional Psychology：ABPP）の専門委員会であるアメリカ行動心理学委員会は，長い間，実践家がスポーツ心理学の実践に重きを置いた行動心理学の分野で認定されることを許容してきた（American Board of Professional Psychology, 2004）。さらに多くの臨床スポーツ心理士がこの機会を活かしてABPPの公式認定資格を取得することを期待している。ABPPの認定資格は，医学界での認定資格に相当する心理学の資格である。実践家には，1泊で取得できるスポーツ心理学の「認定資格」団体に注意してほしい。これらの金儲け主義の団体は，規模の大きな心理学協会では把握されておらず，その領域の専門知識を有していないからだ。実際，ABPPの認定資格は，アメリカ心理学会が公式に認めている唯一のものであり，この資格はメンタルヘルスの専門家が取得できる最も専門性の高いものである。

近い将来，本書に示した実践モデルに基づいて，研究と実践の機会が増えることと思われる。次節では，臨床スポーツ心理学において，その可能性がある分野をいくつか取り上げる。

準臨床的な問題

第7章で述べたように，準臨床的な（亜症候群性の）懸念の形で現れる心理的問題（ここでは心理的障壁と呼ぶ）はよく見られる。これらの懸念は，完全主義，心配，その他のパフォーマンスに関するスキーマの問題のような個人内要因であったり，権威のある人，チームメイト，重要な他者との間で繰り返し生じる対人関係の問題であったりする。最近のエビデンスは，これらの問題はパフォーマンス強化を目的とした直接的な取り組みでは解決されず，個々人に影響を及ぼしている主観的な不快感を減らし，パフォーマンス上の問題を改善させることに主眼を置いた介入が必要であることを示唆している（Gardner et al., 2003, October）。これは，スポーツ心理学の研究と実践における新しい分野であるため，準臨床的な問題がパフォーマンスに与える影響と，これらの問題を直接ターゲットにした介入がパフォーマンスの成功に与える影響を検討するための非常に大きな機会となる。さらに，焦点を絞った（かつ方法論的に妥当な）研究が，準臨床的な問題を経験しているアスリートをターゲットにした新しい介入法を開発するために必要とされている。こうした人々へは心配へのエクスポージャーやスキーマ療法といった最新の認知行動的介入を，マインドフルネス・アクセプタンス・コミットメント（mindfulness-acceptance-commitment：MAC）介入のような新たなプロトコルに統合すると効果を発揮する可能性がある。このような統合は，現在私たちの臨床研究室で進行中であるが，本書によって，他の場所でも同様の研究プログラムが実施されるようになることを願っている。

アスリートの準臨床的な問題に焦点を絞った研究は，臨床科学とスポーツ科学の統合を必要とし，臨床スポーツ心理学領域を発展させるための真に協同的な取り組みとなるだろう。この特定の問題を扱う領域は，パフォーマンスの問題と臨床的な問題の中間に位置するため，多くの実践家は，以前はこれらの現象をどのように理解すればいいのかよくわからなかったかもしれない。スポーツ心理学的多元分類システム（Multilevel Classification System for Sport Psychology：MCS-SP）を利用することによって，今では準臨床的な問題の特定が容易になり，臨床スポーツ心理士はアスリートのこのサブグループに対してより効果的に介入できるようになるだろう。また，単なるパフォーマンス強化を超えた実践分野を発展させることも可能になる。さらにスポーツ心理学の受容と利用がスポーツのエリートレベルで最低限であるのは，知識不足や宣伝不足によるものではなく，（従来の尺度により）介入効果が限定的であり，サービスの提供に一貫性がないと認識されているためであることをスポーツ心理学は考慮しなければならない。これが次に考えるべき領域につながっていく。

アセスメントの利用

ほんのわずかな例外はあるが（Nideffer & Sagal, 2001），スポーツ心理学のアセスメントに関する専門的な文献を詳しく調べてみると，研究に主要な焦点が

あてられ，実践への適用に対する関心は最小限であることがわかった(Duda, 1998)。MCS-SPの利用には，正規のアセスメントが必要になるが，そのアセスメントプロセスは，アスリートに対する適切なケアに必要な介入計画を立てるうえで中心的な役割を担う。臨床スポーツ心理学のエビデンスに基づくアプローチでは，アスレチック・パフォーマンスの強化やクライエントの心理的問題の改善における第1ステップは，綿密で包括的なアセスメントである。第4章で示したMCS-SPの半構造化面接は，そのようなアセスメントアプローチの例である（まだ系統的な心理測定ツールではないが）。この観点からのアセスメントと介入は別個のものではなく，同じプロセスの中の異なる段階である。アセスメントによって問題が明らかになり，臨床家は焦点を合わせ，必要な治療関係と治療契約が確立していく。そうすれば必然的に理論的に妥当な介入が導きだせる。

批判はあるものの（Vealey & Garner-Holman, 1998），心理測定アセスメントは評価が高く，職業スポーツにおいても，合理的で綿密な選抜プロセスの一部としてよく利用される（Gardner, 1995, 2001）。産業・組織心理学の心理測定アセスメントで長い間利用されてきたものと同じ方法論を利用しつつ，よくデザインされ，オープン・リサーチであり，信頼性と妥当性のある測定ツールを選手の選抜に利用することによって，臨床スポーツ心理学は職業スポーツに大きなメリットをもたらすことができる。選手選抜でのアセスメントには賛否両論あるものの，実際にはスポーツ特異的な尺度や，より背景となる側面を測る尺度から時間をかけて収集されたデータが予測妥当性を示すことができるのなら，世界中のビジネスや軍隊組織が，販売スタッフ，経営幹部，幹部候補生，さらには警備員でさえ選ぶときに利用しているのと同じように，選手選抜にアセスメントを利用することができるだろう。重要な変数は，検討中の尺度の信頼性と妥当性である。また，明確に定義された予測変数を利用し，時間をかけて収集した実証データと連動させることも大切である。プロのチームと協働しているスポーツ心理士は極めて少ないため（NHLで働いているのは，筆者たちを含めて10名程度しかいない），アスリート選抜のための**適切な**アセスメントの利用は，臨床スポーツ心理士がプロのスポーツで活動する機会を増やし，研究や仮説生成のための新たな道を切り開くだろう。

効果研究の現状

スポーツ心理学のパフォーマンス強化に関する効果研究の現状では，その学問分野が実証に基づく実践を十分に受け入れるかどうか，科学的に支持されたサービスを提供するための倫理ガイドラインに従っているかどうか，尊重され役に立つ職業的な分野に成長するかどうか，に相当な注意が必要である。うわさでは役立つと言われたり，専門家の間では受けがよいパフォーマンス強化のための介入でも，よく用いられる手続きの大半は，洗練された研究成果がほとんど蓄積されていない（Moore, 2003b；Moore & Gardner, 2005）。近接の心理学領域で利用されている実証的に支持された標準的な基準を適用すると（Chambless & Ollendick, 2001），スポーツ心理学で広く用いられている従来の介入法には直接的にアスレチック・パフォーマンスを強化させる効果が示されない（Moore, 2003b；Moore & Gardner, 2005）。数十年にわたって，数多くのスポーツ心理学者が，従来のパフォーマンス強化のための介入法はエビデンスが疑わしいという懸念を表明し，科学的な説明責任を高め，介入効果を確立する際により厳密な実験基準を採用することを求めてきた（Dishman, 1983；Greenspan & Feltz, 1989；Hill, 2001；Meyers et al., 1996；Smith, 1989；Strean & Roberts, 1992；Whelan et al., 1991）。残念ながら，目標設定，イメージ技法，セルフトーク，覚醒の調整，複数の要素からなる介入法に関する実証研究は，介入の成功を正規の方法で測定したり，報告する方向へはほとんど進んでいない。結果として，スポーツ心理学は数十年に及ぶ潜在的成長からはまったく恩恵を得ておらず，効果的な介入法の特定に関しては，著しく後退している。

スポーツ心理学での介入研究も，1つの問題（つまり，パフォーマンス欠如）に取り組むために，一度に複数の技法を組み合わせたプロトコルを利用することで自らに制限をかけてしまっている。複数の要素からなる心理的スキルパッケージを研究に用いる際，複数の変数を操作することは，おそらく（遅かれ早かれ）パフォーマンス困難の要因に影響し，パフォーマンス改善に導くだろう。では，そこから何がわかったのか？　本当に，パフォーマンス強化のための行動メカニズムを説明できたのだろうか？　それとも，複数の技法を組み合わせたパッケージ介入は，関連のある（そして関連のない）メカニズムについてのより詳細な理解を妨げてしまったのだろうか？　パフォーマンス強化を狙いとした介入パッケージの相対的な寄与をよりよく理解できるように，これらのパッケージを分解して行う研究がとても重要である。複数の要素からなる介入パッケージは，最終的には適切な結果が得られる可能性を高めるかもしれないが，介入は，「なぜ」，「どのように」変化をもたらすのかということの概念的に妥当な理解に基づいて適用すべきである。適当に介

第 14 章　今後の方向性　205

スポーツ心理士は，アスリートがパフォーマンス改善に焦点をあてていたとしても，新しい学校への適応困難といったアスリートの問題を無視することはできない。

入を適用して成功を望むのはアスリートの利益を最優先にしていることにならず，パフォーマンスがさらに低下するリスクにアスリートを曝し，実践家を不正行為のリスクに曝し，この分野の消費者の支持を得られなくする。クライエントのウェルビーイングだけを考えても，介入が概念的に妥当で，理論的背景があり，実証的な情報に基づいており，行動メカニズムのターゲットが特定されていることが重要である。同様に，よりターゲットを絞った介入には，介入目標とパラメータを明確にするアセスメントが必要である。

本書で述べてきた MCS-SP や理論的・方法論的問題を考えると，私たちは今後の効果研究によって，MACプロトコルのようなパフォーマンス強化のための新しいモデルが検討されるとともに，従来の PST 手続きが再検討されることを期待する。また，研究者と実践家に認識してほしいことは，アスリートは不均一な人たちで構成されていること，そして準臨床的な問題を抱えるアスリートはパフォーマンス強化方略からのみ利益を得るような人たちよりも様々な介入が必要になる可能性があるということである。

方法論的に厳密で最先端の理論に基づいた新しい効果研究によって，最新知識を再検討するための非常に大きなチャンスがある。臨床心理学や精神薬理学分野での無作為化比較試験（randomized controlled trial：RCT）後にモデル化された効果研究は，スポーツ心理学が真の科学分野になるために役立つ。事例研究や単一事例研究デザインは，理論の構築や研究プロトコルの開発段階では有用であるが，妥当な方法論的基準を取り入れている，よく計画された RCT に取って代わることはできない。Anderson, Miles, Mahoney, & Robinson (2002) のよく計画された研究論文では，本書と同様に，スポーツ心理学分野は介入の有効性を適切に評価することによって，専門的な説明責任を高めなければならないことを強調している。私たちもこの考え方に同感である。しかしながら，Anderson らは，スポーツ心理学には RCT の利用は適さないと主張している。なぜなら「RCT や準実験デザインと関係する標準化治療は，実践家が個々のアスリートのニーズに合わせることを目的とする実践現場とは一般的に相容れない (Anderson et al., 2002, p.437)」からである。こうした考えを持つスポーツ心理士は，心理学での RCT の理解が不足しており，私たちの真の目的——すなわち本質的には個々人の全体的な成長とウェルビーイングに役立つこと——を忘れているのではないだろうか。測定の手続きや方法論のデザインの選択によって，この最終目標が損なわれることはない。

Anderson ら（Anderson et al., 2002）は，実験的研究デザインは「人為的な環境をつくるが，実践とはかけ離れている」(p.437) とも述べている。私たちは，この点を特に興味深く思ったのだが，スポーツ心理学分野の RCT は，実験室やその他の人為的な環境でほとんど行われていない。実際，RCT の方法論を用いた介入は，競技場，氷上，リング上，コート上で実施されうる。介入がどこで実施されるかが，介入データを解釈するために利用される測定手続きと関係してくることはほとんどなく，したがって「人為的環境」に関する議論には現実的な意味がない。

臨床心理士が時に彼らの目の前に座っている人ではなく，障害を見てしまうことがあるのと同じように，スポーツ心理学の実践家は，ともに取り組んでいるアスリートが実際の人であることを忘れてしまうことが多い。これは特に気がかりな事実である。著者らは，あらゆる職業的役割，複雑な対人関係，症状のもとで，全ての人がまさに人であるということを重視している。したがって，その人が，病院で精神医学的な診断を受けているかどうか，学校の先生と一対一で取り組んでいるかどうか，バスケットボールのコートでスポーツ心理士と話しているのかどうかといった特定の文脈は，私たちがともに取り組んでいる人に比べたら，はるかに重要度は低い。その人が機能する文脈を尊重するべきではあるが，その人を歪めて見てしまう危険があるため，文脈を過大評価しないように気をつけなければならない。どの領域においても，その領域特有の文化や文脈が関係者の大きな課題になると主張する人たちもいるが，私たちが機能している特定の文脈は私たちが考えているほど重要ではない。だから，こう言えるだろう。つまり，実際，スポーツの文化では，アスリートに対して別の状況よりも様々な要求を課すが，その特異な役割を遂行しているその人自身は変わらない。同じ人である。これは，ともに取り組む人に対する真の意味でのパーソンセンタード・アプローチである。人為的な環境をつくることで文脈を損

なってしまうおそれがあるにもかかわらず，スポーツ心理士は，倫理的に適切なRCTを実施し，これらの臨床試験の内外で妥当な心理的サービスを提供することができる。

これらの研究成果を待ち望んでいる間，臨床スポーツ心理士は，アスリートに介入を提示するときには十分に慎重にならなければならない。第5章でも述べたように，目標設定，イメージ技法，セルフトーク，覚醒の調整，複数の要素からなる介入法で構成される従来のPST手続きは，現時点では試験段階にあると考えられている。最新のMACプロトコルでさえも，前途有望ではあるが現状としては開発段階であり，研究の重要な第2フェーズに入っているため，まだ試験的なものである。私たちは，介入開始前にクライエントと使用する介入の現状を話し合い，しっかりとインフォームドコンセントを得る必要がある。現状ではPST手続きの効果が限定的であり，最新の手続き（例えば，MACプロトコル）もいまだよくデザインされた試験から十分な実証的支持が蓄積されていないため，このことは特に重要である。パフォーマンス強化のために利用できる手続きの現状は，実践家がそれらを使うべきではない，使うことができないということを意味しているわけではない。最新のデータは，従来のスポーツ心理学の手続きの悲観的な観点を示唆するというよりも，妥当な方法論の原理を遵守した質の高い実証的研究の必要性を認めて，従来の手続きを使うことには慎重を期し，個性記述的でなければならないことを示しているのである。私たちが臨床スポーツ心理士に強く推奨したいのは，クライエントに自分の知識を全て説明し，利用可能な選択肢について話し合い，（時間と料金も含めた）費用と効果の見込みを示すことである。これによって，クライエントは個々人のニーズに合った行動を選択できる。

もちろん，ここで述べた効果に関する懸念は，パフォーマンス強化のためにスポーツ心理学で利用されている介入に密接に関連している。パフォーマンス不調（performance dysfunction：Pdy）やパフォーマンス障害（performance impairment：PI）のような準臨床的問題や臨床的問題に対する標準的な介入は，一般的に確立されていて，実証に基づいている。第7～9章で扱ったこれらの介入には十分な効果があり，クライエントと実践家の両者が，これらの介入はアスリートのニーズを満たしてくれる可能性が高いと確信できる（ただし，これはニーズが適切に特定され，実践家が介入を適切に提供できた場合の話である）。

これらのアスリートは皆，スポーツ専門技能の全般的レベルは同程度であるが，各々のニーズ，属性，スポーツへの期待は異なる。

今後の研究

従来のパフォーマンス強化手続きに関する実証的支持は十分ではないというMooreの知見（Moore, 2003b；Moore & Gardner, 2005）を考慮すると，スポーツ心理学に大きな影響を及ぼすかもしれない研究の方向性がいくつか見えてくる。特に，妥当な実証的研究は，有効性の確立に必要となる，価値があって信頼のおけるアウトカムデータを提供し，スポーツ心理学分野を発展させうるが，厳密な科学的，方法論的基準に背いてしまうと，方法論的に妥当で利用可能な研究数を制限してしまうことになる。実証的研究内で見られる，（次節で取りあげるような）様々な研究の性質が，アウトカムデータの信頼性と妥当性を複雑なものにしている。

対象者の特徴

実証的支持があると判断する基準（第5章p.57参照）（Chambless & Ollendick, 2001）は，対象者の特徴を正確かつ十分に記述することを研究に求めている。しかし，スポーツ心理学の実証研究において，対象としているアスリートの特徴が適切に記述されることはほとんどない（Meyers et al., 1996；Vealey, 1994a）。むしろ，スポーツ心理学の研究者（と実践家）は，ほとんどのアスリートは心理社会的に十分機能しており，本質的には同じ個人的特徴と介入に対するニーズを持っていて，全員が心理的スキルトレーニングの恩恵を受けうると思い込んでいることが多い（Meyers et al., 1996；Vealey, 1994a）。この思い込みが正しいことはめったにない。したがって，研究者は，自分たちの研究プログラムの最大限の内的妥当性を保証するために，アスリートの抱える問題と個人差を区別しなければならないし，介入効果と研究の取り組みの生態学的妥当性（実用性）を明確にしなければならない。心理的な問題を持つアスリートと持たないアスリート（PD vs. Pdy）（第6章参照）に対して，MACプロトコルが異なる影響を及ぼすことを示した私たちのデータは，ある介入は特定の問題に必ず最もよく作用するという主張を支持している。それゆえ，パフォーマンスを強化し，移行に関わる懸念，発達上の問題，対人関係上の問題，もしくは個人内の問題に介入し，そして，より深刻な臨床的障害の治療を成功させるために，私たちは，アスリートの同質性に関するあらゆる思い込みを捨てなければならないのである。

今後の研究に必要な記述情報としては，年齢，性別，人種，スキルレベル，スキル向上の見込み，介入効果の見込み，特定の介入に対するニーズ，パフォーマンス強化手続きの使用歴，発達的な問題やより深刻な臨床的問題の有無である。対象者のこのような情報を記述しなかったり限定してしまうと，法則定立的なデータベースを開発する研究者に対しても，個性記述的にデータを適用しようと試みる実践家に対しても，深刻な問題を引き起こす。

また，応用スポーツ心理学における標準的な研究では，全てのアスリートが，パフォーマンスを強化する取り組みから等しく恩恵を受けるという思い込みがあり（Meyers et al., 1996；Vealey, 1994a），これがさらに，研究の中で対象者の重要な特徴を十分に報告しない事態を招いてしまっている。データ収集や対象者の記述が不十分であると，アスリートの個人的なニーズに関係なく全体として捉えてしまうことによって，研究者がメンタルスキル・トレーニングの効果を過小評価したり過大評価してしまっているかどうかがわかりにくくなる。重要なことは，研究の内的妥当性を高めるために，また応用専門家が各クライエントに知見を適用できるようにするために，研究者が研究対象者の特徴を正確に記述することである（Meyers et al., 1996；Vealey, 1994a；Weinberg & Comar, 1994）。

介入内容の記述とマニュアル化

実証的に支持された治療の基準を満たすために（第5章p.57参照）（Chambless et al., 1998），効果研究では対象者を記述することに加えて，介入マニュアルを示したり，介入について簡潔かつ十分に説明する必要がある。それは，介入内での手続きの一貫性を保証し，結果の再現性を最大限にし，さらに記述された介入が実際に人々に提供されることを保証するためである。介入についての記述やマニュアルには，特定の原理と介入手続きを明確に記載しなければならない。例えば競技パフォーマンス向上のためにイメージ技法を用いた実験研究では，イメージ技法の具体的なスクリプト（Murphy & Jowdy, 1992）を提示することで，読者が介入を評価し，個々のクライエントに類似した結果が得られることを保証したうえでその介入を適用することができる。単に「イメージスクリプトが利用された」と記述するだけでは，その領域への一般化には不十分であり，研究間での治療の一致度や一貫性という点でも疑問が出てくる。

なかには，介入について記述したりマニュアルを示すことは，介入の技巧的な適用の柔軟性を損ねてしまい，実践家の介入への個人的な関わりを制限してしまうと批判する者もいる（Garfield, 1996；Henry, 1998）。しかし，介入について記述しマニュアルを示すことが，科学的に妥当な手続きを技巧的に利用するときに，実践家にかなりの柔軟性をもたらすのである（Chambless & Hollon, 1998；Chambless & Ollendick, 2001）。一般的なガイドラインに従うことは，人間味のない手続きを盲目的に信じるということではないし，治療関係のニュアンスや必ず生じる特定の患者-治療者関係に対する実践家の反応を制限するものでもない。実際，明瞭に記述された介入やマニュアルに基づいた介入を適用することにはかなりの柔軟性が求められるし，個々のクライエントやそれぞれの状況における特定のニーズに合わせる必要がある。適切な介入の記述やマニュアルは，症例や，患者と治療者のやりとりの例，介入中に生じうる問題に対して推奨される解決策を示してくれる。特にスポーツ心理学の文献では，イメージ技法のスクリプトや使用するための指示，セルフトークに関する十分な教示と説明，特別な覚醒とリラックストレーニングの手続き，目標設定のための教示と論理的根拠に関する記述が含まれるだろう。

介入に関する記述やマニュアルでは，介入を操作的に定義することで，実践家は自身の実践やクライエントと手続きの関連性を判断できるようになる（Chambless & Hollon, 1998；Chambless & Ollendick, 2001）。心理的スキルトレーニング，認知行動的介入，パフォーマンス向上といった多くの手続きが同じ総称の中に含まれているため，関連性を判断することは特に重要である。介入に何が含まれるのかを正確に述べずに介入がうまくいくと言及しても，まったく意味がない。事実，スポーツ心理の実践家は，実証的な研究において介入手続きを十分に記述することを長い間求められているにもかかわらず（Murphy, 1990, 1994；Murphy & Jowdy, 1992），いまだにこの提案に従う研究者はほとんどいない。

方法論

スポーツ心理学の専門家は，分野の発展を妨げる方

法論的な懸念についても言及している。これらの懸念は，実証的に支持された介入の基準を採用することを大いに支持している。実証的な効果研究に共通して見られる問題は，操作チェックの欠如（Gould & Udry, 1994；Greenspan & Feltz, 1989；Murphy, 1994；Murphy & Jowdy, 1992；Vealey, 1994a），関係性や非特異的要因への注目の欠如（Meyers et al., 1996），実際の変容メカニズムに関する考察の少なさ（Garder et al., 2003, October），フォローアップと長期間にわたる維持効果の検証の欠如（Greenspan & Feltz, 1989；Meyers et al., 1996；Suinn, 1997），アナログサンプルやタスクを用いた研究の一般化可能性の欠如（Meyers et al., 1996；Murphy & Jowdy, 1992），一貫し適切な統制群の欠如，再現性の低さ（Murphy, 1990, 1994；Murphy & Jowdy, 1992）である。

これらの現在の問題に対する意識を広めていくことによって，研究者がスポーツ心理学で実施される実証的研究の方法論的な質を適切に洗練させることができるようになると期待している。このような洗練化は，厳格な科学的基準に沿って介入が評価される可能性を高め，その結果，介入の有効性と有用性が明確になるだろう。実証的なデータをより厳格に収集して解析することによって，スポーツ心理学の実践家は，アスリートであるクライアントに対して適切な介入法を合理的に分析し利用するとともに，提供されるスポーツ心理学的サービスを正確に記述することができるようになるだろう。Weinberg & Comar（1994）は，「倫理的な観点からすると，パフォーマンス強化のための心理的技法の効果に関して，消費者に大げさに主張したり，非現実的な期待を提示しないようにすることが特に重要である」（p.407）と述べている。

幸いなことに，応用分野としてスポーツ心理学は，科学と実践の統合に専心することを昔から（行動してきたわけではないが）公言してきた（Dishman, 1983；Greenspan & Feltz, 1989；Hill, 2001；Meyers et al., 1996；Smith, 1989；Strean & Roberts, 1992；Whelan et al., 1991）。理論と介入法，そして，介入法の提案者がその手続きの効果を実証する前提条件を批判的に評価することへの前向きな姿勢は，応用科学分野の基本である（Lilienfeld et al., 2003）。妥当な科学的方法論の要求を却下することは，厳格な実証的研究を実施するよりも簡単かもしれないが，責任のある倫理的な実践を行うためには，有効性と有用性が明らかにされている手続きを利用しなければならない。疑似科学的なアイデアを採用することは，個人の選択としてまだ残されているものの，疑似科学に基づく介入方法を用いることは，倫理ガイドラインに反するし，アスリートを危険に曝す可能性をはらんでおり，その分野の信頼を落とす危険性がある（Dishman, 1983）。

妥当な研究方法論と研究成果の適切な普及は，スポーツ心理士がこれまで述べてきた懸念を改善する上で役立つし，その結果として，実践家が倫理的であるとともに実証に基づく専門サービスを提供することにも役立つだろう。福祉分野の専門家として，スポーツ心理士は効果が示されている介入を提供する責任がある（Dishman, 1983；Smith, 1989）。また，実践家は，主観的な報告や逸話的報告，相関関係の報告，あるいは，方法論的に問題のある実証研究によってのみ支持された介入を行うことは倫理上できない。批判的な科学的吟味と実証研究によって裏づけられた手続きを利用することが，クライアントの最善の利益に対して気遣っていることをよく表すのである。アスリートは，スポーツ心理士が個々人のニーズと目標に合った最善の実践手続きを使うことを期待しているため，これは私たちにとって基本的義務である。

変容メカニズム

第6章で述べたように，スポーツ心理学分野は長い間，パフォーマンス強化のための心理的スキルトレーニング（PST）アプローチの基盤となる変容メカニズムについて大きな思い込みをしてきた。相矛盾する研究成果があるにもかかわらず，何年にもわたって，スポーツ心理学の研究者や実践家は，ネガティブな認知プロセスや不安のようなネガティブな内的状態を減らしたり，あるいは自信やポジティブな思考を増やすことがアスレチック・パフォーマンスを向上させると思い込んできた（Hardy et al., 1996）。しかしエビデンスは，PST手続きによって確かにネガティブな内的状態は減少するが，パフォーマンスを有意に向上させるわけではないことを示している。反対に，私たちの最近の研究は，これまで想定されてきた変容メカニズムとは一致した変化が認められ**なくても**，パフォーマンスは改善することを示している（Gardner et al., 2005；Wolanin, 2005）。アスレチック・パフォーマンスの強化における変容メカニズムの研究は，有意義な研究テーマとなる可能性を秘めている。この研究の方向性は臨床研究の主軸になっているが，スポーツ心理学の文献では今のところ十分に認識されていない。有効性と有用性の高い介入を開発するには，パフォーマンス向上のために外顕的行動のどの要素が変化するべきなのかを理解することと（例えば，私たちの研究では，心理的に健康な大学生アスリートにMACプロトコルを利用した場合に，集中力と攻撃性の増加がパフォーマンスを高めることを明らかにした），パフォーマンス強化の基盤となるメカニズム（例えば，内的状態を

変容する vs. 受容する）を理解する必要がある。このことを理解することは，実践家が，どのクライエントにどのような手続きをなぜ実施するのかを知る道しるべとなる。変容メカニズムを理解することによって，この分野をさらに実践可能で科学に基づいた専門的職業にすることができるだろう。

この可能性を秘めた研究領域には，準臨床的な問題（Pdyクライエント）を最小限にするための変容メカニズムの検討，およびこれらの変容が生活の質（QOL）とアスレチック・パフォーマンスの双方に与える影響についての検討が含まれる。これらのトピックスは，スポーツの文脈ではまだ研究されていない。

変容メカニズムを理解することは，臨床スポーツ心理士にとって最も重要である。この理解の価値については，どれだけ誇張してもしすぎることはない。現在は，専門的な文献で議論されている技法の数が限られているため，スポーツ心理士のほとんどは，一見したところ実行可能な数少ない方法の中から介入手段を選び，定義も理解も十分ではないクライエントの問題にこれらを実施している。介入のほとんど（PST 手続きを含む）は作用するメカニズムについてはほとんど考察されておらず，それゆえに，クライエントに提供されるサービスの有用性をさらに脅かすものとなる。医師は作用するだろうという思い込みで薬を処方したりしない。私たちが医師に期待することは，**なぜ**薬が効くのかという実用的で実行可能な知識を持っていることである。この知識によって，医師は適切な処方を選択でき，反対に，目の前の問題には適さない作用機序のある治療を選ばずに済む。良い医師は，顕在化している症状と患者の希望を簡単に問診しただけで薬を処方するのではなく，病理の根底にある要素を適切に理解したうえで処方し，これが合理的な治療につながることに注意してほしい。これと同様のプロセスは，臨床心理学において一般的に見られ，この考え方は，臨床スポーツ心理士にも採用されるべきである。

関係性と共通要因

効果的な心理療法の共通要因と関係性の変数の影響について考えてきた長い歴史がある臨床心理学やカウンセリング心理学とは異なり（Norcross, 2002），スポーツ心理学の専門的な文献では，これらの問題やこれらが介入の成功に及ぼす影響についてまったくといっていいほど検討されていない。結果として，従来の PST 手続きやアスレチック・カウンセリングから生じる成功であれば何でも，その成功は技法に含まれるものや技法自体に起因すると実践家が信じていることが多い。第13章で述べたように，アスリートを含む全ての人が直面する複雑なプロセスを科学的に理解できるようにするために，スポーツ心理学の応用研究は，治療への期待，治療関係，その他のこうした概念を統合しなければならないと私たちは確信している。

治療技法と対人的要因のそれぞれがパフォーマンス強化にどの程度影響しているかを理解することは重要であり，これらのことについてスポーツの文脈は，臨床心理学やカウンセリング心理学とは異なると考えるべきではない。スポーツ心理学において，関係性の要因，治療への期待，共通要因に関する研究が始まるまでは，臨床スポーツ心理士が，自分たちの思考を助けるために臨床科学からのデータを利用することを勧める。実践家は，コンサルティング経験に関する対人関係の文脈を考慮すべきである。これは，心理療法家が臨床的治療の中でこの文脈を理解しなければならないのと同じである。協力的な治療同盟，およびクライエントに対する実践家の反応と実践家に対するクライエントの反応に関する問題（転移と逆転移）は，あるアスリートに対する特定の手続きの効果に影響する介入の重要な側面である。ある介入に含まれる特定の方法が，変化を起こしてクライエントを助けるのに必要な唯一のメカニズムであるとみなすのは正確ではない。同様に，治療関係は必要ではあるが不十分なツールであり，したがって実践家-アスリート関係が唯一重要な変容メカニズムであると考えるのも同じくらい不正確である。

教育，トレーニング，スーパーヴィジョン

本書の到達点として，私たちは，臨床スポーツ心理士がどのようにトレーニングされうるか，されるべきかを考えなければならない。学生や関心のある専門家が本書に示されたモデルを完全に適用し，実践するために，このモデルの基本的な必要条件を明確に定義しなければならない。

臨床スポーツ心理士としてトレーニングされることを望んでいる臨床心理学およびカウンセリング心理学分野の大学院生にとっては，その道ははっきりしているが能力を試されるものである。臨床心理学やカウンセリング心理学分野で，スポーツ心理学の学習課程，学外研修，研究機会といった構造化された教育経験を提供する博士課程プログラムはあまりにも少ない。そうした存在はするが数少ないプログラムが示しているのは，そのようなトレーニングは重点研究領域で実施されているか，もしくは包括的な臨床プログラムやカウンセリングプログラムに組み込まれているということである。最近，スポーツ心理学が APA の職能領域として認められた。これにより，より多くの心理学科が

重点研究領域として**臨床**スポーツ心理学を提供できる専門的な環境を整備していくことを私たちは望んでいる。同様に，学問的なスポーツ心理学の博士課程プログラムと，職業的カウンセリング（できれば，エビデンスに基づくもの）の修士課程とを統合すれば，包括的なトレーニングのためのさらなる機会を提供できるかもしれない。

しかしながら，プログラムの数の問題より，内容の問題の方が重要である。本書の課題の1つは，スポーツ心理学の専門的定義を，アスリートのための実証に基づく幅広い心理学的サービスを含めるところまで拡大することである。この包括的な定義が，スポーツ心理学の実践をパフォーマンス強化に大きく限定していた従来の見方に取って代わることを私たちは望んでいる。

第13章で述べたように，臨床スポーツ心理士のスーパーヴィジョンでは，彼らの仕事の臨床的側面とパフォーマンスの側面，およびスキル向上に焦点をあてる必要がある。これらの領域の統合されたバランスによって，次世代のスポーツ心理士が包括的で総合的な実践を行い，臨床的な問題，準臨床的な問題，パフォーマンスに関する依頼といった様々な専門的役割を担うように準備できるだろう。本書で提示した臨床スポーツ心理学のモデルに共感する専門家が，無数のアスリートの情報をバランスがとれ妥当な実践に最もよく統合することができると私たちは本気で信じている。

臨床スポーツ心理士の役割

本書を通して，私たちは，臨床スポーツ心理士はアスリートに対する行動的ヘルスケアの専門家であるという立場を取ってきた。したがって，私たちの主な役割はパフォーマンス強化を提供することであるという発想から抜け出さなければならない。それよりむしろ，臨床スポーツ心理士は，アスリートに対して行動の専門家としてのすばらしい役割を果たすための特別な知識とスキルを有しているのである。この立場での臨床スポーツ心理士の仕事には，選択，保持，組織開発，アセスメント，メンタルヘルス・ケア，アスレチック・パフォーマンスの向上が常に含まれる。パフォーマンスを向上させるか，もしくは摂食障害，スランプ，完全主義を治療するにせよ，怪我の対応をするか，もしくは初めての一人暮らしへの対応をするにせよ，頭部外傷をアセスメントするか，もしくはドラフト指名の可能性がある選手をアセスメントするにせよ，臨床スポーツ心理士は，ガイダンスとサービスを提供することが求められる組織的かつ行動的専門家であるだろう。チームの医師と同じように，状況によっては紹介が必要になることもあるが，臨床スポーツ心理士は行動的なトリアージを行う専門家であり，パフォーマンス強化に関する限定的なニーズを超えて，競技組織に価値を加える。第1章で述べたように，実践の範囲をこのように拡大することによって，スポーツ心理士は自分自身や提供するサービスについて頻繁に考えるときの考え方を変えるだろう。この領域に携わる臨床心理士やカウンセリング心理士が従来のスポーツ心理学を厳密に遵守することに抵抗し，本書で述べてきたような臨床スポーツ心理学を受け入れることを私たちは望んでいる。また，本書で提案した実践の範囲とスタイルの拡大により，スポーツ心理学分野を専門的な好奇心から効果的で役立つ専門的必需品に変える活力が今のスポーツ心理士に与えられることを願っている。

まとめ

本書では，数十年間スポーツ心理学で示されてきた介入の仮説とモデルについて疑問を呈してきた。私たちが示してきたアイデアや実証的な情報によって，不安やフラストレーションを感じた人もいれば，刺激を感じた人もいたことだろう。専門的な文献をレビューした後，私たちは，アスリートを概念化する別の方法やパフォーマンス強化のための革新的な方法を提案した。そして，心理的障壁が効果的に解決されなければならない非臨床的，準臨床的なクライエントに対する介入について詳細に論じてきた。さらに，アスリートに最もよく見られる臨床的障害に対する最近の実証に基づくあるいは実証的な情報に基づいた介入を示すとともに，アセスメントと介入計画の系統的なアプローチ（MCS-SP）を紹介した。クライエントであるアスリートに全体的かつ倫理的なサービスを提供するために，スポーツ心理士の概念的思考，アセスメント，介入法に組み込まれなければならないAPAの倫理コード（Moore, 2003a）の意味合いについて説明した。

最後に，私たちは臨床心理学とスポーツ心理学の両方の知識を統合し，その領域の視野を広げるダイナミックなアプローチを示す実践モデルを紹介した。本書が議論の起爆剤となり，今後の研究ならびにより効果的な実践モデル，すなわち臨床スポーツ心理学の推進力となることを切に願っている。

参考文献

＊の付いているものは，第5章の質的分析に含まれているものであることを示す。

Abbot, P.J., Weller, S.B., Delaney, H.D., & Moore, B.A. (1998). Community reinforcement approach in the treatment of opiate addicts. *American Journal of Drug and Alcohol Abuse, 24* (1), 17-30.

Akiskal, H.S. (1996). The prevalent clinical spectrum of bipolar disorders: Beyond *DSM-IV. Journal of Clinical Psychopharmacology, 16* (Suppl. 1), 4-14.

Alden, L.E. (1989). Short-term structured treatment for avoidant personality disorder. *Journal of Consulting and Clinical Psychology, 57,* 756-764.

Alfermann, D. (2000). Causes and consequences of sport career termination. In D. Lavallee & P. Wylleman (Eds.), *Career transitions in sport: International perspectives* (pp. 49-58). Morgantown, WV: Fitness Information Technology.

Altman, E.G., Hedeker, D., Peterson, J.L., & Davis, J.M. (1997). The Altman self-rating mania scale. *Biological Psychiatry, 42* (10), 948-955.

Altman, E.G., Hedeker, D., Peterson, J.L., & Davis, J.M. (2001). A comparative evaluation of three self-rating scales for acute mania. *Biological Psychiatry, 50* (6), 468-471.

American Board of Professional Psychology. (2004). *The American Board of Behavioral Psychology.* Available: www.abpp.org [June 3, 2005].

American Psychiatric Association. (2000). *Diagnostic and statistical manual of mental disorders* (4th ed., Rev.). Washington, DC: Author.

American Psychological Association. (1992). Ethical principles of psychologists and code of conduct. *American Psychologist, 42,* 1597-1611.

American Psychological Association. (2002). Ethical principles of psychologists and code of conduct. *American Psychologist, 57* (12), 1060-1073.

American Psychological Association. (2003). *A proficiency in sport psychology.* American Psychological Association. Retrieved February, 2003, from the World Wide Web: www.psyc.unt.edu/apadiv47/about_divprojects.html [June 3, 2005].

Anastasi, A. (1996). *Psychological testing* (7th ed.). New York: Macmillan.

Andersen, M.B. (1994). Ethical considerations in the supervision of applied sport psychology graduate students. *Journal of Applied Sport Psychology, 6,* 152-167.

Andersen, M.B. (2000a). Beginnings: Intakes and the initiation of relationships. In M.B. Andersen (Ed.), *Doing sport psychology* (pp. 3-14). Champaign, IL: Human Kinetics.

Andersen, M.B. (Ed.). (2000b). *Doing sport psychology.* Champaign, IL: Human Kinetics.

Andersen, M.B. (2002a). Comprehensive sport psychology services. In J.L. Van Raalte & B.W. Brewer (Eds.), *Exploring sport and exercise psychology* (pp. 13-23). Washington, DC: American Psychological Association.

Andersen, M.B. (2002b). Helping college student-athletes in and out of sport. In J.L. Van Raalte & B.W. Brewer (Eds.), *Exploring sport and exercise psychology* (pp. 373-393). Washington, DC: American Psychological Association.

Andersen, M.B., Van Raalte, J.L., & Brewer, B.W. (2001). Sport psychology service delivery: Staying ethical while keeping loose. *Professional Psychology: Research and Practice, 32* (1), 12-18.

Andersen, M.B., Williams, J.M., Aldridge, T., & Taylor, J. (1997). Tracking graduates of advanced degree programs in sport psychology, 1989-1994. *The Sport Psychologist, 11,* 326-344.

Andersen, M.B., & Williams-Rice, B.T. (1996). Supervision in the education and training of sport psychology service providers. *The Sport Psychologist, 10,* 278-290.

Anderson, A.G., Miles, A., Mahoney, C., & Robinson, P. (2002). Evaluating the effectiveness of applied sport psychology practice: Making the case for a case study approach. *The Sport Psychologist, 16,* 432-453.

Anderson, S.K., & Kitchener, K.S. (1999). Nonromantic, nonsexual posttherapy relationships between psychologists and former clients: An exploratory study of critical incidents. In D.N. Bersoff (Ed.), *Ethical conflicts in psychology* (2nd ed., pp. 247-253). Washington, DC: American Psychological Association.

＊Andre, J.C., & Means, J.R. (1986). Rate of imagery in mental practice: An experimental investigation. *Journal of Sport Psychology, 8,* 124-128.

＊Annesi, J.J. (1998). Applications of the individual zones of optimal functioning model for the multimodal treatment of precompetitive anxiety. *The Sport Psychologist, 12* (3), 300-316.

Anshel, M.H. (1990). *Sport psychology: From theory to practice* (2nd ed.). Scottsdale, AZ: Gorsuch Scarisbrick Publishers.

Anshel, M.H. (1992). The case against certification of sport psychologists: In search of phantom experts. *The Sport Psychologist, 6* (3), 265-286.

Anshel, M.H. (2003). Exploring the dimensions of perfectionism in sport. *International Journal of Sport Psychology, 34* (3), 255-271.

Antick, J., & Goodale, K. (2003). Drug abuse. In M. Hersen & S.M. Turner (Eds.), *Diagnostic interviewing* (2nd ed., pp. 223-237). New York: Kluwer Academic/Plenum.

Antony, M.M., Orsillo, S.M., & Roemer, L. (2001). *Practitioner's guide to empirically based measures of anxiety.* New York: Kluwer Academic/Plenum.

Auweele, Y.V., Nys, K., Rzewnicki, R., & Van Mele, V. (2001). Personality and the athlete. In R.N. Singer, H.A. Hausenblas, & C.M. Janelle (Eds.), *Handbook of sport psychology* (2nd ed., pp. 239-268). New York: Wiley.

Babor, T., de la Fuente, J.R., Saunders, J., & Grant, M. (1992). *The alcohol use disorders identification test: Guidelines for use in primary health care.* Geneva: World Health Organization.

Bach, A.K., Brown, T.A., & Barlow, D.H. (1999). The effects of false negative feedback on efficacy expectancies and sexual arousal in sexually functional males. *Behavioral Therapy, 30,* 79-95.

Baillie, P.H.F, & Danish, S.J. (1992). Understanding the career transition of athletes. *The Sport Psychologist, 6,* 726-739.

Baillie, P.H.F., & Ogilvie, B.C. (2002). Working with elite athletes. In J.L. Van Raalte & B.W. Brewer (Eds.), *Exploring sport and exercise psychology* (2nd ed., pp. 395-415). Washington, DC: American Psychological Association.

Bandura, A. (1977). Self-efficacy: Towards a unifying theory of behavioral change. *Psychological Review, 84,* 192-215.

Barber, J.P., Morse, J.Q., Krakauer, I., Chittams, J., & Crits-Christoph, K. (1997). Change in obsessive-compulsive and avoidant personality disorders following time-limited supportive-expressive therapy. *Psychotherapy, 34,* 133-143.

Barkley, R.A. (1998). *Attention deficit hyperactivity disorder: A handbook for diagnosis and treatment* (2nd ed.). New York: Guilford Press.

*Barling, J., & Bresgi, I. (1982). Cognitive factors in athletic (swimming) performance: A re-examination. *Journal of General Psychology, 107,* 227-231.

Barlow, D.H. (1986). Causes of sexual dysfunction: The role of anxiety and cognitive interference. *Journal of Consulting and Clinical Psychology, 54,* 140-148.

Barlow, D.H. (Ed.). (2001). *Clinical handbook of psychological disorders* (3rd ed.). New York: Guilford Press.

Barlow, D.H. (2002). *Anxiety and its disorders: The nature and treatment of anxiety and panic* (2nd ed.). New York: Guilford Press.

Barlow, D.H., Allen, L.B., & Choate, M.L. (2004). Toward a unified treatment for emotional disorders. *Behavior Therapy, 35* (2), 205-230.

Barlow, D.H., Raffa, S.D., & Cohen, E.M. (2002). Psychosocial treatments for panic disorders, phobias, and generalized anxiety disorder. In P.E. Nathan & J.M. Gorman (Eds.), *A guide to treatments that work* (2nd ed., pp. 301-335). New York: Oxford University Press.

*Barnett, M.L., & Stanicek, J.A. (1979). Effects of goal setting on achievement in archery. *Research Quarterly, 50,* 328-332.

Barney, S.T., & Andersen, M.B. (2000). Looking for help, grieving love lost: The case of C. In M.B. Andersen (Ed.), *Doing sport psychology* (pp. 139-150). Champaign, IL: Human Kinetics.

Bateman, A., & Fonagy, P. (1999). Effectiveness of partial hospitalization in the treatment of borderline personality disorder: A randomized controlled trial. *Journal of Psychiatry, 156,* 1563-1569.

Bauman J. (2000, October). Toward consensus on professional training issues in sport psychology. In E. Dunlap (Chair), *Toward consensus on professional training issues in sport psychology*. Panel discussion presented at the conference for the Association for the Advancement of Applied Sport Psychology, Nashville.

Beach, S.R.H., Sandeen, E.E., & O'Leary, K.D. (1990). *Depression in marriage: A model for etiology and treatment.* New York: Guilford Press.

Beahrs, J.O., & Gutheil, T.G. (2001). Informed consent in psychotherapy. *American Journal of Psychiatry, 158* (1), 4-10.

*Beauchamp, P.H., Halliwell, W.R., Fournier, J.F., & Koestner, R. (1996). Effects of cognitive-behavioral psychological skills training on the motivation, preparation, and putting performance of novice golfers. *The Sport Psychologist, 10,* 157-170.

Beck, A.T. (1976). *Cognitive therapy and the emotional disorders.* New York: International Universities Press.

Beck, A.T., Freeman, A., & Davis, D.D. (2004). *Cognitive therapy of personality disorders* (2nd ed.). New York: Guilford Press.

Beck, A.T., Rush, A.J., Shaw, B.F., & Emery, G. (1979). *Cognitive therapy of depression.* New York: Guilford Press.

Beck, A.T., Steer, R.A., & Brown, G.K. (1996). *Manual for the Beck Depression Inventory* (2nd ed.). San Antonio: The Psychological Corporation.

Beck, J.S. (1995). *Cognitive therapy: Basics and beyond.* New York: Guilford Press.

Beidel, D.C., & Nay, W.T. (2003). Anxiety disorders. In M. Hersen & S.M. Turner (Eds.), *Diagnostic interviewing* (3rd ed., pp. 85-110). New York: Kluwer Academic/Plenum.

Bergman, R.L., & Craske, M.G. (1994, November). *Covert verbalization and imagery in worry activity.* Poster session presented at the 28th Annual Convention of the Association for Advancement of Behavior Therapy, San Diego.

Beutler, L.E., & Consoli, A.J. (1993). Matching the therapist's interpersonal stance to clients' characteristics: Contributions from systematic eclectic psychotherapy. *Psychotherapy: Theory, Research, Practice, Training, 30* (3), 417-422.

Beutler, L.E., Consoli, A.J., & Williams, R.E. (1995). Integrative and eclectic therapies in practice. In B.M. Bonger & L.E. Beutler (Eds.), *Comprehensive textbook of psychotherapy: Theory and practice* (pp. 274-292). London: Oxford University Press.

Beutler, L.E., & Malik, M.L. (Eds.). (2002). *Rethinking the DSM: A psychological perspective.* Washington, DC: American Psychological Association.

Biddle, S.J., Bull, S.J., & Seheult, C.L. (1992). Ethical and professional issues in contemporary British sport psychology. *The Sport Psychologist, 6* (1), 66-76.

Bisson, J.L., Jenkins, P.L., Alexander, J., & Bannister, C. (1997). A randomized controlled trial of psychological debriefing for victims of acute harm. *British Journal of Psychiatry, 171,* 78-81.

Blanchard, E.B., Jones-Alexander, J., Buckley, T.C., & Forneris, C.A. (1996). Psychometric properties of the PTSD Checklist (PCL). *Behaviour Research and Therapy, 34,* 669-673.

Blatt, S.J., & Blass, R.B. (1990). Attachment and separation: A dialectic model of the products and processes of development throughout the life cycle. *Psychoanalytic Study of the Child, 45,* 107-127.

Blatt, S.J., Shahal, G., & Zurhoff, D.C. (2002). Anaclitic/

sociotropic and introjective/autonomous dimensions. In J.C. Norcross (Ed.), *Psychotherapy relationships that work* (pp. 315-334). New York: Oxford University Press.

Blatt, S.J., Zohar, A., Quinlan, D.M., Luthar, S., & Hart, B. (1996). Levels of relatedness within the dependency factor of the Depression Experiences Questionnaire for Adolescents. *Journal of Personality Assessment, 67* (1), 52-71.

Blatt, S.J., & Zuroff, D.C. (2002). Perfectionism in the therapeutic process. In G.L. Flett & P.L. Hewitt (Eds.), *Perfectionism: Theory, research, and treatment* (pp. 393-406). Washington, DC: USical Corporation.

Bond, F.W., & Bunce, D. (2000). Mediators of change in emotion-focused and problem-focused worksite stress management interventions. *Journal of Occupational Health Psychology, 5* (1), 156-163.

Bond, J.W. (2001). The provision of sport psychology services during competition tours. In G. Tenenbaum (Ed.), *The practice of sport psychology* (pp. 217-229). Morgantown, WV: Fitness Information Technology.

Borkovec, T.D. (1994). The nature, functions, and origins of worry. In G. Davey & F. Tallis (Eds.), *Worrying: Perspectives on theory, assessment, and treatment* (pp. 5-33). Sussex, England: Wiley.

Borkovec, T.D., Alcaine, O., & Behar, E. (2004). Avoidance theory of worry and generalized anxiety disorder. In R.G. Heimberg, C.L. Turk, & D.S. Mennin (Eds.), *Generalized anxiety disorder: Advances in research and practice* (pp. 77-108) New York: Guilford Press.

Borkovec, T. D., & Costello, E. (1993). Efficacy of applied relaxation and cognitive-behavioral therapy in the treatment of generalized anxiety disorder. *Journal of Consulting and Clinical Psychology, 61,* 611-619.

Borkovec, T.D., & Inz, J. (1990). The nature of worry in generalized anxiety disorder: A predominance of thought activity. *Behaviour Research and Therapy, 28* (2), 153-158.

Bowlby, J. (1982). *Attachment and loss: Vol. 1. Attachment* (2nd ed.). New York: Basic Books.

*Boyce, B.A. (1994). The effects of goal setting on performance and spontaneous goal setting behavior of experienced pistol shooters. *The Sport Psychologist, 8,* 87-93.

*Boyce, B.A., & Bingham, S.M. (1997). The effects of self-efficacy and goal setting on bowling performance. *Journal of Teaching in Physical Education, 16,* 312-323.

*Boyce, B.A., Wayda, V.K., Johnston, T., Bunker, L.K., & Eliot, J. (2001). The effects of three types of goal setting conditions on tennis performance: A field-based study. *Journal of Teaching in Physical Education, 20,* 188-200.

Braaten, E.B., & Handelsman, M.M. (1997). Client preferences for informed consent information. *Ethics and Behavior, 7* (4), 311-328.

Brewer, B.W., Van Raalte, J.L., & Linder, D.E. (1993). Athletic identity: Hercules' muscles or Achilles heel. *International Journal of Sport Psychology, 24,* 237-254.

Brown, T.A., DiNardo, P.A., & Barlow, D.H. (1994). *Anxiety disorders interview schedule for DSM-IV.* Albany, NY: Graywind Publications.

Brown, T.A., O'Leary, T.A., & Barlow, D.H. (2001). Generalized anxiety disorder. In D.H. Barlow (Ed.), *Clinical handbook of psychological disorders* (3rd ed., pp. 154-208). New York: Guilford Press.

Bryant, R.A., Sackville, T., Dang, S.T., Moulds, M., & Guthrie, R. (1999). Treating acute stress disorder: An evaluation of cognitive behavior therapy and supportive counseling techniques. *American Journal of Psychiatry, 156* (11), 1780-1786.

Buceta, J.M. (1993). The sport psychologist/athletic coach dual role: Advantages, difficulties, and ethical considerations. *Journal of Applied Sport Psychology, 5,* 64-77.

Budney, A.J., & Higgins, S.T. (1998). *National Institute on Drug Abuse therapy manuals for drug addiction: Manual 2. The community reinforcement plus vouchers approach* (NIH Publication No. 98-4308). Rockville, MD: National Institute on Drug Abuse.

*Burhans, R.S., Richman, C.L., & Bergey, D.B. (1988). Mental imagery training: Effects on running speed performance. *International Journal of Sport Psychology, 19,* 26-37.

Burke, B.L., Arkowitz, H., & Menchola, M. (2003). The efficacy of motivational interviewing: A meta-analysis of controlled clinical trials. *Journal of Consulting and Clinical Psychology, 71* (5), 843-861.

Burke, K.C., Burke, J.D., Regier, P.A., & Rae, P.S. (1990). Age at onset of selected mental disorders in five community populations. *Archives of General Psychiatry, 47,* 511-518.

Burney, R.C., Burdick, H., & Teevan, R.C. (1969). *Fear of failure.* New York: Van Nostrand Reinhold.

*Burton, D. (1989a). The impact of goal specificity and task complexity on basketball skill development. *The Sport Psychologist, 3* (1), 34-47.

*Burton, D. (1989b). Winning isn't everything: Examining the impact of performance goals on collegiate swimmers' cognitions and performance. *The Sport Psychologist, 3* (2), 105-132.

Burton, D., Naylor, S., & Holliday, B. (2001). Goal setting in sport: Investigating the goal effectiveness paradox. In R.N. Singer, H.A. Hausenblas, & C.M. Janelle (Eds.), *Handbook of sport psychology* (2nd ed., pp. 497-528). New York: Wiley.

Butcher, J.N., Dahlstrom, W.G., Graham, G.R., Tellegen, A., & Kaemmer, B. (1989). *Manual for administration and scoring: MMPI-2.* Minneapolis: University of Minnesota Press.

Butler, G., Fennell, M., Robson, P., & Gelder, M. (1991). Comparison of behavior therapy and cognitive behavior therapy in the treatment of generalized anxiety disorder. *Journal of Consulting and Clinical Psychology, 59,* 167-175.

Calabrese, J.R., Fatemi, S.H., Kujawa, M., & Woyshville, M.J. (1996). Predictors of response to mood stabilizers. *Journal of Clinical Psychopharmacology, 16* (Suppl. 1), 24-31.

Canter, M.B., Bennett, B.E., Jones, S.E., & Nagy, T.F. (1994). *Ethics for psychologists: A commentary on the APA Ethics Code.* Washington, DC: American Psychological Association.

Carr, C.M., Kennedy, S.R., & Dimick, K.M. (1990). Alcohol use and abuse among high school athletes: A comparison of alcohol use and intoxication in male and female high school athletes and non-athletes. *Journal of Alcohol and Drug Education, 36* (1), 39-45.

Carr, C.M., & Murphy, S.M. (1995). Alcohol and drugs in sport. In S.M. Murphy (Ed.), *Sport psychology interventions* (pp. 283-306). Champaign, IL: Human Kinetics.

Carter, W.R., Johnson, M.C., & Borkovec, T.D. (1986). Worry: An electrocortical analysis. *Advances in Behaviour Research and Therapy, 8,* 193-204.

Carver, C.S., & Scheier, M.F. (1988). A control perspective on anxiety. *Anxiety Research, 1,* 17-22.

Catalano, S. (1997). The challenges of clinical practice in small or rural communities: Case studies in managing dual relationships in and outside of therapy. *Journal of Contemporary Psychotherapy, 27* (1), 23-35.

*Caudill, D., Weinberg, R., & Jackson, A. (1983). Psyching-up and track athletes: A preliminary investigation. *Journal of Sport Psychology, 5,* 231-235.

Chambless, D.L., Baker, M.J., Baucom, D.H., Beutler, L.E., Calhoun, K.S., Crits-Christoph, P., Daiuto, A., DeRubeis, R., Detweiler, J., Haaga, D.A.F., Bennett Johnson, S., McCurry, S., Mueser, K.T., Pope, K.S., Sanderson, W.C., Shoham, V., Stickle, T., Williams, D.A., & Woody, S. (1998). Update on empirically validated therapies, II. *The Clinical Psychologist, 51* (1), 3-16.

Chambless, D.L., Caputo, G., Bright, P., & Gallagher, R. (1984). Assessment of fear in agoraphobics: The Body Sensations Questionnaire and the Agoraphobic Cognitions Questionnaire. *Journal of Consulting and Clinical Psychology, 52,* 1090-1097.

Chambless, D.L., & Hollon, S.D. (1998). Defining empirically supported therapies. *Journal of Consulting and Clinical Psychology, 66* (1), 7-18.

Chambless, D.L., & Ollendick, T.H. (2001). Empirically supported psychological interventions: Controversies and evidence. *Annual Review of Psychology, 52,* 685-716.

Chambless, D.L., Sanderson, W.C., Shoham, V., Bennett Johnson, S., Pope, K.S., Crits-Christoph, P., Baker, M., Johnson, B., Woody, S. R., Sue, S., Beutler, L., Williams, D.A., & McCurry, S. (1996). An update on empirically validated therapies. *The Clinical Psychologist, 49* (2), 5-18.

Charlton, B.G. (1996). The uses and abuses of meta-analysis. *Family Practice, 13* (4), 397-401.

Charner, I., & Schlossberg, N.K. (1986, June). Variations by theme: The life transitions of clerical workers. *The Vocational Guidance Quarterly, 33* (4), 212-224.

Chartrand, J.M., & Lent, R. (1987). Sports counseling: Enhancing the development of the student athlete. *Journal of Counseling and Development, 66,* 164-167.

Chorpita, B.F., & Barlow, D.H. (1998). The development of anxiety: The role of control in the early environment. *Psychological Bulletin, 124* (1), 3-21.

Clark, D.M., Ball, S., & Pape, K. (1991). An experimental investigation of thought suppression. *Behavior Research and Therapy, 31,* 207-210.

*Clark, L.V. (1960). Effect of mental practice on the development of a certain motor skill. *Research Quarterly, 31,* 560-569.

Cogan, K.D. (2000). The sadness in sport: Working with a depressed and suicidal athlete. In M.B. Andersen (Ed.), *Doing sport psychology* (pp. 107-119). Champaign, IL: Human Kinetics.

Cohen, A., Pargman, D., & Tenenbaum, G. (2003). Critical elaboration and empirical investigation of the cusp catastrophe model: A lesson for practitioners. *Journal of Applied Sport Psychology, 15* (2), 144-159.

Cook, D.A., & Helms, J.E. (1988). Visible racial/ethnic group supervisees' satisfaction with cross-cultural supervision as predicted by relationship characteristics. *Journal of Counseling Psychology, 35* (3), 268-274.

Conroy, D.E., & Meltzer, J.N. (2004). Patterns of self-talk associated with different forms of competitive anxiety. *Journal of Sport and Exercise, 26* (1), 69-89.

Conroy, D.E., Poczwardowski, A., & Henschen, K.P. (2001). Evaluative criteria and consequences associated with failure and success for elite athletes and performing artists. *Journal of Applied Sport Psychology, 13* (3), 300-322.

Conroy, D.E., Willow, J.P., & Meltzer, J.N. (2002). Multidimensional fear of failure: The Performance Failure Appraisal Inventory. *Journal of Applied Sport Psychology, 14* (2), 76-90.

*Corbin, C.B. (1967a). Effects of mental practice on skill development after controlled practice. *Research Quarterly, 38* (4), 534-538.

*Corbin, C.B. (1967b). The effects of covert rehearsal on the development of a complex motor skill. *Journal of General Psychology, 76* (2), 143-150.

Cordova, J.V., & Jacobson, N.S. (1993). Couple distress. In D.H. Barlow (Ed.), *Clinical handbook of psychological disorders: A step-by-step treatment manual* (2nd ed., pp. 481-512). New York: Plenum.

Cox, R.H. (1998). *Sport psychology: Concepts and applications* (4th ed.). Boston: McGraw-Hill.

Cox, R.H. (2002). *Sport psychology: Concepts and applications* (5th ed.). New York: McGraw-Hill.

Craft, L.L., Magyar, T.M., Becker, B.J., & Feltz, D.L. (2003). The relationship between the Competitive State Anxiety Inventory-2 and sport performance: a meta-analysis. *Journal of Sport and Exercise Psychology, 25* (1), 44-65.

Craighead, W.E., Hart, A.B., Craighead, L.W., & Ilardi, S.S. (2002). Psychosocial treatments for major depressive disorder. In P.E. Nathan & J.M. Gorman (Eds.), *A guide to treatments that work* (2nd ed., pp. 245-261). New York: Oxford University Press.

Craighead, W.E., Miklowitz, D.J., Frank, E., & Vajk, F.C. (2002). Psychosocial treatments for bipolar disorder. In P.E. Nathan & N.M. Gorman (Eds.), *A guide to treatments that work* (2nd ed., pp. 263-275). New York: Oxford University Press.

Cranston-Cuebas, M.A., & Barlow, D.H. (1995). *Attentional focus and the misattribution of male sexual arousal.* Unpublished manuscript.

Cranston-Cuebas, M.A., Barlow, D.H., Mitchell, W.B., & Athanasiou, R. (1993). Differential effects of a misattribution manipulation on sexually functional and dysfunctional males. *Journal of Abnormal Psychology, 102,* 525-533.

Craske, M.G. (1999). *Anxiety disorders: Psychological approaches to theory and treatment.* Boulder, CO: Westview Press.

Craske, M.G., & Barlow, D.H. (2001). Panic Disorder and Agoraphobia. In D.H. Barlow (Ed.), *Clinical handbook of psychological disorders* (3rd ed., pp. 1-59). New York: Guilford Press.

Crews, D.J., & Landers, D.M. (1993). Electroencephalographic measures of attentional patterns prior to the golf putt. *Medicine and Science in Sports and Exercise, 25,* 116-126.

Crews, D.J., Lochbaum, M.R., & Karoly, P. (2001). Self-regulation: Concepts, methods, and strategies in sport and exercise. In R.N. Singer, H.A. Hausenblas, & C.M. Janelle (Eds.), *Handbook of sport psychology* (2nd ed., pp. 566-581). New York: Wiley.

Crits-Christoph, P., & Barber, J.P. (2002). Psychological treatments for personality disorders. In P.E. Nathan & J.M. Gorman (Eds.), *A guide to treatments that work* (2nd ed., pp. 611-623). New York: Oxford University Press.

*Crocker, P.R.E., Alderman, R.B., & Smith, M.R. (1988). Cognitive-affective stress management training with high performance youth volleyball players: Effects on affect, cognition, and performance. *Journal of Sport and Exercise Psychology, 10* (4), 448-460.

Csikszentmihalyi, M. (1975). *Beyond boredom and anxiety.* San Francisco: Jossey-Bass.

Csikszentmihalyi, M. (1990). *Flow: The psychology of optimal experience.* New York: Harper & Row.

Danish, S.J., Petitpas, A., & Hale, B.D. (1995). Psychological interventions: A life development model. In S.M. Murphy (Ed.), *Sport psychology interventions* (pp. 19-38). Champagne, IL: Human Kinetics.

Davey, G.C.L., Hampton, J., Farrell, J., & Davidson, S. (1992). Some characteristics of worrying: Evidence for worrying and anxiety as separate constructs. *Personality and Individual Differences, 13,* 133-147.

*Davis, K. (1991). Performance enhancement program for a college tennis player. *International Journal of Sport Psychology, 22,* 140-164.

*Daw, J., & Burton, D. (1994). Evaluation of a comprehensive psychological skills training program for collegiate tennis players. *The Sport Psychologist, 8* (1), 37-57.

Derogatis, L.R. (1983). *SCL-90-R: Administration, Scoring and Procedures Manual.* Towson, MD: Clinical Psychometric Research.

*De Witt, D.J. (1980). Cognitive and biofeedback training for stress reduction with university athletes. *Journal of Sport Psychology, 2* (4), 288-294.

DiGiuseppe, R., McGowan, L., Sutton-Simon, K., & Gardner, F. (1990). Comparative outcome study of four cognitive therapies in the treatment of social anxiety. *Journal of Rational Emotive and Cognitive Behavior Therapy, 8* (3), 129-146.

DiGiuseppe, R., & Tafrate, R.C. (2003). Anger treatment for adults: A meta-analytic review. *Clinical Psychology: Science and Practice, 10* (1), 70-84.

DiGiuseppe, R., & Tafrate, R.C. (2004). *Anger Disorders Scale: Technical manual.* Minneapolis, MN: Multi-Health Systems.

DiNardo, P.A., Brown, T.A., & Barlow, D.H. (1994). *Anxiety Disorders Interview Schedule for DSM-IV: Lifetime Version (ADIS-IV-L).* San Antonio: Psychological Corporation.

Dishman, R.K. (1983). Identity crises in North American sport psychology: Academics in professional issues. *Journal of Sport Psychology, 5* (2), 123-134.

Dorfman, H.A. (1990). Reflections on providing personal performance enhancement consulting services in professional baseball. *The Sport Psychologist, 4,* 341-346.

Doss, B.D., Jones, J.T., & Christensen, A. (2002). Integrative behavioral couples therapy. In F.W. Kaslow (Ed.), *Comprehensive handbook of psychotherapy* (Vol. 4, pp. 387-410). New York: Wiley.

Dougher, M.S., & Hayes, S.C. (2000). Clinical behavior analysis. In M.J. Dougher (Ed.), *Clinical behavior analysis* (pp. 11-25). Reno, NV: Context Press.

Dowd, E.T., Milne, C.R., & Wise, S.L. (1991). The therapeutic reactance scale: A measure of psychological reactance. *Journal of Counseling and Development, 69* (6), 541-545.

Dowd, E.T., Wallbrown, F., Sanders, D., & Yesenosky, J.M. (1994). Psychological reactance and its relationship to normal personality variables. *Cognitive Therapy and Research, 18* (6), 601-612.

Duda, J.L. (Ed.). (1998). *Advances in sport and exercise psychology measurements.* Morgantown, WV: Fitness Information Technology.

Durham, R.C., Murphy, T., Allan, T., Richard, K., Treliving, L.R., & Fenton, G.W. (1994). Cognitive therapy, analytic psychotherapy and anxiety management training for generalized anxiety disorder. *British Journal of Psychiatry, 165,* 315-323.

D'Urso, V., Petrosso, A., & Robazza, C. (2002). Emotions, perceived qualities, and performance of rugby players. *The Sport Psychologist, 16* (2), 173-199.

Ebert, B.W. (1997). Dual-relationship prohibitions: A concept whose time never should have come. *Applied and Preventive Psychology, 6* (3), 137-156.

Eells, T.D. (Ed.). (1997). *Handbook of psychotherapy case formulation.* New York: Guilford Press.

Eisler, I., & Dare, C. (2000). Family therapy for adolescent anorexia nervosa: The results of a controlled comparison of two family interventions. *Journal of Child Psychology and Psychiatry, 41,* 727-736.

Elkin, D. (1981). *The hurried child.* Reading, MA: Addison-Wesley.

*Elko, K., & Ostrow, A.C. (1992). The effects of three mental preparation strategies on strength performance of young and older adults. *Journal of Sport Behavior, 15* (1), 34-41.

Ellickson, K.A., & Brown, D.R. (1990). Ethical considerations in dual relationships: The sport psychologist-coach. *Journal of Applied Sport Psychology, 2,* 186-190.

Ellis, A. (1962). *Reason and emotion in psychotherapy.* New York: Stuart.

Ellis, A., & Knaus, W. (1977). *Overcoming procrastination.* New York: Institute for Rational Living.

*Epstein, M.L. (1980). The relationship of mental imagery and mental practice to performance on a motor task. *Journal of Sport Psychology, 2,* 211-220.

Ericsson, K.A. (2003). Development of elite performance and deliberate practice: An update from the perspective of the expert performance approach. In J.L. Starkes & K.A. Ericsson (Eds.), *Expert performance in sports: Advances in research on sport expertise* (pp. 49-84). Champaign, IL: Human Kinetics.

Eyal, N. (2001). Reflections on sport psychology practice: A clinical perspective. In G. Tenenbaum (Ed.), *The practice of sport psychology* (pp. 169-196). Morgantown, WV: Fitness Information Technology.

Fairburn, C.G., & Beglin, S.J. (1994). Assessment of eating disorders: Interview or self-report questionnaire? *International Journal of Eating Disorders, 16,* 363-370.

Fairburn, C.G., & Cooper, P.J. (1993). The eating disorder examination. In C.G. Fairburn & G.T. Wilson (Eds.), *Binge eating: Nature, assessment, and treatment* (pp. 317-360). New York: Guilford Press.

Fairburn, C.G., Norman, P.A., Welch, S.L., O'Connor, M.E., Doll, H.A., & Peveler, R.C. (1995). A prospective study of outcome in bulimia nervosa and the long-term effects of three psychological treatments. *Archives of General Psychiatry, 52,* 304-312.

Farber, A. (2003). Self-disclosure in psychotherapy practice and supervision. *Journal of Clinical Psychology, 59* (5), 525-528.

Faulkner, K.K., & Faulkner, T.A. (1997). Managing multiple relationships in rural communities: Neutrality and boundary violations. *Clinical Psychology: Science and Practice, 4* (3), 225-234.

Feltz, D., & Landers, D. (1983). Effects of mental practice on motor skill learning and performance: A meta-analysis. *Journal of Sport Psychology, 5,* 25-57.

*Filby, W.C.D., Maynard, I.W., & Graydon, J.K. (1999). The effect of multiple-goal strategies on performance outcomes in training and competition. *Journal of Applied Sport Psychology, 11* (2), 230-246.

Finney, J.W., & Moos, R.H. (2002). Psychosocial treatments for alcohol use disorders. In P.E. Nathan & J.M. Gorman (Eds.), *A guide to treatments that work* (2nd ed., pp. 157-168). New York: Oxford University Press.

First, M.B., Spitzer, R.L., Gibbon, M., & Williams, J.B.W. (1995). The Structured Clinical Interview for *DSM-III-R* Personality Disorders (SCID-II): Part I. Description. *Journal of Personality Disorders, 9,* 83-91.

First, M.B., Spitzer, R.L., Gibbon, M., & Williams, J.B.W. (1997). *User's guide for the Structured Clinical Interview for DSM-IV Axis I Disorders—Clinician version (SCID-I).* New York: New York State Psychiatric Institute.

Fisher, C.B., & Younggren, J.N. (1997). The value and utility of the 1992 Ethics Code. *Professional Psychology: Research and Practice, 28* (6), 582-592.

Fishman, D.B., & Franks, C.M. (1997). The conceptual evolution of behavior therapy. In P.L. Wachtel & S.B. Messer (Eds.), *Theories of psychotherapy: Origins and evolution* (pp. 131-180). Washington, DC: American Psychological Association.

Fischman, M.G., & Oxendine, J.B. (1998). Motor skill learning for effective coaching and performance. In J.M. Williams (Ed.), *Applied sport psychology: Personal growth to peak performance* (3rd ed., pp. 13-27). Mountain View, CA: Mayfield.

Fitts, P., & Posner, M.I. (1967). *Human performance.* Belmont, CA: Brooks/Cole.

Foa, E.B., & Franklin, M.E. (2001). Obsessive-Compulsive Disorder. In D.H. Barlow (Ed.), *Clinical handbook of psychological disorders* (3rd ed., pp. 209-263). New York: Guilford Press.

Foa, E.B., Riggs, D.S., Dancu, C.V., & Rothbaum, B.O. (1993). Reliability and validity of a brief instrument for assessing post-traumatic stress disorder. *Journal of Traumatic Stress, 6,* 459-474.

Foa, E.B., & Rothbaum, B.O. (1998). *Treating the trauma of rape: Cognitive-behavioral therapy for PTSD.* New York: Guilford Press.

Foa, E.B., Steketee, G.S., & Rothbaum, B.O. (1989). Behavioral/cognitive conceptualizations of post-traumatic stress disorder. *Behavior Therapy, 20,* 155-176.

Follette, V.M., Ruzek, J.I., & Abueg, F.R. (Eds.). (1998). *Cognitive-behavioral therapies for trauma.* New York: Guilford Press.

Forsberg, L., Halldin, J., & Wennberg, P. (2003). Psychometric properties and factor structure of the Readiness for Change Questionnaire. *Alcohol and Alcoholism, 38* (3), 276-280.

Franklin, M.E., & Foa, E.B. (2002). Cognitive behavioral treatments for obsessive-compulsive disorder. In P.E. Nathan & J.M. Gorman, *A guide to treatments that work* (2nd ed., pp. 367-386). New York: Oxford University Press.

Freeston, M.H., Dugas, M.J., & Ladouceur, R. (1996). Thoughts, images, worry, and anxiety. *Cognitive Therapy and Research, 20* (3), 265-273.

Freund, B., Steketee, G.S., & Foa, E.B. (1987). Compulsive Activity Checklist (CAC): Psychometric analysis with obsessive-compulsive disorder. *Behavioral Assessment, 9,* 67-79.

Gallagher, B., & Gardner, F.L. (2005). *The relationship between early maladaptive schemas and affective and behavioral responses to injury in collegiate athletes.* Manuscript submitted for publication.

Gardner, F. (1980). Comparison of behavioral and cognitive-behavioral therapies for social anxiety. *Dissertation Abstracts, 40,* 1526.

Gardner, F.L. (1991). Professionalization of sport psychology: A reply to Silva. *The Sport Psychologist, 5* (1), 55-60.

Gardner, F.L. (1995). The coach and the team psychologist: An integrated organizational model. In S.M. Murphy (Ed.), *Sport psychology interventions* (pp. 147-175). Champaign, IL: Human Kinetics.

Gardner, F.L. (2001). Applied sport psychology in professional sports: The team psychologist. *Professional Psychology: Research and Practice, 32* (1), 34-39.

Gardner, F.L. (2003, August). Supervisory issues in externship training: Perspectives of a practicum supervisor. In F.L. Gardner (Chair), *Supervisor and supervisee perspectives on externship and internship training.* Symposium conducted at the meeting of the Annual Conference of the American Psychological Association, Toronto.

Gardner, F.L., & Moore, Z.E. (2001, October). *The Multi-level Classification System for Sport Psychology (MCS-SP): Toward a structured assessment and conceptualization of athlete-clients.* Workshop presented at the annual conference of the Association for the Advancement of Applied Sport Psychology, Orlando, FL.

Gardner, F.L., & Moore, Z.E. (2003, August). *Theoretical foundation for Mindfulness-Acceptance-Commitment (MAC) based performance enhancement.* Paper presented at the meeting of the Annual Conference of the American Psychological Association, Toronto.

Gardner, F.L., & Moore, Z.E. (2004a). A Mindfulness-Acceptance-Commitment (MAC) based approach to athletic performance enhancement: Theoretical considerations. *Behavior Therapy, 35,* 707-723.

Gardner, F.L., & Moore, Z.E. (2004b). The Multi-level Classification System for Sport Psychology (MCS-SP). *The*

Sport Psychologist, 18 (1), 89-109.

Gardner, F.L., & Moore, Z.E. (2005a). *Integrating clinical and sport science: The Integrative Model of Athletic Performance (IMAP).* Manuscript submitted for publication.

Gardner, F.L., & Moore, Z.E. (2005b). *New Developments in the Conceptualization and Treatment of Clinical Anger: Anger Regulation Therapy.* Manuscript submitted for publication.

Gardner, F.L., & Moore, Z.E. (2005c). *The role of professional development and supervision in the training of sport psychologists.* Manuscript submitted for publication.

Gardner, F.L., Moore, Z.E., & Wolanin, A. (2003, October). *Innovations in performance enhancement: The Mindfulness-Acceptance-Commitment based approach to enhancing competitive performance.* Symposium conducted at the meeting of the Annual Conference of the Association for the Advancement of Applied Sport Psychology, Philadelphia.

Gardner, F.L., Moore, Z.E., & Wolanin, A.T. (2004, July). *Efficacy and mechanisms of change in cognitive behavioral interventions for athletic performance enhancement: From change based to mindfulness and acceptance based strategies.* Symposium conducted at the meeting of the World Congress of Behavioral and Cognitive Therapies, Kobe, Japan.

Gardner, F.L., Taylor, J., Zinnser, N., & Ravizza, K. (2000, October). *Applied sport psychology interventions.* Symposium conducted at the meeting of the Annual Conference of the Association for the Advancement of Applied Sport Psychology, Nashville, TN.

Gardner, F.L., Wolanin, A.T., & Moore, Z.E. (2005). *Mindfulness-Acceptance-Commitment (MAC) based performance enhancement for Division I collegiate athletes: A preliminary investigation.* Manuscript submitted for publication.

Garfield, S.L. (1996). Some problems with "validated" forms of psychotherapy. *Clinical Psychology: Science and Practice, 3,* 218-229.

Garner, D.M. (1991). *Eating Disorders Inventory-2.* Odessa, FL: Psychological Assessment Resources.

Geller, N.L., & Proschan, M. (1996). Meta-analysis of clinical trials: A consumer's guide. *Journal of Biopharmaceutical Statistics, 6* (4), 377-394.

*Giannini, J.M., Weinberg, R.S., & Jackson, A.J. (1988). The effects of mastery, competitive, and cooperative goals on the performance of simple and complex basketball skills. *Journal of Sport and Exercise Psychology, 10* (4), 408-417.

Giges, B. (2000). Removing psychological barriers: Clearing the way. In M.B. Andersen (Ed.), *Doing sport psychology* (pp. 17-32). Champaign, IL: Human Kinetics.

Gillies, L.A. (2001). Interpersonal psychotherapy for depression and other disorders. In D.H. Barlow (Ed.), *Clinical handbook of psychological disorders* (3rd ed., 309-331). New York: Guilford Press.

Glosoff, H.L., Herlihy, S.B., Herlihy, B., & Spence, E.B. (1997). Privileged communication in the psychologist-client relationship. *Professional Psychology: Research and Practice, 28* (6), 573-581.

Gomes-Schwartz, B., Hadley, S.W., & Strupp, H.H. (1978). Individual psychotherapy and behavior therapy. *Annual Review of Psychology, 29,* 435-472.

Goodman, W.K., Price, L.H., Rasmussen, S.A., Mazure, C., Fleischmann, R.L., Hill, C.L., Heninger, G.R., & Charney, D.S. (1989). The Yale-Brown Obsessive-Compulsive Scale: I. Development, use, and reliability. *Archives of General Psychiatry, 46,* 1006-1011.

Goodman, W.K., Price, L.H., Rasmussen, S.A., Mazure, C., Delgado, P., Heninger, G.R., & Charney, D.S. (1989). The Yale-Brown Obsessive-Compulsive Scale: II. Validity. *Archives of General Psychiatry, 46,* 1012-1016.

Gordin, R.D., & Henschen, K.P. (1989). Preparing the USA women's artistic gymnastics team for the 1988 Olympics: A multi-modal approach. *The Sport Psychologist, 3,* 366-373.

Gordon, S. (1990). A mental skills training program for the Western Australian cricket team. *The Sport Psychologist, 4,* 386-399.

Gordon, S. (1995). Career transitions in competitive sport. In T. Morris & J. Summers (Eds.), *Sport psychology: Theory, applications and issues* (pp. 474-501). Brisbane, Australia: Jacaranda Wiley.

Gormally, J., Black, S., Daston, S., & Rardin, D. (1982). The assessment of binge-eating severity among obese persons. *Addictive Behaviors, 7,* 47-55.

Gould, D. (1998). Goal setting for peak performance. In J.M. Williams (Ed.), *Applied sport psychology: Personal growth to peak performance* (pp. 182-196). Mountain View, CA: Mayfield.

Gould, D., Damarjian, N., & Greenleaf, C. (2002). Imagery training for peak performance. In J.L. Van Raalte & B.W. Brewer (Eds.), *Exploring sport and exercise psychology* (2nd ed., pp. 49-74). Washington. DC: American Psychological Association.

Gould, D., Eklund, R.C., & Jackson, S.A. (1992). 1988 U.S. Olympic wrestling excellence: I. Mental preparation, precompetitive cognition, and affect. *The Sport Psychologist, 6,* 358-382.

Gould, D., & Krane, V. (1992). The arousal-athletic performance relationship: Current status and future directions. In T.S. Horn (Ed.), *Advances in sport psychology* (pp. 119-142). Champaign, IL: Human Kinetics.

Gould, R.A., Otto, M.W., & Pollack, M.H. (1995). A meta-analysis of treatment outcome for panic disorder. *Clinical Psychology Review, 15,* 819-844.

Gould, D., & Udry, E. (1994). Psychological skills for enhancing performance: Arousal regulation strategies. *Medicine and Science in Sport and Exercise, 26* (4), 478-485.

*Gould, D., Weinberg, R., & Jackson, A. (1980). Mental preparation strategies, cognitions, and strength performance. *Journal of Sport Psychology, 2* (4), 329-339.

Gould, D., Weiss, M., & Weinberg, R. (1981). Psychological characteristics of successful and nonsuccessful Big Ten wrestlers. *Journal of Sport Psychology, 3,* 69-81.

Granito, V.J., & Wenz, B.J. (1995). Reading list for professional issues in applied sport psychology. *The Sport Psychologist, 9* (1), 96-103.

*Gravel, R., Lemieux, G., & Ladouceur, R. (1980). Effectiveness of a cognitive behavioral treatment package for cross-country ski racers. *Cognitive Therapy and*

Research, 4 (1), 83-89.
Greenhill, L.L., & Ford, R.E. (2002). Childhood attention-deficit hyperactivity disorder: Pharmacological treatments. In P.E. Nathan & J.M. Gorman (Eds.), *A guide to treatments that work* (2nd ed., pp. 25-55). New York: Oxford University Press.
Greenspan, M.J., & Feltz, D.L. (1989). Psychological interventions with athletes in competitive situations: A review. *The Sport Psychologist, 3,* 219-236.
Griffin, N., Chassin, L., & Young, R.D. (1981). Measurement of global self-concept versus multiple role-specific self-concepts in adolescents. *Adolescence, 16,* 49-56.
Groth-Marnat, G. (1999). *Handbook of psychological assessment* (3rd ed.). New York: Wiley.
*Grouios, G. (1992). The effect of mental practice on diving performance. *International Journal of Sport Psychology, 23,* 60-69.
Grove, J.R., Lavallee, D., & Gordon, S. (1997). Coping with retirement from sport: The influence of athletic identity. *Journal of Applied Sport Psychology, 9,* 191-203.
Grove, W.M., Zald, D.H., Lebow, B.S., Snitz, B.E., & Nelson, C. (2000). Clinical versus mechanical prediction: A meta-analysis. *Psychological Assessment, 12* (1), 19-30.
Hall, C.R. (2001). Imagery in sport and exercise. In R.N. Singer, H.A. Hausenblaus, & C.M. Janelle (Eds.), *Handbook of sport psychology* (2nd ed., pp. 529-549). New York: Wiley.
*Hall, E.G., & Erffmeyer, E.S. (1983). The effect of visuo-motor behavior research with videotaped modeling on free throw accuracy of intercollegiate female basketball players. *Journal of Sport Psychology, 5,* 343-346.
*Hall, H.K., Weinberg, R.S., & Jackson, A. (1987). Effects of goal specificity, goal difficulty, and information feedback on endurance performance. *Journal of Sport Psychology, 9,* 43-54.
Halliwell, W. (1990). Providing sport psychology consulting services in professional hockey. *The Sport Psychologist, 4* (4), 369-377.
Hanin, Y.L. (1980). A study of anxiety in sport. In W.F. Straub (Ed.), *Sport psychology: An analysis of athlete behavior* (pp. 236-249). Ithaca, NY: Movement Publications.
Hardy, L., Jones, G., & Gould, D. (1996). *Understanding psychological preparation for sport: Theory and practice of elite performers.* New York: Wiley.
Hatfield, B.D., Landers, D.M., & Ray, W.J. (1984). Cognitive processes during self-paced motor performance: An electroencephalographic profile of skilled marksmen. *Journal of Sport Psychology, 6,* 42-59.
*Hatzigeorgiadis, A., Theodorakis, Y., & Zourbanos, N. (2004). Self-talk in the swimming pool: The effects of self-talk on thought content and performance on water-polo tasks. *Journal of Applied Sport Psychology, 16,* 138-150.
Hayes, A.M., & Feldman, G. (2004). Clarifying the construct of mindfulness in the context of emotion regulation and the process of change in therapy. *Clinical Psychology: Science and Practice, 11* (3), 255-262.
Hayes, S.C., Jacobson, N.S., Follette, V.M., & Dougher, M.J. (Eds.). (1994). *Acceptance and change: Content and context in psychotherapy.* Reno, NV: Context Press.
Hayes, S.C., Masuda, A., & De May, H. (2003). Acceptance and Commitment Therapy and the third wave of behavior therapy (Acceptance and Commitment Therapy: een derde-generatie gedragstherapie). *Gedragstherapie (Dutch Journal of Behavior Therapy), 2,* 69-96.
Hayes, S.C., Strosahl, K., & Wilson, K.G. (1999). *Acceptance and commitment therapy: An experiential approach to behavior change.* New York: Guilford Press.
Hayes, S.C., Wilson, K.G., Gifford, E.V., Follette, V.M., & Strosahl, K. (1996). Experiential avoidance and behavioral disorders: A functional dimensional approach to diagnosis and treatment. *Journal of Consulting and Clinical Psychology, 64,* 1152-1168.
Hays, K.F. (2000). Breaking out: Doing sport psychology with performing artists. In M.B. Andersen (Ed.), *Doing sport psychology* (pp. 261-274). Champaign, IL: Human Kinetics.
Heimberg, R.G., Hope, D.A., Dodge, C.S., & Becker, R.E. (1990). DSM-III-R subtypes of social phobia: Comparison of generalized social phobics and public speaking phobics. *Journal of Nervous and Mental Disease, 178,* 172-179.
Heimberg, R.G., Liebowitz, M.R., Hope, D.A., Schneier, F.R., Holt, C.S., Welkowtiz, L.A., Juster, H.R., Campeas, R., Bruch, M.A., Cloitre, M., Fallon, B., & Klein, D.F. (1998). Cognitive behavioral group therapy vs. phenelzine therapy for social phobia: 12-week outcome. *Archives of General Psychiatry, 55,* 1133-1141.
Helzer, J.E., Robins, L.N., Croughan, J.L., & Welner, A. (1981). Renard Diagnostic Interview: Its reliability and procedural validity with physicians and lay interviewers. *Archives of General Psychiatry, 38,* 393-398.
Henry, M., & Renaud, H. (1972). Examined and unexamined lives. *Research Reporter, 7* (1), 5.
Henry, W.P. (1998). Science, politics, and the politics of science: The use and misuse of empirically validated treatments. *Psychotherapy Research, 8,* 126-140.
Henry, W.P., Schacht, T.E., & Strupp, H.H. (1986). Structural analysis of social behavior: Application to a study of interpersonal process in differential psychotherapeutic outcome. *Journal of Consulting and Clinical Psychology, 54,* 27-31.
Henschen, K.P. (1998). The issue behind the issue. In M.A. Thompson, R.A. Vernacchia, & W.E. Moore (Eds.), *Case studies in sport psychology: An educational approach* (pp. 27-34). Dubuque, IA: Kendall/Hunt.
Herjanic, B., & Campbell, W. (1977). Differentiating psychiatrically disturbed children on the basis of a structured interview. *Journal of Abnormal Child Psychology, 51,* 127-134.
Heyman, S.R., & Andersen, M.B. (1998). When to refer athletes for counseling or psychotherapy. In J.M. Williams (Ed.), *Applied sport psychology: Personal growth to peak performance* (pp. 359-371). Mountain View, CA: Mayfield.
Hill, K.L. (2001). *Frameworks for sport psychologists: Enhancing sport performance.* Champaign, IL: Human Kinetics.
Hill, P., & Lowe, B. (1974). The inevitable metathesis

of the retiring athlete. *International Review of Sport Psychology, 9,* 5-29.

Hines, A.H., Ader, D.N., Chang, A.S., & Rundell, J.R. (1998). Dual agency, dual relationships, boundary crossings and associated boundary violations: A survey of military and civilian psychiatrists. *Military Medicine, 163* (12), 826-833.

Hinshaw, K. (1991). The effects of mental practice on motor skill performance: Critical evaluation and meta-analysis. *Imagination, Cognition, and Personality, 11,* 3-35.

Hinshaw, S.P., Klein, R.G., & Abikoff, H.B. (2002). Childhood attention-deficit hyperactivity disorder: Nonpharmacological treatments and their combination with medication. In P.E. Nathan & J.M. Gorman (Eds.), *A guide to treatments that work* (2nd ed., pp. 3-23). New York: Oxford University Press.

*Hird, J.S., Landers, D.M., Thomas, J.R., & Horan, J.J. (1991). Physical practice is superior to mental practice in enhancing cognitive and motor task performance. *Journal of Sport and Exercise Psychology, 13,* 281-293.

Hiss, H., Foa, E.B., & Kozak, M.J. (1994). A relapse prevention program for treatment of obsessive-compulsive disorder. *Journal of Consulting and Clinical Psychology, 62,* 801-818.

Hodgins, D.C., & Diskin, K.M. (2003). Alcohol problems. In M. Hersen & S.M. Turner (Eds.), *Diagnostic interviewing* (2nd ed., pp. 203-222). New York: Kluwer Academic/Plenum Publishers.

Hofmann, S.G., & Barlow, D.H. (2002). Social phobia (social anxiety disorder). In D.H. Barlow (Ed.), *Anxiety and its disorders: The nature and treatment of anxiety and panic* (2nd ed., pp. 454-476). New York: Guilford Press.

Hogan, R., Hogan, J., & Roberts, B.W. (1996). Personality measurement and employment decisions: Questions and answers. *American Psychologist, 51,* 469-477.

*Hollingsworth, B. (1975). Effects of performance goals and anxiety on learning a gross motor task. *Research Quarterly, 46,* 162-168.

*Holm, J.E., Beckwith, B.E., Ehde, D.M., & Tinius, T.P. (1996). Cognitive-behavioral interventions for improving performance in competitive athletes: A controlled treatment outcome study. *International Journal of Sport Psychology, 27* (4), 463-475.

Hopkins, H.S., & Gelenberg, A.J. (1994). Treatment of bipolar disorder—How far have we come? *Psychopharmacology Bulletin, 30,* 27-37.

Hopson, B., & Adams, J. (1977). Toward an understanding of termination: Defining some boundaries of termination. In J. Adams, J. Hayes, & B. Hopson (Eds.), *Transition: Understanding and managing personal change* (pp. 3-25). Montclair, NJ: Allanheld & Osmun.

Horvath, A.O. (1994). Research on the alliance. In A.O. Horvath & L.S. Greenberg (Eds.), *The working alliance: Theory, research, and practice* (pp. 259-286). Oxford, England: Wiley.

Horvath, A.O., & Greenberg, L.S. (1989). Development and validation of the Working Alliance Inventory. *Journal of Counseling Psychology, 36* (2), 223-233.

Horvath, A.O., & Symonds, B.D. (1991). Relation between working alliance and outcome in psychotherapy: A meta-analysis. *Journal of Counseling Psychology, 38,* 139-149.

*Howard, W.L., & Reardon, J.P. (1986). Changes in the self-concept and athletic performance of weight lifters through a cognitive-hypnotic approach: An empirical study. *American Journal of Clinical Hypnosis, 28* (4), 248-257.

Hsu, L.K.G. (1990). *Eating disorders.* New York: Guilford Press.

*Isaac, A.R. (1992). Mental practice—Does it work in the field? *The Sport Psychologist, 6* (2), 192-198.

Jacobson, N.S., Dobson, K.S., Fruzetti, A.E., Schmaling, K.B., & Salusky, S. (1991). Marital therapy as a treatment for depression. *Journal of Consulting and Clinical Psychology, 59,* 547-557.

Jacobson, N.S., Dobson, K.S., Truax, P.A., Addis, M.E., Koerner, K., Gollan, J.K., Gortner, E., & Prince, S.E. (1996). A component analysis of cognitive-behavioral treatment for depression. *Journal of Consulting and Clinical Psychology, 64,* 295-304.

Janelle, C.M., Hillman, C.H., Apparies, R.J., Murray, N.P., Meili, L., Fallon, E.A., & Hatfield, B.D. (2000). Expertise differences in cortical activation and gaze behavior during rifle shooting. *Journal of Sport and Exercise Psychology, 22,* 167-182.

Janelle, C.M., Hillman, C.H., & Hatfield, B.D. (2000). Concurrent measurement of electroencephalographic and ocular indices of attention during rifle shooting: An exploratory case study. *International Journal of Sport Vision, 6,* 21-29.

*Johnson, J.J.M., Hrycaiko, D.W., Johnson, G.V., & Halas, J.M. (2004). Self-talk and female youth soccer performance. *The Sport Psychologist, 18,* 44-59.

*Johnson, S.R., Ostrow, A.C., Perna, F.M., & Etzel, E.F. (1997). The effects of group versus individual goal setting on bowling performance. *The Sport Psychologist, 11* (2), 190-200.

Johnson, W.B. (1995). Perennial ethical quandaries in military psychology: Toward American Psychological Association-Department of Defense collaboration. *Professional Psychology: Research and Practice, 26* (3), 281-287.

Jones, G., Hanton, S., & Swain, A.B.J. (1994). Intensity and interpretation of anxiety symptoms in elite and non-elite sports performers. *Personality and Individual Differences, 17,* 657-663.

Jones, G., Swain, A.B.J., & Hardy, L. (1993). Intensity and direction dimensions of competitive state anxiety and relationships with performance. *Journal of Sport Sciences, 11,* 525-532.

Jones, J.C., Bruce, T.J., & Barlow, D.H. (1986, November). *The effects of four levels of "anxiety" on sexual arousal in sexually functional and dysfunctional men.* Poster session presented at the 20th Annual Convention of the Association for Advancement of Behavior Therapy, Chicago.

Jones, L., & Stuth, G. (1997). The uses of mental imagery in athletics: An overview. *Applied and Preventive Psychology, 6,* 101-115.

Kabat-Zinn, J., Massion, A.O., Kristeller, J., Peterson, L.G., Fletcher, K.E., Pbert, L., Lenderking, W.R., & Santorelli, S.F. (1992). Effectiveness of a meditation-based stress reduction program in the treatment of anxiety disorders. *American Journal of Psychiatry,*

149, 936-943.

Kabat-Zinn, J. (1994). *Wherever you go there you are.* New York: Hyperion.

Kagle, J.D., & Giebelhausen, P.N. (1994). Dual relationships and professional boundaries. *Social Work, 39* (2), 213-220.

Kanfer, F.H., & Schefft, B.K. (1988). *Guiding the process of therapeutic change.* Champaign, IL: Research Press.

Kassinove, H., & Sukhodolsky, D.G. (1995). Anger disorders: Basic science and practice issues. In H. Kassinove (Ed.), *Anger disorders: Definition, diagnosis, and treatment* (pp. 1-26). Washington, DC: Taylor & Francis.

Kassinove, H., & Tafrate, R.C. (2002). *Anger management: The complete treatment guidebook for practitioners.* Atascadero, CA: Impact Publishers.

Kazdin, A.E. (1998). *Research design in clinical psychology* (3rd ed.). Boston: Allyn & Bacon.

Kazdin, A.E. (2000). *Research design in clinical psychology* (4th ed.). New York: Allyn & Bacon.

Kazdin, A.E. (2001). *Behavior modification in applied settings* (6th ed.). Belmont, CA: Wadsworth.

Kendall, P.C., & Chambless, D.L. (Eds.). (1998). Empirically supported psychological therapies [Special issue]. *Journal of Consulting and Clinical Psychology, 66.*

*Kendall, G., Hrycaiko, D., Martin, G.L., & Kendall, T. (1990). The effects of an imagery rehearsal, relaxation, and self-talk package on basketball game performance. *Journal of Sport and Exercise Psychology, 12* (2), 157-166.

Kessler, R.C., McGonagle, K.A., Zhao, S., Nelson, C.B., Hughes, M., Eshelman, S., Wittchen, H.U., & Kendler, K.S. (1994). Lifetime and 12-month prevalence of DSM-III-R psychiatric disorders in the United States: Results from the National Comorbidity Survey. *Archives of General Psychiatry, 51,* 8-19.

Kessler, R., Sonnega, A., Bromet, E. Hughes, M., & Nelson, C. (1995). Post-traumatic stress disorder in the National Comorbidity Survey. *Archives of General Psychiatry, 52,* 1048-1060.

Kirk, A.B., & Madden, L.L. (2003). Trauma related critical incident debriefing for adolescents. *Child and Adolescent Social Work Journal, 20* (2), 123-134.

Kirkpatrick, D. (1982). Success conflict 65 years later: Contributions and confusions. *Canadian Journal of Psychiatry, 27,* 405-409.

*Kirschenbaum, D.S., Owens, D., O'Connor, E.A. (1998). Smart golf: Preliminary evaluation of a simple, yet comprehensive, approach to improving and scoring the mental game. *The Sport Psychologist, 12* (3), 271-282.

Kleiber, D.A., Greendorfer, S.L., Blinde, E., & Samdahl, D. (1987). Quality of exit from university sports and subsequent life satisfaction. *Sociology of Sport Journal, 4,* 28-36.

Kleinmuntz, B. (1990). Why we still use our heads instead of formulas: Toward an integrative approach. *Psychological Bulletin, 107,* 296-310.

Klerman, G.L., & Weissman, M.M. (1993). Interpersonal psychotherapy for depression: Background and concepts. In G.L. Klerman & M.M. Weissman (Eds.), *New applications of interpersonal psychotherapy* (pp. 3-26). Washington, DC: American Psychiatric Press.

Klinger, E., Barta, S.G., & Glas, R.A. (1981). Thought content and gap time in basketball. *Cognitive Therapy and Research, 5* (1), 109-114.

Koenigsberg, H.W., Woo-Ming, A.M., & Siever, L.J. (2002). Pharmacological treatments for personality disorders. In P.E. Nathan & J.M. Gorman (Eds.), *A guide to treatments that work* (2nd ed., pp. 625-641). New York: Oxford University Press.

Kohlenberg, R.J., & Tsai, M. (1995). Functional analytic psychotherapy: Behavioral approach to intensive treatment. In W.T. O'Donohue & L. Krasner (Eds.), *Theories of behavior therapy: Exploring behavior change* (pp. 637-658). Washington, DC: American Psychological Association.

Konkol, R.J., & Olsen, G.D. (Eds.). (1996). *Prenatal cocaine exposure.* Boca Raton, FL: CRC Press.

Kozak, M.J., Liebowitz, M.R., & Foa, E.B. (2000). Cognitive-behavior therapy and pharmacotherapy for OCD: The NIMH-sponsored collaborative study. In W. Goodman, M. Rudorfer, & J. Maser (Eds.), *Obsessive-compulsive disorder: Contemporary issues in treatment* (pp. 501-530). Mahwah, NJ: Erlbaum.

Kubler-Ross, E. (1969). *On death and dying.* New York: Macmillan.

Kyllo, L.B., & Landers, D.M. (1995). Goal setting in sport and exercise: A research synthesis to resolve the controversy. *Journal of Sport and Exercise Psychology, 17,* 117-137.

Lachmund, E., & DiGiuseppe, R. (1997, August). How clinicians assess anger: Do we need an anger diagnosis? In R. DiGiuseppe (Chair), *Advances in the diagnosis, assessment, and treatment of angry clients.* Symposium conducted at the 105th Annual Convention of the American Psychological Association, Chicago.

*Landin, D. & Hobert, E.P. (1999). The influence of self-talk on the performance of skilled female tennis players. *Journal of Applied Sport Psychology, 11* (2), 263-282.

*Lane, A., & Streeter, B. (2003). The effectiveness of goal setting as a strategy to improve basketball shooting performance. *International Journal of Sport Psychology, 34,* 138-150.

Lauterbach, D., & Vrana, S. (1996). Three studies on the reliability and validity of a self-report measure of posttraumatic stress disorder. *Assessment, 3,* 17-25.

Lavallee, D., Nesti, M., Borkoles, E., Cockerill, I., & Edge, A. (2000). Intervention strategies for athletes in transition. In D. Lavallee & P. Wylleman (Eds.), *Career transitions in sport: International perspectives* (pp. 111-130). Morgantown, MV: Fitness Information Technology.

Lavallee, D., Gordon, S., & Grove, J.R. (1997). Retirement from sport and the loss of athletic identity. *Journal of Personal and Interpersonal Loss, 2,* 129-147.

Leahy, T. (2001). Reflections of a feminist sport psychologist. In G. Tenenbaum (Ed.), *The practice of sport psychology* (pp. 37-47). Morgantown, WV: Fitness Information Technology.

*Lee, C. (1990). Psyching up for a muscular endurance task: Effects of image content on performance and mood state. *Journal of Sport and Exercise Psychology, 12,* 66-73.

*Lee, A.B., & Hewitt, J. (1987). Using visual imagery in a flotation tank to improve gymnastic performance and reduce physical symptoms. *International Journal of Sport Psychology, 18*, 223-230.

*Lerner, B.S., & Locke, E.A. (1995). The effects of goal setting, self-efficacy, competition, and personal traits on the performance of an endurance task. *Journal of Sport and Exercise Psychology, 17,* 138-152.

*Lerner, B.S., Ostrow, A.C., Yura, M.T., & Etzel, E.F. (1996). The effects of goal-setting and imagery training programs on the free-throw performance of female collegiate basketball players. *The Sport Psychologist, 10,* 382-397.

*Li-Wei, Z., Qi-Wei, M., Orlick, T., & Zitzelsberger, L. (1992). The effect of mental-imagery training on performance enhancement with 7-10-year old children. *The Sport Psychologist, 6* (3), 230-241.

Lilienfeld, S.O., Lynn, S.J., & Lohr, J.M. (2003). Science and pseudoscience in clinical psychology: Initial thoughts, reflections, and considerations. In S.O. Lilienfeld, S.J. Lynn, & J.M. Lohr (Eds.), *Science and pseudoscience in clinical psychology* (pp. 1-14). New York: Guilford Press.

Linder, D.E., Pillow, D.R., & Reno, R.R. (1989). Shrinking jocks: Derogation of athletes who consult a sport psychologist. *Journal of Sport and Exercise Psychology, 11* (3), 270-280.

Linehan, M.M., Cochran, B.N., & Kehrer, C.A. (2001). Dialectical behavior therapy for borderline personality disorder. In D.H. Barlow (Ed.), *Clinical handbook of psychological disorders* (3rd ed., pp. 470-522). New York: Guilford Press.

Little, L.M., & Simpson, T.L. (2000). An acceptance based performance enhancement intervention for collegiate athletes. In M.J. Dougher (Ed.), *Clinical behavior analysis* (pp. 231-244). Reno, NV: Context Press.

Litz, B.T., Gray, M.J., Bryant, R.A., & Adler, A.B. (2002). Early intervention for trauma: Current status and future directions. *Clinical Psychology: Science and Practice, 9,* 112-134.

Lodato, F.J., & Lodato, J.E. (1992). An ethical model for sport psychologists. *Revista Interamericana de Psicologia, 26* (1), 99-102.

*Lohr, B.A., & Scogin, F. (1998). Effects of self-administered visuo-motor behavioral rehearsal on sport performance of collegiate athletes. *Journal of Sport Behavior, 21* (2), 206-218.

Luborsky, L. (1984). *Principles of psychoanalytic psychotherapy: A manual for supportive-expressive treatment.* New York: Basic Books.

Mack, A.H., & Frances, R.J. (2003). Treatment of alcohol use disorders in adolescents. *Journal of Psychiatric Practice, 9* (3), 195-208.

*Madden, G., & McGown, C. (1988). The effect of hemisphericity, imagery, and relaxation on volleyball performance. *Journal of Human Movement Studies, 14,* 197-204.

Magee, W.J., Eaton, W.W., Wittchen, H.U., McGonagle, K.A., & Kessler, R.C. (1996). Agoraphobia, simple phobia, and social phobia in the National Comorbidity Survey. *Archives of General Psychiatry, 53,* 159-168.

Mahoney, M.J. (1974). *Cognition and behavior modification.* Cambridge, MA: Ballinger.

Martens, R. (1977). *Sport competition anxiety test.* Champaign, IL: Human Kinetics.

Martens, R. (1987). Science, knowledge, and sport psychology. *The Sport Psychologist, 1* (1), 29-55.

Martens, R., Burton, D., Vealey, R.S., Bump, L.A., & Smith, D.E. (1990). Development and validation of the Competitive State Anxiety Inventory-2. In R. Martens, R.S. Vealey, & D. Burtons (Eds.), *Competitive anxiety in sport* (pp. 117-190). Champaign, IL: Human Kinetics.

Martin, D.J., Garske, J.P., & Davis, M.K. (2000). Relation of the therapeutic alliance with outcome and other variables: A meta-analytic review. *Journal of Consulting and Clinical Psychology, 68,* 438-450.

Marx, B.P., & Sloan, D.M. (2002). The role of emotion in the psychological functioning of adult survivors of childhood sexual abuse. *Behavior Therapy, 33* (4), 563-577.

Mattick, R.P., & Clarke, J.C. (1998). Development and validation of measures of social phobia scrutiny fear and social interaction anxiety. *Behaviour Research and Therapy, 36,* 455-470.

Maude-Griffin, P.M., Hohenstein, J.M., Humfleet, G.L., Reilly, P.M., Tusel, D.J., & Hall, S.M. (1998). Superior efficacy of cognitive-behavioral therapy for urban crack cocaine abusers: Main and matching efforts. *Journal of Consulting and Clinical Psychology, 66,* 832-837.

*Maynard, I.W., Hemmings, B., & Warwick-Evans, L. (1995). The effects of a somatic intervention on competitive state anxiety and performance in semi-professional soccer players. *The Sport Psychologist, 9,* 51-64.

*Maynard, I.W., Smith, M.J., & Warwick-Evans, L. (1995). The effects of a cognitive intervention strategy on competitive state anxiety and performance in semi-professional soccer players. *Journal of Sport and Exercise Psychology, 17* (4), 428-446.

Mayou, R.A., Ehlers, A., & Hobbs, M. (2000). Psychological debriefing for road and traffic accident victims. *British Journal of Psychiatry, 176,* 589-593.

McCrady, B.S. (2001). Alcohol use disorders. In D.H. Barlow (Ed.), *Clinical handbook of psychological disorders* (3rd ed., pp. 376-433). New York: Guilford Press.

McCullough, J.P., Jr. (2000). *Treatment for chronic depression: Cognitive behavioral analysis system of psychotherapy (CBASP).* New York: Guilford Press.

McGuire, J. (1997). Ethical dilemmas in forensic clinical psychology. *Legal and Criminological Psychology, 2* (2), 177-192.

McLellan, A.T., Luborsky, L., O'Brien, C.P., & Woody, G.E. (1980). An improved diagnostic instrument for substance abuse patients: The Addiction Severity Index. *Journal of Nervous and Mental Disorders, 168,* 26-33.

McNair, D., Lorr, M., & Dropplemen, L. (1971). *Profile of mood states.* San Diego: Educational and Industrial Testing Services.

McNally, I.M. (2002). Contrasting concepts of competitive state-anxiety in sport: Multidimensional anxiety and catastrophe theories. *Athletic Insight, 4* (2). Retrieved August 23, 2004 from: http://www.athleticinsight.com/Vol4Iss2/Anxiety_Issue_2.htm [June 3, 2005].

Meehl, P.E. (1954). *Clinical versus statistical prediction: A theoretical analysis and a review of the evidence.*

Minneapolis: University of Minnesota Press.

Meehl, P.E. (1965). Seer over sign: The first good example. *Journal of Experimental Research in Personality, 1,* 27-32.

Meichenbaum, D. (1977). *Cognitive behaviour modification: An integrative approach.* New York: Plenum Press.

Meyer, T.J., Miller, M.L., Metzger, R.L., & Borkovec, T.D. (1990). Development and validation of the Penn State Worry Questionnaire. *Behaviour Research and Therapy, 28,* 487-495.

Meyer, V. (1966). Modification of expectations in cases with obsessional rituals. *Behaviour Research and Therapy, 4,* 273-280.

Meyers, A.W. (1995). Ethical Principles of the Association for the Advancement of Applied Sport Psychology. *AAASP Newsletter, 10,* 15-21.

*Meyers, A.W., & Schleser, R. (1980). A cognitive behavioral intervention for improving basketball performance. *Journal of Sport Psychology, 2,* 69-73.

*Meyers, A.W., Schleser, R., & Okwumabua, T.M. (1982). A cognitive behavioral intervention for improving basketball performance. *Research Quarterly for Exercise and Sport, 53,* 344-347.

Meyers, A.W., Whelan, J.P., & Murphy, S.M. (1996). Cognitive behavioral strategies in athletic performance enhancement. In M. Hersen, R.M. Eisler, & P.M. Miller (Eds.), *Progress in behavior modification* (Vol. 30, pp. 137-164). Pacific Grove, CA: Brooks/Cole.

Miklowitz, D.J. (2001). Bipolar disorder. In D.H. Barlow (Ed.), *Clinical handbook of psychological disorders* (3rd ed., pp. 523-561). New York: Guilford Press.

Miklowitz, D.J., & Goldstein, M.J. (1997). *Bipolar disorder: A family-focused treatment approach.* New York: Guilford Press.

Miller, J.J., Fletcher, K., & Kabat-Zinn, J. (1995). Three-year follow-up and clinical implications of a mindfulness meditation-based stress reduction intervention in the treatment of anxiety disorders. *General Hospital Psychiatry, 17,* 192-200.

*Miller, J.T., & McAuley, E. (1987). Effects of a goal-setting training program on basketball free-throw self-efficacy and performance. *The Sport Psychologist, 1* (2), 103-113.

Miller, W.R., & Rollnick, S. (1991). *Motivational interviewing: Preparing people to change addictive behavior.* New York: Guilford Press.

Miller, W.R., Tonigan, J.S., & Longabaugh, R. (1995). *The Drinker Inventory of Consequences (DrInC).* Bethesda, MD: National Institute of Health.

Millon, T., Millon, C., & Davis, R.D. (1994). *Millon Clinical Multiaxial Inventory-III.* Minneapolis: National Computer Systems.

*Minas, S.C. (1978). Mental practice of a complex perceptual-motor skill. *Journal of Human Movement Studies, 4,* 102-107.

*Ming, S., & Martin, G.L. (1996). Single-subject evaluation of a self-talk package for improving figure skating performance. *The Sport Psychologist, 10,* 227-238.

Mischel, W., & Shoda, Y. (1995). A cognitive-affective system theory of personality: Reconceptualizing situations, dispositions, dynamics, and invariance in personality structure. *Psychological Review, 102,* 246-268.

Mitchell, W.B., Marten, P.A., Williams, D.M., & Barlow, D.H. (1990, November). *Control of sexual arousal in sexual dysfunctional males.* Paper presented at the meeting of the 24th Annual Convention of the Association for Advancement of Behavior Therapy, San Francisco.

Moore, Z.E. (2001, March). *Working with elite athletes of the opposite gender: Ethical and practical concerns.* Panel discussion presented at the meeting of the Third Annual Southwest Sport Psychology Conference, Phoenix.

Moore, Z.E., & Gardner, F.L. (2001, October). *Taking applied sport psychology from research to practice: Integrating empirically supported interventions into a self-regulatory model of athletic performance.* Workshop presented at the meeting of the Annual Conference of the Association for the Advancement of Applied Sport Psychology, Orlando, FL.

Moore, Z.E. (2003a). Ethical dilemmas in sport psychology: Discussion and recommendations for practice. *Professional Psychology: Research and Practice, 34* (6), 601-610.

Moore, Z.E. (2003b). Toward the development of an evidence based practice of sport psychology: A structured qualitative study of performance enhancement interventions (Doctoral dissertation, La Salle University, 2003). *Dissertation Abstracts International-B, 64* (10), 5227. (UMI No. 3108295)

Moore, Z.E., & Gardner, F.L. (2001, October). *Taking applied sport psychology from research to practice: Integrating empirically supported interventions into a self-regulatory model of athletic performance.* Workshop presented at the meeting of the Annual Conference of the Association for the Advancement of Applied Sport Psychology, Orlando, FL.

Moore, Z., & Gardner, F. (2002, August). *Psychological skills training for athletic performance enhancement: An evidence-based approach.* Symposium presented at the meeting of the Annual Conference of the American Psychological Association, Chicago.

Moore, Z.E., & Gardner, F.L. (2005). *Evaluating the efficacy of performance enhancement interventions.* Manuscript submitted for publication.

Morey, L.C. (2003). *Essentials of PAI assessment.* New York: Wiley.

MTA Cooperative Group. (1999a). Fourteen-month randomized controlled trial of treatment strategies for attention-deficit hyperactivity disorder. *Archives of General Psychiatry, 56,* 1073-1086.

MTA Cooperative Group. (1999b). Moderators and mediators of treatment response in children with attention-deficit/hyperactivity disorder: The MTA Study. *Archives of General Psychiatry, 56,* 1088-1096.

An evidence-based approach. Symposium presented at the meeting of the Annual Conference of the American Psychological Association, Chicago.

Moore, Z.E., & Gardner, F.L. (2005). *Evaluating the efficacy of performance enhancement interventions.* Manuscript submitted for publication.

Morey, L.C. (2003). *Essentials of PAI assessment.* New York: Wiley.

MTA Cooperative Group. (1999a). Fourteen-month randomized controlled trial of treatment strategies for attention-deficit hyperactivity disorder. *Archives of*

General Psychiatry, 56, 1073-1086.
MTA Cooperative Group. (1999b). Moderators and mediators of treatment response in children with attention-deficit/hyperactivity disorder: The MTA Study. Archives of General Psychiatry, 56, 1088-1096.
Mulig, J.C., Haggerty, M.E., Carballosa, A.B., Cinnick, W.J., & Madden, J.M. (1985). Relationships among fear of success, fear of failure, and androgyny. Psychology of Women Quarterly, 9, 284-287.
*Mumford, B., & Hall, C. (1985). The effects of internal and external imagery on performing figures in figure skating. Canadian Journal of Applied Sport Sciences, 10, 171-177.
Murphy, S., & Tammen, V. (1998). In search of psychological skills. In J.L. Duda (Ed.), Advances in sport and exercise psychology measurement (pp. 195-209). Morgantown, WV: Fitness Information Technology.
Murphy, S.M. (1990). Models of imagery in sport psychology: A review. Journal of Mental Imagery, 14 (3-4), 153-172.
Murphy, S.M. (1994). Imagery interventions in sport. Medicine and Science in Sport and Exercise, 26, 486-494.
Murphy, S.M. (1995). Sport psychology interventions. Champaign, IL: Human Kinetics.
Murphy, S.M., & Jowdy, D.P. (1992). Imagery and mental practice. In T.S. Horn (Ed.), Advances in sport psychology (pp. 222-250). Champaign, IL: Human Kinetics.
*Murphy, S.M., & Woolfolk, R. (1987). The effects of cognitive interventions on competitive anxiety and performance on a fine motor skill accuracy task. International Journal of Sport Psychology, 18, (2), 152-166.
Murray, C.J.L., & Lopez, A.D. (1996). The global burden of disease: A comprehensive assessment of mortality and disability from diseases, injuries, and risk factors in 1990 and projected to 2020. Cambridge: Harvard University Press.
Nathan, P.E., & Gorman, J.M. (2002). A guide to treatments that work (2nd ed.). New York: Oxford University Press.
National Institute of Mental Health. (1999). The numbers count (NIH Publication No. NIH 994584). Retrieved June 15, 2004 from the World Wide Web: www.NIMH.NIH.gov/publicat/numbers.CFM [June 3, 2005].
National Institute on Drug Abuse. (1999). Principles of addiction treatment: A research-based guide (NIH Publication No. 99-4180). Rockville, MD: National Institute on Drug Abuse.
Naughton, T.J. (1987). A conceptual view of workaholism and implications for career counseling and research. Career Development Quarterly, 35, 180-187.
Nideffer, R.M. (1976). Test of attentional and interpersonal style. Journal of Personality and Social Psychology, 34, 394-404.
Nideffer, R.M. (1981). The ethics and practice of applied sport psychology. New York: Mouvement Publications.
Nideffer, R.M., & Sagal, M. (1998). Concentration and attention control training. In J.M. Williams (Ed.), Applied sport psychology: Personal growth to peak performance (pp. 296-315). Mountain View, CA: Mayfield.

Nideffer, R.M., & Sagal, M. (2001). Assessment in sport psychology. Morgantown, WV: Fitness Information Technology.
*Noel, R.C. (1980). The effect of visuo-motor behavior rehearsal on tennis performance. Journal of Sport Psychology, 2, 221-226.
Norcross, J.C. (Ed.). (2002). Psychotherapy relationships that work. New York: Oxford University Press.
Nostofsky, D.L., & Zaichkowsky, L.D. (2001). Medical and psychological aspects of sport and exercise. Morgantown, WV: Fitness Information Technology.
Novaco, R.W. (1976). Treatment of chronic anger through cognitive and relaxation controls. Journal of Consulting and Clinical Psychology, 44, 681.
O'Donohue, W., & Krasner, L. (1995). Theories in behavior therapy: Philosophical and historical contexts. In W. O'Donohue & L. Krasner (Eds.), Theories of behavior therapy (pp. 1-22). Washington, DC: American Psychological Association.
O'Farrell, T.J., Choquette, K.A., & Cutter, H.S.G. (1998). Couples relapse prevention sessions after behavioral marital therapy for male alcoholics: Outcomes during the three years after starting treatment. Journal of Studies on Alcohol, 59, 357-370.
Ogilvie, B.C., & Howe, M. (1986). The trauma of termination from athletics. In J.M. Williams (Ed.), Applied sport psychology: Personal growth to peak performance (pp. 365-382). Mountain View, CA: Mayfield.
Onestak, D.M. (1991). The effects of progressive muscle relaxation, mental practice, and hypnosis on athletic performance: A review. Journal of Sport Behavior, 14 (4), 247-282.
Orlick, T. (1989). Reflections on sportpsych consulting with individual and team sport athletes at summer and winter Olympic games. The Sport Psychologist, 3, 358-365.
Orlick, T., & Partington, J. (1988). Mental links to excellence. The Sport Psychologist, 2, 105-130.
Orsillo, S.M., Roemer, L., & Barlow, D.H. (2003). Integrating acceptance and mindfulness into existing cognitive behavioral treatment for GAD: A case study. Cognitive and Behavioral Practice, 10 (3), 222-230.
*Palmer, S.L. (1992). A comparison of mental practice techniques as applied to the developing competitive figure skater. The Sport Psychologist, 6 (2), 148-155.
Pappo, M. (1983). Fear of success: The construction and validation of a measuring instrument. Journal of Personality Assessment, 47, 36-41.
Parker, K.B. (1994). "Has-beens" and "wanna-bes": Transition experiences of former major college football players. The Sport Psychologist, 8, 287-304.
*Pates, J., Cummings, A., & Maynard, I. (2002). The effects of hypnosis on flow states and three-point shooting performance in basketball performance. The Sport Psychologist, 16, 34-47.
*Patrick, T.D., & Hrycaiko, D.W. (1998). Effects of a mental training package on an endurance performance. The Sport Psychologist, 12 (3), 283-299.
Pearson, R.E., & Petitpas, A.J. (1990). Transitions of athletes: Developmental and preventive perspectives. Journal of Counseling and Development, 69, 7-10.
*Perkos, S., Theodorakis, Y., & Chroni, S. (2002). Enhancing performance and skill acquisition in novice bas-

ketball players with instructional self-talk. *The Sport Psychologist, 16,* 368-383.

Perna, F., Neyer, M., Murphy, S.M., Ogilvie, B.C., & Murphy, A. (1995). Consultations with sport organizations: A cognitive-behavioral model. In S.M. Murphy (Ed.), *Sport psychology interventions* (pp. 235-252). Champaign, IL: Human Kinetics.

Persons, J.B. (1989). *Cognitive therapy in practice: A case formulation approach.* New York: Norton.

Petitpas, A.J., Brewer, B.W., Rivera, P.M., & Van Raalte, J.L. (1994). Ethical beliefs and behaviors in applied sport psychology: The AAASP ethics survey. *Journal of Applied Sport Psychology, 6,* 135-151.

Petitpas, A., Champagne, D., Chartrand, J., Danish, S., & Murphy, S. (1997). *Athlete's guide to career planning: Keys to success from the playing field to professional life.* Champaign, IL: Human Kinetics.

Petitpas, A., & Danish, S.J. (1995). Psychological care for injured athletes. In S.M. Murphy (Ed.), *Sport psychology interventions* (pp. 255-281). Champaign, IL: Human Kinetics.

Petrie, T.A., & Diehl, N.S. (1995). Sport psychology in the profession of psychology. *Professional Psychology: Research and Practice, 26,* 288-291.

Petrie, T.A., & Sherman, R.T. (2000). Counseling athletes with eating disorders: A case example. In M.B. Andersen (Ed.), *Doing sport psychology* (pp. 121-137). Champaign, IL: Human Kinetics.

*Peynircioglu, Z.F., Thompson, J.L., & Tanielian, T.B. (2000). Improvement strategies in free-throw shooting and grip-strength tasks. *Journal of General Psychology, 127* (2), 145-156.

Phillips, K.A., Hollander, E., Rasmussen, S.A., Aronowitz, B.R., de Caria, C., & Goodman, W.K. (1997). A severity rating scale for body dysmorphic disorder: Development of reliability and validity of a modified version of the Yale-Brown Obsessive-Compulsive Scale. *Psychopharmacology Bulletin, 33,* 17-22.

Philpott, R. (1975). Recent advances in the behavioral measurement of obsessional illness: Difficulties common to them and other instruments. *Scottish Medical Journal, 20,* 33-40.

Piper, W.E., & Joyce, A.S. (2001). Psychosocial treatment outcome. In W.J. Livesley (Ed.), *Handbook of personality disorders: Theory, research, and treatment* (pp. 323-343). New York: Guilford Press.

Pope, K.S. (1991). Dual relationships in psychotherapy. *Ethics and Behavior, 1* (1), 21-34.

Pope, K.S., & Vasquez, M.J.T. (2001). *Ethics in psychotherapy and counseling* (2nd ed.). San Francisco: Jossey-Bass.

*Powell, G.E. (1973). Negative and positive mental practice in motor skill acquisition. *Perceptual and Motor Skills, 37,* 312.

*Prapavessis, H., Grove, J.R., McNair, P.J., & Cable, N.T. (1992). Self-regulation training, state anxiety, and sport performance: A psychophysiological case study. *The Sport Psychologist, 6* (3), 213-229.

Prochaska, J.O., DiClemente, C.C., & Norcross, J.C. (1992). The transtheoretical approach. In J.C. Norcross & M.R. Goldfried (Eds.), *Handbook of psychotherapy integration* (pp. 300-334). New York: Basic Books.

Project MATCH Research Group. (1998). Matching alcoholism treatments to client heterogeneity: Project MATCH three-year drinking outcomes. *Alcoholism: Clinical and Experimental Research, 22,* 1300-1311.

Purdon, C. (1999). Thought suppression and psychopathology. *Behaviour Research and Therapy, 37,* 1029-1054.

Radloff, L.S. (1977). The CES-D Scale: A self-report depression scale for research in the general population. *Applied Psychological Measurement, 1,* 385-401.

Rank, M.G., & Gentry, J.E. (2003). Critical incident stress: Principles, practices, and protocols. In W.G. Emener, W.S. Hutchison, M.A. Richard (Eds.), *Employee assistance programs: Wellness/enhancement programming* (3rd ed., pp. 208-215). Springfield, IL: Charles C Thomas.

Rapee, R.M. (1993). The utilisation of working memory by worry. *Behaviour Research and Therapy, 31* (6), 617-620.

Rapee, R.M., Craske, M.G., & Barlow, D.H. (1995). Assessment instrument for panic disorder that includes fear of sensation-producing activities: The Albany Panic and Phobia Questionnaire. *Anxiety, 1,* 144-122.

Rapee, R.M., Craske, M.G., Brown, T.A., & Barlow, D.H. (1996). Measurement of perceived control over anxiety-related events. *Behavior Therapy, 27,* 279-293.

Rapee, R.M., & Lim, L. (1992). Discrepancy between self and observer ratings of performance in social phobics. *Journal of Abnormal Psychology, 101,* 728-731.

Ravizza, K. (1988). Gaining entry with athletic personnel for season-long consulting. *The Sport Psychologist, 2,* 243-254.

Ravizza, K. (1990). Sportpsych consultation issues in professional baseball. *The Sport Psychologist, 4* (4), 330-340.

Ravizza, K. (2001). Reflections and insights from the field on performance-enhancement consultation. In G. Tenenbaum (Ed.), *The practice of sport psychology* (pp. 197-215). Morgantown, WV: Fitness Information Technology.

*Rawlings, E.J., Rawlings, J.L., Chen, S.S., & Yilk, M.D. (1972). The facilitating effects of mental practice in the acquisition of rotary pursuit tracking. *Psychonomic Science, 26,* 71-73.

Resick, P.A., & Calhoun, K.S. (2001). Posttraumatic stress disorder. In D.H. Barlow (Ed.), *Clinical handbook of psychological disorders* (3rd ed., pp. 60-113). New York: Guilford Press.

Resick, P.A., & Schnicke, M.K. (1993). *Cognitive processing therapy for rape victims: A treatment manual.* Newbury Park, CA: Sage.

Resnick, H.S., Kilpatrick, D.G., Dansky, B.S., Saunders, B.E., & Best, C.L. (1993). Prevalence of civilian trauma and posttraumatic stress disorder in a representative national sample of women. *Journal of Consulting and Clinical Psychology, 61,* 984-991.

Rich, A.R., & Woolever, D.K. (1988). Expectancy and self-focused attention: Experimental support for the self-regulation model of test anxiety. *Journal of Social and Clinical Psychology, 7* (2-3), 246-259.

Robins, L.N., Cottler, L., Bucholz, K., & Compton, W. (1995). *Diagnostic Interview Schedule for DSM-IV.* St. Louis: Washington Press.

Robins, L.N., Helzer, J.E., Cottler, L.B., & Goldring, E. (1989). *NIMH Diagnostic Interview Schedule, Version III-Revised.* St. Louis: Washington University School of Medicine.

*Rodgers, W., Hall, C., & Buckolz, E. (1991). The effect of an imagery training program on imagery ability, imagery use, and figure skating performance. *Journal of Applied Sport Psychology, 3,* 109-125.

Roemer, L., & Orsillo, S.M. (2002). Expanding our conceptualization of and treatment for general anxiety disorder: Integrating mindfulness/acceptance-based approaches with existing cognitive-behavioral models. *Clinical Psychology: Science and Practice, 9* (1), 27-44.

Rogers, C.R. (1959). Client centered therapy. In S. Arieti (Ed.), *American handbook of psychiatry* (Vol. 3, pp. 183-200). New York: Basic Books.

Rogers, R. (1995). *Diagnostic and structured interviewing: A handbook for psychologists.* Odessa, FL: Psychological Assessment Resources.

*Rogerson, L.J., & Hrycaiko, D.W. (2002). Enhancing competitive performance of ice hockey goaltenders using centering and self-talk. *Journal of Applied Sport Psychology, 14* (1), 14-26.

Rotella, R.J. (1990). Providing sport psychology consulting services to professional athletes. *The Sport Psychologist, 4* (4), 409-417.

Roth, A., & Fonagy, P. (1996). *What works for whom?* New York: Guilford Press.

Rothbaum, B.O., & Foa, E.B. (1992). Exposure therapy for rape victims with post-traumatic stress disorder. *Behavior Therapist, 15,* 219-222.

Rothbaum, B.O., & Foa, E.B. (1993). Subtypes of post-traumatic stress disorder and duration of symptoms. In J.R.T. Davidson & E.B. Foa (Eds.), *Post-traumatic stress disorder: DSM-IV and beyond* (pp. 23-35). Washington, DC: American Psychiatric Press.

Rushall, B.S. (1984). The content of competition thinking. In W.F. Straub & J.M. Williams (Eds.), *Cognitive sport psychology* (pp. 51-62). Lansing, NY: Sport Science Associates.

Russell, G.F., Szmukler, G.I., Dare, C., & Eisler, I. (1987). An evaluation of family therapy in anorexia nervosa and bulimia nervosa. *Archives of General Psychiatry, 44,* 1047-1056.

Russell, M.T., & Karol, D.L. (1994). *The 16PF fifth edition administrator's manual.* Champaign, IL: Institute for Personality and Ability Testing.

*Ryan, E.D., & Simons, J. (1981). Cognitive demand, imagery, and frequency of mental rehearsal as factors influencing acquisition of motor skills. *Journal of Sport Psychology, 3* (1), 35-45.

Safran, J.D., & Segal, Z.V. (1990). *Interpersonal process in cognitive therapy.* Northvale, NJ: Jason Aronson.

Salazar, W., Landers, D.M., Petruzzello, S.J., & Han, M. (1990). Hemispheric asymmetry, cardiac response, and performance in elite archers. *Research Quarterly for Exercise and Sport, 61,* 351-359.

Santanello, A.P., Gardner, F.L., Moore, Z.E., & Turk, C. (2004, November). *Are there empirically supported treatments for anger?: Toward the development of a university based center for the treatment and study of anger.* Paper presented at the meeting of the Annual Conference of the Association for Advancement of Behavior Therapy, New Orleans, LA.

Santanello, A.P., Gardner, F.L., & Moore, Z.E. (2005). *Are there empirically supported treatments for anger? A qualitative review of the efficacy of interventions for anger in outpatient populations.* Manuscript submitted for publication.

*Savoy, C. (1993). A yearly mental training program for a college basketball player. *The Sport Psychologist, 7,* 173-190.

Sbrocco, T., & Barlow, D.H. (1996). Conceptualizing the cognitive component of sexual arousal: Implications for sexuality research and treatment. In P.M. Salkovskis (Ed.), *Frontiers of cognitive therapy* (pp. 419-449). New York: Guilford Press.

Scahill, L., Riddle, M.A., Mc Swiggen-Hardin, M., Ort, S.I., King, R.A., Goodman, W.K., Cicchetti, D., & Leckman, J.F. (1997). Children's Yale-Brown Obsessive-Compulsive Scale: Reliability and validity. *Journal of the American Academy of Child and Adolescent Psychiatry, 36,* 844-852.

Scanlan, T.K., Stein, D.L., & Ravizza, K. (1989). An in-depth study of former elite figure skaters: II. Sources of enjoyment. *Journal of Sport and Exercise Psychology, 11,* 65-83.

Schank, J.A., & Skovholt, T.M. (1997). Dual-relationship dilemmas of rural and small-community psychologists. *Professional Psychology: Research and Practice, 28* (1), 44-49.

Schlossberg, N.K. (1981). A model for analyzing human adaptation to transition. *The Counseling Psychologist, 9,* 2-18.

Schmid, J., & Schilling, G. (1997). Identity conflicts during and after retirement from top-level sports. In R. Lidor & M. Bar-Eli (Eds.), *Proceedings of the IX World Congress of Sport Psychology* (pp. 608-610). Netanya, Israel: International Society of Sport Psychology.

*Seabourne, T.G, Weinberg, R., Jackson, A., & Suinn, R.M. (1985). Effects of individualized, nonindividualized, and package intervention strategies on karate performance. *Journal of Sport Psychology, 7,* 40-50.

Segal, D. (1997). Structured interviewing and *DSM* classification. In S.M. Turner & M. Hersen (Eds.), *Adult psychopathology and diagnosis* (pp. 24-57). New York: Wiley.

Segal, Z.V., Williams, J.M.G., & Teasdale, J.D. (2002). *Mindfulness-based cognitive therapy for depression.* New York: Guilford Press.

Sherman, R.T., & Thompson, R.A. (2001). Athletes and disordered eating: Four major issues for the professional psychologist. *Professional Psychology: Research and Practice, 32* (1), 27-33.

*Shick, J. (1970). Effects of mental practice on selected volleyball skills for college women. *Research Quarterly, 41* (1), 88-94.

*Short, S.E., Bruggeman, J.M., Engel, S.G., Marback, T.L., Wang, L.J., Willadsen, A., Short, M.W. (2002). The effect of imagery function and imagery direction on self-efficacy and performance on a golf-putting task. *The Sport Psychologist, 16* (1), 48-67.

Silva, J. (1989). Toward the professionalization of sport psychology. *The Sport Psychologist, 3* (3), 265-273.

Sinclair, D.A., & Orlick, T. (1993). Positive transitions from high performance sport. *The Sport Psychologist,*

Sinclair, D.A., & Orlick, T. (1994). The effects of transition on high performance sport. In D. Hackfort (Ed.), *Psycho-social issues and interventions in elite sports* (pp. 29-55). Frankfurt, Germany: Lang.

Singer, R.N. (1996). Future of sport and exercise psychology. In J.L. Van Raalte & B.W. Brewer (Eds.), *Exploring sport and exercise psychology* (pp. 451-468). Washington, DC: American Psychological Association.

Singer, R.N., Hausenblas, H.A., & Janelle, C.M. (2001). *The handbook of sport psychology* (2nd ed.). New York: Wiley.

Skinner, B.F. (1953). *Science and human behavior.* New York: Macmillan.

Skinner, H.A., & Allen, B.A. (1982). Alcohol dependence syndrome: Measurement and validation. *Journal of Abnormal Psychology, 91,* 199-209.

Slavin, R.E. (1995). Best evidence synthesis: An intelligent alternative to meta-analysis. *Journal of Clinical Epidemiology, 48* (1), 9-18.

Smith, R.E. (1986). Toward a cognitive affective model of athletic burnout. *Journal of Sport Psychology, 8,* 36-50.

Smith, R.E. (1989). Applied sport psychology in an age of accountability. *Journal of Applied Sport Psychology, 1* (2), 166-180.

*Smith, M., & Lee, C. (1992). Goal setting and performance in a novel coordination task: Mediating mechanisms. *Journal of Sport and Exercise Psychology, 14* (2), 169-176.

Smith, D.E., & McCrady, B.S. (1991). Cognitive impairment among alcoholics: Impact on drink refusal skill acquisition and treatment outcome. *Addictive Behaviors, 16,* 265-274.

Smith, R.E., Smoll, F.L., & Schutz, R.W. (1990). Measurement and correlates of sport-specific cognitive and somatic trait anxiety: The Sport Anxiety Scale. *Anxiety Research, 2,* 263-280.

Sonne, J.L. (1999). Multiple relationships: Does the new ethics code answer the right questions? In D.N. Bersoff (Ed.), *Ethical conflicts in psychology* (2nd ed., pp. 227-230). Washington, DC: American Psychological Association.

Sotsky, S.M., Glass, D.R., Shea, M.T., Pilkonis, P.A., Collins, J.F., Elkin, I., Watkins, J.T., Imber, S.D., Leber, W.R., Moyer, J., & Oliveri, M.E. (1991). Patient predictors of response to psychotherapy and pharmacotherapy: Findings in the NIMH Treatment of Depression Collaborative Research Program. *American Journal of Psychiatry, 148,* 997-1008.

Spielberger, C.D. (1999). *Manual for the State-Trait Anxiety Inventory-2.* Odessa, FL: Psychological Assessment Resources.

Spielberger, C.D., Gorsuch, R.L., Luschene, R., Vagg, P.R., & Jacobs, G.A. (1983). *Manual for the State-Trait Anxiety Inventory.* Palo Alto, CA: Consulting Psychologists.

Spirito, A. (1999). Empirically supported treatments in pediatric psychology [Special issue]. *Journal of Pediatric Psychology, 24,* 87-174.

Starkes, J.L., & Ericsson, K. (2003). *Expert performance in sports: Advances in research on sport expertise.* Champaign, IL: Human Kinetics.

Starkes, J.L., Helsen, W., & Jack, R. (2001). Expert performance in sport and dance. In R.N. Singer, H.A. Hausenblas, & C.M. Janelle (Eds.), *Handbook of sport psychology* (2nd ed., pp. 174-201). New York: Wiley.

*Start, K.B., & Richardson, A. (1964). Imagery and mental practice. *British Journal of Educational Psychology, 34,* 28-284.

Stein, R.J., Goodrick, G.K., Poston, W.S.C., & Foreyt, J.P. (2003). Eating disorders. In M. Hersen & S.M. Turner (Eds.), *Diagnostic interviewing* (3rd ed., pp. 279-299). New York: Kluwer Academic/Plenum.

Stoltenberg, C.D., McNeill, B., & Delworth, U. (1998). *IDM Supervision: An integrated developmental model for supervising counselors and therapists.* San Francisco: Jossey-Bass.

*Straub, W.F. (1989). The effect of three difference methods of mental training on dart throwing performance. *The Sport Psychologist, 3* (2), 133-141.

Strean, W.B., & Roberts, G.C. (1992). Future directions in applied sport psychology research. *The Sport Psychologist, 6* (1), 55-65.

Striker, G. (2003). The many faces of self-disclosure. *Journal of Clinical Psychology, 59* (5), 623-630.

Strupp, H.H. (1980a). Success and failure in Time-Limited Psychotherapy: A systematic comparison of two cases (Comparison 1). *Archives of General Psychiatry, 37,* 595-603.

Strupp, H.H. (1980b). Success and failure in Time-Limited Psychotherapy: A systematic comparison of two cases (Comparison 2). *Archives of General Psychiatry, 37,* 708-716.

Strupp, H.H. (1980c). Success and failure in Time-Limited Psychotherapy: With special reference to the performance of a lay counselor (Comparison 3). *Archives of General Psychiatry, 37,* 831-841.

Strupp, H.H. (1980d). Success and failure in Time-Limited Psychotherapy: Further evidence (Comparison 4). *Archives of General Psychiatry, 37,* 947-954.

Strupp, H.H. (1993). The Vanderbilt psychotherapy studies: Synopsis. *Journal of Consulting and Clinical Psychology, 61,* 431-433.

Suinn, R.M. (1967). Psychological reactions to physical disability. *Journal of the Association for Physical and Mental Rehabilitation, 21,* 13-15.

Suinn, R.M. (1985). Imagery rehearsal applications to performance enhancement. *The Behavior Therapist, 8* (8), 155-159.

Suinn, R.M. (1997). Mental practice in sport psychology: Where have we been, where do we go? *Clinical Psychology: Science and Practice, 4* (3), 189-207.

Swain, D.A. (1991). Withdrawal from sport and Schlossberg's model of transitions. *Sociology of Sport Journal, 8,* 152-160.

*Swain, A.B.J., & Jones, G. (1995). Goal attainment scaling: Effects of goal setting interventions on selected subcomponents on basketball performance. *Research Quarterly for Exercise and Sport, 66,* 51-63.

Swain, A.B.J., & Jones, G. (1996). Explaining performance variance: The relative contribution of intensity and direction dimensions of competitive state anxiety. *Anxiety, Stress, and Coping: An International Journal, 9,* 1-18.

Swoap, R.A., & Murphy, S.M. (1995). Eating disorders and weight management in athletes. In S.M. Murphy (Ed.), *Sport psychology interventions* (pp. 307-329). Champaign, IL: Human Kinetics.

Tarter, R.E., & Hegedus, A.M. (1991). The Drug Use Screening Inventory. *Alcohol Health and Research World, 15,* 65-76.

Taylor, J. (1994). Examining the boundaries of sport science and psychology trained practitioners in applied sport psychology: Title usage and area of competence. *Journal of Applied Sport Psychology, 6* (2), 185-195.

Taylor, J., & Ogilvie, B.C. (1994). A conceptual model of adaptation to retirement among athletes. *Journal of Applied Sport Psychology, 6,* 1-20.

Taylor, J., & Ogilvie, B.C. (1998). Career transition among elite athletes: Is there life after sports? In J.M. Williams (Ed.), *Applied sport psychology: Personal growth to peak performance* (3rd ed., pp. 429-444). Mountain View, CA: Mayfield.

Taylor, J., & Ogilvie, B.C. (2001). Career termination among athletes. In R.N. Singer, H.A. Hausenblas, & C.M. Janelle (Eds.), *Handbook of sport psychology* (2nd ed., pp. 672-694). New York: Wiley.

Taylor, J., & Schneider, B.A. (1992). The Sport-Clinical Intake Protocol: A comprehensive interview instrument for applied sport psychology. *Professional Psychology: Research and Practice, 23* (4), 318-325.

Taylor, J., & Wilson, G. S. (2002). Intensity regulation and sport performance. In J.L. Van Raalte & B.W. Britton (Eds.), *Exploring sport and exercise psychology* (2nd ed., pp. 99-130). Washington, DC: American Psychological Association.

Teachman, B.A., & Woody, S.R. (2004). Staying tuned to research in implicit cognition: Relevance for clinical practice with anxiety disorders. *Cognitive and Behavioral Practice, 11* (2), 149-159.

Teasdale, J.D., Segal, Z., & Williams, J.M. (1995). How does cognitive therapy prevent depressive relapse and why should attentional control (mindfulness) training help? *Behavior Research and Therapy, 33,* 25-39.

Teasdale, J.D., Segal, Z.V., Williams, J.M.G., Ridgeway, V.A., Soulsby, J.M., & Lau, M.A. (2000). Prevention of relapse/recurrence in major depression by mindfulness based cognitive therapy. *Journal of Consulting and Clinical Psychology, 68* (4), 615-623.

Tenenbaum, G. (2001). An introduction to the book: From personal reflections to the practice of sport psychology. In G. Tenenbaum (Ed.), *The practice of sport psychology* (pp. 1-15). Morgantown, WV: Fitness Information Technology.

*Thelwell, R.C., & Greenlees, I.A. (2001). The effects of a mental skills training package on gymnasium triathlon performance. *The Sport Psychologist, 15* (2), 127-141.

*Thelwell, R.C., & Greenlees, I.A. (2003). Developing competitive endurance performance using mental skills training. *The Sport Psychologist, 17,* 318-337.

*Thelwell, R.C., & Maynard, I.W. (2003). The effects of a mental skills package on "repeatable good performance" in cricketers. *Psychology of Sport and Exercise, 4,* 377-396.

*Theodorakis, Y. (1995). Effects of self-efficacy, satisfaction, and personal goals on swimming performance. *The Sport Psychologist, 9,* 245-253.

*Theodorakis, Y., Chroni, S., Laparidis, K., Bebetsos, V., & Douma, I. (2001). Self-talk in a basketball-shooting task. *Perceptual and Motor Skills, 92,* 309-315.

Thomas, P. (1990). *An overview of the performance enhancement process in applied psychology.* Colorado Springs: United States Olympic Center.

Tice, D.M., Bratslavsky, E., & Baumeister, R.F. (2001). Emotional distress regulation takes precedence over impulse control: If it feels good do it! *Journal of Personality and Social Psychology, 80* (1), 53-67.

Tracey, T.J., & Kokotovic, A.M. (1989). Factor structure of the Working Alliance Inventory. *Psychological Assessment, 1* (3), 207-210.

Tresemer, D. (1976). Do women fear success? *Signs, 1,* 863-874.

Truax, P., & Selthon, L. (2003). Mood disorders. In M. Hersen & S.M. Turner (Eds.), *Diagnostic interviewing* (3rd ed., pp. 111-147). New York: Kluwer Academic/Plenum.

Turk, C.L., Heimberg, R.G., & Hope, D.A. (2001). Social anxiety disorder. In D.H. Barlow (Ed.), *Clinical handbook of psychological disorders* (3rd ed., pp. 114-153). New York: Guilford Press.

Turk, D.C., Meichenbaum, D., & Genest, M. (1983). *Pain and behavioral medicine.* New York: Guilford Press.

Turner, S.M., Beidel, D.C, Dancu, C.V., & Stanley, M.A. (1989). An empirically derived inventory to measure social fears and anxiety: The Social Phobia and Anxiety Inventory. *Psychological Assessment, 1,* 35-40.

United States Olympic Committee. (1983). U. S. Olympic Committee establishes guidelines for sport psychology services. *Journal of Sport Psychology, 5,* 4-7.

*Van Gyn, G.H., Wenger, H.A., & Gaul, C.A. (1990). Imagery as a method of enhancing transfer from training to performance. *Journal of Sport and Exercise Psychology, 12,* 366-375.

Van Raalte, J.L., & Andersen, M.B. (1993). Special problems in sport psychology: Supervising the trainee. In S. Serpa, J. Alves, V. Ferreira, & A. Paulo-Brito (Eds.), *Proceedings of the VII World Congress of Sport Psychology* (pp. 773-776). Lisbon: International Society of Sport Psychology.

Van Raalte, J.L., & Andersen, M.B. (2000). Supervision I: From models to doing. In M.B. Andersen (Ed.), *Doing sport psychology* (pp. 153-166). Champaign, IL: Human Kinetics.

Van Raalte, J.L., & Brewer, B.W. (Eds.). (1996). *Exploring sport and exercise psychology.* Washington, DC: American Psychological Association.

Van Raalte, J.L., & Brewer, B.W. (Eds.). (2002). *Exploring sport and exercise psychology* (2nd ed.). Washington, DC: American Psychological Association.

Van Raalte, J.L., Brewer, B.W., Brewer, D.D., & Linder, D.E. (1992). NCAA Division II college football players' perceptions of an athlete who consults a sport psychologist. *Journal of Sport and Exercise Psychology, 14,* 273-282.

*Van Raalte, J.L., Brewer, B.W., Lewis, B.P., Linder, D.E., Wildman, G., & Kozimor, J. (1995). Cork! The effects of positive and negative self-talk on dart throwing performance. *Journal of Sport Behavior, 18* (1), 50-57.

Vealey, R.S. (1986). Conceptualization of sport confidence and competitive orientation: Preliminary investigation and instrument development. *Journal of Sport Psychology, 8,* 221-246.

Vealey, R.S. (1990). Advancements in competitive anxiety research: Use of the Sport Competition Anxiety Test and the Competitive State Anxiety Inventory-2. *Anxiety Research, 2,* 243-261.

Vealey, R. (1994a). Current status and prominent issues in sport psychology interventions. *Medicine and Science in Sport and Exercise, 26* (4), 495-502.

Vealey, R. (1994b). Knowledge development and implementation in sport psychology: A review of *The Sport Psychologist,* 1987-1992. *The Sport Psychologist, 8,* 331-348.

Vealey, R.S., & Garner-Holman, M. (1998). Applied sport psychology: Measurement issues. In J.L. Duda (Ed.), *Advances in sport and exercise psychology measurements* (pp. 433-446). Morgantown, WV: Fitness Information Technology.

Wagner, A., & Gardner, F.L. (2005). *Is experiential avoidance a mediator in the relationship between maladaptive perfectionism and worry?* Manuscript in preparation.

Waldman, I.D., & Lilienfeld, S.O. (1995). Diagnosis and classification. In M. Hersen & R.T. Ammerman (Eds.), *Advanced abnormal child psychology* (pp. 21-36). Hillsdale, NJ: Erlbaum.

Walker, M.T. (2001). Practical applications of the Rogerian perspective in post-modern psychotherapy. *Journal of Systemic Therapies, 20* (2), 41-57.

*Wanlin, C.M., Hrycaiko, D.W., Martin, G.L., & Mahon, M. (1997). The effects of a goal-setting package on the performance of speed skaters. *Journal of Applied Sport Psychology, 9* (2), 212-228.

*Ward, P., & Carnes, M. (2002). Effects of positive self-set goals on collegiate football players' skill execution during practice and games. *Journal of Applied Behavior Analysis, 35* (1), 1-12.

Watson, D., & Friend, R. (1969). Measurement of social-evaluative anxiety. *Journal of Consulting and Clinical Psychology, 33,* 448-457.

Watson, J.B., & Rayner, R. (1920). Conditioned emotional reactions. *Journal of Experimental Psychology, 3,* 1-14.

Weathers, F.W., Litz, B.T., Herman, D.S., Huska, J.A., & Keane, T.M. (1993, October). *The PTSD Checklist: Reliability, validity and diagnostic utility.* Paper presented at the meeting of the Annual Meeting of the International Society for Traumatic Stress Studies, San Antonio.

Wegner, D.M., Ansfield, M., & Pilloff, D. (1998). The putt and the pendulum: Ironic effects of the mental control of action. *Psychological Science, 9,* 196-199.

Wegner, D.M., Shortt, J.W., Blake, A.W., & Page, M.S. (1990). The suppression of exciting thoughts. *Journal of Personality and Social Psychology, 58,* 409-418.

Wegner, D.M., & Zanakos, S. (1994). Chronic thought suppression. *Journal of Personality, 62,* 615-640.

Weinberg, R.S. (1982). The relationship between mental preparation strategies and motor performance: A review and critique. *Quest, 33* (2), 195-213.

Weinberg, R.S. (1994). Goal setting and performance in sport and exercise settings: A synthesis and critique. *Medicine and Science in Sport and Exercise, 26* (4), 469-477.

Weinberg, R.S. (2002). Goal setting in sport and exercise: Research to practice. In J.L. Van Raalte & B.W. Brewer (Eds.), *Exploring sport and exercise psychology* (2nd ed., pp. 25-48). Washington DC: American Psychological Association.

*Weinberg, R.S., Bruya, L.D., Garland, H., & Jackson, A. (1990). Effects of goal difficulty and positive reinforcement on endurance performance. *Journal of Sport and Exercise Psychology, 12* (2), 144-156.

*Weinberg, R.S., Bruya, L.D., & Jackson, A. (1985). The effects of goal proximity and goal specificity on endurance performance. *Journal of Sport Psychology, 7* (3), 296-305.

*Weinberg, R., Bruya, L., Jackson, A. (1990). Goal setting and competition: A reaction to Hall and Byrne. *Journal of Sport and Exercise Psychology, 12* (1), 92-97.

*Weinberg, R.S., Bruya, L.D., Jackson, A., & Garland, H. (1987). Goal difficulty and endurance performance: A challenge to the goal attainability assumption. *Journal of Sport Behavior, 10,* 82-92.

Weinberg, R.S., & Comar, W. (1994). The effectiveness of psychological interventions in competitive sport. *Sports Medicine Journal, 18,* 406-418.

*Weinberg, R.S., Gould, D., & Jackson, A. (1981). Relationship between duration of the psych-up interval and strength performance. *Journal of Sport Psychology, 3* (2), 166-170.

*Weinberg, R.S., Jackson, A., & Seabourne, T.G. (1985). The effect of specific versus nonspecific mental preparation strategies on strength and endurance performance. *Journal of Sport Behavior, 8,* 175-180.

*Weinberg, R.S., Seabourne, T.G., & Jackson, A. (1981). Effects of visuo-motor behavior rehearsal, relaxation, and imagery on karate performance. *Journal of Sport Psychology, 3,* 228-238.

*Weinberg, R.S., Seabourne, T.G., & Jackson, A. (1982). Effects of visuo-motor behavior rehearsal on state-trait anxiety and performance: Is practice important? *Journal of Sport Behavior, 5,* 209-219.

*Weinberg, R., Seabourne, T., & Jackson, A. (1987). Arousal and relaxation instructions prior to the use of imagery. *International Journal of Sport Psychology, 18,* 205-214.

*Weinberg, R.S., Smith, J., Jackson, A., & Gould, D. (1984). Effect of association, dissociation and positive self-talk on endurance performance. *Canadian Journal of Applied Sport Sciences, 9,* 25-32.

*Weinberg, R.S., Stitcher, T., & Richardson, P. (1994). Effects of seasonal goal setting on lacrosse performance. *The Sport Psychologist, 8,* 166-175.

Weinberg, R.S., & Williams, J.M. (1998). Integrating and implementing a psychological skills training program. In J.M. Williams (Ed.), *Applied sport psychology: Personal growth to peak performance* (pp. 329-358). Mountain View, CA: Mayfield.

Wells, A. (2000). *Emotional disorders and metacognition: Innovative cognitive therapy.* New York: Wiley.

Wenzlaff, R.M., Wegner, D.M., & Klein, S.B. (1991). The role of thought suppression in the bonding of thought and mood. *Journal of Personality and Social Psychology, 60,* 500-508.

Werthner, P., & Orlick, T. (1986). Retirement experiences of successful Olympic athletes. *International Journal of Sport Psychology, 17,* 337-363.

Wheeler, J.G., Christensen, A., & Jacobson, N.S. (2001). Couple distress. In D.H. Barlow (Ed.), *Clinical handbook of psychological disorders: A step-by-step treatment manual* (3rd ed., pp. 609-630). New York: Guilford Press.

*Whelan, J.P., Epkins, C., & Meyers, A.W. (1990). Arousal interventions for athletic performance: Influence of mental preparation and competitive experience. *Anxiety Research, 2,* 293-307.

Whelan, J., Mahoney, M., & Meyers, A. (1991). Performance enhancement in sport: A cognitive-behavioral domain. *Behavior Therapy, 22,* 307-327.

Whelan, J.P., Meyers, A.W., & Elkins, T.D. (2002). Ethics in sport and exercise psychology. In J.L. Van Raalte & B.W. Brewer (Eds.), *Exploring sport and exercise psychology* (2nd ed., pp. 503-523). Washington, DC: USical Association.

*White, K.D., Ashton, R., & Lewis, S. (1979). Learning a complex skill: Effects of mental practice, physical practice, and imagery ability. *International Journal of Sport Psychology, 10* (2), 71-78.

Wiggins, D.K. (1984). The history of sport psychology in North America. In J. Silva & R. Weinberg (Eds.), *Psychological foundations of sport* (pp. 9-22). Champaign, IL: Human Kinetics.

*Wilkes, R.L., & Summers, J.J. (1984). Cognitions, mediating variables, and strength performance. *Journal of Sport Psychology, 6,* 351-359.

Williams, J.M. (Ed.). (1998). *Applied sport psychology: Personal growth to peak performance* (3rd ed.). Mountain View, CA: Mayfield.

Williams, J.M., & Leffingwell, T.R. (2002). Cognitive strategies in sport and exercise psychology. In J.L. Van Raalte & B.W. Brewer (Eds.), *Exploring sport and exercise psychology* (2nd ed., pp. 75-98). Washington, DC: American Psychological Association.

Williams, J.M., & Straub, W.F. (1998). Sport psychology: Past, present, future. In J.M. Williams (Ed.), *Applied sport psychology: Personal growth to peak performance* (3rd ed., pp. 1-12). Mountain View, CA: Mayfield.

Wilson, G.T., & Fairburn, C.G. (2002). Treatments for eating disorders. In P.E. Nathan and J.M. Gorman (Ed.), *A guide to treatments that work* (2nd ed., pp. 559-592). New York: Oxford University Press.

Wilson, G.T., & Pike, L.M. (2001). Eating disorders. In D.H. Barlow (Ed.), *Clinical handbook of psychological disorders* (3rd ed., pp. 332-375). New York: Guilford Press.

Wolanin, A.T. (2005). Mindfulness-acceptance-commitment (MAC) based performance enhancement for Division I collegiate athletes: A preliminary investigation (Doctoral dissertation, La Salle University, 2003). *Dissertation Abstracts International-B, 65* (7), p. 3735-3794.

Woodman, T., & Hardy, L. (2001). Stress and anxiety. In R.N. Singer, H.A. Hausenblas, & C.M. Janelle (Eds.), *Handbook of sport psychology* (2nd ed., pp. 290-318). New York: Wiley.

Woody, R.H. (1997). Dubious and bogus credentials in mental health practice. *Ethics and Behavior, 7* (4), 337-345.

*Woolfolk, R.L., Murphy, S.M., Gottesfeld, D., & Aitken, D. (1985). The effects of mental practice of task and mental depiction of task outcome on motor performance. *Journal of Sport Psychology, 7,* 191-197.

World Health Organization. (1992). *International Classification of Diseases* (9th ed.). Geneva: Author.

*Wraith, S.C., & Biddle, S.J.H. (1989). Goal-setting in children's sport: An exploratory analysis of goal participation, ability and effort instructions, and post-event cognitions. *International Journal of Sport Psychology, 20* (2), 79-92.

Wrisberg, C.A. (2001). Levels of performance skill: From beginners to experts. In R.N. Singer, H.A. Hausenblas, & C.M. Janelle (Eds.), *Handbook of sport psychology* (2nd ed., pp. 3-19). New York: Wiley.

*Wrisberg, C.A., & Anshel, M.H. (1989). The effects of cognitive strategies on the free throw shooting performance of young athletes. *The Sport Psychologist, 3,* 95-104.

Young, J.E. (1999). *Cognitive therapy for personality disorders: A schema-focused approach* (3rd ed.). Sarasota, FL: Professional Resource Press.

Young, J.E., Klosko, J.S., & Weishaar, M.E. (2003). *Schema therapy: A practitioner's guide.* New York: Guilford Press.

Young, J.E., Weinberger, A.D., & Beck, A.T. (2001). Cognitive therapy for depression. In D.H. Barlow (Ed.), *Clinical handbook of psychological disorders* (3rd ed., pp. 264-308). New York: Guilford Press.

Yusuf, S. (1997). Meta-analysis of randomized trials: Looking back and looking ahead. *Controlled Clinical Trials, 18* (6), 594-601.

Zaichkowsky, L.D., & Baltzell, A. (2001). Arousal and performance. In R.N. Singer, H.A. Hausenblas, & C.M. Janelle (Eds.), *Handbook of sport psychology* (2nd ed., pp. 319-339). New York: Wiley.

Zaichkowsky, L.D., & Perna, L.D. (1992). Certification of consultants in sport psychology: A rebuttal to Anshell. *The Sport Psychologist, 6* (3), 287-296.

Zeigler, E.F. (1987). Rationale and suggested dimensions for a code of ethics for sport psychologists. *The Sport Psychologist, 1* (2), 138-150.

Zinsser, N., Bunker, L., & Williams, J.M. (1998). Cognitive techniques for building confidence and enhancing performance. In J.M. Williams (Ed.), *Applied sport psychology: Personal growth to peak performance* (pp. 270-295). Mountain View, CA: Mayfield.

Zuckerman, E.L. (1997). *The paper office: Forms, guidelines, and resources* (2nd ed.). New York: Guilford Press.

索引

和文索引

◆あ行
アクセプタンス 79
アクセプタンス＆アクション質問紙 87
アクセプタンス・コミットメント 24, 83
アクセプタンス＆コミットメント・セラピー（ACT） 6, 82, 84, 145, 151
アスレチック・パフォーマンスの統合モデル（IMAP） 11, 12, 153
アセスメント 43, 203
アナログ集団 59, 67
アナログタスク 59, 67
アメリカオリンピック委員会（USOC） 3
アメリカ心理学会（APA） 4
アルコール依存症 133
アルコール使用障害 133
アルコール乱用 133
怒り 129
移行適応モデル 141
維持期 157
依存スキーマ 15
イメージ技法 54, 60, 68
インターナル・コンサルタント・プロフェッショナル・ロール 96
インフォームド・コンセント 171
ウィリングネス 83, 85
うつ病 117
応用スポーツ心理学 3
応用スポーツ心理学促進学会（AAASP） 3
おそらく効果的な介入 56, 57

◆か行
介入の長さと場所 179
介入マニュアル 207
回避 99
覚醒の調整 54, 60, 81
確立された介入 56, 57
確立された基準 56, 68
過少関与 99
過剰関与 105
家族療法 125
過度の基準スキーマ 15
環境刺激とパフォーマンス要求 11
関係性因子 198
間欠性爆発性障害 130
関心期 157
完全主義 18, 106
機能的パーソナリティ障害 140
機能分析 47
気分障害 117
気分変調性障害 121
逆転移 209
キャリア計画 145, 151
急性ストレス反応 98
境界を守る 181
共感的ジョイニング 144
強迫性障害 114
緊急事態ストレスデブリーフィング 148
欠陥欠乏スキーマ 16
構造化面接 38
行動活性化療法 144
行動観察 39
行動的自己制御 11, 12
行動療法 5
行動療法の第三の波 6
行動療法の第二の波 5, 6
国際疾病分類第10版 26
個人的価値 96
個人的変数 193
コーピングスタイル 14
コミットメント 83, 85

◆さ行
先延ばし 100
作業同盟 200
作業同盟尺度 200
視覚運動行動リハーサル 61, 66, 69
刺激般化 94
刺激弁別トレーニング 94
思考抑制 24
自己効力感 20
自己焦点型の注意 187
自己注目 80
自己認識 149
持続エクスポージャー 150
実験的な介入 56, 57
実行期 157
実際的コンピテンシー 11, 14
失敗スキーマ 15
失敗への恐れ 104
自罰スキーマ 16
死別 97
社交不安障害 112
守秘義務 167
準備期 157
状況的フォークロジャー 142
承認希求スキーマ 16
自立段階 186, 189
事例定式化 153
神経性大食症 123
神経性無食欲症 125
心的外傷後ストレス障害 98, 115
心配 16
信頼性 40
心理学的アセスメント 37
心理学的検査 39
心理学における職能認証委員会（CRSPPP） 4
心理士-クライエント関係の終結 175
心理的スキルトレーニング（PST） 4, 79, 202, 208
心理的フォークロジャー 142
スキーマ 14
スキル向上段階質問表 190, 191
スーパーヴィジョン 192, 210
スポーツ心理学 3
スポーツ心理学的多元分類システム（MCS-SP） 27, 28, 37, 86, 203

スポーツ不安尺度（SAS）　87, 88
スランプ　101
生活役割葛藤　94
成功への恐れ　104
脆弱スキーマ　16
脆弱性ストレスモデル　17
精神疾患の診断・統計マニュアル第4版　26
性的不全　19
摂食障害　123
セルフトーク　54, 60, 68, 80
選択的不注意　174
全般性不安障害　103, 111
双極性障害　120
喪失　97
組織からの様々な要望　177
組織的適合の欠如　96

◆た行
大うつ病性障害　117
体験の回避　21, 83, 84, 99
対人関係療法　118, 119
多重関係　176
タスク焦点型の注意　188
脱中心化　156
妥当性　40
多理論統合モデル（TTM）　157
注意欠如・多動性障害　126
注意トレーニング　86
治療同盟　200, 209
低欲求不満耐性スキーマ　15
適格性の範囲内での実践　173
転移　209
特定不能の衝動制御障害　130
特権スキーマ　15
トポグラフィカル・アセスメント　37

◆な行
認知行動療法　111
認知再構成法　144, 150

認知段階　186, 187
認知的スキーマ　93
認知的ディフュージョン　86
認知的フュージョン　86
ネガティブスキーマ　16

◆は行
媒介信念　144
背景となる特性　11
背景要因　92
パーソナリティ障害　137
パニック障害　110
パフォーマンスアセスメント　46
パフォーマンス強化　4
パフォーマンス強化に基づくマインドフルネス・アクセプタンス・コミットメント　29
パフォーマンス向上（PD）　157
パフォーマンス終結（PT）　34, 141, 162
パフォーマンス終結Ⅰ（PT-Ⅰ）　143
パフォーマンス終結Ⅱ（PT-Ⅱ）　146
パフォーマンス障害（PI）　32, 108, 161, 206
パフォーマンス障害Ⅰ（PI-Ⅰ）　108
パフォーマンス障害Ⅱ（PI-Ⅱ）　129
パフォーマンスの向上（PD）　28
パフォーマンス不調（Pdy）　30, 91, 159, 206
パフォーマンス不調Ⅰ（Pdy-Ⅰ）　94
パフォーマンス不調Ⅱ（Pdy-Ⅱ）　99
バーンアウト　23, 104
半構造化面接　39, 50
悲哀の段階モデル　146
非構造化面接　38
人としての成長に関するアセスメント　46
ヒューマン・パフォーマンス　12
標準化　41
不安障害　109

複数の要素からなる介入　60, 68
不信スキーマ　16
フュージョン　82
弁証法的行動療法　6, 138
北米スポーツ身体活動心理学会（NASPSPA）　3
ポジティブイメージ技法　80
補償行動　144
ボディスキャン　200

◆ま行
マインドフルネス　18, 82〜86, 199
マインドフルネス・アクセプタンス・コミットメント（MAC）　79, 84, 203
マインドフルネス・エクササイズ　83
マインドフルネス認知療法　84
巻き込みスキーマ　16
見捨てられスキーマ　16
無関心期　157
メタ認知　17
メンタルコントロールの皮肉プロセス　80
目標設定　54, 60, 67
問題をはらんだ対人関係　97

◆や行
薬物使用障害　135
薬物療法　111
役割変化への対応　95

◆ら行
理想のパフォーマンス状態　11
臨床関連行動　39
臨床スポーツ心理学　7
臨床スポーツ心理士　3, 8
ルール支配行動　84, 187
連合段階　186, 188
録音・録画のセッション　197
ロールプレイ　196

欧文索引

◆A
Acceptance and Action Questionnaire (AAQ) 87
acceptance and commitment therapy (ACT) 6, 84, 145, 151
American Psychological Association (APA) 4
APA 倫理コード 9, 166
Association for the Advancement of Applied Sport Psychology (AAASP) 3
attention-deficit hyperactive disorder (ADHD) 126

◆C
CRSPPP (Committee on Recognition of Specialties and Proficiencies in Professional Psychology) 4

◆D
dialectical behavior therapy (DBT) 6, 138
DSM 202
DSM-Ⅳ一軸疾患のための精神科診断マニュアル (SCID-Ⅰ) 45
DSM-Ⅳ-TR 26
dysthymic disorder (DD) 121

◆F
fear of failure (FOF) 104
fear of success (FOS) 104

◆G
generalized anxiety disorder (GAD) 111

◆I
ICD-10 26
Integrative Model of Athletic Performance (IMAP) 11, 12, 153

◆M
MAC (mindfulness-acceptance-commitment) 29, 79, 85, 203
major depressive diorder (MDD) 117
MCS-SP (Multilevel Classification System for Sport Psychology) 27, 28, 35, 37, 44, 86, 154, 203
mindfulness-acceptance-commitment (MAC) 29, 79, 203
Multilevel Classification System for Sport Psychology (MCS-SP) 27, 86, 153, 203

◆N
NASPSPA (North American Society for the Psychology of Sport and Psysical Activity) 3
North American Society for the Psychology of Sport and Psysical Activity (NASPSPA) 3

◆O
obsessive-compulsive disorder (OCD) 114

◆P
PCQ (Performance Classification Questionnaire) 44
PD 28
PD-Ⅰ 30
PD-Ⅱ 30
Pdy 30, 206
Pdy-Ⅰ 31, 91, 94
Pdy-Ⅱ 31, 91, 99
performance development (PD) 28
performance dysfunction (Pdy) 28, 206
performance impairment (PI) 28, 108, 206
performance impairment-Ⅱ (PI-Ⅱ) 129
performance termination (PT) 28, 141
PI (performance impairment) 32, 108, 206
PI-Ⅰ 33
PI-Ⅱ 33, 129
posttraumatic stress disorder (PTSD) 115
psychological skills training (PST) 4, 79, 202
PT 34, 141
PT-Ⅰ 34, 143
PT-Ⅱ 34, 146
PTSD (posttraumatic stress disorder) 115

◆S
SCID-Ⅰ (Structured Clinical Interview for DSM-Ⅳ Axis Ⅰ Disorders) 45
Sport Anxiety Scale (SAS) 87
Sport-Clinical Intake Protocol (SCIP) 45

◆T
transtheoretical model (TTM) 157

◆U
United States Olympic Committee (USOC) 3

◆V
visuo-motor behavior rehearsal (VMBR) 61

◆W
Working Alliance Inventory (WAI) 200

監訳者

佐藤　寛（さとう・ひろし）　関西学院大学 文学部 准教授
金井嘉宏（かない・よしひろ）　東北学院大学 教養学部 准教授
小堀　修（こぼり・おさむ）　スウォンジー大学 心理学部 講師

ガードナー　臨床スポーツ心理学ハンドブック

2018年5月28日　初版第1刷発行

著　者	フランク・ガードナー，ゼラ・ムーア
監訳者	佐藤 寛，金井嘉宏，小堀 修
発行者	西村正徳
発行所	西村書店　東京出版編集部
	〒102-0071 東京都千代田区富士見2-4-6
	Tel.03-3239-7671　Fax.03-3239-7622
	www.nishimurashoten.co.jp
印　刷	三報社印刷株式会社
製　本	株式会社難波製本

本書の内容を無断で複写・複製・転載すると，著作権および出版権の侵害となることがありますのでご注意ください。

ISBN 978-4-89013-486-1

西村書店 好評図書

圧倒的に美しいフルカラーイラスト、"生きた"ビジュアル解剖学!

解剖学 基礎と臨床に役立つ 《全3巻》

好評!

[著]ベン・パンスキー／トーマス・R・ジェスト　●B5判・並製

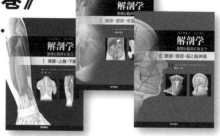

Ⅰ 背部・上肢・下肢
[訳]星 治　288頁　◆2800円

Ⅱ 胸部・腹部・骨盤と会陰
[訳]海藤 俊行　312頁　◆2800円

Ⅲ 頸部・頭部・脳と脳神経
[監訳]樋田 一徳　376頁　◆2900円

構造と機能の関係の重要性が強調された、フルカラーイラストと概略的かつ網羅的なテキスト。各項目ごとに、臨床的な情報に富んだ「臨床的考察」を付加。三分冊で、持ち運びもでき、手軽に本が開ける。

ランニング医学大事典
評価・診断・治療・予防・リハビリテーション

[編]オコナー／ワイルダー　[監訳]福林 徹／渡邊好博
●B5判・640頁　◆9500円

スポーツの基本、ランニングで見られる医学的問題と、その対応を網羅。応急的な処置から予防も含めてランニング障害を検討する。泌尿器・循環器系などの内科的問題も収載。

ニューロメカニクス
身体運動の科学的基盤

[著]R・M・エノーカ　[総監訳]鈴木秀次
●B5判・344頁　◆5500円

運動の解体新書! バイオメカニクスと神経生理学を統合した新しい研究分野「ニューロメカニクス」により、ヒトの身体運動のしくみを多角的に解説する。スポーツ指導者、研究者必携の書。

運動科学の基礎
アスリートのパフォーマンス向上のために

[編著]G・カーメン　[監訳]足立和隆
●B5判・304頁　◆4500円

運動生理学、栄養学、損傷の予防と治療・リハビリ、バイオメカニクス、スポーツ心理学、加齢変化や発達レベル、様々な環境下における問題などをわかりやすく解説。

スポーツ心理学大事典

[編]シンガー／ハウゼンブラス／ジャネル
[監訳]山崎勝男
●B5判・808頁　◆12000円

国際スポーツ心理学会公認! スポーツ心理学における諸領域を幅広くカバー。モデリング、自己効力感、精神生理学、集団凝集性、イメージトレーニング、自信の増強などを網羅。

[カラー] スポーツ・運動栄養学大事典
健康生活・医療に役立つ

[著]マッカードル 他　[監訳]井川正治／中屋 豊
●B5判・492頁　◆8500円

三大栄養素・微量栄養素についての概説から、栄養の吸収と消化、試合のための食事管理、ウェイトコントロール、摂食障害まで。身体と栄養の関係を理解し、運動の効果を上げていくための知識が満載!

[カラー] 運動生理学大事典
健康・スポーツ現場で役立つ理論と応用

[著]V・カッチ 他　[監訳]田中喜代次／西平賀昭／
征矢英昭／大森 肇　●B5判・648頁　◆9800円

運動と栄養の関係、運動時のエネルギー消費、身体の各器官系・ホルモンとの関連、加齢の影響など、基本から臨床応用まで運動生理学のすべてを網羅。豊富な美しいカラーイラストが理解を助ける。

スポーツ精神生理学

[監修]山崎勝男　●A5判・360頁　◆3500円

脳と自律神経の構造と機能、学習と記憶、情動と認知、動作発現の機序、運動学習、バイオフィードバック、スキル動作など、基礎から実践まで。

[カラー版] マイヤーズ 心理学

[著]D・マイヤーズ　[訳]村上郁也
●B5判・716頁　◆9500円

科学的心理学の全体像がわかる新バイブル! 身近な例を多用し、基礎心理学、応用心理学の基本を習得できる。カラー写真・イラストを満載。

米国スポーツ・コーチングの第一人者による好評書!

[カラー版] スポーツ・コーチング学
指導理念からフィジカルトレーニングまで

[著]R・マートン
[監訳]大森俊夫／山田 茂
●B5判・376頁　◆3900円

若者を一流のアスリートに育てることはもとより、よりよい人間になるよう手助けするために、あらゆるスポーツに広く応用可能なコーチングの理念と原則、実践法を紹介する。指導目的の設定法、選手とのコミュニケーションの取り方、人格教育の行い方など、実際的な例を挙げながらわかりやすく解説した指導者必読の書。

※価格は税別